国家自然科学基金项目"中国沿海地区高质量发展的综合评价与政策耦合研究"资助(项目号:42071155)

国家自然科学基金项目
GUOJIA ZIRAN KEXUE JIJIN XIANGMU

中国沿海地区高质量发展研究

Research on High-quality Development
of China's Coastal Areas

孙久文　蒋　治　胡俊彦　等◎著

人 民 出 版 社

目　　录

导论 中国沿海地区高质量发展：
特征、问题、路径

中国背倚亚欧大陆、面朝太平洋，拥有 960 余万平方千米的广袤国土，造就了迥异的自然环境与社会经济环境，这为中国高质量发展提供了多种可供遵循的路径选择，有效避免了因高度依赖单一发展路径所可能面临的系统性风险，是中国实现高质量发展的坚实支撑。也就是说，中国高质量发展离不开各地区的共同繁荣，与新时代区域协调发展战略相互补充，共同服务于社会主义强国建设。作为一个海陆兼备的大国，中国拥有长达 1.8 万千米的漫长海岸线，沿海地区面积多达 130 余万平方千米，为中国的建设与改革事业作出了不可磨灭的贡献。早在 1956 年，毛泽东同志在《论十大关系》中已详细论述了沿海与内地的关系，提出要通过沿海工业基地建设带动内地工业发展。改革开放之初，中国政府为尽快改变落后局面，开创性地实施了沿海发展战略。在国家的大力支持下，沿海地区依托约占全国 15% 的国土面积，形成了独有的竞争优势，成为国民经济的战略重心。本章将明确沿海地区高质量发展的现状、特征、突出问题、实现路径，有效揭示区域高质量发展的客观规律。

第一节 沿海地区高质量发展的现状与特征

改革开放以来，随着国家战略重心重新由内陆转向沿海，沿海地区蓄积了内陆地区不可比拟的竞争优势，能够率先满足新时代人民日益增长的美好生活需要，融通了高质量发展的逻辑原点与逻辑主线。

一、沿海地区高质量发展的物质基础:经济增长的压舱石

高质量发展在产业实力、创新能力、对外开放、绿色发展等方面提出了新的更高要求,但这并不意味着经济增长在高质量发展时代失去了存在的意义。在宏观经济增速趋缓的大背景下,沿海地区生产总值增速超过全国平均水平,依然保持了强劲的增长态势,为高质量发展打下了坚实的物质基础。

作为改革开放的发源地,沿海地区已成为国民经济中高速增长的中坚力量。沿海地区生产总值已由 1978 年的 1819.44 亿元攀升至 2022年的 677294.20 亿元,同内陆地区生产总值之比由 1978 年的 1.10∶1 变化为 2022 年的 1.29∶1(见图 0-1)。

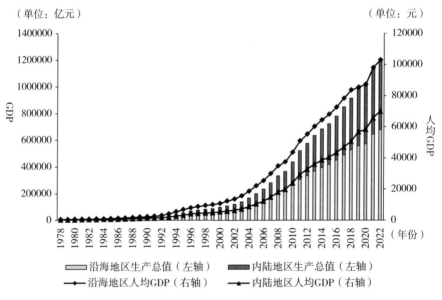

图 0-1 1978—2022 年沿海地区与内陆地区生产总值与人均 GDP

资料来源:EPS(Express Professional Superior)数据库。

2010 年,中国 GDP 超过了日本,成为仅次于美国的第二大经济体。然而,中国人均 GDP 的世界排名常年徘徊在第 80 位,个体从经济增长中

获得的红利有限成为发展质量提高的障碍。改革开放之初，中国人均
GDP 只有 382.17 元，仅为世界平均水平的 1/10。为此，中国政府将沿海
地区作为突破口，探索出一条"让沿海地区先富起来，先富帮后富，最终
达到共同富裕"的发展路径，沿海地区人均 GDP 由 1978 年的 462.60 元
逐年增长至 2022 年的 102911.92 元，远高于内陆地区的 292.51 元、
70004.52 元，已达到中高收入或高收入水平，同中等发达经济体相当（见
图 0-1）。

二、沿海地区高质量发展的产业引擎：国家制造业中心

经济发达国家和地区的经验表明，壮大高端制造业是提高全要素生
产率、助力高质量发展的不二法门。以美国波士华地区、美国加利福尼亚
地区、欧洲伦敦—巴黎—法兰克福三角地区、日本"三湾一海"地区为代
表的世界制造业中心，均无一例外地分布在沿海地区。从国内来看，改革
开放以来，沿海地区成为制造业发展的战略重心：在承接国际制造业转移
的同时，内陆制造业也纷纷向沿海地区集中，沿海地区国家制造业中心的
地位得以确立。

进入 21 世纪以来，由于劳动力成本上涨，持续提升全要素生产率面
临瓶颈，沿海地区的传统制造业部门呈现出两种不同的发展路径[1]：第
一，适时引导纺织、服装等劳动密集型制造业沿着"南下""西进"与"北
上"的轨迹向劳动力成本更低的内陆地区转移。第二，以技术革新为先
导，大力推进钢铁、石化、有色金属等资本密集型制造业就地转型，而非一
味地转出，通过自动化生产削弱劳动力成本约束。在革新传统制造业的同
时，发展高端制造业已成为沿海地区夯实制造业中心地位的法宝，对优化
全要素生产率、完成由"中国制造"向"中国智造"的高质量转变具有重要意
义。为此，沿海地区依靠强大的科技创新实力，努力培育技术密集型高端
制造业，为实现高质量发展奠定产业基石。统计发现，沿海地区高端制造

---

[1]　贺曲夫、刘友金：《我国东中西部地区间产业转移的特征与趋势——基于 2000—2010
年统计数据的实证分析》，《经济地理》2012 年第 12 期。

业总资产已由 2012 年的 162830.82 亿元攀升至 2021 年的 366822.45 亿元,年均增长率高达 9.44%,是内陆地区的 2.27 倍,这充分说明沿海地区制造业在技术更迭的浪潮中彰显出旺盛的生命力(见图 0-2)。

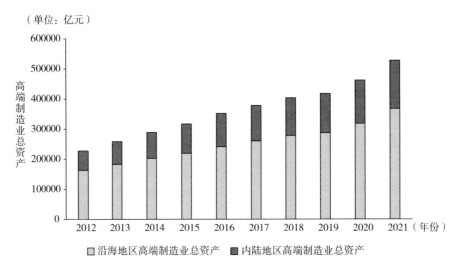

（单位：亿元）

图 0-2　2012—2021 年沿海地区与内陆地区高端制造业总资产

资料来源:EPS 数据库。

三、沿海地区高质量发展的活力源泉:打造创新型国家的前沿地带

创新驱动是发挥科学技术第一生产力作用的必由之路。2006 年出台的《国家中长期科学和技术发展规划纲要》强调"要把提高自主创新能力摆在全部科技工作的突出位置",提出到 2020 年建成创新型国家的战略愿景。

中国科学院 2023 年发布的《中国区域创新能力评价报告》显示,沿海地区创新能力居于全国前列,已经步入创新指引高质量发展的新时代。为持续降低知识、技术、信息等优质要素在各创新主体间的流动成本,国家以沿海地区为龙头,加快创新高地建设,最大限度推动创新资源共享。① 1988

---

① 汪海:《沿海创新增长极引领中国经济转型升级》,《现代经济探讨》2015 年第 4 期。

年,在科技部"火炬计划"的牵头带动下,以高新技术产业化为使命的创新试验区项目正式上马。经过 30 多年的建设,沿海地区已获批设立 21 个国家级自主创新示范区、81 个国家级高新区、73 个国家级大学科技园,科技创新的规模效应与外溢效应得到最大限度的释放。完善的创新平台是引导创新要素在沿海地区高度集聚的有力支撑,2022 年,沿海地区 R&D 经费总额、R&D 人员总数均已占到全国的 70% 以上。

　　凭借充足的创新要素投入、完备的创新活动平台,沿海地区取得了丰硕的创新成果。沿海地区专利申请数、授权数分别从 1987 年的 1.29 万件、0.39 万件提高至 2022 年的 366.52 万件、302.84 万件,平均增长率分别达到 17.52%、20.94%,处于绝对优势地位,创新企业的核心竞争力显著增强,成为高质量发展最坚实的智力支持[1](见图 0-3)。

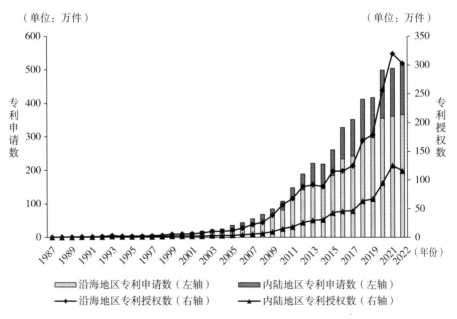

图 0-3　1987—2022 年沿海地区与内陆地区专利申请数与专利授权数

资料来源:EPS 数据库。

　　① 侯纯光、程钰、任建兰:《中国创新能力时空格局演变及其影响因素》,《地理科学进展》2016 年第 10 期。

四、沿海地区高质量发展的外部契机：开放型经济建设的排头兵

经济高质量发展同对外开放层次密不可分。随着经济全球化向纵深推进，中国同世界各国的经济联系日益加强，构建开放型经济成为势不可当的时代潮流。

与内陆地区相比，沿海地区不仅具备海陆联运的区位优势，还具有面向广阔国际市场的资源优势，发展开放型经济的条件得天独厚。1980年，中央开始在深圳、珠海、汕头、厦门4地试办经济特区，将其作为撬动中国对外开放大门的支点。为拓展对外开放的广度，国家于1984年设立了包括大连、天津、青岛、宁波、北海等在内的14座沿海开放城市，环渤海、长三角、闽东南、珠三角四大沿海经济开放区趋于形成，以加工贸易为典型特征的外向型经济飞速发展。1990年，中央政府将浦东的开发与开放确立为国家战略，处于海岸线中点的上海成为对外开放的后起之秀。伴随着沿海开放战略的贯彻落实，沿海经济开放区逐渐连接成片，形成一条以上海为中心，以京津、广深为南北两翼的高质量沿海经济开放地带。为响应高质量发展的时代诉求，沿海地区先行先试，率先开展自由贸易试验区政策实践，在综合保税区内建成了一批进出口商品交易中心。在加大技术密集型产品跨国贸易力度的同时，坚持"引进来"与"走出去"相结合，沿海地区开放型经济迈入新层次。

作为国民收入核算的要素之一，进出口贸易总额能够客观衡量经济体对外开放的程度。统计表明，沿海地区进出口贸易总额从1985年的638.20亿美元升至2022年的51669.40亿美元，年均增长率高达12.61%，占全国进出口贸易总额的比重始终维持在80%以上（见图0-4）。

沿海地区在发展进出口贸易的同时，"引进来"与"走出去"并重，顺利完成了由外向型经济向开放型经济的高质量转型。在"引进来"方面，作为外商投资的微观细胞，2020年沿海地区拥有52.72万家外商投资企业，创造了全国82.90%的外商投资总额。在"走出去"方面，近年来沿海地区同其他国家深入开展经济技术合作，2020年实现622.35亿美元的

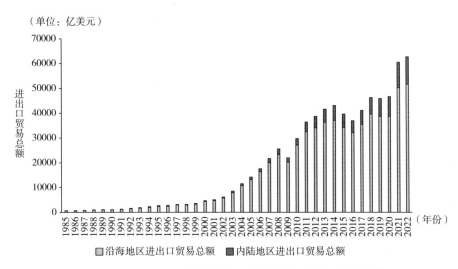

（单位：亿美元）

图 0-4　1985—2022 年沿海地区与内陆地区进出口贸易总额

资料来源：EPS 数据库。

对外承包工程营业额，占全国总量的 65.04%，正成长为新时代塑造全方位、多层次、宽领域对外开放格局的主心骨。

五、沿海地区高质量发展的生态屏障：绿色发展的示范窗口

绿色高效是人与自然共生的不二法门。进入 21 世纪以来，为解决经济高速增长进程中出现的资源枯竭、生态破坏、环境污染等问题，沿海地区在稳步增进社会经济效益的同时，恪守"绿水青山就是金山银山"的理念，响应国家主体功能区建设的号召，统筹循环生产模式、绿色生活方式，维系生态系统的良性运转，成为绿色发展的示范窗口。

在循环生产模式、绿色生活方式的驱动下，沿海地区"三废"得到有效控制：（1）单位产出废水排放量由 2000 年的 38.56 吨/万元下降至 2017 年的 7.80 吨/万元；（2）单位产出二氧化硫排放量从 2005 年的 87.29 吨/亿元减少到 2022 年的 1.13 吨/亿元，单位产出烟粉尘排放量由 2000 年的 148.42 吨/亿元下降至 2022 年的 1.65 吨/亿元；（3）单位产出固体废弃物产生量从 2000 年的 5797.26 吨/亿元减少到 2022 年的

2041.54 吨/亿元。综上,沿海地区各类污染物的排放量与产生量均明显低于内陆地区,扮演了绿色高质量发展先行者的角色(见表0-1)。

表0-1 2000—2022年沿海地区与内陆地区单位产出污染物排放量(产生量)

类型	指标	地区	2000年	2005年	2010年	2015年	2017年	2022年
废水	单位产出废水排放量(吨/万元)	沿海地区	38.56	24.95	13.96	9.76	7.80	缺数据
		内陆地区	48.77	28.53	14.36	10.75	8.89	缺数据
废气	单位产出二氧化硫排放量(吨/亿元)	沿海地区	缺数据	87.29	33.16	16.43	6.18	1.13
		内陆地区	缺数据	193.04	74.74	38.51	16.02	3.17
	单位产出烟粉尘排放量(吨/亿元)	沿海地区	148.42	59.29	17.46	14.29	6.63	1.65
		内陆地区	325.58	178.38	46.55	30.89	13.19	7.26
废渣	单位产出固体废弃物产生量(吨/亿元)	沿海地区	5797.26	4779.47	3972.08	2984.29	2513.41	2041.54
		内陆地区	12195.35	9899.05	7777.19	6644.47	5834.07	5190.33

资料来源:EPS数据库,2018—2022年废水排放数据不再公布。

第二节 沿海地区高质量发展的突出问题

沿海地区在高质量发展进程中取得了卓越成就,但也存在一些问题,具体反映在经济增长、产业实力、创新能力、对外开放、绿色发展五个方面。沿海地区面积广大,沿海北部地区、中部地区、南部地区自然条件与社会经济基础各异,面临的问题既有共性也有个性。下面将立足高质量发展的逻辑原点与逻辑主线,兼顾一般性与特殊性,详细分析2012年迈入新时代以来沿海地区整体以及沿海北部地区、中部地区、南部地区在高质量发展进程中存在的突出问题,重点探究其背后的原因,确保沿海地区高质量发展的思路设计与路径构想不失针对性,最大限度地满足新时代人民日益增长的美好生活需要。

一、经济增长

进入高质量发展的新时代,保持经济中高速增长成为国家宏观经济平稳运行的主要目标之一。自 2012 年起,沿海北部地区、中部地区、南部地区对 GDP 的贡献率均保持在 10%以上,且地区生产总值增速始终高于全国平均水平,共同为经济持续运行于合理区间提供了可靠保障。然而,沿海地区经济增长却存在明显的分流现象:沿海北部地区、中部地区、南部地区的 GDP 分别由 2012 年的 13.22 万亿元、10.89 万亿元、9.27 万亿元提升至 2022 年的 21.67 万亿元、24.52 万亿元、21.53 万亿元,年均增长率依次达到 5.07%、8.45%、8.79%(见图 0-5),经济增长的失调问题突出。虽然沿海北部地区凭借更广大的地域在经济总量上占据绝对优势地位,但沿海中部地区、南部地区的经济增长势头更为强劲,与沿海北部地区生产总值的差距呈缩小态势。进入 21 世纪,尤其是自党的十八大以来,随着中国经济进入动能转换的高质量发展时期,沿海北部地区、中部地区、南部地区充分把握京津冀协同发展、长三角一体化、粤港澳大湾区建设的政策窗口期,加快培育京津雄、沪宁杭、粤港澳三大核心增长极,促使沿海北部地区、中部地区、南部地区的 GDP 出

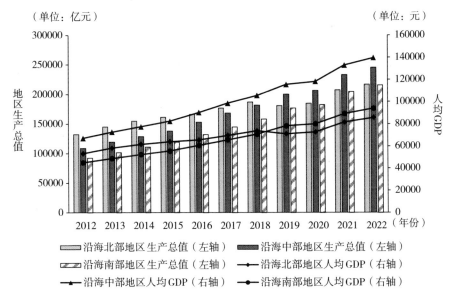

图 0-5　2012—2022 年沿海北部地区、中部地区、南部地区生产总值与人均 GDP

资料来源:EPS 数据库。

现了不同程度的增长。① 与 GDP 的情况不同,沿海中部地区的人均 GDP 明显高于沿海北部地区与南部地区,相对差距由 2012 年的 1.30 倍、1.48 倍增加至 2022 年的 1.63 倍、1.49 倍,且存在进一步扩大的态势(见图 0-5)。

二、产业实力

沿海地区产业实力的增强依赖于各产业门类的高质量升级。总体上讲,沿海地区将构建现代化经济体系作为主攻方向,但产业高级化程度同发达经济体仍存在明显差距,成为优化全要素生产率的潜在威胁。分区域而言,沿海北部地区、南部地区产业实力提升的空间更大:从三次产业增加值占比的绝对数值来看,沿海北部地区、南部地区 2022 年的第一产业增加值占比高于沿海中部地区 2012 年的第一产业增加值占比,产业高级化进程更慢(见图 0-6);从三次产业增加值占比的相对变动趋势来看,

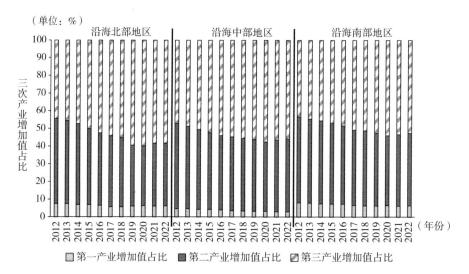

图 0-6　2012—2022 年沿海北部地区、中部地区、南部地区三次产业增加值占比

资料来源:EPS 数据库。

---

① 李兰冰、刘秉镰:《"十四五"时期中国区域经济发展的重大问题展望》,《管理世界》2020 年第 5 期。

沿海北部地区、南部地区第三产业增加值占比分别在 2014 年、2015 年超过第二产业增加值占比,比沿海中部地区晚了 1 年、2 年(见图 0-6)。然而,沿海三地区的产业高级化程度大致相当于欧美发达国家 20 世纪 90 年代的水平,强化产业实力时不我待。

　　在高质量发展的时代背景下,沿海地区在壮大现代服务业的同时,响应国家建设制造强国的号召,引导劳动密集型制造业有序梯度转移、促进资本密集型制造业就地改造、扶持高端制造业并行,为提升全要素生产率保驾护航。按照这一思路,国家统筹产业梯度转移与产业转型升级,在沿海北部地区建成了以京津唐为轴心的国家新型工业化产业示范园,在沿海中部地区打造了以苏锡常、杭绍甬为核心的先进装备产业集群,在沿海南部地区形成了以粤港澳大湾区为龙头的智能制造应用示范区,沿海地区日渐成为优化全要素生产率的先导①。进一步比较发现,长三角高端制造业中心横跨江浙沪三省市,而京津唐、粤港澳高端制造业中心仅局限于特定空间范围内,中心以外的其他区域传统制造业所占份额依然偏高,削弱了沿海北部地区、南部地区的制造业综合竞争力,全要素生产率提高受到制约,同发达经济体间的差距更为明显。统计表明,沿海北部地区、中部地区、南部地区高端制造业总资产分别从 2012 年的 50246. 52 亿元、72954. 26 亿元、39630. 04 亿元增加至 2021 年的 87215. 73 亿元、163844. 23 亿元、115762. 49 亿元,相比于沿海中部地区,沿海北部地区、南部地区要完成制造业高质量转型还有更长的路要走。

　　随着社会劳动分工日益专业化,产业跨界融合成为必然趋势,制造业呈现出明显的服务化倾向,以现代服务业为抓手助力高端制造业可持续发展,已成为高质量发展的必由之路。② 在未来相当长的一段时间内,高端制造业和现代服务业将成为缩小沿海地区同发达经济体产业实力差距

---

　　①　毛琦梁、董锁成、王菲:《中国省区间制造业空间格局演变》,《地理学报》2013 年第 4 期。

　　②　张辽、王俊杰:《我国制造业"四链"协同升级的一个现实途径:服务化转型》,《经济社会体制比较》2018 年第 5 期。

的车之双轮,对沿海地区全要素生产率的整体改进具有战略意义。

三、创新能力

作为新发展理念之一,创新是经济体更高质量、更具效率、更公平发展的不竭动力。但是,相比于沿海中部地区,沿海北部地区、南部地区的创新能力偏弱:从专利申请数来看,沿海北部地区、中部地区、南部地区的专利申请数依次由 2012 年的 32.63 万件、80.47 万件、28.77 万件增加至 2022 年的 103.44 万件、140.07 万件、123.01 万件,沿海中部地区专利申请绝对数最高,但沿海南部地区专利申请数上升速度最快,在 2016 年成功反超沿海北部地区(见图 0-7);从专利授权数来看,专利授权数由多到少依次为沿海中部地区、南部地区、北部地区,同专利申请数的时空变化轨迹大体一致(见图 0-7)。通过对专利申请数与专利授权数进行比较发现,沿海北部地区、南部地区创新能力相对较弱,是沿海地区进军创新型国家前沿地带征程中必须克服的短板。

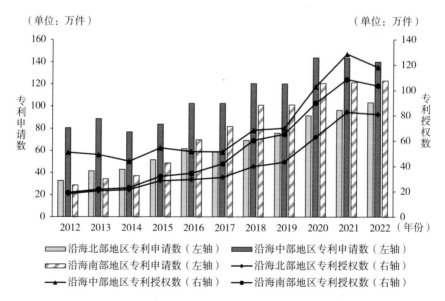

图 0-7 2012—2022 年沿海北部地区、中部地区、南部地区专利申请数与专利授权数

资料来源:EPS 数据库。

沿海北部地区、南部地区创新能力不够强劲主要源于创新要素投入、创新平台建设两方面因素。[①] 作为专利研发活动的资金来源,企业创新资本投入是造成地区间创新能力差异的直接原因。统计表明,沿海中部地区 2012—2022 年规模以上工业企业 R&D 经费支出总额平均为沿海北部地区、南部地区的 1.38 倍、1.37 倍,同期 R&D 人员总数也达到沿海北部地区、南部地区的 1.87 倍、1.35 倍。沿海中部地区创新要素丰裕程度最高,为培育创新企业核心竞争力提供了坚实的物质保障,与专利申请数与专利授权数的情况相吻合。创新活动的顺利开展还离不开创新试验区的协同配合。统计发现,沿海中部地区拥有 4 个国家级自主创新示范区、28 个国家级高新区、34 个国家级大学科技园,仅江苏三类创新试验区的数量就分别达到 1 个、18 个、15 个。

四、对外开放

深化对外开放是高质量推进国内国际双循环的有效途径。自 2012 年以来,在全球经济缓慢复苏的后国际金融危机时代,沿海北部地区、中部地区、南部地区进出口贸易总额均呈现上升—下降—上升的变化轨迹。然而,沿海三地区进出口贸易总额的扩张并不明显,高水平对外开放道阻且长。更具体地,沿海中部地区进出口贸易总额在绝对数量上具备一定的优势,沿海北部地区、南部地区相对滞后:沿海南部地区 2014—2016 年进出口贸易总额出现了两连降,到 2018 年才基本恢复至 2014 年的水平;与沿海南部地区类似,沿海北部地区自 2014 年以来的进出口贸易总额接连下滑,到 2018 年仍低于 2014 年的规模(见图 0-8)。

为化解进出口贸易中蓄积的系统性风险、稳步推动高水平对外开放,沿海自由贸易试验区试点正式拉开帷幕。沿海中部地区充分发挥"一带一路"交会点的交通区位优势,于 2013 年 9 月在上海获批设立了

---

① 魏后凯、年猛、李玏:《"十四五"时期中国区域发展战略与政策》,《中国工业经济》2020 年第 5 期。

（单位：亿美元）

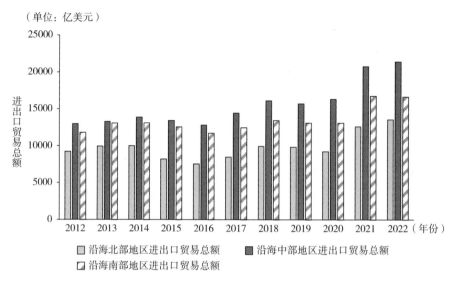

图0-8 2012—2022年沿海北部地区、中部地区、南部地区进出口贸易总额
资料来源：EPS数据库。

中国首个自由贸易试验区,通过进出口产品结构高级化增强了外贸竞争优势①,使进出口贸易总额自2017年起出现了明显回弹,显著高于沿海北部地区、南部地区。自2015年起,沿海北部地区、中部地区、南部地区的其他省(自治区、直辖市)纷纷效仿,广东、天津、福建、辽宁、浙江、海南、山东、江苏、广西、河北、北京分4批次获批设立自由贸易试验区。从总体上看,沿海中部地区自由贸易试验区建设起步早、试点范围广阔,高附加值产品的跨国贸易力度更大,因而进出口贸易总额高于沿海北部地区、南部地区。

作为扩大对外开放的特殊功能区,自由贸易试验区在以优惠政策助力高质量进出口贸易往来的同时,将加速投资自由化进程纳入制度框架②。2013年,中央率先在上海自由贸易试验区推行负面清单政策实践,

---

① 孟广文、王艳红、杜明明:《上海自由经济区发展历程与启示》,《经济地理》2018年第5期。

② 仲伟俊、梅姝娥、谢园园:《产学研合作技术创新模式分析》,《中国软科学》2009年第8期。

在保护国内产业的同时,降低了外资准入门槛,使沿海中部地区外商投资总额一直领先于沿海北部地区、南部地区(见表0-2)。为进一步发挥外资对高质量发展的驱动作用,国务院于 2015 年设计了适用于上海、天津、福建、广东四大自由贸易试验区的负面清单制度,条款数由 2013 年的 190 项下调至 2015 年的 122 项。受此驱动,拥有 2 个自由贸易试验区试点省份的沿海南部地区外商投资总额也随之迅速上扬,同沿海中部地区的差距持续缩小。沿海北部地区虽然拥有天津自由贸易试验区,但试点范围有限,外商投资总额引入不足。为适应沿海地区自由贸易试验区试点范围扩大的实际,中央自 2018 年起在全国实行统一化的负面清单规则,条款数也简化至 40 项。得益于此,依托福建、广东与海南自由贸易试验区的沿海南部地区外商投资总额呈井喷式增长,到 2018 年已和沿海中部地区基本持平。相比之下,沿海北部地区自由贸易试验区试点推进偏慢,外商投资总额增长相对迟滞,需作为沿海地区加快高水平对外开放征程中关注的焦点(见表0-2)。在积极引进外商投资的同时,沿海地区通过广泛开展到境外投资、对外承包工程等政策实践,将"引进来"与"走出去"纳入统一的制度框架,协同带动高质量发展。统计发现,2012—2021 年沿海北部地区、中部地区、南部地区的对外投资总额均呈增长态势。然而,受保护主义和单边主义的影响,沿海北部地区、中部地区和南部地区对外承包工程营业额自 2016 年起出现了较大波动,开放型经济高质量发展面临挑战(见表0-2)。

表 0-2　2012—2022 年沿海北部地区、中部地区、南部地区"引进来"与"走出去"

(单位:亿美元)

类别	指标	地区	2012 年	2014 年	2016 年	2018 年	2019 年	2020 年	2021 年	2022 年
引进来	外商投资总额	沿海北部地区	6609	8050	11999	16697	20473	28017	40674	43952
		沿海中部地区	12566	15115	19340	23867	26294	29924	33137	34544
		沿海南部地区	6826	8006	11276	23577	24469	55169	80935	94492

续表

类别	指标	地区	2012 年	2014 年	2016 年	2018 年	2019 年	2020 年	2021 年	2022 年
走出去	对外投资总额	沿海北部地区	310.03	712.11	1436.46	1737.59	1898.30	2077.88	2074.91	缺数据
		沿海中部地区	303.32	564.68	1516.83	2215.78	2507.29	2713.32	3023.45	缺数据
		沿海南部地区	326.08	595.87	1446.18	2382.43	2196.35	2693.44	2084.21	缺数据
	对外承包工程营业额	沿海北部地区	188.25	233.10	240.77	256.35	256.24	226.54	缺数据	缺数据
		沿海中部地区	169.92	205.32	224.40	232.53	248.11	223.56	缺数据	缺数据
		沿海南部地区	174.56	140.05	199.62	193.75	184.06	172.24	缺数据	缺数据

资料来源:EPS 数据库。

五、绿色发展

作为国民经济高质量发展的主攻方向,绿色发展是保障人与自然和谐共进的重要途径。为建设生产空间高效集约、生活空间宜居舒适、生态空间山清水秀的美丽中国,社会经济高度发达的沿海地区已成长为生态文明体制改革的急先锋。

自 2012 年起,沿海地区单位产出的生产生活"三废"排放量与产生量均呈减少态势,成功实现经济活动生态化。但是,沿海北部地区绿色发展情况欠佳:沿海北部地区单位产出废气排放量、单位产出固体废弃物产生量最多,其中 2022 年单位产出二氧化硫排放量依次为沿海中部、南部地区的 3.98 倍、2.01 倍,2022 年单位产出烟粉尘排放量分别是沿海中部、南部地区的 4.54 倍、2.24 倍,2022 年单位产出固体废弃物产生量依次为沿海中部、南部地区的 4.96 倍、3.49 倍(见表 0-3)。综上,沿海北部地区生态环境问题最为突出,是整个沿海地区绿色发展道路上的突出障碍,最具代表性的是 2015 年前后京津冀地区严重的雾霾天气。

表 0-3 2012—2022 年沿海北部地区、中部地区、南部地区
单位产出污染物排放量(产生量)

类型	指标	地区	2012 年	2014 年	2016 年	2017 年	2020 年	2021 年	2022 年
废水	单位产出废水排放量(吨/万元)	沿海北部地区	9.43	8.59	7.73	6.88	缺数据	缺数据	缺数据
		沿海中部地区	11.37	9.63	8.30	7.38	缺数据	缺数据	缺数据
		沿海南部地区	14.87	12.83	10.70	9.40	缺数据	缺数据	缺数据
废气	单位产出二氧化硫排放量(吨/亿元)	沿海北部地区	33.79	26.29	15.28	10.23	3.11	2.46	1.99
		沿海中部地区	16.95	12.94	5.97	3.68	0.82	0.59	0.50
		沿海南部地区	18.44	14.28	5.76	4.16	1.59	1.18	0.99
	单位产出烟粉尘排放量(吨/亿元)	沿海北部地区	21.24	27.98	17.43	11.30	5.03	4.17	3.04
		沿海中部地区	7.20	9.98	4.80	3.51	1.25	0.89	0.67
		沿海南部地区	9.68	11.20	6.08	4.56	2.23	1.59	1.36
废渣	单位产出固体废弃物产生量(吨/亿元)	沿海北部地区	7119.26	5988.97	4863.69	4882.59	4698.40	4485.42	4216.32
		沿海中部地区	1550.40	1349.95	1151.12	1076.73	886.75	876.86	850.82
		沿海南部地区	2378.01	1715.88	1312.32	1293.70	1246.53	1204.18	1209.10

资料来源:EPS 数据库,其中 2018—2022 年废水排放数据不再公布;2018—2019 年各类污染物排放(产生)数据均未公布。

沿海地区向绿色发展模式的高质量进阶离不开循环生产模式、绿色生活方式的指导。为协调资源环境承载力与社会经济发展,沿海中部地区响应国家打造主体功能区的号召,持续深化江、浙、沪三省市合作,调动社会公众力量,积极构建长三角绿色一体化发展示范区,形成了统一的区域生态环境与污染源监控平台。沿海中部地区在严格执行生态红线管控制度的基础上,于 2018 年完成了环保准入标准的全行业覆盖,力推循环

生产模式,从源头上有效遏制了污染。沿海南部地区也随之效仿,将粤港澳作为轴心,通过生产、生活污染物的跨省域协同治理,积极开拓珠江—西江—闽江生态经济带,成为绿色集约发展的战略高地。相比于沿海中部、南部地区,沿海北部地区的京津冀与辽宁、山东间缺乏紧密协作,环渤海省市并未实现联防联控,污染型企业从环境规制严格的京津迁出寻求污染避难所的现象依然存在,加之社会公众对绿色发展的参与度不高,波特假说效应未能充分释放,因此单位产出污染物减排依然面临较大压力。

第三节 新时代沿海地区高质量发展的路径

为充分发挥沿海地区带动国民经济高质量发展的引领作用,根据高质量发展的逻辑原点与逻辑主线,在把握沿海地区高质量发展现状、特征、突出问题的同时,应借助京津冀协同发展、长三角一体化、粤港澳大湾区建设的东风,不失针对性地从产业实力、创新能力、对外开放、绿色发展四大领域入手,在保证沿海地区经济中高速增长的同时助力高质量发展,增进新时代下人民的福祉。

具体而言,需遵循以下四点思路:(1)以结构优化与空间重组为引领,实施沿海地区高质量发展的产业升级战略;(2)以产研融合与园区营造为驱动,推行沿海地区高质量发展的自主创新战略;(3)以贸易相通与制度创新为抓手,设计沿海地区高质量发展的对外开放战略;(4)以可持续发展能力培育为核心,形成沿海地区高质量发展的生态文明战略。

根据上述总体思路,新时代沿海地区高质量发展的实现路径包括以下四个方面。

一、提升产业核心竞争力

提升产业核心竞争力是国民经济完成由高速增长向高质量发展过渡的重要一环。站在高质量发展的历史转折点,为提升产业核心竞争力、缩小与发达经济体的差距,沿海地区应做好以下两项工作。

第一，以高端制造业与现代服务业为双轮，共同驱动高质量发展。一方面，沿海北部地区、中部地区、南部地区分布有京津唐、长三角、粤港澳三大制造业基地，是夯实沿海地区国家制造业中心地位的主要抓手。三大制造业基地都应积极运用先进技术，不断创新管理模式，大力发展以集成电路、第五代移动通信、飞机发动机、新能源汽车为代表的高端制造业，并将其定位为优化全要素生产率的支柱产业。对尚处于制造业高质量转型关键时点的沿海北部地区、南部地区而言，在持续增加人力资本、知识技术等优质生产要素投入的同时，还需要连同沿海中部地区构筑高端制造业发展的互补机制，克服制造业全要素生产率不高的突出问题，进而巩固沿海地区国家制造业中心的地位。另一方面，随着新一轮科学技术革命浪潮的兴起，沿海地区服务业增加值占比已超过制造业，成为高质量发展的拉力。鉴于此，沿海北部地区、中部地区、南部地区都要坚持生产性服务业与生活性服务业并重，重点扶持以金融、现代物流、信息网络为代表的生产性服务业，以文化旅游、商业贸易、居家养老为代表的生活性服务业，塑造完备高效的现代服务业体系。沿海地区还要充分发挥信息技术高地的区位优势，引导高端制造业与现代服务业跨界融合，协同增进区域全要素生产率，发挥对高质量发展的正外部性。此外，根据党的二十大报告的精神，沿海地区还应将陆上产业同海洋产业相对接，以陆海统筹战略指导高质量发展。

第二，有序引导制造业梯度转移，重塑生产力空间布局。作为助推生产力重组的有效途径，制造业梯度转移能通过化解要素与产业的空间错配消除优化全要素生产率面临的障碍，从而释放各地区的竞争优势，共同朝着高质量发展的方向进军。在区域产业实力不平衡的现实情况下，各地区适合发展的主导产业不尽相同，这成为制造业跨区域梯度转移的现实基础。就京津唐、长三角、粤港澳三大沿海地区综合性国家制造业中心来说，新型钢铁、精细化工、电子信息等技术密集型产业已成为高质量发展时代的战略重心，以纺织、服装为代表的劳动密集型产业优势不再，应当通过产业转移示范区建设，积极引导沿海北部地区、中部地区、南部地区达到环境质量标准的相关产业分别沿着"南下""西进""北上"的路径向内陆地区迁移,谨防制造业向海外过度流失。在沿海三地区中,沿海北部地区、南部地区传统制造业的比重高于沿海中部地区,是顺利推进制造业梯度转移的决胜点,需要以针对性更强、优惠力度更大的规划性文件作为保障,谨防出现木桶效应,持续改善全要素生产率。

二、激发创新活力

在高质量发展的时代背景下,创新是新旧动能转换的不竭动力。为进一步强化创新对高质量发展的带动作用,补齐沿海北部地区、南部地区的创新能力短板,需要发挥创新要素与创新平台对激发创新活力的支撑作用。

第一,从微观层面看,充分尊重企业的创新主体地位,加快产学研一体化进程。要积极构建以企业为主体的创新机制,通过税收减免、加速折旧、盈亏相抵、延期纳税、信贷支持等优惠性措施,为创新企业提供丰富的资金、人才要素支撑,催化创新成果在生产实践中的转化应用,使创新企业永葆核心竞争力。在沿海三地区中,沿海中部地区创新企业的集中度要高于沿海北部地区、南部地区,创新的正外部性更强。要真正补齐沿海北部地区、南部地区的创新能力短板,就应将丰裕的资金、优质的人才配置到当地的骨干企业中去,让更多企业迸发出跻身百强创新企业的潜能,形成沿海三地创新企业“你追我赶”的良性竞合状态。创新不能仅依靠企业自身,还需要企业、高校及科研院所建立联动机制,以国家级大学科技园为空间载体,通过产学研一体化带动高质量发展。[①] 不同于百强创新企业的空间分布,沿海北部地区、中部地区、南部地区高校与科研院所数量大体相当,是产学研一体化坚实的组织基础,为激发区域创新活力提供契机。一方面,企业应为高校与科研院所的人才培养提供创新创业基地,不仅能让创新型人才更具实操能力,也能为自身储备丰富的潜在人力资本,从而更加顺利地开展创新实践;另一方面,高校与科研院所应当同

---

① 王晓玲:《国际经验视角下的中国特色自由贸易港建设路径研究》,《经济学家》2019年第3期。

业界密切交流,更精准地把握企业创新诉求,开发契合市场需要的专利产品,引导专利成果向业界转移。

　　第二,从宏观层面看,改善创新综合试验区的空间布局,实现"普遍沸腾"。作为知识、人才、技术等创新资源和要素的集聚地,创新综合试验区是区域创新网络的基本空间单元,对高质量发展至关重要。为此,新时代背景下沿海地区要积极借鉴北京中关村科学城、上海张江高新区"一区多园"管理模式与广州国际科技创新中心"四区合一"运营模式的成功经验,提升国家级自主创新示范区、国家级高新区的层次,通过深化创新综合试验区的政策实践有效解决沿海北部地区、南部地区创新能力偏弱的突出问题。更具体地,分区域而言,沿海北部地区应坚持世界眼光、国际标准、中国特色,创建数字智能雄安新区;沿海中部地区在整合上海张江、苏南、杭州、温甬自主创新示范区的同时,需增进同苏北、浙西的创新关联,铸成长三角创新共同体;沿海南部地区应将有效专利数突破百万件的粤港澳大湾区作为龙头,激发珠江—西江—闽江经济带的创新潜能,尽快步入高质量发展的健康轨道。在不远的将来,沿海地区将成为中国创新发展的黄金地带,有效带动内陆地区的高端化创新,形成"普遍沸腾"的态势,不断向创新型国家迈进。

三、发展高水平开放型经济

　　在经济全球化遭遇逆流的背景下,为降低沿海地区高质量发展所面临的不确定性,应从高水平对外开放中挖掘经济增长的潜力,以更强的经济韧性化解可能发生的系统性风险。

　　第一,调整进出口贸易结构,攀升至全球价值链中高端。作为对外开放的第一线,沿海地区在改革开放之初充分发挥劳动力成本优势,重点发展以中低端产品为主的加工贸易,成为世界工厂,这一时期,进出口贸易主要通过总量扩张带动经济社会发展。21世纪以来,在劳动力供给减少、土地价格上涨等多重约束下,传统加工贸易的优势不再。此外,在高质量发展的全新历史时期,受保护主义和单边主义的冲击,沿海北部地区、中部地区、南部地区进出口贸易波动明显。为在经济全球化逆流中化危为机,沿海地区在发挥人才、技术等新型要素禀赋优势的同时,都应继续将积极有为的自主创新作为第一要务,调动域内华为、华虹、奇虎、通用、大疆等百强创新企业的积极性,并借助"一带一路"的东风,加速移动互联网、新能源汽车、大型飞机、超级计算机等高附加值产品进驻国际市场的步伐,从而刺激进出口贸易总额的持续增长,努力攀升至"微笑曲线"两端,开拓高质量发展的新格局。遵循上述思路,沿海北部地区、南部地区进出口贸易相对滞后的局面将得到有效改观,将与沿海中部地区齐头并进,勇立经济全球化的时代潮头。

第二,加快自由贸易试验区建设,保障开放型经济行稳致远。为助力"引进来"与"走出去"高质量发展,沿海地区应逐步扩大自由贸易试验区的试点范围,沿海北部地区的秦皇岛与烟台、沿海中部地区的宁波与温州、沿海南部地区的湛江与北海等开放城市可作为具体选址。在增设自由贸易试验区试点的同时,沿海地区还需革新自由贸易试验区的微观制度设计,完成由外向型经济向开放型经济的高质量转型。为此,一方面,要创新沿海自由贸易试验区管理模式,大力推行以"单一窗口""一线放开、二线管住"为核心的监管服务改革,通过现代信息技术简化检验检疫、审批通关流程,为进出口贸易与对外经济技术合作提供最大限度的便利,促进前沿创新成果的跨国共享。① 另一方面,沿海地区自由贸易试验区要建立外商投资负面清单的动态调整机制,集中力量突破"准入不准营"的瓶颈,为外商资本的顺利进入提供有效渠道。在沿海三地区中,沿海中部地区最先获得自由贸易试验区试点权,是沿海北部地区、南部地区自由贸易试验区制度供给创新的可靠范本。通过理性借鉴沿海中部地区的有益经验,沿海地区对外开放将迈上新台阶。

四、深化生态文明建设

为建成资源节约型、环境友好型社会,就必须以高质量发展助推生态文明建设。沿海地区需将"绿水青山就是金山银山"的理念落实到生产

---

① 李猛:《新时代中国特色自由贸易港建设中的政策创新》,《经济学家》2018 年第 6 期。

生活实践中,在集约利用资源要素的同时,减少对生态环境的破坏,这对沿海北部地区尤为关键。

第一,注重循环生产,从供给侧高质量推进生态文明建设。一方面,对于钢铁、化工、建材、冶金等资本密集型产业而言,可通过就地绿色技术改造,释放环境规制的波特假说效应,继而更好地构建沿海优化开发区、重点开发区,巩固沿海地区绿色发展示范窗口的地位。目前,沿海北部地区、中部地区、南部地区的天津临港工业园区、上海化学工业园区、福建泉港石化工业园区等17家产业园区依靠节能减排技术的持续革新,被划定为国家级循环经济试点单位,探索形成了集"回收—再利用—设计—生产"于一体的闭环生产模式。推广循环生产模式,不仅能成功实现对资源要素的高效利用,还将有效降低上下游生产环节的污染物排放量与产生量,是新时代调和沿海地区经济效益、社会效益与生态效益的高质量蓝本。特别是对于废气、废渣排放量与产生量最高的沿海北部地区而言,大力推行循环生产的新型模式是根治生态环境问题的重中之重,事关沿海地区担当绿色发展示范窗口的时代使命。另一方面,对于纺织、服装等劳动密集型产业来说,跨区域梯度转移是关键。在此过程中,须同国家主体功能区战略相对接,遵守《产业转移指导目录》等政策性文件的相关规定,合理圈定各省(自治区、直辖市)转入与转出产业的主要门类,坚决避免高污染、高耗能行业由沿海向内陆的限制开发区、禁止开发区转移,防止内陆地区沦为污染避难所。

第二,倡导绿色生活,提高社会公众对生态环境治理的参与度。随着沿海地区居民物质生活的极大丰富,他们对优质生态环境的支付意愿也不断增强。为此,要发挥社区团体、公共媒介在宣传绿色生活方式中的重要作用,培养公众的环保责任意识与绿色消费习惯,倒逼社会生产模式高质量转型升级。沿海北部地区生态环境质量总体低于沿海中部、南部地区,但三地区社会公众对生态环境的支付意愿却大体相当。为此,沿海北部地区应努力学习沿海中部、南部地区的经验,通过创新生态环境治理体系确保社会公众切身参与到环保标准制定、环保制度设计、环境监督评估的过程中去,坚决避免污染物超标准排放,与沿海中部地区、南部地区一道,形成践行绿色发展理念的合力。① 进一步地,为广泛筹措资金与技术,在坚持沿海地区政府部门主体作用的同时,可尝试性通过建设—经营—转让(Build-Operate-Transfer,BOT)、政府与社会资本合作(Public-Private Partnership,PPP)等方式,将环保项目的经营权移交至民间组织、专家、学者等社会主体,高质量共建绿色环渤海湾、绿色长三角、绿色泛珠三角,提升沿海优化开发区、重点开发区的整体层次,筑牢生态文明的建设成果。

---

① 宋妍、张明:《公众认知与环境治理:中国实现绿色发展的路径探析》,《中国人口·资源与环境》2018 年第 8 期。

第一章　新时代高质量发展的
现实背景与理论机理

改革开放以来,中国国内生产总值已由 1978 年的 3678.7 亿元增至 2022 年的 1210207 亿元,年均增长率突破 10%,成为世界第二大经济体,人均国内生产总值也在 2019 年年底跨越 10000 美元大关,实现了经济的高速增长。但是,随着中国特色社会主义建设步入新时代,传统发展模式过于重视经济体量增加的弊病日益暴露,诱发了产业竞争力不足、创新成果转化困难、对外开放面临挑战、生态环境破坏等一系列现实病症,中国步入经济增速减缓的转型期。2012 年党的十八大以来,国家先后出台多项改革措施,在新发展理念的指导下,助力发展模式由要素、投资驱动转向创新驱动。党的十九大报告首次提出高质量发展的概念,强调中国正处在转变发展方式、优化经济结构、转换增长动力的攻关期。党的二十大报告指出高质量发展是全面建设社会主义现代化国家的首要任务,要求坚持以推动高质量发展为主题,把实施扩大内需战略同深化供给侧结构性改革有机结合起来,增强国内大循环内生动力和可靠性,提升国际循环质量和水平,加快建设现代化经济体系,着力提高全要素生产率,着力提升产业链供应链韧性和安全水平,着力推进城乡融合和区域协调发展,推动经济实现质的有效提升和量的合理增长。

站在继往开来的历史交汇点上,纵然中美贸易摩擦频仍、保护主义和单边主义盛行、新冠疫情全球蔓延,百年未有之大变局中险象迭生,但勤劳勇敢的中华民族仍然比历史上任何时期都更接近伟大复兴的中国梦。面向"十四五"时期,唯有牢牢牵住"高质量发展"的牛鼻子,将其作为完成"两个一百年"奋斗目标各项事业的行动指南,才能在变局中开新局、在危机中育新机,走上 2035 年基本实现社会主义现代化、2050 年建成社会主义现代化强国的康庄大道。本章将明确"十四五"时期中国高质量发展的现实背景,厘清高质量发展的理论研究进展及其基本逻辑。接着,本章将论述新时代区域经济高质量发展的新特征、新要求,并结合中国式现代化的科学内涵展开更为深入的阐释。

第一节　新时代中国高质量发展的现实背景

"十四五"时期中国面临的国际国内环境十分复杂,区域经济发展呈现出新趋势和新特征,正在迎接新挑战和新机遇。本节将总结归纳当前国际国内环境的突出特征,在此基础上重点探讨中国式现代化为高质量发展注入的新动能。

一、国际环境的三大特征

当前国际环境特点可概括为百年未有之大变局、百年未遇之大疫情、百年未有之科技发展。

(一)百年未有之大变局

"百年未有之大变局"是以习近平同志为核心的党中央基于对国际环境的深刻理解而提出的综合判断,其对世界的影响是方方面面的,是在经济、政治、社会、文化各领域都有所体现的系统性变局。[1] 百年未有之大变局最根本的特征是国际经济政治格局的变动、全球化的趋势在变。有研究指出,经济全球化退潮和全球产业链、供应链调整是推动形成大变局的深层因素,2008 年国际金融危机以后,全球价值链和供应链均由扩张转向收缩。[2]

---

① 段光鹏:《马克思世界历史思想视野中的"百年未有之大变局"》,《湖南社会科学》2021 年第 1 期。

② 王一鸣:《百年大变局、高质量发展与构建新发展格局》,《管理世界》2020 年第 12 期。

（二）百年未遇之大疫情

新冠疫情全球大流行使百年未有之大变局加速演变,给世界经济发展带来了高度的不确定性。新冠疫情在全球范围内的快速扩散导致全球经济体系更为脆弱,延迟复工、销售滞缓、进出口受阻、劳动力供给不足和供应链断裂等因素对产业发展影响较大。世界各国为了防止疫情扩散,实行"闭关锁国"的政策,人口和商品跨境流动大幅下降,全球自由贸易面临严峻挑战,世界经济发展受阻,全球经济分工不得不进行大调整。从世界疫情传播历史的角度看,这次疫情是自 1918 年全球大流感以来最为严重的一次全球疫情。新冠疫情使国际形势变得更为复杂,全球治理面临更多困难;对世界经济造成了巨大冲击,使全球经济深度衰退,保护主义和单边主义上升。新冠疫情不仅夺去了数百万人的生命,还拉大了全球长期存在的健康医疗、经济发展和社会治理差距。可以预见,新冠疫情将加剧贫富差距和社会分化,加剧地缘政治紧张局势。

面对百年未遇之大疫情,中国人民在中国共产党的领导下团结一心,疫情在国内基本得到控制,抗疫取得了阶段性胜利,为国内经济发展营造了安全稳定的环境,彰显了中国特色社会主义制度的优越性。国内学者基本认为疫情对中国经济的影响是外生的、阶段性的,并且是总体可控的,改变不了中国经济发展潜力大、韧性强的基本特征,改变不了中国经济发展长期向好的趋势。[①] 根据国家统计局相关数据,2020 年中国经济按可比价格计算,GDP 首次突破 100 万亿元大关,达到 1015986 亿元,比上年增长 2.3%,成为 2020 年世界主要经济体中唯一保持经济正增长的国家。其中,第一季度同比下降 6.8%,第二季度同比增长 3.2%,第三季度同比增长 4.9%,第四季度同比增长 6.5%。2020 年中国经济增长由负转正,2021 年与 2022 年经济增长率分别为 8.1%与 4.1%,这充分展示了中国人民应对经济发展中出现的各种困难的能力,也表明中国经济所特

---

①　刘伟:《疫情冲击下的经济增长与全面小康经济社会目标》,《管理世界》2020 年第 8 期。

有的发展韧性。

(三)百年未有之科技发展

目前,国内外的科技发展势不可当,大数据、人工智能、云计算和工业互联网等领域引起了广泛关注。科学技术的快速发展打破了传统的全球治理框架和贸易规则边界。要素和产业组织的高度信息化和国际化推动形成了新的全球治理机制。习近平总书记曾指出:"未来几十年,新一轮科技革命和产业变革将同人类社会发展形成历史性交汇。"①所谓的"历史性交汇"就是科技革命和人类社会发展相互作用,科技革命深刻改变人类生产生活方式。② 邓小平同志曾指出:"科学技术是第一生产力。"科技革命是推动人类进步的根本力量,在新一轮科技革命的推动下,当今世界经济出现数字化、网络化、智能化的趋势,使全球的科技、经济和贸易联系日益紧密。

在科技革命发展的同时,全球化又出现新的趋势,信息流动的成本几乎为零,各类要素的跨界流动性更强,地区间的经济竞争更为激烈。以中国为代表的新兴国家倡导自由贸易和维护多边主义,反对单边主义和保护主义,为全球发展带来新的动力。中国积极主动扩大对外开放,采取了建设海南全岛自由贸易试验区、主办世界进出口博览会等一系列对外开放措施,彰显了中国加快改革开放的步伐与积极拥抱世界、构建人类命运共同体的坚定决心。

二、国内环境的三大特征

国内发展形势包括加快构建新发展格局、经济增长保持平稳向好、要素集聚趋势加强三方面内容。

(一)加快构建新发展格局

为应对国际形势的变化,中国及时调整发展战略,将"十四五"时期国家的战略调整为:构建以国内大循环为主体、国内国际双循环相互促进

---

① 《习近平关于网络强国论述摘编》,中央文献出版社 2021 年版,第 129 页。

② 王丹、邱耕田:《习近平新科技革命观论析》,《中共中央党校(国家行政学院)学报》2019 年第 3 期。

的新发展格局。为加快构建新发展格局,区域经济发展将更加注重畅通国内经济循环,减少地区市场分割,加速推进区域经济一体化进程,加快形成优势互补和高质量发展的区域经济布局。

　　自加入世界贸易组织以来,中国经济由国内和国际双循环驱动,外循环在促进东部沿海地区经济发展过程中起着重要作用。[①] 当前的国际贸易形势是中国与发达国家之间的经贸关系由互补为主逐渐转向互补和竞争并存。"十四五"时期中国将继续扩大对外开放,但可能会有结构上的变化。比如,对外贸易依存度会继续下降,2020 年中国的对外贸易依存度是 31.84%,相对于 2006 年的 64.40%有了大幅下降,2008 年国际金融危机以前,中国对外贸易依存度总体上呈上升的趋势,此后持续下降(见图 1-1)。以发达国家作为参照,美国的对外贸易依存度在 18%左右,日本是 20%左右,参照上述发达国家的标准,今后中国对外贸易依存度还会进一步下降。未来中国"双循环"战略持续推进,对外贸易依存度持续下降是必然趋势,与此同时还要尽量保持出口与进口的总体平衡。

（单位：%）

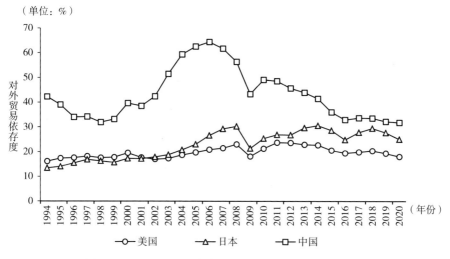

图 1-1　1994—2020 年中国、美国、日本对外贸易依存度

资料来源:EPS 数据库。

---

　　① 江小涓、孟丽君:《内循环为主、外循环赋能与更高水平双循环——国际经验与中国实践》,《管理世界》2021 年第 1 期。

新发展格局属于国家战略,而非区域战略。国内大循环不可能以某一个区域为单位进行循环,必然是全国统一市场的大循环。"双循环"的关键在于把握产业链条核心环节的技术,建立循环的枢纽或者节点,长三角、粤港澳大湾区、京津冀等区域,都具备形成这样的枢纽或者节点的条件。这些枢纽或者节点的主要任务是有效地聚集和配置国际资源。当前全国许多重要的城市都在抢占构建新发展格局的先机,积极打造国内大循环的枢纽城市,这说明中国构建新发展格局的实践对区域经济高质量发展具有引领作用。

(二)经济增长保持平稳向好

2020 年世界各国经济虽然受到新冠疫情的严重影响,但是中国仍然是世界主要经济体中唯一实现经济正增长的国家。这主要有三方面原因:(1)中国经济体量大、韧性足、抗风险能力强,正如习近平总书记所说,"中国经济是一片大海,而不是一个小池塘"[①],中国经济内需空间广阔,产业基础雄厚,经济发展潜力足,战略回旋空间大。作为一个发展中的大国,尽管 2020 年面临新冠疫情的冲击,中国经济增速、就业情况、物价指数等主要宏观调控指标均处在合理区间。中国可以充分利用发展中大国的优势,保持经济平稳增长,通过提升经济韧性推动经济高质量转型升级。[②] 在当前的国内外环境下,增强中国经济发展的韧性,应建立现代化的经济体系,提高自身应对外部冲击的调节和适应能力。(2)中国产业结构高级化加速,高科技产业在经济中的占比逐年上升,对"十四五"时期的区域经济发展产生很大影响。(3)区域经济对国民经济的支撑作用进一步增强,中国沿海地区的京津冀、长三角、粤港澳三大城市群,中部地区的长江中游、中原城市群,西部地区的成渝、关中城市群,东北地区的辽中南城市群,已经形成了稳定的区域经济发展态势,成为中国经济的压舱石。功能互补、联系密切的不同规模的城市在一定空间地域范围内的

---

① 《习近平著作选读》第二卷,人民出版社 2023 年版,第 218 页。
② 王永贵、高佳:《新冠疫情冲击、经济韧性与中国高质量发展》,《经济管理》2020 年第 5 期。

集中,可以形成新的更强的集聚效应。[①] 经济活动在空间上集聚形成的城市群已经成为中国区域经济发展的重要空间载体,在促进经济高效集约发展方面具有明显优势。

(三)要素集聚趋势加强

"十四五"时期中国将进一步推进城市化进程。根据国家统计局发布的数据,1978—2022 年,中国城市常住人口由 1.7 亿人增加到 9.2 亿人,城镇化率由 17.92%增加到 65.22%。自改革开放以来,中国城镇化率平均每年提升 1%左右,随着城镇化的快速推进,大量农村人口流向城市,到 2035 年,城镇化率预计可以超过 70%,这意味着 2035 年大概有 10 亿人在城市生活。劳动力、资本等生产要素的集中会提高经济整体的资源配置效率,从而使生产效益和经济规模得到提升,人均产出、城市化与工业化进程都会随之提高和改进。人口流动趋势逐渐由农村流向城市转变为城市与城市之间的人口流动,集中体现为不断向经济最为活跃的城市群集聚。经济活动向城市的集聚产生的集聚经济主要来源于公共基础设施的共享、生产要素的匹配和劳动者之间的互相学习三种机制。随着城市化进程的推进,未来,城市群将成为发挥集聚经济的主要空间经济组织形态,优势产业优势互补、功能明晰的城市群有望成为带动全国高质量发展的动力源。未来,京津冀、长三角、珠三角三大城市群在国际经济竞争中将扮演更加重要的角色。

第二节　新时代高质量发展的理论机理

本节将在系统梳理高质量发展研究进展的基础上,探讨高质量发展的基本逻辑,兼及高质量发展的逻辑原点与逻辑主线。

一、高质量发展的研究进展

立足新发展阶段,高质量发展的基本内涵可被概括为通过增强社会

---

① 张学良、李培鑫:《城市群经济机理与中国城市群竞争格局》,《探索与争鸣》2014 年第 9 期。

经济综合竞争力、注重生态环境可持续性以满足人民日益增长的美好生活需要的永续发展模式。① 中国共产党成立 100 多年来,中华民族完成了从站起来、富起来到强起来的历史性飞跃,社会主要矛盾已转化为"人民日益增长的美好生活需要和不平衡不充分的发展之间的矛盾",人民对美好生活的向往已拓展至创新驱动、协调共进、绿色高效、开放共赢、共享和谐等多个方面,这成为高质量发展的发力点。在此背景下,客观评价区域高质量发展水平,明晰其时空分异和演进轨迹,认清竞争优势和限制性短板,对于建成富强、民主、文明、和谐、美丽的社会主义现代化强国至关重要。

自新古典增长理论发轫以来,经济增长数量就成为了学界研究的聚焦点。部分国外学者借助计量模型,探讨政治环境稳定性、外商直接投资、信息技术革新、人力资本供给对经济增长数量的驱动作用。② 然而,随着依靠要素和投资驱动的传统模式的弊病日益暴露,经济增长质量逐渐进入学界视野。早期研究多将经济增长质量等同于经济增长效率,但近年来学界更偏好于将其作为同经济增长数量相对的规范性价值判断。③ 受新古典增长理论的影响,部分文献采用全要素生产率研究经济增长质量的时空演化规律。④ 鉴于中国不同区域的自然资源禀赋与经济

① 樊杰、王亚飞、梁博:《中国区域发展格局演变过程与调控》,《地理学报》2019 年第 12 期。邓祥征、梁立、吴锋:《展地理学视角下中国区域均衡发展》,《地理学报》2021 年第 2 期。樊杰、王亚飞、王怡轩:《基于地理单元的区域高质量发展研究——兼论黄河流域同长江流域发展的条件差异及重点》,《经济地理》2020 年第 1 期。

② Aisen A., Veiga F.J., "How does Political Instability Affect Economic Growth?", *European Journal of Political Economy*, No.29, 2013; Alfaro L., Chanda A., Kalemli-Ozcan S., "Does Foreign Direct Investment Promote Growth? Exploring the Role of Financial Markets on Linkages", *Journal of Development Economics*, No.2, 2010; Niebel T., "ICT and Economic Growth—Comparing Developing, Emerging and Developed Countries", *World Development*, No.104, 2018; Teixeira A.A.C., Queirós A.S. S., "Economic Growth, Human Capital and Structural Change: A Dynamic Panel Data Analysis", *Research Policy*, No.8, 2016.

③ 钞小静、惠康:《中国经济增长质量的测度》,《数量经济技术经济研究》2009 年第 6 期。钞小静、任保平:《中国经济增长质量的时序变化与地区差异分析》,《经济研究》2011 年第 4 期。

④ Zhang C., Kong J., "Effect of Equity in Education on the Quality of Economic Growth: Evidence from China", *International Journal of Human Sciences*, No.1, 2010.

社会条件存在差异,部分文献将研究尺度下移到省级或城市层面,通过索洛余值、数据包络分析(Data Envelopment Analysis,DEA)、随机前沿分析(SFA)的方法测度全要素生产率。[①] 黄志基和贺灿飞(2013)[②]运用 OP方法核算制造业企业全要素生产率,并将其加总至城市层面作为经济增长质量的表征,打通了宏观与微观的界限,为量化区域经济增长质量奠定了微观基础。保护生态环境是优化经济增长质量的必然要求,周亮等(2019)[③]将作为非期望产出的环境污染纳入 SBM-DEA 模型,测算中国不同城市的绿色全要素生产率,以此衡量经济增长质量。然而,单一指标无法揭示质量面的多维特征,因此,构造指标体系成为评价经济增长质量的主流方法。以王薇、任保平(2015)[④]为代表的研究团队,从结构、效率、稳定性、可持续性、福利等维度构思指标体系,结合主成分分析法、熵权法等技术手段,将中国经济增长质量可视化。受此启发,学者们从不同视角切入构建了多样化的指标体系,为科学认识中国经济增长质量提供了丰富的经验证据。

在高质量发展提出前,学界多围绕经济增长质量的概念及其评价方法进行研究。2017 年党的十九大召开后,高质量发展正式上升至国家战略层面,被赋予了理论研究与政策指引的双重科学价值,引发了学界的广泛关注。经济增长质量与高质量发展虽然都从"质"的视角出发,探讨经济社会运行状态的优劣,但二者的区别不容忽视:前者的落脚点依然是"增长";后者的落脚点则是"发展",不仅涵盖经济因素,也包括社会因素、生态因素、文化因素,外延更为广阔,充分彰显了人民对美好生活的

① 赵可、徐唐奇、张安录:《城市用地扩张、规模经济与经济增长质量》,《自然资源学报》2016 年第 3 期。刘浩、马琳、李国平:《中国城市全要素生产率的演化格局及其影响因素》,《地理研究》2020 年第 4 期。高艳红、陈德敏、张瑞:《再生资源产业替代如何影响经济增长质量?——中国省域经济视角的实证检验》,《经济科学》2015 年第 1 期。

② 黄志基、贺灿飞:《制造业创新投入与中国城市经济增长质量研究》,《中国软科学》2013 年第 3 期。

③ 周亮、车磊、周成虎:《中国城市绿色发展效率时空演变特征及影响因素》,《地理学报》2019 年第 10 期。

④ 王薇、任保平:《我国经济增长数量与质量阶段性特征:1978—2014 年》,《改革》2015 年第 8 期。

向往。

学者们在明确高质量发展的概念后,针对其评价方式展开了详细研究。李金昌等(2019)①紧扣高质量发展的内涵及外延,从新时代社会主要矛盾出发,借鉴欧美发达经济体的评价方案,构造了涵盖经济活力、创新效率、绿色发展、人民生活、社会和谐在内的指标体系。张军扩等(2019)②则构建了包括高效、公平与可持续的三维评估框架。尽管两套指标体系极具针对性,但是产品质量满意度、民生满意度、环境满意度等指标难以量化,可操作性略显不足,上述文献也并未予以具体测算。为弥补这一研究空白,学者们针对高质量发展进行了丰富的评价,主要包括以下四类:(1)高质量发展的空间分异。马茹等(2019)③站在高质量发展理论与实践的交汇点上,从供给、需求、效率、运行、开放5个维度选取28项指标,发现2016年中国省际高质量发展由东部、中部向东北、西部递减的梯度特征明显。马海涛和徐楟钫(2020)④、魏敏和李书昊(2018)⑤亦有类似研究。(2)高质量发展的时间演进。史丹和李鹏(2019)⑥从创新、协调、绿色、开放、共享的新发展理念出发,综合评价了21世纪以来中国高质量发展的总体态势,指出低投资效率、低出口附加值、高产出波动、高分配差距是当前高质量发展的主要约束条件。简新华和聂长飞(2020)⑦上溯至1978年,通过经济运行状态、产品与服务质量、经济效益、社会效益、生态效益等维度从侧面展现改革开放40多年来中国高质量发展波澜壮阔的历史画卷。(3)高质量发展的时空双维特征。前两类

① 李金昌、史龙梅、徐蔼婷:《高质量发展评价指标体系探讨》,《统计研究》2019年第1期。

② 张军扩、侯永志、刘培林:《高质量发展的目标要求和战略路径》,《管理世界》2019年第7期。

③ 马茹、罗晖、王宏伟:《中国区域经济高质量发展评价指标体系及测度研究》,《中国软科学》2019年第7期。

④ 马海涛、徐楟钫:《黄河流域城市群高质量发展评估与空间格局分异》,《经济地理》2020年第4期。

⑤ 魏敏、李书昊:《新时代中国经济高质量发展水平的测度研究》,《数量经济技术经济研究》2018年第11期。

⑥ 史丹、李鹏:《我国经济高质量发展测度与国际比较》,《东南学术》2019年第5期。

⑦ 简新华、聂长飞:《中国高质量发展的测度:1978—2018》,《经济学家》2020年第6期。

文献仅关注高质量发展在空间维度或时间维度上的变异性,未将二者纳入统一的研究框架。为此,王学义和熊升银(2020)[①]从动能转换、结构优化、绿色发展、稳定开放、人口发展五个方面切入,测度了1987—2017年中国各省份高质量发展的水平,发现高质量发展水平由东部省份向内陆省份递减的空间分异明显,但各省份高质量发展指数随时间推移均有所提升。与张旭等(2020)[②]的研究相呼应,欧进锋等(2020)[③]则响应新发展理念,合成了2010—2017年广东21座城市的高质量发展综合指数及分项指数,针对性总结了沿海城市与山区城市高质量发展的优劣势。化祥雨等(2021)[④]采用类似评价思路刻画了浙江省县域高质量发展的演进态势。(4)高质量发展的进一步延展性研究。刘涛等(2020)[⑤]、杜宇等(2020)[⑥]、赵瑞和申玉铭(2020)[⑦]通过构建指标体系综合评估了农业、工业、服务业等具体行业的高质量发展水平。

二、高质量发展的基本逻辑

高质量发展并非空谈,其背后有着深刻的现实逻辑,是新时代中国特色社会主义建设的使命所在。

一方面,社会主要矛盾转变是高质量发展的逻辑原点。40多年来,中国经济高速增长,在市场经济工具理性的支配下,经济活动参与者追求利润、收入,社会价值观存在明显的物质主义倾向。在中国

[①]　王学义、熊升银:《中国经济发展方式转变综合评价及时空演化特征研究》,《地理科学》2020年第2期。

[②]　张旭、魏福丽、袁旭梅:《中国省域高质量绿色发展水平评价与演化》,《经济地理》2020年第2期。

[③]　欧进锋、许抄军、刘雨骐:《基于"五大发展理念"的经济高质量发展水平测度——广东省21个地级市的实证分析》,《经济地理》2020年第6期。

[④]　化祥雨、金祥荣、吕海萍:《高质量发展耦合协调时空格局演化及影响因素——以浙江省县域为例》,《地理科学》2021年第2期。

[⑤]　刘涛、李继霞、霍静娟:《中国农业高质量发展的时空格局与影响因素》,《干旱区资源与环境》2020年第10期。

[⑥]　杜宇、黄成、吴传清:《长江经济带工业高质量发展指数的时空格局演变》,《经济地理》2020年第8期。

[⑦]　赵瑞、申玉铭:《黄河流域服务业高质量发展探析》,《经济地理》2020年第6期。

摘下生产力落后的帽子后,高速增长过程中蓄积的不平衡、不充分问题越发明显,社会主要矛盾已转化为"人民日益增长的美好生活需要和不平衡不充分的发展之间的矛盾",这表明单纯的"物质文化需要"已经无法满足人民诉求,人民对美好生活的向往已延伸至产业兴旺、科技创新、对外开放、生态环境等多个领域,成为中国高质量发展的根本发力点。

另一方面,国民经济步入"三期叠加"的新常态是高质量发展的逻辑主线。当前,中国正处在增速下行、结构调整、政策消化的转型阵痛期,传统增长模式下产业实力不足、科技成果转化困难、对外开放面临挑战、资源环境约束趋紧等现实病症突出,这就要求通过优化资源配置方式、重组产业体系、维系可持续增长等途径,完成中国经济的本真复兴。在此背景下,高质量发展被推向时代最前沿,为新时代下国民经济持续健康发展提出了一系列战略目标,具体包括:(1)经济保持中高速增长,运行在合理区间,居民收入接近中等发达经济体水平;(2)实体经济壮大,产业实力稳步加强,以技术革新为引擎促进全要素生产率持续优化;(3)创新型国家建设稳步推进,创新企业核心竞争力突出,创新活动的正外部性逐步释放;(4)全方位、多层次、宽领域的对外开放向纵深迈进;(5)循环生产模式、绿色生活方式普及,生态文明制度走向健全。上述战略目标涉及经济增长、产业实力、创新能力、对外开放、绿色发展五个方面内容,充分彰显了人民日益增长的美好生活需要的多维特征,是高质量发展需要关注的重点领域。

高质量发展的逻辑原点与逻辑主线并不孤立,而是相互作用、相互渗透:社会主要矛盾转变将诱发资源配置方式优化,继而引致产业体系重组与增长阶段进阶,最终驱动社会主要矛盾向更高阶转化。为构建"社会主要矛盾—资源配置方式—产业体系—增长阶段—社会主要矛盾"的逻辑闭环,就必须融合工具理性与人类价值目标,不断满足人民日益增长的美好生活需要,最大限度地改善经济基本面。

第三节　新时代区域经济高质量
发展的新特征与新要求

一、新时代区域经济高质量发展的新特征

步入新时代以来,区域经济高质量发展呈现出全新特征,主要表现为新型功能性平台持续孵化、经济带加速形成、新型主体功能区战略扎实推进。

(一)新型功能性平台持续孵化

区域经济发展需要以新型功能性平台作为战略骨架。步入新时代以来,中国政府密集出台了80多项国家级区域规划文件,圈定了包括自由贸易试验区、国家级新区、城市群与都市圈在内的一批功能性平台,在重塑中国经济地理格局的实践探索中起到了纲举目张的作用。

第一,自由贸易试验区。为充分利用国内国际两种资源、有效整合国内国际两个市场,中央于2013年在上海设立了第一个自由贸易试验区,开放型经济建设迈向全新层次。[①]随着自由贸易试验区的政策实践走向成熟,中国其他省(自治区、直辖市)也先后获批设立自由贸易试验区,尤以"十三五"时期最为迅猛:辽宁、浙江、河南、湖北、重庆、四川、陕西于2017年3月,海南于2018年4月,山东、江苏、广西、河北、云南、黑龙江于2019年7月,北京、湖南、安徽于2020年9月,新疆于2023年10月先后分5批开展自由贸易试验区实践,共包括18个省(自治区、直辖市),新增试点总面积多达35998.11平方千米。

第二,国家级新区。作为承载国家重大发展和改革开放战略任务的高地,国家级新区能够有效辐射带动周边区域发展。新时代背景下,中国先后设立了兰州新区、南沙新区、长春新区、赣江新区、雄安新区等15个国家级新区,共同构成国民经济高质量发展的节点。上述国家级新区分

---

① 岳文、陈飞翔:《积极加速我国自由贸易区的建设步伐》,《经济学家》2014年第1期。

属东北地区、中部地区、东部地区,与东北振兴、长江经济带建设、京津冀协同发展等空间战略相呼应,其中又以雄安新区最具代表性。设立雄安新区是同京津冀协同发展一脉相承的重大战略决策,疏解北京非首都城市功能的指向性明确,具有深刻的现实根源:同长三角、粤港澳城市群对比发现,京津冀城市群二级城市缺位,首都北京的极化效应持续叠加,诱发了一系列大城市病。针对上述情况,2015 年 2 月,习近平总书记在中央财经领导小组第九次会议上首次提出北京"非首都功能的疏解"的概念,将其作为京津冀协同发展实践的"牛鼻子"。① 2017 年 4 月,中共中央、国务院正式决定设立雄安新区,继深圳经济特区和上海浦东新区之后,抒写新时代"春天的故事"。此后,《河北雄安新区规划纲要》《河北雄安新区总体规划(2018—2035 年)》分别在 2018 年 4 月和 12 月得到正式批复,规划围绕城乡融合发展、营造优美自然环境、构建综合交通网络、高起点布局高端产业等方面展开了系统性论述,同《京津冀协同发展规划纲要》提出的"一核、双城、三轴、四区、多节点"空间格局形成呼应。

第三,城市群与都市圈。步入新时代以来,中国国家级城市群建设有条不紊地向前推进,哈长、成渝、长三角、中原、北部湾、关中平原、呼包鄂榆、兰西、粤港澳城市群先后获批设立。各大国家级城市群经济与人口要素的集聚效应显著:长三角、粤港澳城市群 GDP 总量超过 10 万亿元,长三角、中原、长江中游城市群常住人口数突破 1 亿人,长三角、呼包鄂榆、粤港澳城市群人均 GDP 达到 10 万元以上,正朝着空间上邻近且经济关联密切的统一体演化(见表 1-1)。在构建有序分工、错位发展的城市群等级体系的同时,国家还大力培育以城市群内部超大特大城市或辐射带动功能强的大城市为中心、以 1 小时通勤圈为基本空间范围的都市圈。为此,2019 年 2 月,国家发展和改革委员会颁行了《关于培育发展现代化都市圈的指导意见》,从基础设施一体化、统一开放市场孵化、优质基本公共服务资源共享、生态环境共保共治多维度切入,为营造空间结构清

---

① 孙久文:《雄安新区的意义、价值与规划思路》,《经济学动态》2017 年第 7 期。

晰、要素流动有序、产业分工协调的现代化都市圈指明了前进方向。① 此外，"十四五"规划纲要也旗帜鲜明地提出优化提升京津冀、长三角、珠三角、成渝、长江中游等城市群，发展壮大山东半岛、粤闽浙沿海、中原、关中平原、北部湾等城市群，培育发展哈长、辽中南、山西中部、黔中、滇中、呼包鄂榆、兰州—西宁、宁夏沿黄、天山北坡等城市群。

表 1-1　中国城市群高质量发展综合指数

城市群名称	"十四五"规划的战略定位	2012 年	2021 年
京津冀城市群	优化提升	59.39	64.66
长三角城市群	优化提升	64.64	73.49
珠三角城市群	优化提升	67.64	71.02
成渝城市群	优化提升	58.23	67.01
长江中游城市群	优化提升	59.85	67.33
山东半岛城市群	发展壮大	61.58	65.92
粤闽浙沿海地区城市群	发展壮大	62.20	69.63
中原城市群	发展壮大	56.84	65.18
关中平原城市群	发展壮大	55.45	65.58
北部湾城市群	发展壮大	59.70	65.61
哈长城市群	培育发展	59.50	62.68
辽中南城市群	培育发展	62.86	60.64
山西中部城市群	培育发展	60.21	65.60
黔中城市群	培育发展	52.98	66.00
滇中城市群	培育发展	54.68	62.50
呼包鄂榆城市群	培育发展	60.97	62.41
兰州—西宁城市群	培育发展	57.65	65.92
宁夏沿黄城市群	培育发展	51.62	58.81
天山北坡城市群	培育发展	60.26	67.08

资料来源：孙久文、蒋治、胡俊彦：《新时代中国城市高质量发展的时空演进格局与驱动因素》，《地理研究》2022 年第 7 期。

---

① 肖金成、马燕坤、张雪领：《都市圈科学界定与现代化都市圈规划研究》，《经济纵横》2019 年第 11 期。

(二)经济带加速形成

审视中国区域经济版图,12 个国家级城市群在东部、中部、西南、西北、东北五大板块均有分布,经济、人口规模存在显著分异。为将处于不同发展阶段的城市群纳入一体化的政策框架,可考虑采用经济带布局模式,将若干城市群增长极置于同一区域尺度下,从密度、距离和分割等维度联动城市群子网络,进而在"整体分散"的指引下助力协调发展。[1] 综合衡量各大城市群的经济社会发展水平,可重点培育以下三条经济带:

一方面,沿海经济带。在改革开放的长期实践中,分属沿海北部地区、中部地区、南部地区的京津冀城市群、长三角城市群、粤港澳城市群逐渐成长为沿海地区高质量发展的重心。伴随着京津冀协同发展、长三角一体化、粤港澳大湾区建设的稳步迈进,东部地区率先实现现代化的态势日益明显,一条以上海为中心、以京津和广深为南北两翼的网络化沿海经济带趋于形成。为打造全世界规模最大、网络化程度最高的沿海经济带,需要把握以下战略要领:第一,充分发挥中国特色社会主义先行示范区——深圳、共同富裕示范区——浙江、社会主义现代化建设引领区——上海浦东新区的龙头带动作用,助力沿海经济带成为中华民族伟大复兴的支撑带;第二,扶持北部湾城市群,助推广西尽快"脱西入东",在经济中高速发展的轨道上行稳致远;第三,将以福建为中心的海峡西岸城市群定位为"一带一路"核心区,贯通沿海中部的长三角城市群、沿海南部的粤港澳城市群;第四,以产业转型为第一牵引力,重视辽中南、山东半岛、东陇海等区域性城市群对沿海经济带"普遍沸腾"的催化剂作用,以期取得长足进步。

另一方面,长江经济带。早在 20 世纪 90 年代,长江经济走廊就被确立为拉动国家社会经济发展的主轴,成为颇具发展潜力的带状区域,与沿海发展战略相呼应,形成了"江海一体"的网络化空间格局。凭借黄金水道的独特优势,加之充裕的资本赋存、广阔的市场规模,连通东、中、西三

---

① 孙久文:《重塑中国经济地理的方向与途径研究》,《南京社会科学》2016 年第 6 期。

大地带的长江经济带正日益成为优质要素的集聚洼地,对国民经济增长的贡献率已接近50%。为切实保障长江经济带上中下游"普遍沸腾",需深入贯彻"一轴、两翼、三极、多点"的网络化空间布局方略,统筹长三角、长江中游、成渝等国家级城市群,黔中、滇中等区域性城市群,发挥对周边节点城市的扩散效应,积极引导下游产业向中上游有序梯度转移,加速长江经济带"整体分散"的步伐。

在谈及长江经济带时,不能忽视黄河流域生态保护和高质量发展,形成黄河生态带。2019年9月,习近平总书记在河南召开座谈会时将黄河流域生态保护和高质量发展定位为国家战略。黄河流域由于航运之利不济,加之缺乏门户城市与枢纽城市,目前尚不具备建成网络化国家级经济带的能力。针对这一现状,要坚持以黄河干流为依托,以西安、郑州、青岛等中心城市为极点,以中原城市群为核心增长极,携手关中平原城市群、呼包鄂榆城市群、兰西城市群、山东半岛城市群,通过开展流域水土综合治理、壮大生态农业与循环工业等系列举措构筑黄河生态带,辐射带动中上游陕甘宁革命老区、少数民族聚居区振兴,为黄河全流域"整体分散"保驾护航。

(三)新型主体功能区战略扎实推进

为形成主体功能明显、优势互补、高质量发展的国土空间开发保护新格局,要坚持贯彻分类指导的基本原则,将城市化地区、农产品主产区、生态功能区纳入统一的政策框架。

第一,为支持城市化地区高效集聚要素资源、保护基本农田和生态空间,需做到以下三点:(1)发挥中心城市的增长极作用,将其作为知识、人才等优质资源与要素的集聚地。作为现行城镇体系下的"塔尖",中心城市在整合资源要素、深化区域合作、促进国际交流等方面正扮演着日益重要的角色。为塑造多点支撑、协同发力的空间格局,在巩固北京、天津、上海、广州、重庆、成都、武汉、郑州、西安9座国家中心城市建设成果的同时,有选择地设立一批集引领、辐射、集散功能于一体的区域中心城市,尚未进入国家中心城市名册的省会城市、处于首位城市或次位城市行列的非省会城市可作为优先考虑对象。(2)推进基本公共服务均等化,引导人口合理化空间流动。为满足人民日益增长的美好生活需要,需要逐步完善幼儿养育、科学教育、收入分配、医疗卫生、养老与住房保障等基本公共服务,在共享互惠的发展道路上稳步行进。在将基本公共服务"蛋糕"做大的同时,将基本公共服务"蛋糕"分好也是城市化地区高质量发展面临的关键议题。一般而言,可支配收入相对较低的群体往往更需依靠优质的基本公共服务提升生活质量。因此,在扩大基本公共服务供给时,更要注重向弱势群体的倾斜。(3)守住农业生产的红线。粮食安全事关经济社会的繁荣稳定,城市化地区应当在城市空间扩张的浪潮中有效保护基本农田不受侵占,才能助力国家在风云变幻的国际政治经济大环境中把握主动权。

第二,为支持农产品主产区增强农业生产能力、支持生态功能区把发展重点放到保护生态环境上,要将以下四项作为抓手:(1)革新农业生产技术。技术革新是优化农业全要素生产率的关键着眼点。为驱动农业科技自主创新,农产品主产区要加快生物育种、农机装备、绿色增产等领域的技术攻关,推进农产品机械化生产,构建农业生产技术全域推广网络。(2)加大农业政策优惠力度。农产品主产区在将农业三项补贴合并为农业支持保护补贴、完善农机具购置补贴政策的同时,必须坚持市场化改革取向和保护农民利益并重,完善农产品市场调控制度,引导流通、加工企业等市场主体参与到农产品社会扩大再生产中去。(3)催化三产深度融合。其一,农业与第二产业的融合。为提高农产品的附加值,农产品主产区在扩大农业生产规模的同时,还要积极引进农业产业化龙头企业,兴建一批自动化生产线、自动化车间,提高农副产品加工率。其二,农业与第三产业的融合。农产品主产区要以生态农业为基本载体,开发旅游度假区、产业会展长廊,形成"山水相映、田林交错、产村相融、城乡一体"的新发展格局。(4)加快生态文明建设。一方面,不断加强生态环境安全性,保障生存和发展基础。各地要深入推进环境污染防治,认真梳理本辖区环境安全管理重点和薄弱环节,建立环境安全预警系统,制定有针对性的预案和对策,严密防控环境风险,确保环境安全。坚定不移实施主体功能区制度,加大生态保护与修复力度,加强生物安全管理,防治外来物种侵害,不断提升生态保护多样性、稳定性、持续性,确保生态安全。积极稳妥推进碳达峰、碳中和,坚持以"先立后破"原则深入推进能源革命,确保能源安全。另一方面,充分发挥生态系统"五库"功能。在加强生态系统保护和治理的过程中,进一步提高生态环境国家治理体系和治理能力现代化水平,将生态系统的种库(生物多样性)、水库(水源涵养)、粮库(食物供给)、碳库(生态碳汇)、钱库(经济发展)功能充分释放出来,确保粮食、水资源安全,为经济安全奠定坚实基础。

二、新时代区域经济高质量发展的新要求

面向"十四五"时期,站在继往开来的时代交汇点,在区域经济高质量发展的战略实践中要朝着不同尺度空间战略联动、产业有序转移、新型城镇化与乡村振兴并举、陆海统筹扎实推进、绿色发展步伐加快、开放型经济体制走向健全的方向迈进,不断满足人民日益增长的美好生活需要。

(一)联动不同尺度的空间战略

21世纪以来,以区域发展总体战略、主体功能区、京津冀协同发展、长江经济带、粤港澳大湾区、长三角一体化、黄河流域生态保护和高质量发展、城市群与都市圈、国家中心城市、国家级高新区、经济技术开发示范区为代表的空间战略层出不穷,为"十四五"时期逐步化解新时代人民日益增长的美好生活需要和不平衡不充分的发展之间的矛盾奠定了牢固的制度基础。

作为地理学区域学派的核心概念,空间尺度是指将特定的地理空间按照一定特征划分为若干不同等级的子系统,因此,层级性是区域的典型特征。就相应区域发展战略的空间属性而言,国家—区域尺度下战略的"空间中性"特征较为明显,旨在实现"整体分散";城市尺度下的战略更多地表现为"基于地区",目的在于"优势集中"。[1]"整体分散"与"优势集中"二者相互补充,使"普遍沸腾"的区域经济格局不断巩固,助力"十

---

[1]　孙久文、李爱民:《基于新经济地理学的"整体分散,优势集中"区域发展总体格局研究》,《经济学动态》2012年第5期。

四五"时期区域经济的本真复兴。根据上述尺度划分标准,国家—区域层面的空间战略包括区域发展总体战略、主体功能区、京津冀协同发展、长江经济带、粤港澳大湾区、长三角一体化、黄河流域生态保护和高质量发展、城市群与都市圈,城市层面的空间战略包括国家中心城市、国家级高新区、经济技术开发示范区。上述战略在地理空间上相互交织、相互渗透,将重新定义"十四五"时期的区域间分工,垂直尺度的跨越距离将逐渐消融。在认真贯彻现有空间战略的同时,"十四五"时期还应在"整体分散、优势集中"原则的指导下,重点塑造以大运河文化带、河西经济走廊、云贵川大金三角、区域性城市群、区域中心城市为代表的新型经济地理空间,在行政重组、空间重组与规划重组中推陈出新,让"普遍沸腾"的区域经济格局更加稳固。

(二)有序引导产业转移

步入后国际金融危机时代,原有国际产业转移格局发生了深刻变化:一方面,中国制造业向国外转移的态势开始显现;另一方面,国内劳动密集型制造业、资本密集型制造业自东部沿海地区向中西部地区转移的步伐也逐渐加快。

面对百年未有之大变局,"十四五"时期的产业转移将与更加复杂的国内国际形势相伴,呈现出以下新态势:第一,双向转移渐成趋势。在纺织、服装等劳动密集型制造业以及钢铁、石化、有色金属等资本密集型制造业向中西部地区转移的同时,新能源汽车、新材料、计算机等技术密集型制造业逐渐向更有效率的东部沿海地区转移。第二,交通基础设施的改善、新技术的推广削弱了制造业对劳动力、土地的依赖。在国家高速铁路网络渐趋完善的"十四五"时期,空铁联运降低了贸易成本,加之大数据、人工智能、物联网等先进技术的使用,使劳动力、土地等要素成本上升对制造业生产经营的约束有所减弱,国内产业梯度转移可能呈现放缓态势。第三,集群招商成为重要模式。集群招商从市场细分和专业化分工的角度出发,致力于引进配套项目与相关企业,通过共享、匹配与学习三大微观机制最大化集聚经济正外部性。

为更好地适应上述新特征,"十四五"时期要在因地制宜、分类指导的基本原则下,独资、合资、收购、兼并、非股权安排等方式并重,科学引导劳动密集型、资本密集型产业向中西部地区转移①,避免过度向东南亚、南亚的国家和地区"外流"。在肯定梯度推移主导地位的同时,不断优化产业结构,夯实东部地区京津冀、长三角、珠三角和东北地区辽中南国家制造业中心的地位。

(三)新型城镇化与乡村振兴并举

城乡深度融合是服务于新时代区域协调发展的关键一环。中国城镇化率已越过60%的关口,正由以农为本、以土为生、以村而治、根植于土的"乡土中国",进入乡土变故土、告别过密化农业、乡村变故乡、城乡互动的"城乡中国"。② 然而,在中国城市化进程中依然存在明显的城乡失衡现象,集中表现为以人口城市化为导向的人口结构失衡、以城市扩张和农村萎缩为主的空间失衡、以农村承接传统制造业转移为主的产业失衡、城乡管理体制分割的制度失衡、忽视中小城市过渡作用的城市体系失衡,这同区域差距相互交织,成为贯彻落实新时代区域协调发展战略进程中必须破除的障碍。

针对上述失衡现象,"十四五"时期要加快城乡深度融合的战略转型,就必须牢牢把握新型城镇化和乡村振兴两大战略要领,同步增进城市化的量和质,以城市和乡村为双轮驱动区域经济运行质量提升。为此,要重点抓好以下三项工作:第一,将人作为新型城镇化的核心要义。著名社会学家费孝通认为,中国社会属于典型的乡土性社会,村落是最基本的社区单元。由于土地的不流动性,孤立和隔膜成为人际空间排列关系的集中表现,使地缘、亲缘关系成为农业转移人口融入城市生活的主要障碍。为此,要在不断扩大幼儿养育、科学教育、收入分配、医疗卫生、养老与住房保障等领域的基本公共服务供给的同时,加速基本公共服务均等化进程,切实保障农业转移人口的城市权利,朝着"幼有所育、学有所教、劳有

---

① 魏后凯、年猛、李玢:《"十四五"时期中国区域发展战略与政策》,《中国工业经济》2020年第5期。

② 刘守英、王一鸽:《从乡土中国到城乡中国——中国转型的乡村变迁视角》,《管理世界》2018年第10期。

所得、病有所医、老有所养、住有所居、弱有所扶"的大同目标迈进。① 第二,践行农业工业化的构想。在土地配置制度优化、资本下乡、城乡人力对流的三维框架下,科学研判消费需求变动、制度革新所诱发的人地关系重构,催化农业生产的机械化与现代化,贴近国际产业技术前沿面。第三,城市文明与乡村文明的交汇融合。20 世纪 80—90 年代,在浩浩荡荡的城市化浪潮中,城市文明都被视作高于乡村文明的形态。随着城市化率越过 50%的门槛,住房紧张、交通拥堵、环境恶化等城市病日益困扰着城市人口的经济活动与社会生活,乡村成为此类社会群体的精神慰藉,近年来兴盛的农家乐、民宿、乡村旅游正是城市文明对乡村文明的呼唤。为此,要珍视乡村物质与非物质传统文化,紧扣特色小镇、美丽乡村建设的主旋律,发展乡村特色文化产业与文化事业,重塑山清水秀的居住环境、诗意盎然的人文环境,在弘扬现代城市文明的同时"望得见山,看得见水,记得住乡愁"。

(四)扎实推进陆海统筹

中国拥有的 300 余万平方千米的海洋国土,蕴藏着丰沛的矿物资源、化学资源、生物资源与动力资源,创造的生产总值在 2019 年已超过 8.9 万亿元,海洋开发与利用已成为衡量综合国力的标志。早在旧民主主义革命时期,时任临时大总统的孙中山就曾强调,中国的发展要"海权与陆权并重,不偏于海,亦不偏于陆,而以大陆雄伟之精神,与海国超迈之意识,左右逢源,相得益彰"。著名的《建国方略》中也将港口定位为"国际发展实业计划之策源地""中国与世界交通运输之关键"。新中国成立以来,中国共产党五代领导集体群策群力,重视海洋,发展海洋,海洋经济前途不可估量。党的二十大报告更是提出"发展海洋经济,保护海洋生态环境,加快建设海洋强国",将其作为促进区域协调发展的重要方式,并为"十四五"时期海洋经济高质量发展提供可靠遵循。

"十四五"时期为在更高层次上扎实推进陆海统筹,需要关注四方面

---

① 李迎生、吕朝华:《社会主要矛盾转变与社会政策创新发展》,《国家行政学院学报》2018 年第 1 期。

内容:第一,统筹海洋权益维护与海洋国际合作。遵循《联合国海洋法公约》的相关精神,在坚决维护中国海洋权益的同时,通过海洋保护与开发的国际合作有效化解当前国际政治经济形势下的各类不确定性,增进全人类福祉。第二,统筹海洋资源利用与生态环境保护。适时开展蓝色国土的主体功能区划分,与陆上主体功能区划分相互补充、相互增益。第三,统筹海洋产业结构优化与产业布局调整。牢牢抓住"蓝色粮仓"建设这一重心,积极开拓同海洋船舶工业、海洋油气业、滨海旅游跨界融合的新业态、新模式。① 第四,统筹近海优化开发与远洋空间拓展。打造一条以上海为中心、以京津和广深为南北两翼的沿海经济带,发挥蓝色增长极的引领作用,辐射近海、波及远洋。按照上述思路,"十四五"时期海洋经济的总量与质量、海洋开发的强度与利用时序将得到最大限度的协调,保障国民经济行稳致远。

(五)加快绿色发展步伐

绿色发展是缓和人地关系、构建现代化经济体系的必然要求。在18—19世纪短短一百多年内,西方资本主义国家迅速实现了工业化,社会生产效率显著优化。然而,西方资本主义国家在工业文明初期多采取以要素投入增加与经济规模扩张为主要特征的粗放型模式,引发了一系列环境公害事件,20世纪中叶的伦敦烟雾、洛杉矶光化学烟雾正是典型例证。相比于西方资本主义国家,建构于落后农业基础上的新中国仅用70多年时间完成了工业化进程,资源枯竭、环境污染与生态破坏的问题更为突出,"黑猫模式"亟待转型。党的十八大以来,以习近平同志为核心的党中央赋予了生态环境以生产力属性,秉承"绿水青山就是金山银山"的理念,从生产生活两方面论述了新时代构建资源节约型、环境友好型社会的构想。②

为建设山清水秀的美丽中国,"十四五"时期应综合考虑生态容量和

---

① 林香红:《面向2030:全球海洋经济发展的影响因素、趋势及对策建议》,《太平洋学报》2020年第1期。

② 胡鞍钢、周绍杰:《绿色发展:功能界定、机制分析与发展战略》,《中国人口·资源与环境》2014年第1期。

资源承载力的双重约束,高质量完成以下三项工作:首先,以优化绿色全要素生产率为导向驱动产业调整升级。加快绿色技术创新步伐,培育一批以新材料、新能源汽车、高端装备制造为主体的技术集约型产业,对钢铁、化工、冶金等传统产业部门实施绿色技术改造,释放波特假说效应,为实现绿色发展注入动力。绿色技术创新离不开人才、信息、技术等优质生产要素的物质支撑,为此,不同区域要着力实现税收减免、加速折旧、盈亏相抵、延期纳税、信贷支持等优惠性措施的一体化,为产业绿色发展创造良好的政策环境,助力绿色全要素生产率的区域协同优化。其次,优化生产力空间布局。根据《国务院关于中西部地区承接产业转移的指导意见》《产业转移指导目录》等政策性文件,以绿色发展为首要评价准则,圈定各省(自治区、直辖市)转入与转出产业的主要门类,坚决避免高污染高耗能行业向限制开发区、禁止开发区转移,防止其沦为污染避难所。[①] 最后,建立健全环境污染的联防联控机制。对水体治理而言,必须按照一体化标准实施对废水的无害化处理,着力改善跨行政区的大型水域水质。对大气与固体废弃物治理而言,要追根溯源,适时联动淘汰落后产能,释放环境规制的约束效应,从源头上遏制废气废渣的排放。值得注意的是,在生态环境治理进程中必然会出现开发地区、受益地区与受保护地区的分化,这就需要以系统优化思想为指导,健全跨区域生态补偿机制。

(六)健全开放型经济体制

改革开放以来,本着互利共赢的基本宗旨,中国先后设立了一批经济特区、沿海开放城市、沿海经济开放区、沿江开放城市、沿边开放城市,全方位、多层次、宽领域的对外开放格局已基本形成。2018年起,中美贸易摩擦频仍、保护主义单边主义抬头、新冠疫情全球肆虐等多种不确定性相互叠加,世界经济复苏面临多重困境,构建以国内大循环为主体、国内国际双循环相互促进的新发展格局时不我待。然而,以国内大循环为主体,并非与全球价值链脱钩,而是要更加坚定不移地走对外开放道路,以国内

---

① 戴其文、杨靖云、张晓奇、胡森林:《污染企业产业转移的特征、模式与动力机制》,《地理研究》2022年第7期。

国际两个市场两种资源激发区域经济发展活力。

"十四五"时期,为在更高层次上健全开放型经济体制,需要抓好两方面工作:一方面,深化自由贸易试验区的试点实践。在扩大自由贸易试验区试点范围的同时,不断优化自由贸易试验区的微观制度设计,扎实推进以"一线放开""二线安全高效管住"为核心的监管服务改革,通过"单一窗口"建设为国际经贸往来提供线上渠道。[①] 在发展进出口贸易的同时,还应积极创造有利的政策环境,吸引外商投资、到境外投资、对外承包工程与劳务输出并举,在"引进来"与"走出去"的实践中融入国际经济技术合作网络。另一方面,拓展国际合作的领域。在经贸合作的同时,还要积极加深信息技术、文化教育以及非传统安全领域的合作,从而更好地适应错综复杂的国际政治经济环境。具体而言:其一,通过建设以大数据、云计算、物联网为技术支撑的信息大通道,弱化同其他国家和地区间的数字鸿沟效应;其二,积极挖掘特色文化资源,携手其他国家和地区举办各类文化交流活动,增进人民的文化认同感,中俄青年友好交流年、国际青年创意文化周正是成功的典范;其三,中国在自然灾害、公共卫生、恐怖主义、跨国犯罪等非传统安全领域与众多国家和地区休戚与共,各方要加强联防联控,将深化对外开放面临的风险扼杀在萌芽状态。

第四节　中国式现代化视域下
区域高质量协调发展

中国式现代化是一项系统工程,区域协调发展正是其中不可或缺的关键一环。从理论逻辑看,作为新时代做好经济工作的根本遵循和行动指南,习近平经济思想将马克思主义思想与中国具体实际相结合,以"美""实""效""协""共"为鲜明特征,其中"协"即对空间发展提出了均衡、协调与包容的基本要求。

[①] 李猛:《新时代中国特色自由贸易港建设中的政策创新》,《经济学家》2018年第6期。王晓玲:《国际经验视角下的中国特色自由贸易港建设路径研究》,《经济学家》2019年第3期。

一、中国式现代化视域下区域协调发展的科学内涵

中国式现代化是中国共产党领导下的社会主义现代化,既广泛吸收了全球现代化的一般性经验,更充分彰显了符合中国国情的独特风貌。党的二十大报告明确了中国式现代化不同于西方现代化的五大特征,旨在突破西方现代化面临的困境。

中国式现代化对区域发展提出了需要协调好的重点关系,为深刻理解区域协调发展的丰富内涵提供了全新视角。在中国式现代化的实践中坚持区域协调发展,需要自觉纠正重经济增长、轻质量优化,重效率提升、轻公平正义,重物质成果、轻人文价值,重眼前利益、轻长远福祉的不良倾向,避免社会经济发展陷入失衡状态。① 为此,在区域高质量的协调发展过程中,需要平衡好人口集聚和地区差异、培育经济增长极和追求空间正义、经济发展和文化传承、总量增长和结构转型、发扬本地优势和融入全球市场这五对矛盾关系。

(一)协调人口集聚优势和地区差异

中国式现代化是人口规模巨大的现代化,要求区域发展协调好挖掘人口集聚优势与关注地区差异。中国是拥有 14 多亿人口的世界第二大经济体,人口规模巨大对中国式现代化而言具有两面性:一方面,人口规模巨大意味着拥有庞大的劳动力数量、广阔的统一大市场,抵御外生冲击的能力较强;另一方面,人口规模巨大还意味着缩小区域差距、城乡差距、收入分配差距面临着巨大挑战。

现代化的本质是人的现代化。我国的现代化绝不是为少数地区、少数群体服务的现代化,而是全体人民共建共享的现代化,以此实现人的全面自由发展。据此,区域发展一方面要充分利用好超大规模人口优势,在空间上引导生产要素形成集聚态势,通过高密度下的学习、匹配等机制,进一步提升劳动力生产效率;另一方面也要关注在各地区自

---

① 孙久文:《论新时代区域协调发展战略的发展与创新》,《国家行政学院学报》2018 年第 4 期。

然禀赋差异较大的国情下,人口的技能素养、教育水平和生活质量显著分化。我国作为人口大国,仍有一部分农业剩余劳动力持续向外转出,能够满足"制造大国"优势下所需的密集劳动需求。同时也需要注意,随着人口增速见顶和替代技术应用,现代化的人口驱动力将越发转向结构上的突破,包括更多居民享受到城市的现代化生活环境、大城市之外区域的内需得到更大释放、欠发达地区的劳动力综合技能不断提升、人口和产业在空间布局上更加协同等。总之,在新形势下实施区域协调发展战略,既要按照客观规律强化利用集聚效应,引导人口实现合理有序转移,也要因地制宜完善调整区域政策体系,不断帮助特殊类型地区开辟合适的发展道路,实现在集聚中走向普遍发展,在发展中营造相对平衡。

（二）协调经济增长极培育和空间正义

中国式现代化是全体人民共同富裕的现代化,要求区域发展协调好释放经济增长极潜力与维护空间正义。共同富裕是中国特色社会主义的本质要求,是一个长期的历史过程,不可能一蹴而就。在全面建成小康社会的目标达成后,中国式现代化将共同富裕作为接续奋斗目标,着力缩小城乡和区域发展差距、人群间收入分配差距,不仅能更充分地解放和发展生产力,还能更好地满足人民日益增长的美好生活需要。

从空间经济学视角出发,培育增长极和追求空间正义是实现共同富裕的两大条件,前者是"做大蛋糕",后者是"分好蛋糕",两者辩证统一,不可偏废。马克思和恩格斯早在考察资本主义城乡发展历程时,就发现在以工业化、城市化为形态的聚集活动中,区域之间的空间分化往往也会加大,容易导致以人本价值丧失、资源空间分配不均、污染空间转嫁等为典型特征的空间非正义现象。在经济生产高效集聚的基础上追求进一步的空间正义,是社会主义现代化建设过程中区域发展的基本要求。据此,区域发展一方面要促进人口、资本、技术、土地等各类要素合理流动和高效集聚,以中心城市、城市群、都市圈为重点主体,加快提升发展优势地区的经济活动和人口的承载力;另一方面也要增强其他地区在保障特定产业、粮食农业、自然生态、边疆领土等方面的功能,不断缩小地区间人均生产总值和平均生活质量差距,形成优势互补、高质量发展的区域经济生产力布局。党的十八大以来,一套区域协调发展的制度体系得以建立健全,区域战略统筹、区域合作互助、区域利益补偿、区域结对帮扶、区域市场一体化等机制发挥显著成效。作为全面建设社会主义现代化国家的排头兵,东部沿海地区现代化水平进一步提高,其他地区同样享受到了发展成果。迈向物质生活水平更高的阶段,人民对正义的感知和追求越发强烈,城乡之间、城市群之间,甚至同一个城市内不同群体的利益矛盾更加凸显,一些违背机会均等和社会公平的深层次制度束缚亟待松绑,发达地区发展的外溢范围和涓滴效应需要加强,区域治理能力和治理体系现代化的提升空间还很大。随着社会发展转入效率与公平并重的阶段,未来在壮大优势增长极潜力的基础上,区域发展要重点紧抓保障人民发展机会均等、推进公共物品供给侧结构性改革等分配领域的优化工作。

(三)协调经济发展和文化传承

中国式现代化是物质文明和精神文明相协调的现代化,要求区域发展协调好促进区域经济生产与保护地方特色文化。物质富足和精神富有是中国式现代化的"车之双轮、鸟之两翼"。中国式现代化在夯实人民群众幸福生活物质基础的同时,还要以先进文化为引领,弘扬社会主义核心价值观,充分融合地方历史文化的人文价值和经济价值,广泛发挥地域精神对凝聚当地社会力量的主心骨作用。通过挖掘、发扬各地纷繁优秀的文化内涵,牵动起人民群众为中国式现代化出谋划策的主观能动性,最终促进物的充实丰裕与人的全面发展。

没有坚实的物质技术基础,就不可能全面建成社会主义现代化强国,但仅有强大的经济实力却缺乏先进的思想文化引领,极易坠入虚无主义、享乐主义的陷阱。据此,区域发展一方面要始终坚持以经济建设为中心,以高效生产提升社会发展实力和人民生活水平;另一方面也要高度关注当地教育事业和居民精神世界,保护、传承、发扬好本地优秀传统文化。为实现区域经济产业和文化保护协同发展,习近平总书记曾提出:"围绕国家重大区域发展战略,把握文化产业发展特点规律和资源要素条件,促进形成文化产业发展新格局"[①]。近年来,一系列创新举措得以落地:一方面,建立新型区域文化开发保护体制机制。例如,在2021年正式设立了首批国家公园,突破了长期以来行政单元负责制的弊端,以中央层面牵头统一保护、配置跨区域的自然文化资源,为盘活地区宝贵文化要素、满足更高文化消费需求提供了优质平台。另一方面,立足地方独特文旅风貌促进当地经济社会发展。例如,以红色文化、民俗文化等见长的特殊类型地区,充分利用互联网、新媒体打造地域特色品牌,开辟有效创收渠道,以文化振兴助力乡村振兴,通过文化开发提升区域内生发展动力。又如,在黄河流域生态文明和高质量发展战略确立后,各主体、全流域聚力挖掘黄河文化宝库,建立起保护传承弘扬黄河文化的"1+3+9"规划体系,为提升中华民族文化自信与民族自豪注入一针强心剂。

(四)协调总量增长和结构转型

中国式现代化是人与自然和谐共生的现代化,要求区域发展协调好保证增量合理水平与加快发展方式转型。面向现代化建设,更高的发展阶段在"量"的基础上,也对"质"提出了更高要求。受经济利益最大化驱使,西方国家在工业文明初期多采取"先污染、后治理"的粗放模式,引发了一系列环境公害事件。生态环境问题归根结底是生产模式与生活方式问题。为缓解资源环境约束,中国式现代化恪守"绿水青山就是金山银山"的理念,贯彻以节约优先、保护优先、自然恢复为主的方针,向着美丽中国愿景进发。

为绘制生产空间高效集约、生活空间宜居舒适、生态空间山清水秀的美丽中国蓝图,需将"绿水青山就是金山银山"的理念落实到区域协调发展实践中,在集约利用资源要素的同时,减少对生态环境的破坏,维系和谐的人地关系。据此,区域发展一方面要在供给侧结构性改革和需求侧管理方面持续配合发力,建立完善现代经济体系,保证区域经济平稳顺畅运行;另一方面也要积极探索绿色发展、低碳发展模式,推动人口、资源与环境的可持续交互。在这个过程中,要辩证认识这一关系——总量增长

---

① 《习近平谈治国理政》第四卷,外文出版社2022年版,第311页。

并不排斥结构转型,方式转变也并不意味着牺牲经济利益。不同发展阶段和主体功能的地区,要制定科学可行的异质性方案,对于先发优势地区(通常是城市化地区),需要渐进式地推进产业转型,以自主科技创新和现代化治理改革为催化剂,强化当地经济发展内生活力,更好地协同带动结构转变和消化转型中的阵痛。对于生态功能区、农产品主产区等特殊功能区域,首要任务是守住环境安全、粮食安全等底线,在此基础上与动力源地区共同打造高质量发展的动力系统。

(五)协调本地优势和全球市场

中国式现代化是走和平发展道路的现代化,要求区域发展协调好壮大本地比较优势与融入全球市场体系。历史表明,战争、殖民、掠夺是西方国家推进现代化的代名词,给发展中国家的广大人民带来了深重灾难。中国式现代化始终奉行独立自主的和平外交政策,聚精会神搞建设,一心一意谋发展,同国际进步力量一道反对霸权主义和强权政治,携手共建人类命运共同体。

不同于许多国家受限于国土面积小、禀赋条件弱等因素,我国在广阔的市场前景和丰富的地域环境的支撑下,能够走出一条"内涵式"发展的和平道路,从而天然地规避了以商品倾销、对外扩张为典型手段的"侵略式"现代化模式。此外,中华民族自古以来与世界保持紧密友好交流的优良传统,能够在当代经济全球化和后发国家现代化的大势中发扬光大。据此,区域发展一方面要立足本地比较优势和全国战略大局,培育壮大当地优势产业,加快融入国内大循环系统,在打破行政区壁垒、畅通要素流动、基本公共服务均等化、基础设施对接、产业关联配套等方面久久为功,避免陷入要素争夺、重复建设、市场封锁的负和博弈;另一方面也要放眼海外广阔机遇和全球分工市场,将"走出去"和"引进来"更好地结合,加快融入国内国际双循环系统,推动更多蕴含中国智慧的产品、服务和标准走向世界,吸引更多全球各地的优质资金、技术和人才前来交流。总之,在国内区域协调共进的过程中,我们也能更好地让世界人民共享中国发展的普惠红利,为全球各地推进现代化事业贡献中国方案。

二、中国式现代化视域下区域协调发展的总体思路:高质量发展

高质量发展是中国式现代化赋能区域协调发展的总体思路。高质量发展能确保先发地区率先完成转型计划,以便更好地支持后发地区,在中国式现代化的康庄大道上行稳致远。

高质量发展为科学谋划区域战略、全面实施区域政策、优化区域生产力布局提供了参照系。结合党的二十大报告强调的区域发展总体战略、区域发展重大战略、主体功能区战略、新型城镇化战略,中国式现代化视域下高质量发展驱动区域协调发展的总体思路包括:

第一,四大板块高质量发展驱动区域协调发展。从1999年起,国家先后出台西部大开发、东北振兴、中部崛起战略,与东部率先发展战略相配合,区域发展总体战略基本成型。为打开中国式现代化新局面,四大板块围绕高质量发展进行了系列探索,增进了区域发展的平衡性。[①] 东部地区发挥创新要素集聚优势、培育世界级先进制造业集群、参与高层次国际经济合作并举,中部地区在长江与铁路沿线打造中高端产业集群、承接新兴产业布局和转移、夯实粮食生产基础、支持淮河汉江生态经济带建设并行,西部地区加快基础设施建设、壮大特色优势产业、补齐基本公共服务短板并重,东北地区深化国有企业改革、改善营商环境、改造传统优势产业,培育新兴产业并进,以“穷”“堵”“老”为主要表现的区域问题迎刃而解[②],四大板块差距在高质量发展的实践中趋于弥合。

第二,五大经济区高质量发展驱动区域协调发展。2012年党的十八大以来,国家实施京津冀协同发展、长江经济带、粤港澳大湾区、长三角一体化、黄河流域生态保护和高质量发展相继实施,为区域发展重大战略添

---

① 李国平、孙瑀、朱婷:《“十四五”时期优化我国经济空间结构的若干对策建议》,《改革》2020年第8期。

② 张可云:《新时代的中国区域经济新常态与区域协调发展》,《国家行政学院学报》2018年第3期。

砖加瓦。① 为开拓中国式现代化新境界,五大经济区立足高质量发展久久为功,提高了区域发展的协调性。京津冀疏解北京非首都功能、高标准建设雄安新区与北京城市副中心、盘活产业链与创新链并举;长江经济带整改全流域生态环境问题、设计江海陆交通运输体系、释放产业联动优势并行;粤港澳大湾区推进产学研一体化、加快交通枢纽建设、破除广东与港澳制度壁垒并重;长三角对标国际先进科创能力与产业体系、强化开放型经济集聚功能、改善公共品供给并进,黄河流域以水定产、以水定城兼顾,区域差距在高质量发展的轨道上趋向缩小。

第三,三大功能区高质量发展驱动区域协调发展。推动人口、资源与环境可持续发展是中国式现代化引领下高质量发展的必由之路。2021年3月,"十四五"规划纲要指出要完善以城市化地区、农产品主产区、生态功能区为骨架的主体功能区制度,同2011年6月《全国主体功能区规划》一脉相承。为形成优势互补的国土空间格局,三大功能区紧扣高质量发展的科学内涵,助力区域发展在可持续发展中迈向协同。城市化地区不断优化中心城市与城市群的综合承载力,农产品主产区持续增强农业生产能力,生态功能区稳步优化生态安全屏障体系,践行了维护人地关系和谐的高质量发展要求,国土空间协调共进的新机制渐趋成熟。②

第四,城市群高质量发展驱动区域协调发展。继"十一五"规划纲要强调"要把城市群作为推进城镇化的主体形态"起,常住人口城镇化率逐年稳步提升,人口规模巨大的中国式现代化红利不断释放。为巩固"两横三纵"的新型城镇化战略格局,城市群统筹推进要素自由流动、资源高效配置、基础设施对接、产业关联配套、基本公共服务均等,塑造了多中心、多层级、多节点的高质量网络空间格局③,促使城市群内先发城市与后发城市的差距持续缩小,开拓了区域协调发展的新境界。党的二十大

① 李兰冰、刘秉镰:《"十四五"时期中国区域经济发展的重大问题展望》,《管理世界》2020年第5期。

② 肖金成、杨开忠、安树伟:《国家空间规划体系的构建与优化》,《区域经济评论》2018年第5期。

③ 方创琳:《新发展格局下的中国城市群与都市圈建设》,《经济地理》2021年第4期。

报告更加关注以城市群、都市圈为重要依托,并将成渝地区双城经济圈建设纳入国家重大区域发展战略版图。

第五,县域高质量发展驱动区域协调发展。推进中国式现代化要求深入贯彻新型城镇化战略,而县域是推进新型城镇化的重要空间,县城是构成城镇体系的重要一环。长期以来,我国关于县城的发展规划较为缺失,对县域的认知和重视远远不够,强调推进以县城为重要载体的城镇化建设,是对城市群、都市圈战略的补充夯实,有助于大中小城市协调发展和乡村振兴。当前我国有超过 1800 个县域单元,其内部发展分化和禀赋异质性很大,需要以"因地制宜,分类施策"的科学方式确立不同县域的综合定位、城镇化建设、特色产业发展等各方面事项。

三、中国式现代化视域下区域协调发展的价值目标:共同富裕

基于区域发展不平衡不充分的深刻矛盾,实现区域普遍繁荣是中国式现代化的奋斗目标和本质要求。随着全面建成小康社会如期实现,人民对美好生活的向往将更加强烈,区域协调发展的价值目标转向推进共同富裕。

共同富裕象征着中国式现代化下生产力和生产关系的高度和谐、物质文明和精神文明的协调丰裕、不同空间和全体人民的普遍繁荣。[①] 区域协调发展就是要在中国式现代化的顶层设计框架下,以实现共同富裕为基本目标。过去较长一段时间内,"区域协调发展"的内涵较为简单,主要聚焦缩小区域间生产总值差距;各地方注重经济增长速度的追赶,强调空间的经济价值和生产功能,忽视了其背后还承载着人民生活、育儿养老等更为丰富的意蕴。随着党的十九大将区域协调发展上升为国家战略之一,新时代下区域协调发展的科学内涵更加明确,即向着实现基本公共服务均等化、基础设施通达程度比较均衡、人民生活水平大体相当而努

---

① 王维平、薛俊文:《中国式现代化新道路的"总体性"阐释》,《北京行政学院学报》2022年第1期。

力。中国式现代化驱动下三大目标的统一指向,就是实现不同群体、不同地区的共同富裕。具体来说,一方面,"人民生活水平大体相当"是中心目标,体现了以人为本和人民至上的发展要求,更加强调从增强居民获得感和幸福感的角度提升社会文明程度;另一方面,基本公共服务和基础设施旨在提高民生福祉、促进社会经济高质量发展,深化公共教育、医疗保障、就业兴业等基本公共服务供给侧结构性改革是第一动力,加快织密各类基础设施网络是重要手段,进而不断缩小先发地区和后发地区的生活质量差异。

推进共同富裕事业的重点矛盾落脚于各类尺度的空间分化,具体表现为依旧存在的沿海与内陆梯度差距、不断扩大的南北分野、仍未消弭的城乡二元形态、城市群都市圈内部失衡等。其中,城乡差距又是最大的短板。提升"三农"现代化水平始终是推进中国式现代化的关键命题。随着中国城乡一体化战略上升至城乡融合视角,今后应在高质量城镇化和乡村振兴的实践中缩小城乡差距。① 一方面,要从粗放型的土地扩张转型为可持续的"精明增长",关注实现人的城镇化和人的现代化,坚持人民城市人民建、人民城市为人民;另一方面,坚持农业农村优先发展,在城乡要素交流畅通、农业现代化综合体系建设、农村土地制度改革等领域全面助力乡村振兴,达成"以工促农,以城带乡,城乡融合,协调发展"的良性互动格局。2023年,中央一号文件继续把"三农"问题作为工作重中之重,以全面推进乡村振兴为主题,强调抓紧抓好粮食和重要农产品稳产保供、加强农业基础设施建设、强化农业科技和装备支撑、巩固拓展脱贫攻坚成果、推动乡村产业高质量发展、拓宽农民增收致富渠道等九大重点工作,为农业农村现代化发展指明了前进方向。

特别注意的是,推进共同富裕是一个长期历史进程,并非以"绝对平均"达成迅速的"同步富裕",而是需要遵循渐进探索、先行先试、逐步推广的中国式现代化模式。作为首个高质量发展建设共同富裕的示范区,

---

① 刘培林、钱滔、黄先海:《共同富裕的内涵、实现路径与测度方法》,《管理世界》2021年第8期。

浙江将在提高发展质量效益、深化收入分配制度、缩小城乡区域发展差距、协调物质文明和精神文明、推行绿色低碳发展模式等方面,探索出一套行之有效、可供借鉴的经验模式。选择浙江作为共同富裕示范区的布局点,是充分考虑了其在经济发展、地区协调、城乡格局等方面的独特优势,在政策传导上有很大推广潜力。从地理特性来看,浙江在有限的面积内包括了丰富的地理元素。浙江拥有平原、盆地、丘陵、海岛等各种地貌,其"七山一水二分田"的结构类似于一个缩小版的中国,从中孕育了多样连贯的城乡格局。从发展基础来看,浙江省内的发展平衡程度较高。浙江不仅在经济总量上位居全国前列,其各区县、城乡间的发展差距也远低于全国平均水平。从改进方向来看,浙江在完善城乡融合和区域协调的体制机制、有效提高低收入群体收入的长效机制等方面还有很大的优化空间,能够在先行探索过程中摸索出一套可推广复制的模式。2022 年,浙江全省人均可支配收入超过 6 万元,城镇和农村居民可支配收入持续位居全国首位,城乡居民收入倍差进一步缩小到 1.9,扎实推进共同富裕示范区建设取得卓越成就。

四、中国式现代化视域下区域协调发展的空间动能:新发展格局

在中国式现代化的新征程上,中国区域协调发展开启存量优化和增量挖掘并进的新局面,力争实现从规模扩张向结构升级、从区域分化向空间优化、从分配失衡向共同富裕的转变,①需加快构建新发展格局为区域高质量协调发展注入空间动能。

加快构建新发展格局,从国内和国外两大空间切入赋能社会经济发展,符合中国式现代化的长远利益。在中国式现代化引领下,构建新发展格局要注重处理好两大关系:第一,国内大循环和国内国际双循环的关系。以国内大循环为主体绝非闭门造车搞经济,而是更好地激发内需潜

---

① 孙久文、王郑:《面向中国式现代化的区域发展:理论与实践》,《治理现代化研究》2023年第 1 期。

力,改善国内产业结构,更加主动地吸引世界优质要素为我所用,更加自信地推动中国高质量产品服务、标准体系等走出国门,提升中国在全球价值链、产业链中的地位。同时,以此为契机助力国内进一步释放超大规模市场潜力。第二,各地差异化发展和全国统一大市场的关系。各地方在积极融入新发展格局的过程中,需要发挥主观能动性,摸索符合本地禀赋和比较优势的发展定位,寻求与周边地区形成产业分工的良性联动。同时,各地的探索势必是以全国统一大市场为基本前提,既要克服搞"小而全"的自我封闭小循环,也要避免落入地区封锁、重复建设、恶性竞争等误区。①

在中国式现代化目标指引下,构建新发展格局要与相关空间战略体系形成合力,步调协同,释放更强劲的制度优势。要把构建新发展格局与实施区域重大战略、区域协调发展战略、主体功能区战略、新型城镇化战略、自由贸易试验区提升战略、开放战略等有机衔接起来;把实施扩大内需战略同深化供给侧结构性改革有机结合起来,抓住以人为核心的新型城镇化、农村现代化、区域经济增长极再培育等契机,激发更多内需潜力,优化区域生产力空间布局和产业结构。

各区域应充分识别自身区位禀赋、政策融合等独特优势,更加积极发掘有助于促进全国构建新发展格局的有效路径,具有一定发展基础的地区应率先朝着实现现代化目标而努力。例如,海南在建设自贸试验区的同时,蓬勃开展建设自由贸易港这一象征全球最高开放水平的特殊功能区域,成为打造国内国际双循环的重要交汇点。目前,海南全岛封关运作准备工作已取得阶段性进展,加快实现了海南全岛"境内关外"的运行模式。又如,雄安以"新破局"探索区域发展新格局,当前在承接北京非首都功能疏解方面实现突破,一批基建重点工程顺利推进,高端高新产业加快落地,生态治理取得阶段成效,在住房保障、区域协同等方面率先创新改革,努力为中国式现代化新城提供雄安样板。再如,作为区域协调发展

---

① 孙久文、蒋治:《新发展格局下区域协调发展的战略骨架与路径构想》,《中共中央党校(国家行政学院)学报》2022年第4期。

中的短板地区,各省(自治区、直辖市)沿边城市能够借"一带一路"和西部陆海新通道的契机,在戍边固防、改善民生、保护生态的同时,发挥好国际贸易通道和国际经济合作走廊的支撑作用。

第二章 沿海地区高质量发展的综合评价

在向 2035 年基本实现社会主义现代化、2050 年建成社会主义现代化强国宏伟目标进军的新时代长征路上,贯彻新发展理念推动高质量发展的历史必然性更加凸显,正如习近平总书记所述:"高质量发展,就是能够很好满足人民日益增长的美好生活需要的发展,是体现新发展理念的发展,是创新成为第一动力、协调成为内生特点、绿色成为普遍形态、开放成为必由之路、共享成为根本目的的发展。"①本章还将基于创新、协调、绿色、开放、共享的新发展理念,结合沿海地区社会经济发展的客观性事实,阐明高质量发展的评价逻辑,据此构建相应的指标体系,合成沿海各省份、城市高质量发展的综合指数和分项指数。本章还将聚焦沿海各省份、城市高质量发展的综合评价结果展开多维度的统计分析,为第三章时空分异与演进轨迹分析奠定了基础。需要说明的是,北京、天津、上海3 座直辖市属于省级行政建制,本章将用于和沿海其他省份做比较。

第一节 沿海地区高质量发展的评价逻辑

改革开放以来,沿海地区充分利用政策优惠与地理优势,对国民经济发展的贡献率逐渐提高。本节将以中国经济建设中存在的现实问题为导向,统筹考虑新时代高质量发展的时代诉求,从创新驱动、协调共进、绿色高效、开放共赢、共享和谐五个方面入手,阐述沿海地区高质量发展的评

---

① 《习近平著作选读》第二卷,人民出版社 2023 年版,第 67—68 页。

价逻辑。[1]

一、创新驱动

创新驱动是发挥科学技术第一生产力作用的必由之路。在经济动能转换的新形势下,沿海地区借助多年来积累的资金、人才与技术禀赋,推进高水平建设国家自主创新示范区,使创新成为高质量发展的第一动力。根据中国科学院大学中国创新创业管理研究中心2022年发布的《中国区域创新能力评价报告》,全国创新能力前六名(广东、北京、江苏、浙江、上海、山东)均为沿海地区各省份,沿海地区已经步入创新指引高质量发展的新时代。[2] 沿海地区创新发展需从以下三个方面考量:(1)创新要素投入。优质生产要素是创新活动的重要动能。中国企业创新能力排行榜显示,近九成的百强创新企业汇聚于沿海地区。为在激烈的市场竞争中立于不败之地,沿海地区企业增加研发经费与研发人员投入的行为动机往往更强烈。此外,考虑到创新活动的高风险特征,政府还将通过增加科技教育支出,为企业提供更充足的资金与人力支持。(2)创新成果转化。为充分释放区域创新活力,在增加创新要素投入的同时,还应注重创新要素的有效配置,以完成向发明专利、商标等创新成果的落地转化,助力高质量发展。(3)创新平台建设。作为国民经济的微观细胞,企业是专利研发的中流砥柱。与此同时,创新活动的顺利开展还离不开高校与科研院所的协同配合。截至2022年年底,沿海地区汇集了全国近半数的高校与科研院所,为打造产学研一体化的创新平台提供了必要的组织基础。

二、协调共进

协调共进强调发展的整体性,能有效缓解生产力发展过程中的失衡现象。2022年,广东、江苏、山东、浙江的经济总量位列全国前四,其中广

---

① 史丹、李鹏:《我国经济高质量发展测度与国际比较》,《东南学术》2019年第5期。

② 侯纯光、程钰、任建兰、陈延斌:《中国创新能力时空格局演变及其影响因素》,《地理科学进展》2016年第10期。汪海:《沿海创新增长极引领中国经济转型升级》,《现代经济探讨》2015年第4期。

东、江苏对国民经济的贡献率更是突破了 10%,在此背景下,更要注重协调共进,否则木桶效应对高质量发展的制约将越发明显。沿海地区协调发展应秉承以下四项原则:(1)产业结构协调。库兹涅茨(Kuznets)研究发现,产业全要素生产率差异会导致收益率不同,由此产生的各类生产要素跨行业流动将助力产业结构高级化、合理化,释放出巨大的结构红利。然而,高质量发展单靠服务业远远不够,还需要制造业的支撑。[①] 自 20世纪 70 年代末起,沿海地区在承接国际制造业转移的同时,内陆地区制造业也纷纷向沿海地区集中,先后形成了辽中南、京津唐、沪宁杭与珠三角制造业基地,说明制造业亦为沿海地区高质量发展的引擎。(2)内需结构协调。近两年的政府工作报告以高质量发展为出发点,强调要同时发挥消费的基础性作用与投资的关键性作用。沿海地区经济综合实力较强,不仅成为投资的热点区域,也是引领消费向高端化转型的先导区域。(3)城乡协调。高质量发展离不开城乡二元结构的消融。目前,沿海地区多数省份的城镇居民收入依然为农村居民的两倍以上,城乡发展差距在未来相当长的一段时间内将持续存在,实现城乡深度融合依然具有深刻的现实意义。(4)区域协调。区域发展不协调是高质量发展的一大障碍,不仅表现在沿海与内陆之间,也存在于沿海地区内部。相较于京津、长三角、粤港澳而言,沿海北部地区的冀中南、鲁西,沿海中部地区的苏北、浙西,沿海南部地区的闽东、粤北、桂北相对落后,区域协调发展亟待进一步深化。[②]

三、绿色高效

绿色高效是改善人地关系、实现人与自然和谐共生的不二法门。作为改革开放的试验田,沿海地区在 20 世纪 80—90 年代遵循"先污染、后治理"的思路,诱发了资源过度消耗与环境质量下降等问题,人地关系趋紧。[③]

{

---

① 陈建军、刘月、邹苗苗:《产业协同集聚下的城市生产效率增进——基于融合创新与发展动力转换背景》,《浙江大学学报(人文社会科学版)》2016 年第 3 期。
② 李兰冰、刘秉镰:《"十四五"时期中国区域经济发展的重大问题展望》,《管理世界》2020 年第 5 期。
③ 马丽:《基于产业环境耦合类型的沿海地区产业绿色转型路径研究》,《地理研究》2018 年第 8 期。

进入高质量发展的新时期,沿海地区绿色发展涵盖以下两点要义:(1)优化资源利用效率。改革开放以来,沿海地区凭借优越的区位条件,对优质的人才、资金、技术要素产生了显著的虹吸效应,成为中国经济的重要增长极。步入高质量发展阶段,沿海地区依靠增加生产要素投入的传统发展模式难以为继,优化资源利用效率成为时代课题。(2)加大环境保护力度。根据世界银行对人均国民收入的区间划分标准,2022年沿海地区各省份均处于高收入或中高收入水平,对环境质量的重视程度将明显提升。受环境规制的驱使,钢铁、化工、冶金等传统产业部门的绿色技术改造将稳步向纵深推进,为实现绿色可持续发展注入动力。

四、开放共赢

开放共赢能助推内外联动,形成对国内国际两个市场的有效整合。早在 1980 年,沿海地区就获批设立深圳、珠海、汕头、厦门 4 个经济特区,形成珠三角、闽东南两大开放区,通过加工贸易刺激外需扩张。随后又相继形成了长三角、环渤海开放区,外向型经济获得飞速发展。在高质量发展的时代背景下,沿海地区开放发展面临新的历史使命:(1)深化外贸开放。作为国民收入核算的要素之一,进出口总额是经济体对外开放程度的直观反映,2023 年政府工作报告更是旗帜鲜明地提出要"推动进出口稳中提质"。尤其是伴随着经济全球化向纵深推进,中国同其他国家和地区的经济关联不断加深,面向太平洋、背倚亚欧大陆的沿海地区正日益成为中国进出口贸易的最大集散地。(2)坚持"引进来"与"走出去"相结合。21 世纪新阶段,为满足国民经济高质量发展的需要,沿海地区在加快国内资金积累的同时,还需积极创造有利的政策环境吸引外商投资,进一步发挥外资的引擎作用,并适时同其他国家开展经济技术合作,实现"引进来"与"走出去"相结合实现,内外联动,为当地社会经济发展提供更充足的资金支持。经过多年发展,沿海地区"走出去"的条件越来越成熟,沿海地区各省份先行先试,广泛开展到境外投资、对外承包工程与劳务输出等政策实践,将"引进来"与"走出去"纳入统一的制度框架,开放型经济进入新的层次。①

五、共享和谐

共享和谐是经济体实现更加公平、更高质量发展的关键举措。共享和谐的终极目标是实现改革发展成果由人民共享,集中力量解决人民日益增长的美好生活需要和不平衡不充分的发展之间的矛盾。改革开放之初,为尽快摆脱一穷二白的局面,中央政府将沿海地区作为突破口,探索出一条"让沿海地区先富起来,先富帮后富,最终达到共同富裕"的发展路径。2022 年,北京、上海、天津、江苏等沿海省份(直辖市)的人均 GDP已分别同爱沙尼亚、希腊、斯洛伐克、立陶宛等国基本持平,为增进人民生活的幸福感、获得感、满足感奠定了坚实的物质基石。在新形势下,沿海地区为实现更高质量的共享和谐,在满足基本生活保障与日常出行的基础上,还需着力改善人居环境,坚持物质生活需要与精神文化诉求并重,为人民群众日常生活提供更充足的便利与更丰厚的福利。②

第二节　沿海地区高质量发展的评价体系

基于沿海地区高质量发展的评价逻辑,兼顾数据的可得性、可比性、可信度,本节将依次构建沿海省域尺度与城市尺度下高质量发展的评价体系。

一、沿海地区各省份高质量发展的评价体系

沿海地区各省份高质量发展的评价体系包括 5 个子系统、15 项准则、36 项具体指标(见表 2-1)。

具体而言:(1)在创新驱动方面,从创新要素投入、创新成果转化、创新平台建设三大维度进行考量。对于创新要素投入,主要从资金与劳动

---

① 刘洪愧、刘霞辉:《构建开放型经济新空间布局:理论基础、历史实践与可行路径》,《改革》2019 年第 1 期。

② 李迎生、吕朝华:《社会主要矛盾转变与社会政策创新发展》,《国家行政学院学报》2018 年第 1 期。

力两方面切入,包括企业在研发环节的经费与人员投入、政府在科教领域的财政支出、即将进入劳动力市场的在校大学生数;对于创新成果转化,通过发明专利申请数与商标有效注册数来考察;对于创新平台建设,借助高等院校与科研机构数量来表征。(2)在协调共进方面,从产业结构协调、内需结构协调、城乡协调、区域协调四个方面进行反映。对于产业结构协调,在选用高级化指数与合理化指数衡量产业间结构的基础上,通过高端制造业与现代服务业的区位商表征产业内部结构;对于内需结构协调,从消费率与投资率两方面进行测度;对于城乡协调,借用泰尔指数将城乡收入差距可视化;对于区域协调,在选择空间基尼系数描述沿海地区各省份内部分异的同时,为进一步反映沿海地区各省份间的差距,引入区域发展差异系数予以补充。(3)在绿色高效方面,从资源利用与生态环境两个维度进行衡量。对于资源利用,在新古典增长的理论框架下,存在一部分无法用生产要素投入解释的总产出增加,即扣除生产要素投入后的余值——全要素生产率,因此本章在测算资本、劳动力、能源三类生产要素使用效率的同时,将全要素生产率纳入了考虑范畴;对于生态环境,具体通过单位产出的工业"三废"排放量来揭示人类活动对自然的影响。(4)在开放共赢方面,从外贸开放、引进来与走出去三个方面进行刻画。对于外贸开放,将进出口总额占 GDP 的比重作为表征外贸开放度的基本依据;对于引进来,通过外商企业投资额占 GDP 的比重来表示;对于走出去,紧扣到境外投资、对外承包工程与劳务输出三种途径,分别选取相应的指标。(5)在共享和谐方面,从基本生活保障、日常出行、人居环境三大维度进行刻画。对于基本生活保障,具体以用水普及率、燃气普及率、万人拥有医院床位数来反映;对于日常出行,将城市道路建设与公共交通工具供给同时纳入测度框架;对于人居环境,着重考察了城市绿地与文化设施的建设情况。

在表 2-1 的评价指标中,产业结构高级化指数与合理化指数的计算方式参见干春晖等(2011)[①],高端制造业与现代服务业的划分标准分别

---

① 干春晖、郑若谷、余典范:《中国产业结构变迁对经济增长和波动的影响》,《经济研究》2011 年第 5 期。

表 2-1　沿海地区各省份高质量发展的评价体系

目标层	子系统	准则层	具体指标	指标属性	单位	权重
高质量发展	创新驱动	创新要素投入	R&D 经费投入强度	+	%	0.0243
			人均科技教育支出	+	元	0.0194
			R&D 人员全时当量	+	人/年	0.0187
			每万人在校大学生数	+	人/万人	0.0216
		创新成果转化	万人发明专利申请数	+	件/万人	0.0147
			万人商标有效注册数	+	件/万人	0.0115
		创新平台建设	每百万人拥有高等学校数	+	所/百万人	0.0249
			每百万人拥有科研机构数	+	个/百万人	0.0180
	协调共进	产业结构协调	产业结构高级化指数	+	/	0.0143
			产业结构合理化指数	−	/	0.0158
			高端制造业区位商	+	/	0.0300
			现代服务业区位商	+	/	0.0249
		内需结构协调	消费率	+	%	0.0235
			投资率	+	%	0.0207
		城乡协调	城乡居民收入泰尔指数	−	/	0.0493
		区域协调	人均 GDP 空间基尼系数	−	/	0.0320
			区域发展差异系数	+	倍	0.0308
	绿色高效	资源利用	资本效率	+	元/万元	0.0342
			劳动效率	+	万元/人	0.0319
			能源效率	+	万元/吨标准煤	0.0231
			全要素生产率	+	/	0.0255
		生态环境	单位产出工业废水排放量	−	吨/万元	0.0449
			单位产出二氧化硫排放量	−	吨/万元	0.0529
			单位产出工业固体废弃物产生量	−	吨/万元	0.0560
	开放共赢	外贸开放	进出口总额占 GDP 的比重	+	%	0.0195
		引进来	外商企业投资额占 GDP 的比重	+	%	0.0157
		走出去	人均对外直接投资额	+	元	0.0105
			人均对外承包工程营业额	+	元	0.0198
			年末在境外从事劳务合作人员与总就业人数之比	+	人/万人	0.0211
	共享和谐	基本生活保障	用水普及率	+	%	0.0581
			燃气普及率	+	%	0.0551
			万人拥有医院床位数	+	张/万人	0.0262
		日常出行	人均拥有道路面积	+	平方米/人	0.0348
			每万人拥有公交车辆	+	标台/万人	0.0218
		人居环境	人均公园绿地面积	+	平方米/人	0.0362
			人均图书馆藏书量	+	册/人	0.0183

资料来源:笔者自行绘制。

参见高丽娜和卫平(2012)[①]、宣烨等(2019)[②],城乡居民收入泰尔指数的计算方式参见王少平和欧阳志刚(2008)[③],人均 GDP 空间基尼系数的计算方式参见刘帅(2019)[④],区域发展差异系数、资本效率、劳动效率与能源效率的计算方式参见魏敏和李书昊(2018)[⑤],全要素生产率的计算方式参见董直庆和徐晓莉(2016)[⑥]。

二、沿海地区城市高质量发展的评价体系

在现行国民经济统计体系下,省域尺度下的统计指标比城市尺度下的统计指标更为全面。考虑到上述情况,本小节在沿海地区各省份高质量发展综合评价体系的基础上适当删减,形成了沿海地区城市高质量发展的评价体系。具体包括 5 个子系统、13 项准则、25 项具体指标,如表 2-2 所示。

三、权重确定方法

确定指标权重的方法可分为主观与客观两种,前者主要基于专家的赋权打分,根据指标的相对重要性确定权重,例如层次分析法;后者则根据指标的数值特征计算权重,主要包括熵值法、因子分析法、主成分分析法、逼近理想解排序法等。然而,上述方法均适用于横截面数据,对时变因素考虑不足,并不适用于面板数据分析。[⑦] 鉴于此,本小节将采用"纵

---

① 高丽娜、卫平:《中国高端制造业空间结构变动的实证研究:2003—2009》,《工业技术经济》2012 年第 1 期。

② 宣烨、陆静、余泳泽:《高铁开通对高端服务业空间集聚的影响》,《财贸经济》2019 年第 9 期。

③ 王少平、欧阳志刚:《中国城乡收入差距对实际经济增长的阈值效应》,《中国社会科学》2008 年第 2 期。

④ 刘帅:《中国经济增长质量的地区差异与随机收敛》,《数量经济技术经济研究》2019 年第 9 期。

⑤ 魏敏、李书昊:《新时代中国经济高质量发展水平的测度研究》,《数量经济技术经济研究》2018 年第 11 期。

⑥ 董直庆、徐晓莉:《技术进步方向及其对全要素生产率的作用效应检验》,《东南大学学报(哲学社会科学版)》2016 年第 2 期。

⑦ 郭亚军:《一种新的动态综合评价方法》,《管理科学学报》2002 年第 2 期。

表 2-2 沿海地区城市高质量发展的评价体系

目标层	子系统	准则层	具体指标	指标属性	单位	权重
高质量发展	创新驱动	创新要素投入	人均科学教育财政支出	+	元	0.0169
			万人普通高等学校在校学生数	+	人/万人	0.0155
		创新成果转化	万人发明专利申请受理数	+	件/万人	0.0089
		创新平台建设	每百万人拥有高等学校数	+	所/百万人	0.0168
	协调共进	产业结构协调	产业结构高级化指数	+	/	0.0195
			产业结构合理化指数	−	/	0.0881
		内需结构协调	消费率	+	%	0.0429
			投资率	+	%	0.0235
		城乡协调	城乡居民收入差距	−	倍	0.0683
	绿色高效	资源利用	资本效率	+	元/万元	0.0579
			劳动效率	+	万元/人	0.0212
			全要素生产率	+	/	0.0523
		生态环境	单位产出工业废水排放量	−	吨/万元	0.1031
			单位产出工业二氧化硫排放量	−	吨/万元	0.1043
			单位产出工业烟粉尘排放量	−	吨/万元	0.1098
	开放共赢	贸易往来	进出口总额占 GDP 的比重	+	%	0.0032
		资金融通	外商企业投资额占 GDP 的比重	+	%	0.0089
	共享和谐	基本生活保障	失业率	−	%	0.0903
			职工平均工资	+	元	0.0348
		日常出行	人均拥有城市道路面积	+	平方米/人	0.0131
			每万人拥有公交车辆	+	标台/万人	0.0051
		人居环境	百人公共图书馆藏书量	+	册/百人	0.0050
			百人国际互联网用户数	+	户/百人	0.0194
			万人拥有医疗机构床位数	+	张/万人	0.0257
			建成区绿化覆盖率	+	%	0.0455

资料来源:笔者自行绘制。

横向"拉开档次法,确定表 2-1 和表 2-2 中各项指标的权重。"纵横向"拉开档次法的基本原理与具体步骤如下所述:

设 $S = \{s_1, s_2, \cdots, s_n\}$ 为被评价对象集, $w = (w_1, w_2, \cdots, w_m)^T$ 为权重系数向量,则时刻 t_k 的综合评价函数可表示为 $point_i(t_k) = \sum_{j=1}^{m} w_j Y_{ij}(t_k)$ 。 w 的选取原则是在时序立体数据表上最大可能地体现出各被评价对象间的差异,这等价于最大化总离差平方和 $\sigma^2 = \sum_{k=1}^{N} \sum_{i=1}^{n} [Y_{i(t_k)} - \bar{Y}(t_k)]^2$ 。

以矩阵形式表示,有 $\sigma^2 = w^T H w = w^T \sum_{k=1}^{N} H_k w$,其中,$H = \sum_{k=1}^{N} H_k$,

$H_k = \dfrac{1}{n-1}(A_k^T A_k - n \widehat{Y_k}^T \widehat{Y_k})$,其中,$A_k = \begin{bmatrix} Y_{1,1}(t_k) & \cdots & Y_{1,m} \\ \vdots & \ddots & \vdots \\ Y_{n,1}(t_k) & \cdots & Y_{n,m}(t_k) \end{bmatrix}$,

$\widehat{Y_k} = \begin{bmatrix} \widehat{Y_{.,1}(t_k)} & \cdots & \widehat{Y_{.,m}(t_k)} \end{bmatrix}$。此时,可将 w 的选择表示为以下规划问题:

$$\max w^t H w \quad s.t. \|w\| = 1, w > 0 \tag{2.1}$$

其中,约束条件 $\|w\| = 1$ 是为了不使目标规划任意大,$w > 0$ 是为了保证各指标权重均为正。显然,规划目标是二次型,H 为该二次型的矩阵,且由上文相关代数运算可知,其为一正定矩阵,则由代数学相关知识可知,当 w 取 H 最大特征值所对应的特征向量时目标约束最大,且弗罗贝尼乌斯定理保证了各权重系数均为正。由于通常假定指标权重系数和为 1,所以求得的指标权重系数 w_j 还需同时除以 $\sum_{j=1}^{m} w_j$。虽然最终计算得到的 w_j 是非时变的,但其本质上是由时序立体数据表所确定的,故而隐含有时间因素。"纵横向"拉开档次法在减少动态综合评价计算量的同时,还使各系统在各时刻的评价值具有直接的可比性。

以沿海地区各省份高质量发展指标权重为例,本小节的评价对象为 12 个沿海地区省份,将 36 项评价指标按照 2012—2022 年的时间顺序依次排列,构成时序立体数据集。参考郭亚军等(2011)[①]的研究,本章根据现有数据特征选用极值变换法对各指标进行类型一致化、无量纲的标准化处理,将指标 $X_{ij}(t_k)$ 标准化为 $Y_{ij}(t_k)$:

当 X_{ij} 为正向指标时,

$$Y_{ij}(t_k) = \frac{X_{ij}(t_k) - \min X_{.j}(t_k)}{\max X_{.j}(t_k) - \min X_{.j}(t_k)} \tag{2.2}$$

---

① 郭亚军、马凤妹、董庆兴:《无量纲化方法对拉开档次法的影响分析》,《管理科学学报》2011 年第 5 期。

当 X_{ij} 为负向指标时，

$$Y_{ij}(t_k) = \frac{\max X_{\cdot j}(t_k) - X_{ij}(t_k)}{\max X_{\cdot j}(t_k) - \min X_{\cdot j}(t_k)} \tag{2.3}$$

其中，i 表示沿海地区省份，j 表示指标，t_k 表示时间；$X_{ij}(t_k)$ 表示原始指标值，$Y_{ij}(t_k)$ 表示标准化指标值；$\max X_{\cdot j}$ 为指标 j 中的最大值，$\min X_{\cdot j}$ 为指标 j 中的最小值；$i = 1,2,\cdots,12; j = 1,2,\cdots,36; t_k = 2012,$ $2013,\cdots,2020$。使用标准化处理后的数据构造 12×36 阶矩阵，每年构造矩阵并将其相加，最后，求所得矩阵最大特征值对应的特征向量，再进行归一化后即可得各指标权重。

第三节　沿海地区各省份高质量发展的评价结果

分析沿海地区各省份高质量发展的评价结果，将为明确各省份优势、认清各省份短板提供科学依据。

一、综合指数

我们将从以下两个维度，剖析沿海地区各省份高质量发展的评价结果。

一方面，我们将沿海地区 12 个省份划分为沿海北部地区、中部地区、南部地区展开分析。在空间维度上，按照高质量发展综合指数从高到低排列，依次为沿海中部地区、沿海北部地区、沿海南部地区，2012—2022年高质量发展综合指数的均值分别是 71.51、60.58、50.84（见表 2-3）。这与中国采取的国家空间战略休戚相关：(1)沿海中部地区包括上海、江苏、浙江，不仅是长江经济带建设的龙头，更是长三角一体化发展的核心，在经济增长、产业实力、绿色发展、普惠共赢、创新能力、对外开放六个方面高度协同，因此其高质量发展综合指数最高。(2)沿海北部地区包括北京、天津、河北、辽宁、山东，自 2015 年 4 月《京津冀协同发展规划纲要》颁行以来，北京、天津、河北的社会经济关联日趋紧密，在高质量发展的康庄大道上行稳致远。作为千年大计、国家大事，在世界眼光、国际标准、中国特色、高点定位的理念指导下，雄安新区于 2017 年 4 月获批设立，随后印发的《河北雄安新区规划纲要》《河北雄安新区总体规划（2018—2035年）》为沿海北部地区高质量发展注入强心剂。虽然环渤海的辽宁与山东同属沿海北部地区，但同京津冀并未形成优势互补高质量发展的区域经济布局。（3）沿海南部地区包括福建、广东、广西、海南，其中，广东凭借着粤港澳大湾区建设的东风在高质量发展实践中异军突起，相比之下，广西、海南同广东的差距较为明显，拉低了沿海南部地区的高质量发展综合指数，在后文分省份的研究中将进一步展开。

在时间维度上，沿海北部地区、中部地区、南部地区高质量发展综合指数均呈提高态势，分别自 2012 年的 50.37、57.98、36.99 上升至 2022 年的 70.22、85.70、69.15，年均增长率依次为 3.25%、3.98%、6.46%。其中，沿海南部地区高质量发展综合指数的增幅最大，同沿海北部地区的差距渐趋缩小，二者的差值从 2012 年的 13.38 降至 2022 年的 1.07。2020年受新冠疫情的影响，沿海中部地区高质量发展综合指数一度小幅下降，但随后两年强势回升，2022 年其高质量发展综合指数（85.70）已超过疫情前水平（78.28），彰显出沿海地区高质量发展抵御负向冲击的强劲韧性。

另一方面，我们具体到沿海地区各省份进行探究。观察发现，沿海地区各省份在创新驱动、协调共进、绿色高效、开放共赢、共享和谐的子系统层面不免存在一定的空间差异，但始终保持在合理范围内，并向着高质量发展的方向进军。

从空间维度上看（见表 2-3）：

表 2-3　2012—2022 年沿海地区各省份高质量发展综合指数

年份 地区	2012	2013	2014	2015	2016	2017	2018	2019	2020	2021	2022	均值
北京	73.93	76.97	81.07	85.82	89.40	89.63	92.13	100.56	105.19	98.39	99.73	90.26
天津	60.64	63.09	65.10	65.18	77.21	71.07	68.15	63.64	71.27	63.79	68.09	67.02
河北	30.65	31.70	29.40	34.68	38.86	42.03	45.85	46.90	48.04	58.76	60.59	42.50
辽宁	39.70	40.81	41.94	40.93	42.42	45.08	48.97	49.70	50.00	51.04	53.28	45.81

续表

年份 地区	2012	2013	2014	2015	2016	2017	2018	2019	2020	2021	2022	均值
山东	46.94	48.76	50.47	52.25	56.07	58.70	59.28	59.86	61.14	67.59	69.43	57.32
沿海北部地区	50.37	52.27	53.60	55.77	60.79	61.30	62.88	64.13	67.13	67.91	70.22	60.58
上海	65.05	66.81	67.88	76.29	81.79	82.09	83.68	87.28	88.29	93.66	88.08	80.08
江苏	58.53	57.61	59.90	62.82	67.07	69.93	72.17	75.42	74.68	79.97	86.04	69.47
浙江	50.37	52.67	54.48	57.70	62.73	64.92	68.76	72.14	71.57	76.62	82.97	64.99
沿海中部地区	57.98	59.03	60.75	65.60	70.53	72.31	74.87	78.28	78.18	83.42	85.70	71.51
福建	42.95	46.13	49.09	51.37	53.62	57.34	60.70	65.78	64.21	69.01	77.77	58.00
广东	47.40	48.40	48.77	53.91	57.16	59.11	60.98	66.20	63.29	68.35	71.27	58.62
广西	18.77	23.19	22.81	30.18	35.73	37.72	40.98	44.42	39.50	46.46	61.51	36.48
海南	38.81	39.59	44.08	47.57	46.73	52.80	50.26	54.94	54.12	58.06	66.03	50.27
沿海南部地区	36.99	39.33	41.19	45.76	48.31	51.74	53.23	57.84	55.28	60.47	69.15	50.84

资料来源:根据 EPS 数据库制作。

第一,北京、上海、江苏、天津的高质量发展综合指数位列前四位,2012—2022 年的均值分别达到 90.26、80.08、69.47、67.02,属于明星型省份(直辖市),是沿海地区高质量发展的重点区域。其中,北京是全国政治中心、文化中心、国际交往中心、科技创新中心,其高质量发展综合指数居于沿海地区各省份首位。天津是中国沿海北部地区的重要出海口,加之毗邻北京的区位优势,其高质量发展综合指数同样位于沿海地区各省份前列。上海地处沿海经济带的中点,自 20 世纪 90 年代浦东的开发开放上升为国家战略以来,享受了巨大的政策红利,在高质量发展的实践中充当了排头兵的角色。2021 年 7 月,《中共中央 国务院关于支持浦东新区高水平改革开放打造社会主义现代化建设引领区的意见》发布,以此为指导,在未来 15 年的时间里,上海将成为更高水平改革开放的开路先锋、自主创新发展的时代标杆、全球资源配置的功能高地、扩大国内需求的典范引领、现代城市治理的示范样板,成为沿海地区各省份高质量发展的塔尖。江苏拥有苏州、无锡、南京等众多高质量发展的示范城市,虽然苏北社会经济发展水平低于苏南,但放眼整个沿海地区,苏北依然处于相对发达地区行列。可以预见,随着苏北、苏南高质量发展的差距不断缩小,江苏高质量发展综合指数有望持续攀升,稳固其高质量发展明星型省份的地位。

第二,广西、河北、辽宁、海南的高质量发展综合指数居于后四位,2012—2021年的均值依次是36.48、42.50、45.81、50.27,属于落后型省份(自治区),高质量发展的潜力不足。按照四大板块划分法,广西属于西部地区,辽宁属于东北地区,而河北与海南属于东部地区。具体而言,地处西部地区的广西在创新活力、产业实力、对外开放、基本公共服务等方面同东部沿海地区省份尚存在较大差距,使其高质量发展综合指数居于沿海地区省份的末位,脱西入东依然有很长的路要走。地处东北地区的辽宁拥有阜新、鞍山、抚顺等老工业基地,在新技术革命的冲击下陷入了萧条泥潭,高质量发展综合指数落后于沿海地区多数省份。然而,作为昔日的"共和国长子",辽宁的重工业基础依然雄厚,因此,其高质量发展综合指数依然超越了河北等东部沿海省份。河北与海南虽然地处东部地区,但相较于其他东部沿海地区省份,属于典型的高质量发展洼地:在北京、天津增长极虹吸效应的作用下,人才、信息、技术等优质生产要素从河北向京津集聚,紧邻京津形成了黑龙港欠发达地带,但伴随京津冀协同发展战略的贯彻落实,河北与京津的鸿沟呈现出缩小态势;海南社会经济活动主要集中在海口与三亚,环岛高速与环岛高铁先后建成,岛内中部地区社会经济发展相对滞后,加之一海之隔的广东对岛内优质要素的吸引,加大了海南同其他东部沿海地区省份的差距。

第三,浙江、广东、福建、山东的高质量发展综合指数居中,2012—2022年的均值分别为64.99、58.62、58.00、57.32,在谨防滑落为落后型省份的同时,还要努力朝着明星型省份进发。浙江地处长三角高质量一体化的战略核心区,与高质量发展明星型省份上海、江苏的社会经济关联密切,高质量发展综合指数紧随其后。2021年6月,《中共中央　国务院关于支持浙江高质量发展建设共同富裕示范区的意见》正式发布,浙江步入高质量发展的快车道。到2025年,浙江将建成高质量发展高品质生活先行区、城乡区域协调发展引领区、收入分配制度改革试验区、文明和谐美丽家园展示区,跻身高质量发展明星型省份指日可待。广东包括珠三角、珠三角东翼、珠三角西翼与粤北山区四大经济区。其中,珠三角地区凭借着毗邻港口的地理优势,在改革开放的浪潮中异军突起,虽然在21世纪初遭遇了人口红利消失、资源约束趋紧、土地价格上涨的发展瓶颈,但珠三角联动东翼、西翼地区,通过发展电子信息、文化旅游、电子商务、金融、软件、健康服务等新兴产业,重新焕发出旺盛的生机。2019年,随着《粤港澳大湾区发展规划纲要》与《中共中央　国务院关于支持深圳建设中国特色社会主义先行示范区的意见》相继出台,广东高质量发展步入快车道。在发挥珠三角高质量发展引擎作用的同时,广东还应注重缩小粤北山区与珠三角、珠三角东翼、珠三角西翼的差距,确保高质量发展综合指数稳步提升。山东属于传统经济大省,经济总规模长期以来居于全国前列,然而鲁东、鲁中、鲁西高质量发展的分异显著,加之传统重工业是山东的支柱产业,山东高质量发展道阻且长。福建地处长三角一体化与粤港澳大湾区国家空间战略的联通地带,域内存在闽西等相对欠发达区域,拉低了福建的高质量发展综合指数。

从时间维度上看,沿海地区各省份的高质量发展综合指数均出现了不同程度的上升,其中,广西、河北、福建、海南、浙江、广东2022年的高质量发展综合指数较2012年提升了50%以上,广西更是由2012年的18.77增加至2022年的61.51,增幅高达227.70%。相比之下,天津的增幅较小,2012—2022年高质量发展综合指数的增幅不足20%。特别值得一提的是,在新冠疫情全球大流行的背景下,江苏、浙江、福建、广东、广西、海南2020年的高质量发展综合指数呈下降态势,降幅分别达到0.98%、0.79%、2.39%、4.40%、11.08%、1.49%,其中,广西的下滑最为明显。北京、天津、河北、辽宁、山东、上海则逆势上扬,高质量发展综合指数依次上升4.60%、11.99%、2.43%、0.60%、2.14%、1.16%。2020年后,随着疫情防控逐渐步入常态化阶段,沿海地区各省份有效统筹疫情防控与经济社会发展,实现了高质量发展综合指数的迅速回升。

二、分项指数

首先是沿海地区各省份创新驱动指数的分析(见表 2-4)。

表 2-4　2012—2022 年沿海地区各省份创新驱动指数

年份 地区	2012	2013	2014	2015	2016	2017	2018	2019	2020	2021	2022	均值
北京	90.09	94.40	99.01	105.83	112.65	116.87	133.3	147.88	160.66	161.38	165.09	126.11
天津	54.28	58.63	60.50	61.96	63.89	57.46	59.68	63.12	76.24	69.68	71.27	63.34
河北	6.74	7.48	8.11	10.07	11.73	13.23	15.80	19.69	23.25	23.00	25.02	14.92
辽宁	25.89	27.36	26.59	25.59	27.72	27.37	25.56	28.61	30.82	31.21	31.40	28.01
山东	18.75	21.72	23.51	26.83	28.13	28.10	29.44	31.64	34.25	35.67	37.42	28.68
沿海北部地区	39.15	41.92	43.54	46.05	48.82	48.60	52.75	58.19	65.04	63.79	66.04	52.17
上海	52.45	54.54	56.24	61.45	67.32	71.00	79.53	86.90	93.49	95.66	96.95	74.14
江苏	35.53	40.14	42.49	45.95	49.68	51.34	55.08	59.44	61.31	64.96	68.15	52.19
浙江	28.09	31.51	35.19	40.83	44.56	46.70	56.93	62.80	64.48	69.74	70.55	50.13
沿海中部地区	38.69	42.06	44.64	49.41	53.86	56.35	63.85	69.71	73.09	76.79	78.55	58.82
福建	21.53	23.17	25.78	28.47	30.73	31.93	37.94	42.52	45.14	46.93	48.94	34.83
广东	26.22	29.73	31.42	36.19	41.84	45.95	57.42	64.07	67.75	72.04	76.55	49.91
广西	5.42	6.55	8.24	10.43	12.98	14.07	14.11	17.07	19.23	20.53	22.23	13.71
海南	13.49	14.51	15.01	16.60	18.12	18.64	21.96	25.71	25.20	26.84	28.44	20.41
沿海南部地区	16.67	18.49	20.11	22.92	25.92	27.65	32.86	37.31	39.33	41.58	44.04	29.72

资料来源:根据 EPS 数据库制作。

　　一方面,关于沿海北部地区、中部地区、南部地区的分析。按照创新驱动指数均值从高到低排列,分别是沿海中部地区、沿海北部地区、沿海南部地区,2012—2022 年的均值依次是 58.82、52.17、29.72,其中沿海中部、北部地区创新驱动指数均值较为接近,沿海南部地区则差距较大。虽然沿海北部地区、南部地区同样拥有创新示范区,但却主要集中在京津雄、粤港澳一带,并未形成全域联动的网络化空间格局,创新要素的集聚外部性远不及沿海中部地区。虽然沿海北部地区、中部地区、南部地区2012—2022年的创新驱动指数均呈上升态势,但要在"十四五"时期实质性缩小上述三大地区间高质量发展的差距依然有很长一段路要走。

另一方面,具体到沿海地区各省份的分析。北京、上海、天津、江苏、浙江、广东属于创新驱动引领省份,创新驱动指数分别从2012年的90.09、52.45、54.28、35.53、28.09、26.22攀升至2022年的165.09、96.95、71.27、68.15、70.55、76.55,年均增长率依次是6.24%、6.34%、2.76%、6.73%、9.65%、11.31%。下面选取北京、上海、江苏展开针对性探讨。(1)北京的创新驱动指数始终位于第一名,2012—2022年创新驱动指数的均值为126.11,是第二名上海的1.70倍,是沿海地区自主创新的排头兵,这主要是因为北京作为全国科技创新中心,拥有充足的创新资源要素、丰富的创新成果产出、一流的创新孵化平台,形成了以创新型企业为细胞、以中关村科学城为载体、产学研一体化的现代化创新网络。(2)上海凭借张江高新区"一区多园"的管理模式,丰裕的知识、人才、技术成为创新驱动指数稳中有进的源头活水。(3)创新活动的顺利开展离不开创新示范区的协同配合。作为打造创新型国家的前沿地带,江苏共拥有1个国家级自主创新示范区、18个国家级高新区、15个国家级大学科技园,更能促进创新成果的高质量转化,这使江苏也成为创新驱动引领省份。福建、山东、辽宁、海南、河北、广西属于创新驱动追赶省份,创新驱动指数出现了明显的波动,分别由2012年的21.53、18.75、25.89、13.49、6.74、5.42抬升至2022年的48.94、37.42、31.40、28.44、25.02、22.23,年均增长率依次达到8.56%、7.15%、1.95%、7.74%、14.02%、15.16%。这主要是因为上述沿海地区省份在创新要素投入与创新平台建设两方面同前6位的沿海地区省份尚存在较大差距。

其次是沿海地区各省份协调共进指数的分析(见表2-5)。

表 2-5　2012—2022 年沿海地区各省份协调共进指数

年份 地区	2012	2013	2014	2015	2016	2017	2018	2019	2020	2021	2022	均值
北京	77.07	76.51	77.33	78.28	77.74	77.83	77.98	81.55	81.52	81.24	82.03	79.01
天津	56.19	57.80	58.87	59.30	59.43	59.85	60.12	57.12	59.81	60.01	63.27	59.25
河北	26.92	28.36	29.94	31.43	33.26	34.96	35.75	37.20	37.92	40.00	41.43	34.29
辽宁	44.85	44.34	45.19	42.52	46.33	46.91	48.17	49.39	51.95	51.12	52.02	47.53
山东	28.59	30.48	31.56	32.76	35.34	36.47	36.95	37.64	38.84	40.71	41.99	35.58
沿海北部地区	46.72	47.50	48.58	48.86	50.42	51.20	51.79	52.58	54.01	54.61	56.15	51.13
上海	66.07	70.77	68.06	68.56	70.15	69.30	69.52	71.37	70.98	71.51	71.93	69.84
江苏	48.23	49.56	50.84	51.94	53.22	53.74	55.15	57.40	57.43	58.95	60.13	54.24
浙江	45.93	46.47	46.70	48.72	53.51	53.30	54.75	57.41	58.05	60.15	61.85	53.35
沿海中部地区	53.41	55.60	55.20	56.41	58.96	58.78	59.81	62.06	62.15	63.54	64.64	59.14
福建	37.05	40.49	41.65	43.07	43.86	42.25	46.16	47.61	47.91	50.00	51.26	44.93
广东	42.00	42.08	42.05	42.97	43.89	44.08	44.70	45.12	44.27	45.51	45.92	43.87
广西	25.52	28.58	29.83	31.08	31.82	30.67	31.26	31.10	31.46	32.96	33.52	30.71
海南	36.19	27.43	41.47	44.51	45.49	45.73	46.14	48.17	49.75	50.35	54.27	44.50
沿海南部地区	35.19	34.65	38.75	40.41	41.26	41.42	42.06	43.00	43.34	45.45	46.24	41.07

资料来源:根据 EPS 数据库制作。

　　一方面,关于沿海北部地区、中部地区、南部地区的分析。与创新驱动指数相似,沿海中部地区的协调共进指数同样居于首位,沿海北部地区紧随其后,沿海南部地区最低,2012—2022 年的均值分别是 59.14、51.13、41.07。这主要是由于沿海北部地区存在辽西、黑龙港流域、鲁西等相对欠发达区域,沿海南部地区则拥有闽西、粤北、桂北等相对欠发达区域,在产业结构协调、内需协调、城乡协调与区域协调等方面相对滞后。值得注意的是,相较于创新驱动指数,沿海北部地区、中部地区、南部地区的协调共进指数差距更小。

　　另一方面,具体到沿海地区各省份的分析。北京、上海、天津、江苏、浙江、辽宁属于协调共进引领省份,协同共进指数依次从 2012 年的

77.07、66.07、56.19、48.23、45.93、44.85 提高到 2022 年的 82.03、71.93、63.27、60.13、61.85、52.02,年均增长率依次是 0.63%、0.85%、1.19%、2.23%、3.02%、1.49%。北京、上海、天津、江苏、浙江作为东部发达省份,高端制造业与现代服务业产业体系健全,消费的基础性作用与有效投资的关键性作用充分释放,在新型城镇化的实践中实现了城乡高度一体化,域内也不存在明显的相对欠发达漏斗区,使上述沿海 5 省份的协调共进指数居于前列。值得注意的是,拥有众多老工业基地的辽宁的协调共进指数也步入了前 6 位,这说明辽宁的竞争优势虽然在现代化浪潮的冲击下不再突出,但是其长期工业化所积累的经济社会基础依然雄厚,具备协调管理城市总供给与总需求的能力。福建、广东、海南、山东、河北、广西属于协调共进追赶省份(自治区),协调共进指数分别自 2012 年的 37.05、42.00、36.19、28.59、26.92、25.52 增加为 2022 年的 51.26、45.92、54.27、41.99、41.43、33.52,年均增长率依次达到 3.30%、0.90%、4.14%、3.92%、4.41%、2.76%。其中,福建、广东、海南、山东同协调共进引领省份(直辖市)的差距较小,有望通过调整产业结构、优化内需结构、缩小城乡差距与区域差距实现高水平的协调共进;广西、河北协调共进指数同其余沿海地区省份的差距较明显,社会经济发展的协调度有待进一步提升。

接着是沿海地区各省份绿色高效指数的分析(见表 2-6)。

表 2-6 2012—2022 年沿海地区各省份绿色高效指数

年份 地区	2012	2013	2014	2015	2016	2017	2018	2019	2020	2021	2022	均值
北京	74.82	78.16	79.06	81.23	85.07	89.53	91.41	100.71	98.55	102.80	104.06	89.58
天津	64.07	66.31	67.30	68.47	75.72	78.86	77.91	57.88	56.43	56.09	58.68	66.16
河北	20.46	24.09	25.59	28.06	38.31	46.86	53.12	51.16	53.21	61.71	63.48	42.37
辽宁	33.71	36.33	36.02	35.05	29.89	33.84	39.99	38.24	39.60	38.85	39.45	36.45
山东	49.44	51.82	53.68	54.15	60.85	66.80	69.89	64.08	63.90	71.04	73.37	61.73
沿海北部地区	48.50	51.34	52.33	53.39	57.97	63.18	66.46	62.41	62.34	68.10	67.81	59.44
上海	67.44	68.51	69.70	71.65	80.81	85.13	86.63	93.02	89.55	96.60	100.09	82.65
江苏	70.86	62.47	64.20	67.05	73.53	80.44	83.64	88.68	86.22	91.26	94.47	78.44

续表

年份 地区	2012	2013	2014	2015	2016	2017	2018	2019	2020	2021	2022	均值
浙江	59.21	61.91	62.35	63.55	70.30	74.61	78.15	83.35	82.56	87.36	90.70	74.00
沿海中部地区	65.84	64.29	65.42	67.42	74.88	80.06	82.81	88.35	86.11	91.74	95.09	78.36
福建	52.37	54.80	58.65	60.78	68.00	72.38	74.83	85.53	84.16	89.89	94.28	72.33
广东	69.72	64.64	65.12	66.69	71.78	76.76	78.16	81.21	77.93	82.34	84.32	74.42
广西	25.78	32.75	36.41	40.74	52.21	52.42	58.45	59.23	60.23	69.22	73.77	51.02
海南	71.09	70.51	68.53	69.57	72.16	75.50	75.65	77.47	74.99	77.55	78.49	73.77
沿海南部地区	54.74	55.68	57.18	59.44	66.04	69.26	71.77	75.86	74.33	79.75	82.71	67.89

资料来源:根据 EPS 数据库制作。

一方面,关于沿海北部地区、中部地区、南部地区的分析。根据绿色高效指数均值由大到小排列,分别是沿海中部地区、沿海南部地区、沿海北部地区,2012—2022 年的均值分别是 78.36、67.89、59.44,这说明沿海中部、南部地区的生态环境质量优于沿海北部地区。

另一方面,具体到沿海地区各省份的分析。北京、上海、江苏、广东、浙江、海南属于绿色高效引领省份,绿色高效指数分别从 2012 年的 74.82、67.44、70.86、69.72、59.21、71.09 提高到 2022 年的 104.06、100.09、94.47、84.32、90.70、78.49,年均增长率依次达到 3.35%、4.03%、2.92%、1.92%、4.36%、1.00%。步入新时代以来,绿色高效引领省份高度重视循环生产,从供给侧高质量推进生态文明建设,目前已形成了上海化学工业园区、苏州高新技术产业开发区、广州经济技术开发区等一系列国家级循环经济试点单位,形成了集"回收—再利用—设计—生产"于一体的闭环,成为调和经济效益、社会效益与生态效益的高质量范本。福建、天津、山东、广西、河北、辽宁属于绿色高效追赶省份,其中,天津的绿色高效指数自 2012 年的 64.07 下跌至 2022 年的 58.68 外,年均降低 0.87%,这主要是因为近年来天津从北京承接了大量高污染、高耗能、高排放的重工业,单位产出的废水、废气、废渣排放量显著增加,致使绿色高效指数呈现下降走势。其余 5 省份(自治区)的绿色高效指数分别由

2012 年的 52.37、49.44、25.78、20.46、33.71 抬升至 2022 年的 94.28、73.37、73.77、63.48、39.45，年均增长率依次达到 6.06%、4.03%、11.09%、11.99%、1.58%。需要特别注意的是,福建的绿色高效指数均值虽然不高,但近年来的增幅明显,2022 年已位列沿海地区各省份第 4,这同福建积极开拓建设闽江生态经济带密不可分。

再次是沿海地区各省份开放共赢指数的分析(见表 2-7)。

表 2-7　2012—2022 年沿海地区各省份开放共赢指数

年份 地区	2012	2013	2014	2015	2016	2017	2018	2019	2020	2021	2022	均值
北京	34.27	46.31	62.13	94.21	108.97	82.36	86.52	116.52	141.98	142.45	143.76	96.32
天津	48.64	49.43	72.50	66.89	173.48	78.22	88.34	99.62	126.56	131.40	136.82	97.45
河北	4.80	6.47	6.97	6.19	8.66	8.07	8.29	10.36	11.85	11.66	12.40	8.70
辽宁	37.42	29.66	33.03	36.95	37.28	42.77	49.10	49.56	51.91	53.82	54.41	43.26
山东	37.59	32.93	37.68	41.91	51.38	50.99	52.18	62.15	66.55	68.28	72.31	52.18
沿海北部地区	32.55	32.96	42.46	49.23	75.95	52.48	56.88	67.64	79.77	81.52	83.94	59.58
上海	88.61	86.62	97.05	170.56	184.81	162.73	164.96	161.47	172.70	177.69	180.97	149.83
江苏	47.00	38.39	41.82	48.33	56.31	51.71	56.88	58.21	57.84	62.08	64.35	52.99
浙江	21.91	23.47	26.75	33.71	45.61	46.06	50.39	47.75	48.71	58.23	62.23	42.26
沿海中部地区	52.51	49.49	55.20	84.20	95.57	86.83	90.74	89.14	93.08	99.33	102.52	81.69
福建	28.29	31.49	39.46	45.13	50.31	56.81	54.44	57.46	61.95	68.46	72.71	51.47
广东	44.41	49.35	48.39	56.69	66.84	67.74	72.03	73.38	75.20	82.69	83.92	65.51
广西	1.43	1.00	1.60	3.21	4.75	3.18	4.68	3.79	4.14	5.20	5.62	3.51
海南	6.33	11.00	11.84	15.23	13.84	42.18	45.90	40.12	48.71	55.46	61.32	31.99
沿海南部地区	20.12	23.21	25.24	30.06	33.93	42.48	44.26	43.69	47.50	52.95	55.89	38.12

资料来源:根据 EPS 数据库制作。

一方面,关于沿海北部地区、中部地区、南部地区的分析。按照开放共赢指数均值从高到低排列,分别是沿海中部地区、沿海北部地区、沿海南部地区,2012—2022 年的均值依次是 81.69、59.58、38.12。沿海中部地区充分发挥"一带一路"交会点的交通区位优势,于 2013 年 9 月在上海设立了中国首个自由贸易试验区,在扩大进出口贸易规模的同时,"引进来"与"走出去"相结合,建设高质量的开放型经济体系,因此其开放共赢指数占据了领先优势。尽管席卷全球的新冠疫情一度给国际大循环蒙上了一层阴影,但沿海北部地区、中部地区、南部地区的开放共赢指数始终稳定增长,彰显出巨大的开放活力。

另一方面,具体到沿海地区各省份的分析。上海、天津、北京、广东、江苏、山东属于开放共赢引领省份(直辖市),开放共赢指数依次从 2012 年的 88.61、48.64、34.27、44.41、47.00、37.59 提高到 2022 年的 180.97、136.82、143.76、83.92、64.35、72.31,年均增长率依次是 7.40%、10.90%、15.42%、6.57%、3.19%、6.76%。其中,上海、天津、北京的开放共赢指数处于绝对优势地位:(1)上海、天津分别在 2013 年 9 月、2015 年 4 月成为自由贸易试验区试点,在国际贸易、引进外资、对外投资等方面享有了极大的便利;(2)北京虽然在 2020 年 9 月才获得自由贸易试验区试点权,但北京作为中国首都,是著名的国际交往中心,也是贸易往来、资金融通的关键节点。福建、辽宁、浙江、海南、河北、广西属于开放共赢追赶省份,开放共赢指数分别自 2012 年的 28.29、37.42、21.91、6.33、4.80、1.43 增加为 2022 年的 72.71、54.41、62.23、61.32、12.40、5.62,年均增长率依次达到 9.90%、3.81%、11.00%、25.49%、9.96%、14.67%。虽然上述沿海省份的开放共赢指数增速较快,但由于其原有开放基础较为薄弱,同开放型经济先导省份的差距仍需引起长期重视。

最后是沿海地区各省份共享和谐指数的分析(见表 2-8)。

表 2-8　2012—2022 年沿海地区各省份共享和谐指数

年份\地区	2012	2013	2014	2015	2016	2017	2018	2019	2020	2021	2022	均值
北京	73.81	76.09	82.41	82.89	84.30	86.99	83.31	84.27	88.49	89.94	91.42	83.25
天津	69.27	72.17	68.99	68.71	70.78	79.38	63.61	63.99	76.05	75.54	76.58	70.35
河北	68.73	66.60	53.74	69.80	71.87	73.00	79.14	80.94	79.90	83.33	85.69	72.71
辽宁	50.38	54.29	57.64	56.45	62.84	67.01	73.64	75.21	70.33	78.51	81.60	64.63
山东	82.41	85.09	86.16	88.12	89.60	92.82	90.09	93.19	94.22	96.09	97.49	89.78

续表

年份 / 地区	2012	2013	2014	2015	2016	2017	2018	2019	2020	2021	2022	均值
沿海北部地区	68.92	70.85	69.79	73.19	75.88	79.84	77.96	79.52	81.80	83.68	86.56	76.14
上海	61.07	61.82	62.80	65.18	67.26	70.05	68.60	71.02	71.26	73.63	75.04	67.27
江苏	73.30	77.49	80.90	84.10	87.85	91.90	91.99	94.26	92.91	99.31	101.95	87.40
浙江	68.61	71.75	74.92	78.68	80.54	83.38	85.78	88.48	85.05	91.55	93.92	80.87
沿海中部地区	67.66	70.35	72.87	75.98	78.55	81.78	82.13	84.59	83.08	88.16	90.31	78.52
福建	56.71	61.37	63.68	65.44	62.73	68.62	75.66	79.22	70.97	78.63	80.93	68.30
广东	42.66	48.16	48.44	60.62	60.31	59.73	56.60	69.33	59.07	68.15	70.56	57.31
广西	18.91	25.57	17.72	39.40	46.45	55.15	60.61	72.14	49.64	73.19	79.26	45.88
海南	33.45	43.37	49.31	57.03	49.52	59.82	45.82	60.29	55.50	61.69	63.93	51.58
沿海南部地区	37.93	44.62	44.79	55.62	54.75	60.83	59.67	70.24	58.79	70.42	73.67	55.77

资料来源:根据 EPS 数据库制作。

一方面,关于沿海北部地区、中部地区、南部地区的分析。根据共享和谐指数均值自高到低排列,沿海中部地区处于首位,沿海北部地区居中,沿海南部地区最低,2012 — 2022 年共享和谐指数的均值分别是 78.52、76.14、55.77。不难发现,沿海北部地区的共享和谐指数紧随沿海中部地区之后,在"幼有所育、学有所教、劳有所得、病有所医、老有所养、住有所居、弱有所扶"七大领域不断取得新突破,基本公共服务均等化总体实现。相比之下,沿海南部地区的共享和谐指数同沿海北部地区、中部地区的差距较大,发展的普惠性还需进一步增强。

另一方面,具体到沿海地区各省份的分析。山东、江苏、北京、浙江、河北、天津属于共享和谐引领省份,共享和谐指数分别从 2012 年的 82.41、73.30、73.81、68.61、68.73、69.27 提高到 2022 年的 97.49、101.95、91.42、93.92、85.69、76.58,年均增长率依次达到 1.69%、3.35%、2.16%、3.19%、2.23%、1.01%。在共享和谐引领省份中,沿海北部地区省份占据 4 席,京津冀均榜上有名。近年来,京津冀以疏解北京非首都城市功能为驱动,促进京津与河北基本公共服务一体化步入快车道,石家庄、唐山等区域性中心城市以及张家口、承德等节点城市的综合服务能力显著增强。地处沿海中部地区的江苏与浙江在助力高品质教育、医疗等公共资源共享的进程中,努力构建各类基本公共服务项目的全域联网共享机制,通过营造公平包容的社会环境使长三角一体化政策红利惠及广大人民。福建、上海、辽宁、广东、海南、广西属于共享和谐追赶省份,共享和谐指数分别自 2012 年的 56.71、61.07、50.38、42.66、33.45、18.91 增加为 2022 年的 80.93、75.04、81.60、70.56、63.93、79.26,年均增长率依次达到 3.09%、2.08%、4.94%、5.16%、6.69%、15.41%。其中,福建、上海、辽宁、广东、海南虽处于共享和谐追赶省份行列,但近年来共享和谐指数同引领省份相差不大。最应引起注意的是海南,其在基本生活保障、日常出行、人居环境等方面的提升空间较大,广大人民的获得感、满足感、幸福感有待进一步增强。

第四节　沿海地区城市高质量发展的评价结果

在明确沿海省域高质量发展总体态势的基础上,需进一步细化至城市尺度,识别出高质量发展进程中的明星型城市、次优型城市、追赶型城市。

一、综合指数

类似于前文对沿海地区各省份的划分,本章将研究所涉及的 114 座沿海地区城市划分为沿海北部地区、中部地区、南部地区三大地区,其中沿海北部地区包括北京、天津、河北、辽宁、山东所辖的 43 座城市,沿海中部地区涵盖了上海、江苏、浙江下辖的 25 座城市,沿海南部地区则由福建、广东、广西、海南的 46 座城市构成。

图 2-1 反映了 2012—2021 年沿海地区城市高质量发展综合指数的变化趋势。考察期内,三大地区高质量发展综合指数始终呈现沿海中部地区—沿海南部地区—沿海北部地区三级分布。沿海中部地区高质量发展综合指数处于领先地位,由 2012 年的 63.76 逐年上升至 2021 年的 74.93,年均增长率达 1.81%;沿海南部地区高质量发展综合指数变化趋

势同沿海中部地区大致相仿,亦呈逐年攀升态势,由2012年的58.51增长至2021年的68.78,年均增长率为1.81%;沿海北部地区高质量发展综合指数在2012—2015年出现较大波动,一度由局部最高值56.42(2013年)下降至52.52(2015年),降幅超6%,后迅速反弹并缓慢增长,至2021年,高质量发展综合指数达62.11。全部沿海地区城市高质量发展综合指数总体呈上升态势,以超1.50%的年均增长率由2012年的58.88增加到2021年的67.61,但受沿海北部地区高质量发展综合指数前期剧烈波动影响,曾于2014—2015年出现小幅回落。

（单位：亿元）

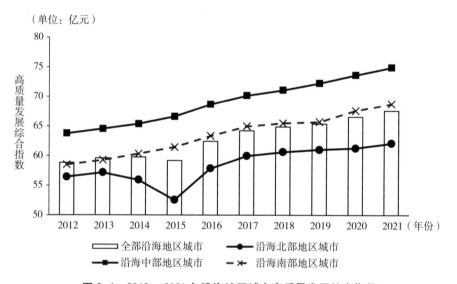

图 2-1　2012—2021 年沿海地区城市高质量发展综合指数

资料来源:根据 EPS 数据库制作。

2012—2021年沿海三大地区高质量发展综合指数趋势同各地区发展现状密切相关。

沿海中部地区综合指数与年均增长速度均排名第一,这一方面是因为沿海中部地区所含城市大多处于长三角地区,区位优势突出、自然禀赋优良、城市体系完备、综合实力强劲,具备良好的高质量发展基础,2012年综合指数值(63.76)已经接近全部沿海地区城市2022年综合指数值(67.61)。另一方面也是国家政策、时代背景与发展理念共同作用的结果:国家"一带一路"倡议和长江经济带战略的实施,为沿海中部地区城市充分发挥区位优势和开放优势、更高层次更高水平参与国际合作和竞争带来了新空间;在中国经济发展进入新时代的现实条件下,经济增长更多依靠科技进步、劳动者素质提升和管理创新的要求为沿海中部地区城市更好地发挥科教创新优势、推动创新发展和转型升级带来了新契机;"两山"理论的提出与实践则为沿海中部地区城市推进绿色转型、促进生态环境步入良性循环轨道指明了新路径。

沿海南部地区包含了众多经济特区,这为其发展带来了雄厚的物质基础,同时粤港澳大湾区与横琴粤澳深度合作区的建设则为广东各城市的高质量发展注入了强劲活力。其中珠海、深圳与广州三城市更是借此东风分列沿海地区综合指数均值排名第二位、第三位、第五位,成为了南部地区高质量发展的火车头,助力南部地区综合指数实现对全部沿海地区城市综合指数均值的超越。但同样值得注意的是,南部地区高质量发展内部分异严重,具体表现为以广西为首的桂闽琼三省(自治区)内城市同广东省内城市存在较大差距。广西来宾、百色、贵港与河池均处在综合均值排名倒数前十之列,这与排名前十的珠海、深圳、广州与中山等广东四市形成鲜明对比。

沿海北部地区高质量发展综合指数全期低于全部沿海地区城市均值,且是三地区中唯一出现期间综合指数下降情况的地区。这一现象的出现与形成是多方面、多层次因素共同作用的结果:其一,地区内部分城市高质量发展存在明显薄弱处与掣肘项,例如,辽宁作为东北老工业基地,"萧条病"严重,以阜新为代表的诸多资源型城市面临资源枯竭、产业衰退、结构单一等诸多病症,城市发展面临较大转型压力;河北各城市产业结构多以重工业为主,各城市能源消费结构中煤炭比重极大且能耗水平偏高,大气污染物排放量与排放强度高于全国平均水平,整体大气环境质量不高;山东各城市县域城镇化突出,半城镇化问题显著。同时,山东城市还存在"官本位"相对更突出、老乡情怀和"圈子"现象较为突出等不利于人才引进与创业创新的情况。[1] 其二,地区内部区域协调发展程度

①　黄少安:《新旧动能转换与山东经济发展》,《山东社会科学》2017 年第 9 期。

仍有待提高。以京津冀为例,虽然京津冀协同发展早已成为共识并于2015年获批《京津冀协同发展规划纲要》,但仍存在基本公共服务水平落差大、大城市病问题突出、产业协作效率不高等诸多问题,如何进一步打破区域间部分行政壁垒、弱化政府因素对资源的配置,更大限度地实现市场对资源配置的决定性作用以实现区域产业良好协作仍然是京津冀内各城市加强协调发展亟待解决的问题,同时,京津冀建立三地利益协调共享机制也仍有待探索。① 其三,考察期内(2015年)发生了"8·12"天津滨海新区爆炸事故这一"黑天鹅"事件,受此特别重大安全事故影响,沿海北部地区城市2015年综合指数出现了显著下滑并导致了同期全部沿海地区城市综合指数的下降。

进一步比较各地区内部城市综合指数情况,可以发现各地区内部城市发展差异也呈沿海中部地区—沿海南部地区—沿海北部地区依次加剧的态势。表2-9列出了沿海地区高质量发展综合指数排名前十和倒十的城市。不难发现,沿海中部三省份均有城市位列前十,其余各城市亦排名靠前,总体来看一体化程度显著。沿海南部与北部地区均出现了各城市间发展差距巨大的现象,其中,沿海北部地区更为严重,其既涵盖了高质量发展指数均值排名第一的北京,也在排名倒数前十之中占据了六席,如何在缩小区域内部城市间差异的同时提升总体高质量发展水平,是此二者面临的重大课题。

表2-9 2012—2021年沿海地区代表性城市高质量发展综合指数

排名	城市	省份	2012年	2021年	均值	排名	城市	省份	2012年	2021年	均值
1	北京	北京	77.71	87.82	81.59	105	葫芦岛	辽宁	50.11	52.31	51.07
2	珠海	广东	75.28	82.45	80.75	106	邢台	河北	43.12	59.75	50.78
3	深圳	广东	76.53	82.11	78.83	107	邯郸	河北	44.92	57.31	49.95
4	南京	江苏	71.39	81.25	75.73	108	来宾	广西	37.05	57.12	49.65
5	广州	广东	70.41	81.21	75.51	109	百色	广西	38.14	56.45	48.90
6	上海	上海	69.79	81.97	75.56	110	本溪	辽宁	49.83	48.53	47.42

---

① 安树伟:《京津冀协同发展战略实施效果与展望》,《区域经济评论》2017年第6期。

排名	城市	省份	2012 年	2021 年	均值	排名	城市	省份	2012 年	2021 年	均值
7	杭州	浙江	69.58	79.96	75.30	111	阜新	辽宁	42.38	54.87	47.64
8	中山	广东	70.91	75.44	72.86	112	贵港	广西	35.39	55.46	47.31
9	舟山	浙江	65.88	76.26	71.78	113	河池	广西	35.16	56.54	46.83
10	无锡	江苏	67.96	75.23	71.30	114	朝阳	辽宁	42.27	46.09	44.97

资料来源:根据 EPS 数据库制作。

　　本小节进一步选择排名第一的北京、第二的珠海、第四的南京、倒数第二的河池和倒数第一的朝阳进行对比分析,其中北京与朝阳属于沿海北部地区,南京分属沿海中部地区,珠海和河池则为沿海南部地区。2012年,北京的高质量发展综合指数依次为珠海、南京的 1.03 倍、1.09 倍;2021 年,北京的高质量发展综合指数为珠海、南京的 1.07 倍、1.08 倍。不难发现,各地区头部城市间高质量发展差距较小。2012 年,北京的高质量发展综合指数为朝阳的 1.84 倍,珠海达到河池的 2.14 倍;2021 年,北京的高质量发展综合指数为朝阳的 1.91 倍,珠海达到河池的 1.46 倍。如前文所述,沿海北部地区与南部地区内部城市间存在巨大的发展差异,且北部地区高质量发展并未显示出明显缩小迹象,故而沿海北部地区与南部地区在加强明星城市发展的同时,也要注重继续强化头部城市的溢出效应。虽然高质量发展空间失调现象在短期内难以根治,但从长期来看,随着区域协调发展理论与实践的逐步推进,各城市都将朝着"普遍沸腾"的方向迈进。

二、分项指数

　　在关注综合指数的同时,考虑到高质量发展的多维特征,本小节基于综合评价体系,剖析五大子系统所对应的分项指数(见图 2-2)。

　　第一,创新驱动指数。全部沿海地区城市及各地区创新驱动指数在考察期内整体呈上升态势,沿海北部、中部与南部地区 2021 年创新驱动指数较 2012 年分别提升 45.50%、67.54%、101.46%。从增速来看,沿海南部地区创新驱动指数增长最为迅速,这与经济特区及粤港澳大湾区为

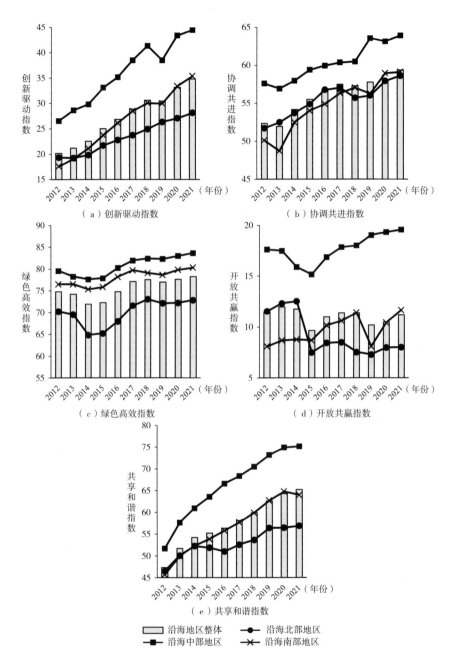

（a）创新驱动指数

（b）协调共进指数

（c）绿色高效指数

（d）开放共赢指数

（e）共享和谐指数

图 2-2　2012—2021 年沿海地区城市高质量发展分项指数（续）

资料来源：根据 EPS 数据库制作。

沿海南部地区向创新驱动转型所提供的强劲动力密切相关;从数值来看,沿海中部地区创新驱动指数远超全部沿海地区城市均值,但也一度出现下降(2018—2019年),如何更好地在新时代结合时代背景与资源禀赋在实践中贯彻并发展创新驱动发展战略是沿海中部地区所面临的课题;从排序来看,考察期内沿海中部地区创新驱动指数始终排名第一,沿海北部地区创新驱动指数于2014年为沿海南部地区所超越,沿海北部地区需要加强由投资与要素驱动向创新驱动的动能转换。

第二,协调共进指数。从总体趋势看,三大地区协调共进指数均呈现波动上升态势,2021年的指数值依次是2012年的1.13倍、1.16倍、1.17倍,在经济发展进入新时代后,沿海地区城市普遍经历了艰难探索、不懈奋斗的过程,并最终在一定程度上实现了产业结构、内需结构与城乡结构的改善。沿海中部地区作为高质量发展的排头兵,其协调共进指数依然远超沿海北部地区与南部地区,如前文所述,长三角一体化为沿海中部地区提供了良好的协调基础与发展潜力;沿海北部地区城市与沿海南部地区城市协调共进指数虽一度相差3.75(2013年),但在考察期后段,二者间差异缩小,2021年二者协调共进指数均超过59,说明中国沿海地区协调发展并未出现明显短板地区。

第三,绿色高效指数。全部沿海地区城市绿色高效指数围绕均值75.57上下波动,沿海北部地区、中部地区与南部地区指数变化趋势与之相仿,均围绕各自均值呈现类似特征,且四者考察期内最低值均出现在2014年,最高值均出现在考察期后段。这一现象是中国沿海地区发展理念变化的生动写照:在经济快速发展初期,"唯GDP"、重经济发展轻环境保护的理念较为盛行,各城市出现了不同程度的生态破坏、环境污染问题,其中,尤以沿海北部地区的阜新、本溪为甚,二者作为典型的资源枯竭型城市,生态环境恶化与其城市早期发展相伴相生;随着社会经济的发展与生活水平的提高,"既要金山银山,更要绿水青山"越发成为人民群众的迫切要求,2015年前后京冀地区出现的大规模雾霾天气更是使绿色发展成为各城市发展规划中必不可少的一环,在此之后,沿海各城市以"两山"理论为指导,结合自身实际情况推行绿色高效发展。值得注意的是,尽管各地区绿色高效指数在触底后有所回升,但提升并不明显,2021年绿色高效指数较2012年提升均不超过6个百分点,各城市在资源高效利用、绿色节能减排方面仍存在较大的提升空间。

第四,开放共赢指数。三大地区在此分项指数表现各异:沿海北部地区开放共赢指数在2015年出现断崖式下滑,环比降幅高达40.27%,小幅度回暖后复呈下探态势,贸易相通、资金融通的推进迟缓,深化国际经济技术合作道阻且长;沿海中部地区开放共赢指数在考察期内先减后增,一度由2012年的17.61下降至15.09,后迅速反弹,及至2021年达19.57,考察期内增幅达1.11%,且其开放共赢指数始终远高于其余地区,究其原因,上海、江苏、浙江三省份(直辖市)作为开放型经济建设的排头兵,在经历改革阵痛后挖掘自身优势,积极营造吸引外资的良性政策环境,不断提高对外开放水平;沿海南部地区开放共赢指数在考察期前中期借粤港澳大湾区建设的东风不断提升,但2019年出现巨大下滑,这一现象出现的原因在于沿海南部地区过于依赖深圳、广州、珠海等城市的辐射作用,而这些城市的开放共赢表现与粤港澳大湾区建设密切相关,随着沿海南部地区开放环境日趋改善,2021年开放共赢指数(11.66)已超2019年前水平(11.41)。

第五,共享和谐指数。从相对变动上看,沿海北部地区、中部地区与南部三大地区共享和谐指数趋于上升,2012—2021年的年均增速依次达2.26%、4.24%、3.81%。与创新驱动指数相似,沿海中部地区共享和谐指数始终远超其余二者,沿海南部地区则在考察期内完成了对沿海北部地区的超越,但总的来看,沿海地区城市均改善了基本生活保障、日常出行条件以及人居环境质量,不断满足人民日益增长的美好生活需要。然而,三大地区间共享和谐指数的差距仍然值得重视:从绝对数值上看,2012年沿海中部地区共享和谐指数分别是沿海北部地区与南部地区的1.11倍、1.13倍,2021年则为后二者的1.32倍与1.17倍,如何加强头部城市的示范效应与溢出效应、进一步促进社会基本公共服务均等化是下一阶段沿海地区发展需要考虑的问题。同时就地区内部而言,共享和谐是除创新驱动外沿海北部地区转变发展方式、加强高质量发展的又一重点领域。

第三章 沿海地区高质量发展的
时空分异与演进轨迹

通过分析沿海地区各省份、城市高质量发展综合指数和分项指数发现,由于地理区位、资源禀赋、产业基础、要素质量存在差异,北京、上海、江苏、浙江、广东占据了相对优势地位,而辽宁、河北、广西仍处于相对弱势地位。那么,各区域间的时空分异到底有多大? 随着区域协调发展战略的深入推进,时空分异出现了怎样的变化? 为回答上述问题,本章将利用泰尔指数、空间基尼系数、马尔科夫转移矩阵等统计方法,以及收敛性检验等计量方法,描绘沿海地区各省份及城市高质量发展的时空分异与演进轨迹。

第一节 时空分异与演进轨迹的分析方法

本节将分别介绍沿海地区高质量发展时空分异与演进轨迹的分析方法。其中,时空分异分析方法包括泰尔指数、空间基尼系数两种,演进轨迹分析方法包马尔科夫转移矩阵、收敛性检验两种。

一、时空分异

(一)泰尔指数

为揭示沿海地区高质量发展的时空分异,本章基于泰尔指数,将沿海北部地区、中部地区、南部地区内部及之间的时空分异可视化。[1] 具体计算方法为:

---

[1] 郭芸、范柏乃、龙剑:《我国区域高质量发展的实际测度与时空演变特征研究》,《数量经济技术经济研究》2020 年第 10 期。

$$T = \frac{1}{n} \sum_{i=1}^{n} \left(\frac{Index_i}{\overline{Index}} \times \ln \frac{Index_i}{\overline{Index}} \right) \qquad (3.1)$$

$$T_r = \frac{1}{n_r} \sum_{i=1}^{n_r} \left(\frac{Index_{ri}}{\overline{Index_r}} \times \ln \frac{Index_{ri}}{\overline{Index_r}} \right) \qquad (3.2)$$

$$T_w = \sum_{r=1}^{5} \left(\frac{n_r}{n} \times \frac{\overline{Index_r}}{\overline{Index}} \times T_r \right) \qquad (3.3)$$

$$T_b = \sum_{r=1}^{5} \left(\frac{n_r}{n} \times \frac{\overline{Index_r}}{\overline{Index}} \times \ln \frac{\overline{Index_r}}{\overline{Index}} \right) \qquad (3.4)$$

$$T = T_w + T_b \qquad (3.5)$$

其中,T 代表整个沿海地区高质量发展的泰尔指数,$T_r(r = 1,2,3,4,5)$ 代表沿海北部地区、中部地区、南部地区高质量发展的泰尔指数。反映沿海地区高质量发展总体分异的泰尔指数 T 可进一步分解为反映地区内整体分异的泰尔指数 T_w、反映地区间分异的泰尔指数 T_b。泰尔指数介于 0—1 的区间内,T 值越小表明沿海地区高质量发展的分异越小;反之则越大。此外,i 代表沿海省份(城市),r 代表沿海省份(城市)所属地区,n 代表所研究的省份(城市)总数,n_r 分别是沿海北部地区、中部地区、南部地区的省份(城市)数量,$Index_{ri}$ 代表 r 地区 i 省份(城市)的高质量发展综合指数,$\overline{Index}$ 与 $\overline{Index_r}$ 分别代表整个沿海地区及沿海北部地区、中部地区、南部地区省份(城市)高质量发展综合指数的平均值。

(二)空间基尼系数

作为刻画时空分异的典型方法,泰尔指数将各沿海省份(城市)相对于所在地区或整个沿海地区的变动纳入考察范畴,且能将总体分异剥离为地区内和地区间。然而,泰尔指数关于地区间分异的测度较为粗糙,仅展现了沿海北部地区、中部地区、南部地区之间的总体分异情况,未能反映沿海北部地区、中部地区、南部地区之间的两两分异情况。[1] 鉴于此,

---

① 陈景华、陈姚、陈敏敏:《中国经济高质量发展水平、区域差异及分布动态演进》,《数量经济技术经济研究》2020 年第 12 期。

本章引入空间基尼系数弥补上述缺陷,计算方法如下:

$$G = \frac{\sum_{q=1}^{k} \sum_{r=1}^{k} \sum_{h=1}^{n_q} \sum_{i=1}^{n_r} |Index_{qh} - Index_{ri}|}{2\,n^2\,\overline{Index}} \tag{3.6}$$

$$G_{qq} = \frac{1}{2\,n_q^2\,\overline{Index_q}} \sum_{h=1}^{n_q} \sum_{i=1}^{n_q} |Index_{qh} - Index_{qi}| \tag{3.7}$$

$$G_w = \sum_{q=1}^{k} G_{qq}\,m_q\,s_q \tag{3.8}$$

$$G_{qr} = \frac{\sum_{h=1}^{n_q} \sum_{i=1}^{n_r} |Index_{qh} - Index_{ri}|}{n_q\,n_r(\overline{Index_q} + \overline{Index_r})} \tag{3.9}$$

$$G_{nb} = \sum_{q=2}^{k} \sum_{r=1}^{q-1} G_{qr}(m_q\,s_r + m_r\,s_q)\,D_{qr} \tag{3.10}$$

$$G_t = \sum_{q=2}^{k} \sum_{r=1}^{q-1} G_{qr}(m_q\,s_r + m_r\,s_q)(1 - D_{qr}) \tag{3.11}$$

其中,G代表总体空间基尼系数,G_{qq}和G_{qh}分别代表沿海北部、中部和南部地区内和两两地区间的空间基尼系数。空间基尼系数能进一步分解为地区内贡献率G_w、地区间净值贡献率G_{nb}以及超变密度贡献率G_t,G_{nb}和G_t共同构成地区间总贡献率。此外,h和i代表沿海省份(城市),q和r代表沿海省份(城市)所属地区,其他符号的含义同上;$m_q = n_q/n$,$s_q = n_q\overline{Index_q}/n\overline{Index}$;定义$a_{qr}$为$Index_{qh} > Index_{ri}$时,$Index_{qh} - Index_{ri}$的加总数学期望;定义$d_{qr}$为$Index_{ri} > Index_{qh}$时,$Index_{ri} - Index_{qh}$的加总数学期望,那么$D_{qr} = (a_{qr} - d_{qr})/(a_{qr} + d_{qr})$可反映两两地区间高质量发展综合指数的相对影响。

二、演进轨迹

(一)马尔科夫转移矩阵

本章借助马尔科夫转移矩阵解析沿海省份(城市)在不同质量等级间调整的总体轨迹。[①] 马尔科夫转移矩阵元素的计算方法为:

---

① 聂长飞、简新华:《中国高质量发展的测度及省际现状的分析比较》,《数量经济技术经济研究》2020年第2期。

$$prob_{uv}^{t,t+d} = \frac{\sum\limits_{t=T_0}^{T-d} n_{uv}^{t,t+d}}{\sum\limits_{t=T_0}^{T-d} n_u^{t,t+d}} (u=1,2,\cdots,k;v=1,2,\cdots,k;t=T_0,\cdots,T-d)$$

(3.12)

其中,k代表高质量发展综合指数的等级数量,本章通过聚类分析法,将沿海省份(城市)划分为低质量、中低质量、中等质量、中高质量、高质量五个梯队,即$k=5$;d代表沿海省份(城市)在不同梯队之间的转移周期,取$d=1$;$n_{uv}^{t,t+d}$代表由t年份的u梯队向$t+d$年份的v梯队转移的沿海省份(城市)数量;$n_u^{t,t+d}$代表t年份属于u梯队的沿海省份(城市)数量。

(二)收敛性检验

σ收敛是指随时间推移,沿海省份(城市)间高质量发展综合指数的离散程度逐步下降,通常使用离散系数来反映,具体公式为:

$$\sigma = \sqrt{\frac{1}{n-1}\sum_{i=1}^{n}(Index_i - \overline{Index})^2}$$

(3.13)

式中各符号的含义同上。当σ逐年下降时,说明沿海省份(城市)间高质量发展的时空分异在缩小,发生σ收敛。

绝对β收敛理论认为,发展质量相对较低的沿海省份(城市)将出现更明显的进步,逐步拉近与质量前沿面沿海省份(城市)的差距,最终达到稳态。基于 Sala-i-Martin 的设定,构建模型如下:

$$\frac{1}{T}\ln\left(\frac{Index_{it}}{Index_{i0}}\right) = \alpha + \beta\ln(Index_{i0}) + \mu_i$$

(3.14)

其中,T为研究年份数,μ_i为随机扰动项,其他符号的含义同上。若β显著为负,则沿海省份(城市)高质量发展最终将绝对β收敛至稳态水平。

绝对β收敛建立在横截面数据的基础上,条件β收敛作出改良,控制了沿海省份(城市)固定效应与年份固定效应,将沿海省份(城市)初始稳态水平纳入考虑范畴,模型具体设定为:

$$\ln\left(\frac{Index_{it}}{Index_{i,t-1}}\right) = \alpha + \beta\ln(Index_{i,t-1}) + \gamma_i + \vartheta_t + \mu_{it} \tag{3.15}$$

其中，γ_i 为沿海省份（城市）固定效应，ϑ_t 为年份固定效应，其余符号的含义同上。若 β 显著为负，则沿海省份（城市）高质量发展出现了条件 β 收敛。

进一步地，考虑到沿海省份（城市）高质量发展的空间相关性，本章参考 Elhorst 等（2010）[1]的研究，拟基于空间杜宾模型（Spatial Durbin Model, SDM）进行空间绝对 β 收敛与条件 β 收敛检验，模型表示式为：

$$\frac{1}{T}\ln\left(\frac{Index_{it}}{Index_{i0}}\right) = \alpha + \beta\ln(Index_{i0})$$
$$+ \delta\sum_{h=1}^{N} w_{ih}\ln(Index_{i0}) + \rho\sum_{h=1}^{N} w_{ih}\frac{1}{T}\ln\left(\frac{Index_{it}}{Index_{i0}}\right) + \mu_i \tag{3.16}$$

$$\frac{1}{T}\ln\left(\frac{Index_{it}}{Index_{i,t-1}}\right) = \alpha + \beta\ln(Index_{i,t-1}) + \delta\sum_{h=1}^{N} w_{ih}\ln(Index_{i,t-1})$$
$$+ \rho\sum_{h=1}^{N} w_{ih}\frac{1}{T}\ln\left(\frac{Index_{it}}{Index_{i,t-1}}\right) + \gamma_i + \vartheta_t + \mu_{it} \tag{3.17}$$

构造权重矩阵是空间计量分析的核心。除空间自相关分析中采用的地理距离矩阵外，本章还构造了经济距离矩阵、引力模型矩阵，验证空间 β 收敛的稳健性。经济距离矩阵、引力模型矩阵的具体计算方式为：

$$w_{ih} = 1/\left|\overline{pgdp_i} - \overline{pgdp_h}\right| \tag{3.18}$$

$$w_{ih} = \overline{pgdp_i} \times \overline{pgdp_h} / d_{ih} \tag{3.19}$$

其中，w_{ih} 代表空间权重矩阵中的元素，d_{ih} 代表 i 沿海省份（城市）与 h 沿海省份（城市）间的地理距离，$\overline{pgdp_i}$、$\overline{pgdp_h}$ 分别代表 i 沿海省份（城市）与 h 沿海省份（城市）研究时间区段内人均 GDP 的平均值。

第二节 沿海地区高质量发展的时空分异

本节将从省域—城市两级空间尺度入手，结合泰尔指数与空间基尼

---

① Elhorst P., Piras G., Arbia G., "Growth and Convergence in a Multiregional Model with Space-Time Dynamics", *Geographical Analysis*, No.3, 2010.

系数计算结果,探讨沿海地区高质量发展的时空分异。

一、沿海地区各省份高质量发展的时空分异

沿海地区各省份高质量发展的泰尔指数先由 2012 年的 0.0498 下降至 2018 年的 0.0270,2022 年恢复至 0.0358,表明沿海地区省份高质量发展的时空分异呈先缩小后拉大的态势。具体到三大地带的内部分异,从绝对数值上看,沿海北部地区、中部地区、南部地区省份高质量发展的泰尔指数均值依次为 0.0456、0.0048、0.0224。沿海北部地区、南部地区省份高质量发展的泰尔指数较高,这是因为沿海北部、南部地区既存在以京津冀、粤港澳为代表的高质量发展引领区,也不乏冀中南、鲁西、辽西、闽西、粤北、桂北等高质量发展洼地,与前文的研判相互印证。受此影响,沿海三大地带内部高质量发展时空分异的贡献率长期维持在 70% 左右。沿海中部地区省份高质量发展的泰尔指数远低于沿海北部地区、南部地区省份,说明在长三角一体化战略的作用下,江浙沪两省一市高质量发展的协同性获得有效提升。从相对变动来看,沿海北部地区、中部地区、南部地区各省份高质量发展泰尔指数分别从 2012 年的 0.0461、0.0054、0.0496 波动下降为 2022 年的 0.0431、0.0043、0.0165。其中,沿海南部地区省份高质量发展泰尔指数回落的规律更为明显,而沿海北部地区、中部地区省份在部分年份则出现回升。关于各板块间的分异,泰尔指数自 2012 年的 0.0152 回落至 2022 年的 0.0138,仅为原有水平的 90.79%,相应的贡献率也从 2012 年的 30.42% 下跌为 2022 年的 28.50%,说明沿海三大地带间高质量发展的分异渐趋消弭(见表 3-1)。

表 3-1　2012—2022 年沿海地区省份高质量发展的泰尔指数

年份	总体分异 (T)	地区内分异				地区间分异 (T_b)
		整体 (T_w)	沿海北部地区 (T_1)	沿海中部地区 (T_2)	沿海南部地区 (T_3)	
2012	0.0498	0.0347 (69.58)	0.0461 (40.65)	0.0054 (3.29)	0.0496 (25.64)	0.0152 (30.42)

续表

年份	总体分异（T）	地区内分异				地区间分异（T_b）
		整体（T_w）	沿海北部地区（T_1）	沿海中部地区（T_2）	沿海南部地区（T_3）	
2013	0.0438	0.0313 (71.37)	0.0472 (47.27)	0.0049 (3.31)	0.0345 (20.79)	0.0125 (28.63)
2014	0.0477	0.0363 (76.15)	0.0568 (51.91)	0.0041 (2.54)	0.0387 (21.70)	0.0114 (23.85)
2015	0.0399	0.0304 (76.36)	0.0524 (55.60)	0.0070 (5.26)	0.0222 (15.50)	0.0094 (23.64)
2016	0.0387	0.0282 (72.89)	0.0518 (57.36)	0.0066 (5.05)	0.0149 (10.47)	0.0105 (27.11)
2017	0.0304	0.0223 (73.26)	0.0401 (55.39)	0.0049 (4.79)	0.0140 (13.08)	0.0081 (26.74)
2018	0.0270	0.0185 (68.69)	0.0333 (51.64)	0.0036 (3.97)	0.0125 (13.09)	0.0084 (31.31)
2019	0.0285	0.0215 (75.63)	0.0414 (59.26)	0.0034 (3.56)	0.0124 (12.80)	0.0069 (24.37)
2020	0.0337	0.0250 (74.06)	0.0447 (56.25)	0.0042 (3.73)	0.0170 (14.08)	0.0087 (25.94)
2021	0.0343	0.0235 (68.54)	0.0451 (52.45)	0.0046 (3.98)	0.0145 (12.11)	0.0108 (31.46)
2022	0.0358	0.0256 (71.50)	0.0431 (53.98)	0.0043 (3.65)	0.0165 (13.87)	0.0138 (28.50)

资料来源：根据 EPS 数据库制作。

本章将使用空间基尼系数进行进一步分析。

首先，分析地区内空间基尼系数（见图3-1）。在绝对数值上，沿海北部地区各省份高质量发展的空间基尼系数均值最高，沿海南部地区各省份紧随其后，沿海中部地区各省份最低，排序和泰尔指数均值完全一致，其现实原因已有论述。进一步观察发现，整个沿海地区各省份高质量发展的空间基尼系数均值居于沿海北部地区、南部地区各省份之间，说明在关注沿海三大地带内部协调发展的同时，还应重视沿海三大地带间高质量发展的失衡现象，清除"普遍沸腾"实践中的绊脚石。在相对变动上，沿海北部地区、中部地区、南部地区各省份高质量发展的空间基尼系数总体呈下降趋势,从 2012 年的 0.1707、0.0563、0.1521 减小到 2022 年的 0.1506、0.0436、0.0801,年均降幅为 1.24%、2.52%、6.21%。进一步观察发现,沿海南部地区各省份高质量发展的空间基尼系数在 2012—2019 年逐年下降,2020 年略有反弹,随后继续下降;沿海北部地区、中部地区各省份高质量发展的空间基尼系数在 2012—2022 年的时间区段内有升有降,年均降幅不及沿海南部地区各省份,与泰尔指数相互佐证。

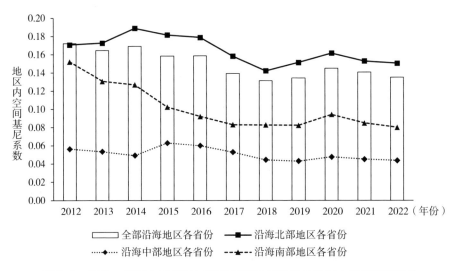

图 3-1 2012—2022 年沿海地区各省份高质量发展的地区内空间基尼系数
资料来源:根据 EPS 数据库制作。

其次,重点关注地区间空间基尼系数(见图 3-2)。绝对数值方面,作为国家高质量发展的压舱石,沿海北部地区、中部地区、南部地区各省份均具备经济与人口密度大、创新活力旺盛、对内对外开放程度高等特征,因此两两地区间空间基尼系数的差异不大:2012—2022 年沿海北部地区—沿海中部地区、沿海北部地区—沿海南部地区、沿海中部地区—沿海南部地区高质量发展的空间基尼系数均值分别是 0.1484、0.1659、0.1787。相对变动方面,除沿海北部地区—沿海中部地区之外,沿海北部地区—沿海南部地区、沿海中部地区—沿海南部地区高质量发展的空间基尼系数都出现了不同程度下降,依次从 2012 年的 0.2089、0.2211 下跌为 2022 年的 0.1268、0.1604。总体上讲,沿海北部地区、中部地区、南部地区各省份高质量发展的时空分异逐步缩小,成为国民经济完成本真复兴使命的催化剂。

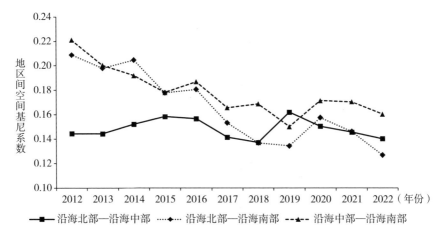

图 3-2　2012—2022 年沿海地区各省份高质量发展的地区间空间基尼系数
资料来源:根据 EPS 数据库制作。

最后,探究地区分异贡献率的结构分解(见图 3-3)。不难发现,地区间贡献率在 44.78%—54.64% 的范围内浮动,对城市高质量发展时空分

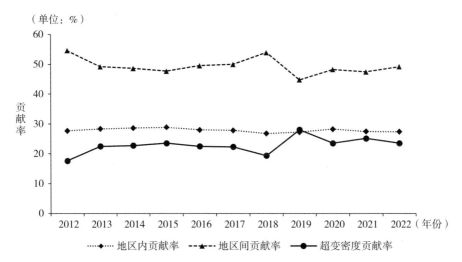

图 3-3　2012—2022 年沿海地区各省份高质量发展的空间基尼系数贡献率结构分解
资料来源:根据 EPS 数据库制作。

异的平均贡献率多达49.37%。地区内贡献率在26.76%—28.85%的区间内小幅波动,平均贡献率为27.85%,比地区间贡献率低21.52个百分点,但仍应谨防沿海北部地区、中部地区、南部地区省份内部发生高质量发展的两极分化。地区间超变密度贡献率处于17.63%—23.53%的区间内,平均贡献率为22.78%,这说明沿海北部地区、中部地区、南部地区省份的交叠也会影响高质量发展的时空分异。

二、沿海地区城市高质量发展的时空分异

沿海地区城市高质量发展的泰尔指数同沿海地区各省份表现相似(见表3-2),也出现了先减后增的趋势,总体差异由2012的0.0098下降至2021年的0.0067,降幅达31.63%,其间最低值为0.0061,出现于2018年。与省级层面相同,城市尺度下高质量发展的时空差异亦呈先缩小后拉大的态势。就区域内部分异而言,纵向来看,各地区2021年泰尔指数均小于2012年,区域内部时空差异出现缩小倾向,横向来看,可以发现沿海南部、北部地区泰尔指数显著大于沿海中部地区。与省级表现不同的是,横向比较是沿海南部地区泰尔指数高于沿海北部地区,这是因为沿海南部地区各省份内部各城市差距同样巨大,而沿海北部地区各省份内部则相对趋同。考察期内总体差异主要来自沿海三大地带内部,其原因与省级层面相似,此处不再赘述。比较表3-1与表3-2,可以发现省级层面与城市层面沿海中部地区泰尔指数贡献率相差不大,这进一步支持了前文沿海中部城市高质量发展程度相近、长三角一体化成果显著的观点。城市层面泰尔指数分析同省级层面的另一不同之处在于各板块间分异整体呈上升而非下降趋势,其指数绝对值自2012年的0.0011提升至2021年的0.0016,增幅高达45.45%,相应贡献率增加达12个百分点,从这一角度上来说,沿海三大地带间高质量发展的分异并未消弭。城市层面同省级层面的结论不一致主要有以下几点原因:(1)城市层面指标体系构建同省级层面存在差异:囿于数据可得性等原因,城市层面仅选取了25个指标,而省级层面则有36个;(2)省级行政单位存在异质性:本章涉及省、自治区与直辖市三种省级行政单位,在将研究尺度细化到城市层面

时,地区间分异将在一定程度上同省份内城市数相挂钩,进而使结论出现差异;(3)各省内部城市差距较大:本章研究所涉及的部分省份内部各城市高质量发展水平存在较大差距。

表3-2　2012—2021年沿海地区城市高质量发展的泰尔指数

年份	总体分异（T）	地区内分异				地区间分异（T_b）
		整体（T_w）	沿海北部地区（T_1）	沿海中部地区（T_2）	沿海南部地区（T_3）	
2012	0.0098	0.0087 (88.99)	0.0077 (28.53)	0.0017 (4.14)	0.0137 (56.32)	0.0011 (11.01)
2013	0.0092	0.0810 (88.46)	0.0068 (26.82)	0.0020 (5.32)	0.0129 (56.32)	0.0010 (11.54)
2014	0.0099	0.0081 (82.33)	0.0093 (33.26)	0.0019 (4.75)	0.0108 (44.31)	0.0017 (17.67)
2015	0.0097	0.0076 (78.83)	0.0098 (35.57)	0.0019 (4.85)	0.0091 (38.41)	0.0020 (23.17)
2016	0.0078	0.0058 (72.92)	0.0084 (37.25)	0.0014 (4.17)	0.0060 (31.49)	0.0021 (27.08)
2017	0.0062	0.0044 (71.06)	0.0061 (34.63)	0.0011 (4.41)	0.0048 (32.01)	0.0018 (28.94)
2018	0.0061	0.0043 (70.54)	0.0058 (33.27)	0.0013 (5.12)	0.0048 (32.13)	0.0018 (29.46)
2019	0.0072	0.0051 (71.69)	0.0069 (34.08)	0.0015 (5.15)	0.0057 (32.46)	0.0020 (28.31)
2020	0.0069	0.0052 (75.63)	0.0023 (32.80)	0.0009 (3.56)	0.0027 (39.26)	0.0017 (24.37)
2021	0.0067	0.0051 (76.12)	0.0024 (33.14)	0.0012 (4.01)	0.0026 (38.97)	0.0016 (23.88)

资料来源:根据EPS数据库制作。

　　基于与省级层面分析时相同的理由,本节下面就空间基尼系数城市层面结果进行分析。

　　首先,分析地区内空间基尼系数(见图3-4)。在绝对数值上,沿海中部地区城市空间基尼系数均值最低,沿海南部地区城市空间基尼系数下降并最终低于沿海北部地区城市,其背后的原因在前文均已有论述;在相对变动上,沿海北部地区、中部地区与南部地区城市 2021 年基尼系数较 2012 年分别减少 0.0097、0.0061 与 0.0449,降幅依次为 14.07%、19.04% 与 51.34%,这与沿海南部地区泰尔指数贡献率由 2012 年的 56.32% 下降 至 2021 年的 38.97% 遥相呼应。

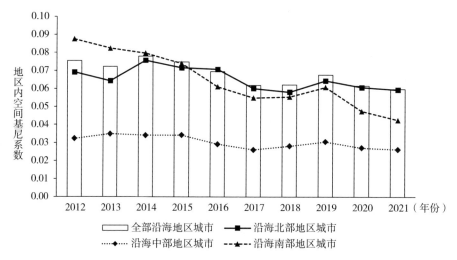

图 3-4 2012—2021 年沿海地区城市高质量发展的地区内空间基尼系数

资料来源:根据 EPS 数据库制作。

其次,关注地区间空间基尼系数(见图 3-5)。沿海北部地区、中部地区与南部地区城市多位于中国三大地带划分中的东部,就全国层面而言,其均具备经济与人口密度大、创新活力旺盛、对内对外开放程度高等诸多特征,故而两两地区间空间基尼系数较小,总体保持在 0.1 以下。沿海中部地区城市—沿海南部地区城市、沿海北部地区城市—沿海南部城市高质量发展的空间基尼系数均有所下降,但沿海北部地区城市—沿海中部地区城市高质量发展的空间基尼系数则出现了上升,说明沿海北部地区、中部地区、南部地区各省份高质量发展的时空分异虽然逐步缩小,但离"普遍沸腾"仍有一定差距。

最后,探究地区分异贡献率的结构分解(见图 3-6)。考察期前后沿海地区城市高质量发展的空间基尼系数贡献率分解结构存在较大变化,由地区内、地区间、超变密度三者贡献相近变为地区间贡献为主、地区内

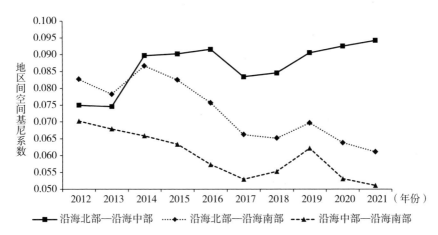

图3-5 2012—2021年沿海地区城市高质量发展的地区间空间基尼系数

资料来源:根据EPS数据库制作。

贡献为辅、超变密度贡献最小的三级结构。中国沿海地区共有12个省份,下辖114座城市,在短时间内将如此面积广阔、人口众多、内部差异明显的地区打造成为一条完整统一的高质量经济带是不现实的。如前文所述,依据各地区现有发展情况与国家政策导向,沿海北部地区、中部地区、

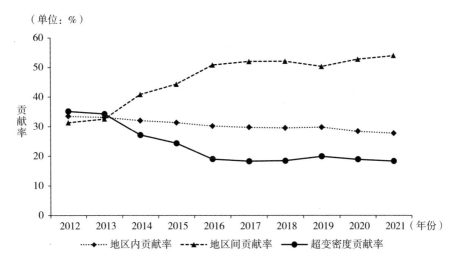

图3-6 2012—2021年沿海地区城市高质量发展的空间基尼系数贡献率结构分解

资料来源:根据EPS数据库制作。

南部地区应在谨防沿海北部地区、中部地区、南部地区内部发生两极分化的同时,分别以京津冀协同发展、长三角一体化、粤港澳大湾区建设为抓手,提高自身发展质量。

第三节 沿海地区高质量发展的演进轨迹

本节将从省域—城市两级空间尺度入手,结合核密度分析、马尔科夫转移矩阵、收敛性检验,探讨沿海地区高质量发展的演进轨迹。

一、沿海省份高质量发展的演进轨迹

表3-3汇报了2012—2022年沿海地区省份高质量发展的马尔科夫转移概率矩阵。由表3-3可知,低质量、中低质量、中等质量、中高质量、高质量沿海地区省份经过一年后仍处于同一梯队的概率分别是81.82%、86.96%、90.48%、93.65%、100%。总体上看,沿海地区省份维持原有状态的可能性与所处梯队呈正相关关系。与此同时,低质量、中低质量、中等质量、中高质量沿海地区省份向上一等级梯队进军的概率分别达到18.18%、13.04%、9.52%、1.59%,发展质量持续优化,但并未出现越级跳跃的情况。进一步观察发现,沿海地区省份高质量发展向高等级梯队转移的概率递减,说明向上跃迁的难度逐级提升。此外,中高质量沿海地区省份存在向下一等级梯队退步的可能性,相应的概率为4.76%,其余梯队的沿海地区省份均未出现退步的情况。虽然等级下降概率值远低于等级上升概率值,但仍应引起中高质量沿海地区省份的注意,应始终将经济社会综合效益置于突出位置,跨越在高质量发展实践中可能遇到的陷阱。

表3-3 2012—2022年沿海地区省份高质量发展的马尔科夫转移概率矩阵

状态	低质量	中低质量	中等质量	中高质量	高质量	样本量
低质量	0.8182	0.1818	0.0000	0.0000	0.0000	11
中低质量	0.0000	0.8696	0.1304	0.0000	0.000	23
中等质量	0.0000	0.0000	0.9048	0.0952	0.0000	21

续表

状态	低质量	中低质量	中等质量	中高质量	高质量	样本量
中高质量	0.0000	0.0000	0.0476	0.9365	0.0159	63
高质量	0.0000	0.0000	0.0000	0.0000	1.0000	2

资料来源:根据 EPS 数据库制作。

图 3-7 汇报了 2012—2022 年沿海地区省份高质量发展的 σ 收敛性检验结果。绝对数值方面,沿海北部地区省份 σ 系数的均值高达 18.41,说明高质量发展的变异程度较高,引领型与追赶型并存:引领型主要包括北京、天津,而追赶型则涵盖河北、辽宁、山东。沿海中部地区、南部地区省份的 σ 系数介于 5—11 的区间内,均值分别为 6.88、9.19,高质量发展的变异程度略低于沿海北部地区省份,但引领型与追赶型的分化现象仍值得警惕。相对变动方面,若对比首尾年份沿海地区省份的 σ 系数,不难发现沿海北部地区、中部地区省份不降反升,依次从 2012 年的 15.33、6.01 波动扩大至 2022 年的 20.72、7.55,年均上扬 3.06 个、2.31 个百分点,σ 收敛机制并不存在。沿海南部地区省份 σ 系数总体呈下滑趋势,自 2012 年的 10.95 下滑至 2022 年的 8.14,但在 2016—2020 年发生反弹,σ 系数并未逐年下降,σ 收敛机制同样不明显。

表 3-4 汇报了 2012—2022 年沿海地区省份高质量发展的 β 收敛性检验结果。由表 3-4 可知,放眼全部沿海地区省份,对于绝对收敛而言,不论是否考虑空间因素的作用,β 均显著为负,说明从长期来看,发展质量较低的沿海地区省份对发展质量较高的沿海地区省份存在赶超效应。对于条件收敛而言,β 依然保持了负向显著,沿海地区省份难以在短期内并驾齐驱,而是向自身的稳态水平趋近,继而再对标高质量发展的沿海地区省份。对比可知,条件收敛的 β 估计值远高于绝对收敛的 β 估计值,分别达到 11.25 倍、10.71 倍、10.01 倍、7.59 倍,即沿海地区省份高质量发展的条件 β 收敛速度更快,这与该方法考虑了沿海地区省份的异质性有关。

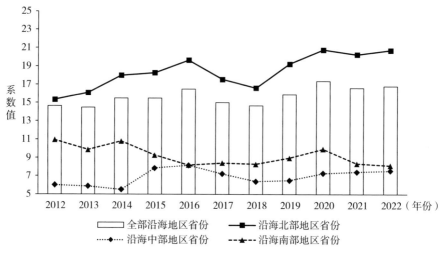

图 3-7 2012—2022 年沿海地区省份高质量发展的 σ 收敛性检验

资料来源:根据 EPS 数据库制作。

表 3-4 2012—2022 年沿海地区省份高质量发展的 β 收敛性检验

变量	绝对收敛				条件收敛			
	无权重矩阵	地理距离矩阵	经济距离矩阵	引力模型矩阵	无权重矩阵	地理距离矩阵	经济距离矩阵	引力模型矩阵
$index$	−0.0348 **	−0.0372 ***	−0.0389 ***	−0.0519 ***	−0.3914 ***	−0.3984 ***	−0.3893 ***	−0.3940 ***
	(0.0115)	(0.0098)	(0.0082)	(0.0108)	(0.0381)	(0.0620)	(0.0617)	(0.0616)
$W \times index$		0.3940	4.6406	0.0001 **		−0.2454	0.1574	−0.2118
		(0.2812)	(11.225)	(0.0000)		(0.2239)	(0.2099)	(0.2544)
固定效应	—	—	—	—	控制	控制	控制	控制
样本	12	12	12	12	120	120	120	120
R^2	0.6133	0.5842	0.6732	0.4932	0.4804	0.1288	0.1442	0.1326

注:括号内为稳健标准误差,* 、** 、*** 分别表示在 10%、5%、1% 的水平下显著。
资料来源:根据 EPS 数据库制作。

  前文证实了沿海北部地区、中部地区、南部地区省份高质量发展的时空分异客观存在,俱乐部效应显著。相较于绝对 β 收敛,条件 β 收敛能够考虑沿海三大经济地带差异化的初始稳态水平,基于条件 β 收敛的分板块研究更加合理。表 3-5 汇报了沿海北部地区、中部地区、南部地区省份高质量发展的条件 β 收敛性检验结果。在不考虑空间因素的情形下，β 全部在1%的置信水平下显著为负；将空间因素纳入考虑范围后，β 依然显著为负，俱乐部式的条件 β 收敛特征明显。2012年党的十八大以来，京津冀协同发展、长三角一体化、粤港澳大湾区等一系列国家空间战略相继出台，与东部率先发展总体战略相配合，为塑造沿海地区高质量发展的空间格局指明了前进方向：沿海三大经济地带内部的高发展质量省份与低发展质量省份间的连帮带机制走向健全，为构建更加有效的区域协调发展新机制指明了前进方向。

表3-5　2012—2022年沿海北部地区、中部地区、南部地区省份高质量发展的条件 β 收敛性检验

变量	无权重矩阵			地理距离矩阵		
	沿海北部地区	沿海中部地区	沿海南部地区	沿海北部地区	沿海中部地区	沿海南部地区
$index$	-0.2963** (0.0740)	-0.6054** (0.1221)	-0.4100*** (0.0463)	-0.3305* (0.1758)	-0.8160*** (0.2391)	-0.3626*** (0.1084)
$W \times index$				-0.4087 (0.5773)	-1.1011** (0.4610)	-0.4674* (0.2657)
固定效应	控制	控制	控制	控制	控制	控制
样本量	50	30	40	50	30	40
R^2	0.3314	0.8269	0.6935	0.0230	0.0768	0.3010
变量	经济距离矩阵			引力模型矩阵		
	沿海北部地区	沿海中部地区	沿海南部地区	沿海北部地区	沿海中部地区	沿海南部地区
$index$	-0.3196** (0.1286)	-0.6017* (0.3075)	-0.3748*** (0.0780)	-0.2729** (0.1373)	-0.6698*** (0.2111)	-0.3248** (0.1539)
$W \times index$	-0.2706 (0.3436)	-0.3949 (0.5747)	-0.1867 (0.1376)	-0.0824 (0.4088)	-0.7955* (0.4133)	-0.1668 (0.5317)
固定效应	控制	控制	控制	控制	控制	控制
样本量	50	30	40	50	30	40
R^2	0.0222	0.0701	0.3045	0.0196	0.0760	0.2819

注：括号内为稳健标准误差，*、**、***分别表示在10%、5%、1%的水平下显著。
资料来源：根据EPS数据库制作。

二、沿海地区城市高质量发展的演进轨迹

表3-6汇报了2012—2021年沿海地区城市高质量发展的马尔科夫转移概率矩阵。由表3-6可知,低质量、中低质量、中等质量、中高质量、高质量沿海地区城市经过一年后仍处于同一梯队的概率分别是66.67%、68.65%、68.37%、84.55%、96.67%。总体上看,沿海地区城市维持原有状态的可能性与所处梯队呈正相关关系。与此同时,低质量、中低质量、中等质量、中高质量沿海地区城市向上一等级梯队进军的概率分别达到33.33%、23.41%、14.63%、8.67%,发展质量持续优化,中等质量沿海地区城市有0.68%的概率越级跨升至高质量城市。进一步观察发现,沿海地区城市高质量发展向高等级梯队转移的概率递减,说明向上跃迁的难度逐级提升。此外,除低质量沿海地区城市外其余各级沿海地区城市均存在向下一等级梯队退步的可能性,中低质量、中等质量、中高质量、高质量沿海地区城市对应的概率依次为7.94%、16.33%、6.78%、3.33%,虽然等级下降概率值远低于等级上升概率值,但仍应引起各级沿海地区城市的注意,沿海地区城市在高质量发展实践中应坚持实事求是、稳扎稳打,始终将经济社会综合效益置于突出位置,跨越在高质量发展实践中可能遇到的陷阱。

表3-6 2012—2021年沿海地区城市高质量发展的马尔科夫转移概率矩阵

状态	低质量	中低质量	中等质量	中高质量	高质量	样本量
低质量	0.6667	0.3333	0.0000	0.0000	0.0000	51
中低质量	0.0794	0.6865	0.2341	0.0000	0.0000	252
中等质量	0.0000	0.1633	0.6837	0.1463	0.0068	294
中高质量	0.0000	0.0000	0.0678	0.8455	0.0867	369
高质量	0.0000	0.0000	0.0000	0.0333	0.9667	60

资料来源:根据EPS数据库制作。

图3-8展现了2012—2021年全部沿海地区城市及三大沿海地区城市高质量发展的 σ 系数值。结果显示,尽管总体上沿海地区城市 σ 系数

有所减小,但其表现为震荡下行而非连年稳定下降的趋势,故而全部沿海地区城市高质量发展指数不存在 σ 收敛。从三大地区来看,绝对数值方面,沿海北部地区、中部地区、南部地区城市 σ 系数的均值分别为7.19、3.93、7.56,说明沿海北部地区与南部地区城市高质量发展的变异程度较高,引领型城市与追赶型城市并存:明星型城市主要包括北京、天津、珠海、深圳和广州等,而追赶型城市则涵盖河北、广西、海南多数城市。沿海中部地区的 σ 系数介于 3—5 的区间内,引领型城市与追赶型城市的分化现象并不显著,地区内城市一体化程度较高;相对变动方面,各地区 σ 系数首尾年份变化趋势同省级层面大致相同,沿海北部地区、中部地区分别由 2012 年的 7.04、3.72 波动扩大至 2021 年的 7.36、4.31,年均增幅分别为 0.50%、1.65%,沿海南部地区由 2012 年的 9.45 下降至 2021年的 6.29,降幅达 33.44%,但在 2017—2019 年 σ 系数发生反弹,并未逐年下降,σ 收敛机制同样不明显。

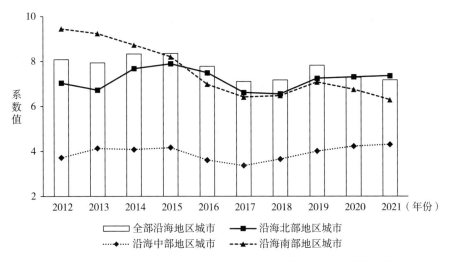

图 3-8　2012—2021 年沿海地区城市高质量发展的 σ 收敛性检验

资料来源:根据 EPS 数据库制作。

　　表 3-7 汇报了沿海地区城市高质量发展的 β 收敛性检验结果。结果显示,无论是否考虑空间因素的影响,沿海地区城市高质量发展指数均存在绝对 β 收敛和条件 β 收敛。对于绝对收敛而言,当考虑空间因素引入

不同权重矩阵后,收敛速度由0.48%变为0.53%、0.56%和0.61%,半程收敛周期则相应由144.41年变为130.78年、123.78年、113.63年;对于条件收敛而言,β同样保持了较强的负向显著性,低质量发展城市在短期内难以和高质量发展城市并驾齐驱,而是向自身的稳态水平趋近,继而再对标高质量发展城市,其收敛速度在引入空间矩阵后由5.07%变为5.23%、5.05%、5.01%,相应半程收敛周期由13.67年变为13.25年、13.73年、13.84年。条件收敛因考虑了各城市发展质量的异质性而加快了高质量发展指数的收敛速度,并缩短了收敛周期。比较三种空间权重的估计结果不难发现,在绝对收敛的情况下,引力模型矩阵对收敛速度的加速效应最为明显,在条件收敛的情况下,地理距离矩阵加速作用最为明显,这说明高质量发展并非是单纯同经济层面相挂钩,而是多维度、全方位的社会生产生活方式变革。同时,结果也说明了在对高质量发展指数进行研究时纳入空间因素的必要性。收敛性的存在也启示我们,沿海各城市在推动经济高质量发展的同时,应注重同其他城市的合作、交流和互动,除了加强经济联系之外还应积极开拓更多新型合作关系。

表3-7 2012—2021年沿海地区城市高质量发展的β收敛性检验

变量	绝对收敛				条件收敛			
	无权重矩阵	地理距离矩阵	经济距离矩阵	引力模型矩阵	无权重矩阵	地理距离矩阵	经济距离矩阵	引力模型矩阵
$index$	-0.0467 ***	-0.0519 ***	-0.0547 ***	-0.0588 ***	-0.3979 ***	-0.4072 ***	-0.3962 ***	-0.3943 ***
	(0.0081)	(0.0046)	(0.0045)	(0.0054)	(0.0482)	(0.0289)	(0.0278)	(0.0289)
$W\times$ $index$		0.0002 **	-0.0361	0.0001 **		-0.6345 ***	0.0382	-0.1067
		(0.0001)	(0.0150)	(0.0000)		(0.2441)	(0.0791)	(0.5164)
固定效应	—	—	—	—	控制	控制	控制	控制
样本量	114	114	114	114	1026	1026	1026	1026
R^2	0.3297	—	—	—	0.3620	0.0540	0.0510	0.0510

注:括号内为稳健标准误差,* 、** 、*** 分别表示在10%、5%、1%的水平下显著。
资料来源:根据EPS数据库制作。

在前文证实了沿海北部地区、中部地区、南部地区各省份高质量发展的时空分异客观存在、俱乐部效应显著的基础上,本节从城市层面对三大地区自身高质量发展的敛散性进行了研究。如前所述,相较于绝对 β 收敛,条件 β 收敛能够考虑沿海三大经济地带差异化的初始稳态水平,基于条件 β 收敛的分板块研究更加合理,表3-8给出了2012—2021年沿海北部地区、中部地区、南部地区城市高质量发展的条件 β 收敛性检验结果。在不考虑空间因素的情形下,β 全部显著为负;将空间因素纳入考虑范围后,β 依然在1%的置信水平下显著为负,且不论使用何空间矩阵,各地区所得 β 系数的绝对值多数大于其无权重矩阵时所得的 β 绝对值。与沿海地区层面结果相同,地理距离矩阵对条件 β 收敛的加速效应最为明显。这是因为中国海岸线超三万千米,沿海地区广阔而略显狭长,北至北纬 $43°26'$,南及南纬 $18°10'$,地理距离是左右各城市发展与合作的重要变量。同理,将沿海地区作为一个有机整体打造成为完整统一的高质量经济带是漫长而艰巨的任务,沿海北部地区、中部地区、南部地区应分别以京津冀协同发展、长三角一体化、粤港澳大湾区为着力点,以点破面,通过区域内明星城市的溢出效应促进区域整体高质量发展。

表3-8　2012—2021年沿海北部地区、中部地区、南部地区
城市高质量发展的条件 β 收敛性检验

变量	无权重矩阵			地理距离矩阵		
	沿海北部地区	沿海中部地区	沿海南部地区	沿海北部地区	沿海中部地区	沿海南部地区
$index$	-0.4643^{***} (0.0783)	-0.2537^{*} (0.1280)	-0.3484^{***} (0.0577)	-0.5440^{***} (0.0531)	-0.3030^{***} (0.0712)	-0.4307^{***} (0.0444)
$W×lnindex$				-1.0546^{***} (0.2849)	-0.7910 (0.5505)	-1.0663^{***} (0.2608)
省份固定效应	控制	控制	控制	控制	控制	控制
年份固定效应	控制	控制	控制	控制	控制	控制
样本量	387	225	414	387	225	414
R^2	0.3314	0.3318	0.3717	0.0370	0.0066	0.1358

续表

变量	经济距离矩阵			引力模型矩阵		
	沿海北部地区	沿海中部地区	沿海南部地区	沿海北部地区	沿海中部地区	沿海南部地区
$index$	−0.4612***	−0.2539***	−0.3572***	−0.5433***	−0.2571***	−0.4186***
	(0.0484)	(0.0578)	(0.0381)	(0.0529)	(0.0695)	(0.0441)
$W×lnindex$	−0.1003	0.0199	−0.1592	−1.2712***	−0.3531	−1.3030***
	(0.2608)	(0.1721)	(0.1020)	(0.4088)	(0.6320)	(0.4295)
省份固定效应	控制	控制	控制	控制	控制	控制
年份固定效应	控制	控制	控制	控制	控制	控制
样本量	387	225	414	387	225	414
R^2	0.0323	0.0178	0.1784	0.0443	0.0129	0.0992

注:括号内为稳健标准误差, * 、** 、*** 分别表示在10%、5%、1%的水平下显著。

资料来源:根据 EPS 数据库制作。

第四章　提升沿海地区创新竞争力

　　沿海地区是中国经济发展实力最强、对外开放水平最高、科技发展实力最为雄厚的地区。凭借着天然的区位优势,沿海地区作为过去"先富带后富以共富"语境下的先富地区,在改革开放以来就被赋予了独特的战略价值与经济地位,推动着国民经济发展不断走向新的高度。面对国民经济追求高质量发展,新发展理念贯穿发展全过程与各领域,研究如何提升沿海地区的创新竞争力对驱动国民经济发展和实现自力更生具有重要作用。本章将阐明沿海地区创新竞争力研究的重大意义,利用指标体系和效率分析两类方法,量化创新竞争力的时空分异,在此基础上,为增强沿海地区在构建创新型国家中的压舱石地位提出政策建议。

第一节　沿海地区创新竞争力研究的源起

一、沿海地区创新竞争力的研究背景

　　随着中国特色社会主义进入新时代,中国经济发展具有了新的理论与实践内涵,更随着国内外宏观环境变化而产生新的发展要求,共同推动中国经济走向高质量发展和贯彻落实新发展理念之路。作为具有最高发展水平与独特区位优势的经济发展高地,沿海地区研究如何提高地区创新竞争力需要明确当前经济社会发展的现实背景。

　　首先,新时代中国经济高质量发展需要沿海地区进一步起到"领头羊"作用,更需要沿海地区充分发挥在科技创新领域的核心地位,驱动经济发展。当前,特别需要形成一股内生动力以推动中国经济向高层次、系

统化和高质量发展转换,而这只有创新能够将各领域多要素凝成发展合力,共同推动产业、基础设施、基本公共服务等领域发展。沿海地区作为科技创新高地,需要在这一发展要求下起到推动国民经济高质量发展的作用,服务于新时代发展的各方需求。

其次,沿海地区需要起到探索打破传统发展模式与实现经济发展转型之路的作用,更要起到推动高质量发展与服务并带动重大战略深入实施的作用。无论是产业转型升级还是优化完善基本公共服务,都需要凭借创新打破既有发展模式或提供新型服务,只有通过创新发展提高经济效率才能够更好地满足经济社会发展需要,实现正向溢出与推动高质量发展。沿海地区作为创新发展的重地,更要在这一过程中起到重大作用,形成正向溢出。同时,沿海地区创新发展也对重大国家战略的深入实施具有重要作用,现有国家战略均是从产业、经贸、环境等多方面确定发展目标和规划,这均能够通过科技创新予以优化,因此,对沿海地区这种在多领域具备优势的区域,更应该参与服务重大国家战略建设,推动国家战略取得新进展。

最后,面对国外高端技术封锁,沿海地区需要加快科技创新步伐,从多方面优化和改善已有创新发展中存在的问题,进一步提高创新竞争力和创新实力。沿海地区高等院校与科研院所众多,更有大量高技术企业分布在地区内,创新集聚下的交流环境有助于创新主体合力研究新技术与弥补传统技术缺陷,从而帮助中国尽快突破技术封锁,实现独立自主的创新发展。

二、沿海地区创新竞争力的研究意义

提升沿海地区创新竞争力,核心在于推动沿海地区形成内生动力,起到支撑国民经济高质量发展、促进内陆地区创新转型、提高国家实力与地位的综合作用。党的十八大以来,以习近平同志为核心的党中央逐步提出要贯彻落实新发展理念,将创新作为其中的重要一环加以强调,这是对中国经济社会发展现实的正确评估与预判。特别是自 2019 年以来,面对中美经贸摩擦等国际形势的复杂多变,中国在科技创新领域受到了以美国等发达国家为代表的抵制与封锁,为中国加强技术学习和模仿创新带来了巨大的挑战,对沿海地区这一创新高地而言,研究如何在当前形势下提升沿海地区创新竞争力就显得尤为重要。

结合研究背景来看,研究沿海地区创新竞争力的基本情况,提出提升其发展实力的若干思考,对沿海地区以及国民经济发展具有重要作用。一是有利于沿海地区进一步发挥区位优势打造中国创新发展最高地。通过对沿海地区创新发展情况的梳理以及对其创新竞争力的测度与综合评价,有助于从中总结沿海地区当前在科技创新领域存在的问题,提出待改进方向,从而促使沿海地区进一步发挥区位优势,最终使其通过对外开放和自主创新等巩固强化创新优势。二是有利于推动沿海地区以科技创新赋能经济高质量发展。沿海地区经济体量大,2022 年地区生产总值占全国的比重已突破 55%,是决定全国经济发展走势的重要先行区。在对沿海地区创新竞争力进行系统分析和综合评价后,有助于沿海地区调整优化创新发展模式,从而为创新赋能和推动高质量发展起到重要作用。三是综合拓展关于提升创新竞争力的理论与实践成果。关于沿海地区的创新发展和竞争力提升的研究是最有价值的内容,因此,以沿海地区为主要研究对象,不仅对沿海地区本身进一步加快提升创新竞争力具有重大作用,更能够为内陆地区加强创新基础设施建设、创新环境培育等提供重要参考。

三、理论基础

(一)理论综述

创新理论是随着人们对客观世界认识的深入和为了满足社会经济发展与科技进步的客观需要而逐渐产生的。创新这一思想初现于亚当·斯密(Adam Smith)时期,但当时谈及的创新主要是指发明,经济学家们以发明二字论述创新对经济社会的重要性。随后,大卫·李嘉图(David Ricardo)认为需要通过技术改进和发明创造,使固定投入具有更大的产出,从而提高劳动生产率。约翰·穆勒(John Stuart Mill)继而指出,发明在财富创造中具有核心地位,但他也发现发明的两重性,即发明也存在无法改善人们生活水平的可能。与此同时,马克思(Karl Heinrich Marx)与穆勒在同一时期发表了对创新的看法,他们不仅意识到了创新在经济发展中的绝对地位和重要作用,同时也认识到创新在竞争性斗争中的作用。特别强调的是,马克思的看法更具有一般性,他通过对劳动、工艺等生产过程的分析解释了技术的本质,从而进一步论述了技术和科学在生产中的作用,其中暗含着科学技术是生产力的原理,表明了技术创新对近代资本主义发展和缓解资本主义发展矛盾的重大贡献。之后,马歇尔(Marshall)和凡勃仑(Thorstein B.Veblen)就创新的缘由分别表明了各自的看法,马歇尔认为消费者的需求引起创新行为,凡勃仑则在此基础上明确指出发明是需求之母。

上述关于创新的思想多是对创新的单独分析研究,而没有将创新纳入经济学分析范式,这是受认识和历史局限所致。此后,约瑟夫·熊彼特(Joseph Alois Schumpeter)集前人之大成,对创新理论进行了详细的论述,虽然存在一定不足,但熊彼特仍值得被尊为创新经济学的创始人和奠基人,并对后世产生了巨大的影响。熊彼特认为创新是导致经济发展处于动态不均衡过程的原因,他的贡献主要有以下几个方面:一是将创新定义为生产要素和生产条件的新组合并引入生产体系。二是将创新与经济周期结合起来,明确提出创新是经济增长的动力和源泉,并将创新视为一种创造性毁灭来解释经济发展过程。三是首次提出企业家是创新的主体,指出"每个人只有当它实际上'实现新结合'时才是一个企业家",他所指的企业家并不是资本家,而是具有战略眼光、组织能力和冒险精神的特殊的资本家。四是最早提出了市场结构与创新关系的理论,他认为完全竞争存在缺陷且不利于提高效率,相反,市场集中度高能够激励企业从事研究和开发。同时,他还指出垄断是创新自然滋生的基础。

熊彼特创新理论直到第三次科技革命才引起人们的重视。在此基础上,舒马赫(Schumacher)从技术进步角度论证了技术进步的二重性,技术进步既能够为人类改造世界提供有力的工具,又能够带来阻碍人类智力发展的负效应。弗雷德(Fred)认为经济学本身并不能够完美解释创新问题,需要扩大研究领域,并结合社会学、政治学等学科以便更好地解释创新理论。肯尼斯·阿罗（Kenneth J. Arrow）证明了在发明资源的配置中存在市场失灵。索洛（Robert Merton Solow）在《技术进步与总生产函数》中首次给出了测算技术进步在经济增长中贡献度的规范方法，虽然技术进步是外生变量，但他也明确指出技术变革与资本相比具有对经济增长更重要的贡献。罗默（Romer）随后提出技术进步内生增长模型，指出知识积累既随着资本积累而不断增加，又使各个企业受到知识的正向溢出效应，从而导致整个社会知识总量的增加。

进入现代经济社会以来，科技革命的不断推进促进创新理论进一步完善，关于创新的维度也更加丰富，诸如技术、管理、制度等多方面均成为了促进创新发展的基础。总之，创新理论的内涵仍在丰富中，成为指导经济社会发展和提高一国实力与竞争力的重要依据。

（二）文献综述

创新对经济发展存在正向影响是已有研究共识，其能够通过技术升级改造优化经济生产方式，提高产业附加值，提供更高水平的服务供给，对经济社会发展具有积极作用。[①] 从创新的内涵来看，创新除了要提供新产品新技术以满足不断更迭的经济社会需求外，还要保有一定竞争力以巩固自身发展地位和抵抗外部潜在风险。所谓的创新竞争力一般而言包括潜在创新竞争基础与现实创新竞争能力两部分，其中现实创新竞争能力就是要把潜在创新竞争基础转化为国家现实生产力的能力。[②]

沿海地区作为中国经济发展水平高的地区，凭借优越特殊的沿海地理位置和经济发展布局，始终起着带动中国经济发展的重要作用，更作为创新增长极引领中国经济转型升级。[③] 沿海地区充分发挥比较优势，通过外商投资吸引并聚集了大量跨国公司，最终依靠引进学习极大促进了

---

①　王垒、刘新民、董啸：《我国企业家集群创新驱动沿海省域经济增长的实证分析》，《科技管理研究》2016 年第 21 期。

②　郭磊、蔡虹、张洁：《国家科技重大专项对我国国家科技创新竞争力的提升作用研究》，《科技进步与对策》2013 年第 1 期。

③　汪海：《沿海创新增长极引领中国经济转型升级》，《现代经济探讨》2015 年第 4 期。

地区创新实力的增强,并促使沿海地区成为中国创新能力最高的地区。①其中,沿海地区创新实力与竞争力的不断提升与创新体制机制不断健全、创新基础环境夯实、产学研一体化高质量发展等有关。②

虽然沿海地区创新实力强,但从内部来看,沿海地区创新能力从总体上存在差距扩大的趋势,主要是因为京津冀、长三角和珠三角地区内的创新差距显著,处在不同的发展阶段。具体来说,各区域由于自主创新投入、自主创新支撑环境、区域自主创新发展的基础、地方政府的政策导向等存在不同而最终产生差异。③进一步地,虽然创新对沿海地区发展和转型具有重要作用,能够缓解地区由于产业结构转型升级、城市容量不足以及环境污染严重等所产生的一系列问题,但是,从实际情况来看,基于数据包络分析(Data Envelopment Analysis, DEA)考察各省份创新效率后发现,只有北京、广东实现了 DEA 有效,说明实现创新驱动经济发展任重道远。④

综上,沿海地区创新实力处在全国最高水平,但内部存在创新差距,创新效率也有待进一步提高。进一步了解沿海地区创新实力与竞争力,对拓展已有研究具有重要作用。

第二节　沿海地区创新发展的现状分析

在分析沿海地区创新竞争力前,首先要了解沿海地区创新发展水平及其实力,本节将围绕创新投入产出和创新实践具体做法两方面进行说

---

① 柳卸林、胡志坚:《中国区域创新能力的分布与成因》,《科学学研究》2002 年第 5 期。刘志彪:《中国沿海地区制造业发展:国际代工模式与创新》,《南开经济研究》2005 年第 5 期。

② 高怡冰、林平凡:《沿海五省市高新技术企业自主创新能力与机制比较研究》,《科技管理研究》2007 年第 12 期。

③ 王泽宇、刘凤朝:《我国沿海地区自主创新能力差异动态分析》,《经济地理》2011 年第 6 期。刘树峰、杜德斌、覃雄合等:《中国沿海三大城市群企业创新时空格局与影响因素》,《经济地理》2018 年第 12 期。

④ 苏天恩:《东部地区科技创新竞争力三维评价与优化对策研究》,《东南学术》2014 年第 6 期。王慧艳、李新运、徐银良:《科技创新驱动我国经济高质量发展绩效评价及影响因素研究》,《经济学家》2019 年第 11 期。

明。在沿海地区创新投入产出的现状分析中,创新投入变量选取了与R&D相关的人才、项目数和支出费用,还选取了高新技术企业数量和引进技术经费支出,以此较为全面地分析创新投入基本情况;创新产出方面则是选取了专利、新产品销售额和出口总值以反映创新实际效果,并考虑了创新专利授权率以表征各省份创新产出质量。在具体的创新政策实践探索中,本节以创新型城市和国家自主创新示范区为主要对象,分析其在沿海地区的发展情况。

一、沿海地区创新投入产出的分析

(一)沿海地区创新投入

创新发展需要以大量创新投入为基础,而创新投入的大小又与地方经济发展水平有着紧密联系。沿海地区作为经济发展水平高的地区,集聚着大量高水平高等院校与科研院所,天然的对外交流环境更吸引大量企业坐落此地,因此,沿海地区的创新发展水平应在全国占主要地位。图4-1 反映了 2010—2021 年沿海地区创新投入基本情况,并支持上述推

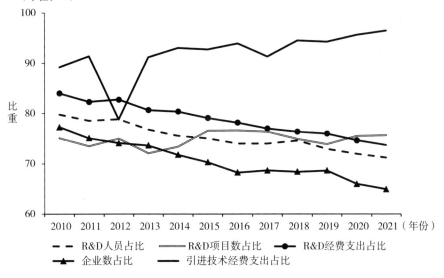

图 4-1　2010—2021 年沿海地区创新投入基本情况

资料来源:《中国统计年鉴》、EPS 数据库。

论。从整体看,沿海地区创新投入占全国的比重长期高于65%,特别是在2010年左右,由于沿海与内陆地区发展差距较大,沿海地区创新投入的份额甚至超过75%。但是,随着内陆地区创新体制机制的逐渐完善和基本公共服务水平的提高,内陆地区创新投入也逐渐加大,最终导致沿海地区创新投入占比相对减少。

具体而言,除沿海地区引进技术经费支出占全国比重长期高于90%以外,其余创新投入指标均呈现逐年平缓下降的趋势。首先,沿海地区创新投入的比重具有保持在65%以上的趋势,例如沿海地区高新技术企业数占比在近四年保持在68%左右的水平浮动,而其余与R&D相关的指标虽然存在平缓下降的趋势,但从整体看或许将短期内保持在75%左右的水平。其次,引进技术经费支出长期高于90%并有逐年上升的趋势,这主要是因为将技术引进与本地创新紧密结合后,能够形成巨大的后天优势,通过学习模仿加快本地创新转型与发展;同时,沿海地区也是对外经济交流中心,能够凭借区位优势推进对外科技交流并学习先进技术,从而成为优先享受技术引进的受益者;另外,在沿海地区产业发展转型过程中,企业努力向高附加值与精细化转型,有序推进产业转移,这更需要引进国外先进技术予以支持。

(二)沿海地区创新产出

除以创新投入衡量外,创新产出也是判断沿海地区创新发展水平的重要方面之一。图4-2反映了2010—2021年沿海地区创新产出的基本情况,与图4-1相似,沿海地区创新产出占全国的比重也较高,截至2021年基本维持在70%左右,说明沿海地区在全国范围内存在绝对优势,是中国科技创新发展的重心。同样地,沿海地区在进出口总额和新产品销售收入两方面的创新产出也在2012年居于绝对领先地位,而专利申请数和授权数占比则长期稳定在73%左右。总之,沿海地区在创新产出上也在全国范围内占据主要份额,同时结合创新投入占比能够综合得出沿海地区具有创新竞争力的基本结论,未来要进一步发挥沿海地区的创新优势,实现科技创新驱动国民经济高质量发展。

此外,本节还考虑了沿海地区各省份的专利授权率,即当年专利授权

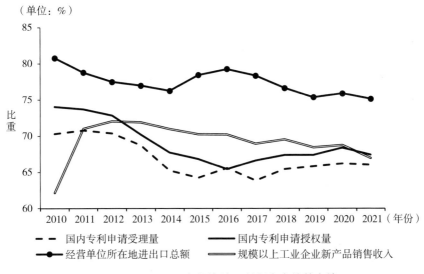

（单位：%）

图4-2　2010—2021年沿海地区创新产出的基本情况

资料来源：《中国统计年鉴》、EPS数据库。

量占申请量的比重,以此进一步衡量沿海地区创新产出的技术质量以及对经济社会的影响。虽然专利授权量并不一定是当年申请的专利,而是之前年度的研究成果,但以此变量表征专利技术质量仍能在某种程度上反映出沿海地区以及各省份的研发水平。提高授权率可以激发发明人的创造活力,促使其加大研发投入,提升整体科技水平,促进全社会生产率的提升。同时,专利权人为收回技术创新和专利申请中的投入,也会积极推动专利技术的市场化,进而增强社会经济绩效。从表4-1可以看出,沿海地区整体专利授权率与全国水平相差不大,但是各省份内部差异显著:专利授权率常年高于沿海与全国平均水平的包括浙江、福建、广东三省份,常年低于平均水平的则为山东、江苏、天津、辽宁等省份,其余省份则在均值上下浮动。这一差异表明虽然部分省份的创新投入产出在沿海地区占比较高,但考虑到实际发展质量却可能存在相反的现象,在抛开当年申请专利未在同年通过授权的考量下,专利授权率低的地区需要加强研发质量,让科技成果对经济社会发展起到实际作用,同时也可以放宽审批限制,加大专利产出的正向影响。

表 4-1　2010—2021 年沿海地区各省份专利授权率　　（单位:%）

地区＼年份	2010	2012	2017	2021
全国	66.76	60.83	48.66	58.98
沿海地区	68.27	59.63	50.11	58.04
北京	58.49	54.72	57.52	58.25
天津	42.37	48.24	47.90	60.18
河北	81.83	65.90	57.68	57.08
辽宁	49.96	51.57	53.13	57.42
上海	67.72	62.30	55.26	57.95
江苏	58.67	57.11	44.17	52.91
浙江	94.95	75.57	56.69	65.46
福建	82.13	71.30	53.33	64.62
山东	63.68	58.70	49.07	55.65
广东	78.05	66.92	52.98	65.30
广西	71.27	43.35	26.80	54.15
海南	70.07	59.92	46.74	47.55

资料来源:《中国统计年鉴》、EPS 数据库。

二、沿海地区创新发展的实践与探索

(一)创新综合试验区的政策实践

沿海地区创新综合试验区主要是指具有创新竞争力且以科技创新驱动经济发展为主要内容的特殊功能区,一般而言主要包括创新型城市、国家自主创新示范区等,本节主要围绕上述两内容介绍沿海地区创新发展的实践探索。

第一,创新型城市。创新型城市的设立主要是为了响应创新型国家发展需要,加快城市对创新要素和资源的集聚力,从而发挥创新型城市在推进自主创新和加快经济发展方式转变中的核心带动作用。2008 年,深圳成为全国首个创新型城市,充分发挥开发开放优势,逐渐成为当前创新发展实力最强的城市之一。而后,科技部、国家发改委等直管部门在2013 年前先后批复了 53 个创新型城市作为试点,并在 2018 年再次确定

17个城市为创新型城市试点。截至2022年,中国共确立了78个城市(区)开展创新型城市建设。从地理位置分布看,创新型城市试点首先是从沿海地区和内陆省省(首府)开展,这是基于创新实力和经济水平的考量;之后,创新型城市的确立开始向促进区域均衡化发展等方向演进,内陆地区的创新型城市比重开始升高。基于《国家创新型城市创新能力监测报告2020》和《国家创新型城市创新能力评价报告2020》的分析显示,沿海地区目前共有41个城市被确立为创新型城市试点,占全国比重的52.56%。关于创新型城市空间分布如表4-2所示。

表4-2 创新型城市空间分布 （单位:个）

地区	数量	地区	数量
沿海地区	41	内陆地区	37
		安徽	3
江苏	11	江西	3
浙江	6	河南	3
山东	6	湖北	3
		湖南	3
福建	4	陕西	3
		新疆	3
广东	4	内蒙古	2
		吉林	2
河北	3	贵州	2
辽宁	2	云南	2
		山西	1
北京	1	黑龙江	1
天津	1	重庆	1
		四川	1
上海	1	甘肃	1
广西	1	宁夏	1
		青海	1
海南	1	西藏	1

资料来源:根据创新型城市文件整理。

同时,从分析报告可知,2020年排名前15位的创新型城市依次为深圳、广州、杭州、南京、武汉、西安、苏州、长沙、成都、青岛、厦门、无锡、合肥、济南和宁波。前15位排名中仅有5座城市位于内陆地区,其余均处在沿海地区,这进一步反映出沿海地区城市在创新能力上的优势。同时,深圳、广州、杭州、南京、武汉、苏州、厦门、无锡、宁波等城市的固定资产投资与地区生产总值之比低于60%,意味着上述城市已摆脱投资依赖,走上科技创新驱动高质量发展之路。总之,沿海地区在创新实力上的优势进一步通过创新型城市发展差异予以显现,但上述创新能力高的沿海地区城市大多处在南方,又反映出沿海地区创新发展存在南北差距。

第二,国家自主创新示范区。国家自主创新示范区是指在推进自主创新和高技术产业发展方面先行先试、探索经验、作出示范的区域,在进一步完善科技创新的体制机制,加快发展战略性新兴产业,推进创新驱动发展,加快转变经济发展方式等方面发挥重要的引领、辐射、带动作用。从主要功能来看,国家自主创新示范区对开展创新试点改革,支持创新企业发展起着重要作用。截至2022年,共有21个国家自主创新示范区,其中有11个位于沿海地区,占总体数量的52.38%。

现有关于国家自主创新示范区的研究指出,示范区的建设发展精准提升创新绩效,能够形成累积效应以促进地方持续发展,东部沿海地区创新驱动效率最高主要是因为地区内示范区建设早且规划完整,地理位置优越与政策导向有效性也促使示范区具有显著的驱动效率。同时,示范区政策的颁发与设立,能够依托技术创新作用显著提升非国有企业的全要素生产率,更有助于重点扶持企业和资本密集型企业的效率提升,所以要进一步加大要素投入与结构优化,发挥好创新功能,促进示范区的功能效应发挥。

此外,创新驱动发展水平排在前十的示范区依次为北京中关村、珠三角、苏南、上海张江、山东半岛、武汉、长株潭、西安、郑洛新、成都等地。[1]

---

[1] 马宗国、范学爱:《基于创新生态系统视角的国家自主创新示范区高质量发展对策》,《科学管理研究》2021年第4期。

从中可以看出,前五个均处在沿海地区,这表现出沿海地区创新驱动经济发展的能力最强,中西部内陆地区与其存在较大差距。未来要进一步从顶层设计、产业布局、人才培养、对外交流等方面加强创新建设,推动示范区起到应有的引领作用。

(二)创新型企业的实践探索

沿海地区创新发展离不开微观主体的参与,企业作为在沿海地区最具创新活力、创新意识和创新基础的重要微观主体,为沿海地区的创新发展起到了重要作用。其中,以创新型企业为代表的重要微观主体,是所有企业中与创新发展最为紧密相关的一部分。创新型企业一般是指拥有自主知识产权、具有竞争力、依靠技术创新获得市场竞争优势和持续发展的企业,如高新技术企业和科技型中小企业。根据 2022 年的统计数据,本年度全国高新技术企业和科技型中小企业数已分别达到 27.5 万家和 22.3 万家,逐渐形成一批具有国际竞争力的创新型企业。同时,创新型企业在疫情后复工复产的统计指标也比其他企业更为亮眼,反映出创新型企业对国民经济平稳发展具有重要作用,更体现出要在体制机制上谋划推动创新型企业进一步创新发展的新路子,为经济社会发展服务。

对沿海地区的创新型企业而言,企业应充分利用好地理区位和对外开放优势,在对外交流过程中进一步巩固沿海地区在全国创新平台中的核心地位,并提供更加有效且易推广的创新成果促进中西部等内陆地区享受到创新发展带来的实际效益。根据《中国企业创新能力百千万排行榜》的百强企业统计数据显示,共有 83% 的创新企业位于沿海地区,而仅有 17% 分布在内陆。其中,83% 的创新企业主要集中在北京、广东、上海等经济发展程度高、教育质量高、基础设施水平高的相对发达地区,但也有极少数企业分布在广西和辽宁等发展实力相对较弱的省份。从这一分布统计可以看出,虽然沿海地区创新竞争力在全国范围内绝对领先,但地区内部也存在较大的创新实力差距,如何缩小沿海地区内部的创新水平差距需要予以重点关注(见表 4-3)。

表4-3　创新百强企业的空间分布　　　　（单位：个）

	省份	创新百强企业数量		省份	创新百强企业数量
沿海地区	北京	25	内陆地区	安徽	5
	广东	22		湖北	4
	上海	11		河南	2
	江苏	7		黑龙江	1
	山东	7		湖南	1
	浙江	6		山西	1
	河北	3		陕西	1
	广西	1		四川	1
	辽宁	1		重庆	1

资料来源：中国人民大学"大宏观·创新课题组"《中国企业创新能力百千万排行榜》。

第三节　沿海地区创新竞争力的测度与分析

一、创新竞争力的指标体系设计

（一）指标构建原则

构建沿海地区创新竞争力指标体系，首先，要遵循创新发展系统的内在竞争规律和机制；其次，要能够真实评估和反映沿海地区创新竞争力的实际情况，提供便于比较研究的评价方案，从而为提高沿海地区创新竞争力提供启示；再次，要基于统计数据的真实情况确定具有理论性与实践考量的综合评价指标，有助于客观评价创新竞争力；最后，要基于现有研究中关于创新指标体系的选取标准等制定可行的评价指标，并对所有数据进行标准化处理，以便提高可比性。

（二）指标体系设计与数据来源

本节根据前人研究以创新基础竞争力、创新投入竞争力和创新产出竞争力三个维度设计了创新竞争力指标体系（见表4-4）。

表4-4 沿海地区创新竞争力指标体系

一级指标	二级指标	三级指标	单位
创新竞争力	创新基础竞争力	人均地区生产总值	元
		年末常住人口	万人
		人均社会消费品零售总额	亿元/万人
		人均全社会固定资产投资	亿元/万人
		一般预算收入	亿元
		地方财政科学技术支出占总支出比重	%
		人均拥有公共图书馆藏量	册/人
		普通高等学校数	所
		普通高校生师比	教师人数=1
		固定资产投资额	万美元
		公路里程	万千米
	创新投入竞争力	研究与试验发展(R&D)人员占从业人员比重	%
		研究与试验发展(R&D)项目数	项
		研究与试验发展(R&D)经费支出占GDP比重	%
		教育经费	万元
		劳动生产率	万元/人
		高新技术企业数	家
		引进技术经费支出	万元
		研发机构数	家
		国际合作研究派遣	人
	创新产出竞争力	人均专利申请受理数(件)	件/万人
		人均专利申请授权数(件)	件/万人
		人均当年申请的绿色发明数量	件/万人
		人均当年获得的绿色发明数量	件/万人
		新产品产值	万元
		高新技术产品出口值	万元
		省部级奖励个数	个
		发表论文数	篇
		签订技术转让合同合计数	个
		技术市场成交额	亿元

本节数据来源于《中国统计年鉴》、中国研究数据服务平台(Chinese Research Data Services Platform,CNRDS)数据库,由于众多衡量创新的关键数据集中在省级层面(如R&D经费、引进技术经费支出、国际合作研

究派遣、签订技术转让合同合计数等),本节以沿海地区省份为样本分析沿海地区创新竞争力。

二、创新竞争力的测度方法

基于指标体系分析沿海地区创新竞争力,主要用到的测度方法有极差标准化、熵权法和综合发展指数,具体的计算公式、释义和作用参见表4-5。

表4-5　研究方法

方法	计算公式	模型释义	作用意义
极差标准化	$y_{ij} = \dfrac{(X_{ij} - X_{ij\min})}{(X_{ij\max} - X_{ij\min})}$	y_{ij} 为标准值;$X_{ij\max}$、$X_{ij\min}$ 为系统 i 指标 j 的最大值和最小值;X_{ij} 为系统 i 指标 j 的值	消除数据间量纲差异
熵权法	$p_{ij} = y_{ij} / \sum\limits_{i=1}^{n} y_{ij}$ $E_j = -\ln(n)^{-1} \sum\limits_{i=1}^{n} p_{ij}\ln p_{ij}$ $w_i = \dfrac{1 - E_i}{n - \sum E_i}$	w_i 为各指标权重;p_{ij} 为第 i 个城市 j 指标的比重;E_j 为 j 指标的信息熵	客观确定指标权重
综合发展指数	$U = \sum\limits_{i=1}^{m} w_i y_{ij}$	U 分别代表各子系统的综合功效;m 为省份(自治区、直辖市)的个数	获得系统的综合效益

资料来源:笔者自行制作。

三、创新竞争力的结果分析

从创新竞争力的测度结果来看(见表4-6),沿海地区各省份的创新发展存在一定差异。2010—2021年沿海地区各省份创新竞争力水平均相较过去有所提高,说明各省份在创新体制机制、人才培养、科技储备、创新投入等方面均下足力气,有效促进其加快创新发展,从而为沿海地区整体创新实力的提高奠定了基础。具体而言,广东、福建、浙江、广西四省份

（自治区）的 2021 年创新竞争力结果相较其 2010 年的结果分别增加
0.960、0.887、0.812、0.888，而其他地区特别是北部省份的增幅主要在
0.4—0.6 浮动，这又反映出南北地区在创新发展潜力上也存在一定
差距。

分年份看，2010 年创新竞争力较高的主要是北京、天津、上海和辽宁
四省份，多为传统的经济发展水平较高的地区，在产业发展水平、人才实
力和经济建设上本身就具有传统优势，从而使其在科技创新实力上相对
高于沿海地区其他省份。但是，随着沿海地区对外开放程度的增强、产业
结构的不断调整、基础设施的不断完善等一系列积极变化，沿海地区创新
竞争力格局发生转变，江苏、广东、北京和福建成为新的创新竞争力水平
高的省份。截至 2021 年，上述四省份的创新竞争力测度结果依次为
0.950、1.031、0.908、0.973，而结果最低的省份为海南，仅 0.633。虽然海
南等地的创新竞争力较低，但这也主要是由于发展定位不同，如海南在
2018 年公布了"四大战略定位"，即全面深化改革开放试验区、国家生态
文明试验区、国际旅游消费中心、国家重大战略服务保障区，这与科技创
新发展存在一定差距，所以海南创新竞争力位居沿海地区末位也就不足
为奇。相反，以广东为例，珠三角核心区侧重发展先进制造业等高新技术
领域，创新竞争力的不断提高是其快速发展的必然结果。

但是，从十余年各省份创新竞争力的变化来看，天津的创新竞争力程
度增速放缓，仅增加 0.528，是沿海地区增幅最小的直辖市。产生这一现
象除了与天津本地经济发展增速放缓、创新能力弱、人才集聚效果不理想
有关外，也与天津发展定位有关。随着京津冀协同发展战略的深度实施，
北京科技创新地位进一步巩固，而天津和河北两省份的科技创新发展逐
渐让步于北京，从而使资源要素流动集聚到北京，导致具备科技创新发展
实力与竞争力的天津科技创新发展减缓，统计指标回落，最终使其在创新
竞争力测度结果上出现增速放缓。

此外，虽然沿海地区创新竞争力处在全国高位已是不争的事实，但地
区内部的创新发展差距却也不能忽视，需要平衡好创新实力上的差距。
由于各省份在发展定位与发展实力上确实存在较大差距，基于比较优势

形成沿海地区创新发展的均衡格局可能能够更加发挥好沿海地区创新高地的重要作用。

表4-6 创新竞争力测度结果

地区 年份	北京	上海	天津	辽宁	海南	山东
2010	0.302	0.206	0.283	0.243	0.169	0.098
2011	0.351	0.263	0.304	0.251	0.188	0.202
2012	0.481	0.356	0.426	0.351	0.453	0.325
2013	0.503	0.425	0.503	0.516	0.306	0.425
2014	0.516	0.443	0.480	0.514	0.285	0.473
2015	0.557	0.451	0.557	0.435	0.297	0.514
2016	0.586	0.456	0.589	0.472	0.391	0.533
2017	0.678	0.558	0.617	0.550	0.430	0.640
2018	0.742	0.685	0.672	0.609	0.536	0.692
2019	0.849	0.762	0.695	0.679	0.628	0.783
2020	0.854	0.763	0.765	0.702	0.592	0.853
2021	0.908	0.818	0.811	0.746	0.633	0.923
地区 年份	河北	江苏	浙江	福建	广东	广西
2010	0.133	0.141	0.133	0.086	0.071	0.052
2011	0.172	0.218	0.151	0.165	0.103	0.120
2012	0.246	0.335	0.251	0.234	0.197	0.272
2013	0.360	0.438	0.287	0.327	0.243	0.363
2014	0.380	0.561	0.331	0.411	0.291	0.400
2015	0.470	0.489	0.399	0.453	0.422	0.453
2016	0.526	0.558	0.453	0.517	0.583	0.529
2017	0.642	0.690	0.598	0.646	0.699	0.652
2018	0.749	0.724	0.757	0.740	0.767	0.712
2019	0.782	0.801	0.876	0.840	0.860	0.755
2020	0.861	0.880	0.865	0.891	0.937	0.862
2021	0.936	0.950	0.945	0.973	1.031	0.940

资料来源:根据《中国统计年鉴》、中国研究数据服务平台数据库制作。

第四节　沿海地区创新竞争力的效率及其收敛性

一、创新竞争力的效率分析

首先运用 DEA-Malmquist 指数测算沿海地区的技术效率和技术进步率,在了解沿海地区整体创新效率的基础上,进一步探究沿海地区各省份的创新效率。

(一)研究方法与数据选取

现有分析效率的研究主要是运用 DEA-Malmquist 指数。该指数在创新研究中探讨创新效率时十分常用,反映出使用此方法能够较为准确地测度创新效率。Malmquist 指数是由马姆奎斯特(Malmquist)[1]提出,凯夫斯(Caves)[2]首先将该指数应用于生产率变化的研究,其次与 DEA 理论相结合以推广这一测算方式。本节的效率分析主要是运用 DEA-Malmquist 指数评估沿海地区创新效率的变化情况。参考 Fare 等(1994)[3]关于三种等价方式即投入要求集、产出可能性集和曲线图的研究,本节以创新投入和产出为主要变量分析其创新效率变化。关于 DEA-Malmquist 指数的具体介绍,限于篇幅本章未作具体说明,具体可参见徐小钦等(2009)和李培哲等(2019)[4]的研究。

DEA-Malmquist 指数分析时的变量选取主要来源于表 4-4 中的指标体系。首先运用熵权法确定各指标的权重大小,其次基于沿海地区各省份指标的权重顺序排序最终选择高新技术企业数、普通高校生师比和创

① Malmquist S., "Index Numbers and Indifference Surfaces", *Trabajoe de Eetatistica*, No. 4, 1953.

② Caves D. W., Christensen L. R., Diewert W. E., "The Economic Theory of Index Numbers and the Measurement of Input, Output and Productivity", *Econometrics*, No. 50, 1982.

③ Fare R., Groeskopf S., Lovell C. A. K., *Production Frontiers*, London: Cambridge University Press, 1994.

④ 徐小钦、黄馨、梁彭勇:《基于 DEA 与 Malmquist 指数法的区域科技创新效率评价——以重庆市为例》,《数理统计与管理》2009 年第 6 期。李培哲、菅利荣、刘勇:《基于 DEA 与 Malmquist 指数的区域高技术产业创新效率评价研究》,《工业技术经济》2019 年第 1 期。

新投资额为创新投入,人均专利申请授权数和技术市场成交额两个表征创新产出。

(二)效率分析

使用 DEA-Malmquist 指数测度和分解后,本节得到 2010—2021 年沿海地区创新效率的动态变化情况(见表 4-7)和全要素生产率及其分解指标变化趋势图(见图 4-3)。

表 4-7　2010—2021 年沿海地区创新 DEA-Malmquist 指数及其分解

年份	技术效率	技术进步率	纯技术效率	规模效率	全要素生产率
2010—2011	1.103	0.612	0.982	1.123	0.675
2011—2012	1.013	1.238	1.011	1.002	1.254
2012—2013	0.935	1.087	0.958	0.976	1.017
2013—2014	1.021	0.832	1.051	0.971	0.849
2014—2015	1.020	1.074	0.957	1.066	1.095
2015—2016	0.946	1.369	0.997	0.948	1.295
2016—2017	0.860	0.819	1.014	0.849	0.705
2017—2018	1.194	1.239	1.035	1.154	1.479
2018—2019	0.975	0.933	0.946	1.030	0.909
2019—2020	0.991	1.130	0.993	0.997	1.150
2020—2021	0.988	1.151	0.993	0.994	1.174
均值	1.004	1.044	0.994	1.010	1.055

资料来源:根据《中国统计年鉴》、中国研究数据服务平台数据库制作。

结果表明,2010—2021 年沿海地区创新发展的全要素生产率呈现逐年反复波动但上升的态势,其中,2010—2011 年、2013—2014 年、2016—2017 年、2018—2019 年出现下降,主要均是因为技术进步率下降导致最终生产效率的下降。进一步分析可知,2010—2021 年全要素生产率平均变化率的分解指标变化率均在 1 左右,表明沿海地区科技发展仍要注重加强提高自身实力,有待形成持久的创新发展内生动力。从整体上来看,技术进步率增幅最大,说明全要素生产率的提高主要依赖于技术创新,反映出沿海地区创新集聚发展良好,已形成一定的规模效应并实现

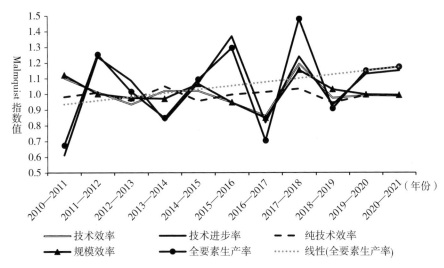

图 4-3 2010—2021 年沿海地区全要素生产率及其分解指标变化趋势

资料来源:根据《中国统计年鉴》、中国研究数据服务平台数据库制作。

正向溢出。此外,虽然技术进步率在 2010—2021 年整体上存在平均变化率低于技术效率的实情,但是这一差距主要与 2010—2011 年的技术进步率过低有关,如果仅考虑党的十八大以来的沿海地区创新发展效率,能够明显发现技术进步率的平均值高于技术效率的平均值,2020—2021 年的技术进步率达到 1.151,明显领先于技术效率、纯技术效率与规模效率。虽然技术进步率常年波动,但结合其波动中增长和平均效率自党的十八大以来为最高的基本特征后,仍能反映出沿海地区技术进步有了明显的提升,只不过要进一步巩固技术进步率的平稳增长。

进一步从图 4-3 中可以看出,除纯技术效率以外的其他变量均有显著波动,其中技术进步率和全要素生产率均存在向上波动的趋势,而技术效率和规模效率虽然常年波动但从整体看却基本稳定在 1 左右。总之,要巩固技术进步率增长的趋势,加强科技创新带动经济社会生产和发展的双重作用。

表 4-8 进一步显示了沿海地区各省份创新发展效率指数及其分解结果。从整体上看,沿海地区各省份创新发展的全要素生产率平均值略

高于1,仅有北京、福建、辽宁和广西四省份的生产率高于1。其中,技术效率的平均值大于技术进步率的平均值,说明技术效率的增长是全要素生产率增长的主要因素。全要素生产率低于1的省份多数是受技术进步率下降的影响,虽然沿海地区的创新实力相较过去已有大幅增加,但从技术进步率的测算结果来看,各省份的创新竞争力实际上还有待进一步提高,需要在体制机制、创新集聚、人才培养、创新联动等多方面加强投入。其中,技术进步率最高的为北京,达到1.125,这也反映出北京作为全国科技创新中心确实起到了科技创新中心和增长极的作用;而天津技术进步率最低,仅为0.918,说明天津要在本市发展和京津冀协同发展间尽快走出一条增强自身科创实力的道路。

表4-8 沿海地区创新 DEA-Malmquist 指数及其分解

省份	技术效率	技术进步率	纯技术效率	规模效率	全要素生产率
北京	1.066	1.125	1.000	1.066	1.199
福建	1.017	1.098	1.000	1.017	1.118
广东	1.000	0.981	1.000	1.000	0.981
广西	0.978	1.022	1.000	0.978	1.000
海南	1.000	0.953	1.000	1.000	0.953
河北	1.002	0.955	1.009	0.994	0.958
江苏	0.945	0.983	0.946	0.999	0.929
辽宁	0.963	1.046	1.004	0.959	1.008
山东	1.000	0.966	1.000	1.000	0.966
上海	0.963	0.971	0.970	0.993	0.935
天津	1.059	0.918	1.000	1.059	0.972
浙江	1.053	0.941	1.000	1.053	0.991
均值	1.003	0.995	0.994	1.009	1.001

资料来源:根据《中国统计年鉴》、中国研究数据服务平台数据库制作。

二、创新发展的收敛性分析

从前述分析可以看到,沿海地区各省份的创新竞争力存在一定差距,为了进一步分析创新竞争力差距的实际程度与产生原因,需要对沿海地区创新竞争力收敛性进行检验。鉴于沿海地区创新竞争力的特点和差异情况,本节运用 α 收敛和 β 收敛这两种收敛测度的方法分析沿海地区创新发展的收敛情况。

(一)研究方法与数据选取

检验 α 收敛的方法主要运用 α 系数法。α 系数法是以某区域内创新平均水平为参照,计算每个地区创新水平与平均水平的平均差异,以此反映收敛或分散程度。若 α 随时间逐渐减小,则表明地区间创新水平越来越接近,存在 α 收敛。具体公式为:

$$\alpha = \sqrt{\left[\sum_i (\ln C_{it} - \overline{\ln C_t})^2\right]/N} \tag{4.1}$$

在公式(4.1)中,$\ln C_{it}$ 为地区 i 在 t 时期创新水平 C 的对数值,$\overline{\ln C_t}$ 为 t 时期各地区创新水平 C 对数值的平均数,N 为地区个数。创新水平 C 主要以创新竞争力、创新效率和技术进步率表征。

β 收敛分为绝对 β 收敛和条件 β 收敛。绝对 β 收敛表示各个地区均会达到相同的稳态增长速度和增长水平,具体参见公式(4.2)。

$$[\ln(C_{it}/C_{i0})]/t = \alpha + \beta \ln C_{i0} + \varepsilon_t \tag{4.2}$$

其中,C_{it} 表示各地区期末的创新水平,C_{i0} 为各地区期初的创新水平,β 为收敛系数。如果 β 为负,则说明区域间的创新水平区域收敛;反之则为发散。

如果不存在绝对 β 收敛,但加入一些其他控制变量后,β 的符号和显著性发生了相反变化,此时则称之为条件 β 收敛。具体来讲,条件 β 收敛是指由于各地区影响创新发展的基础条件存在差异而收敛到各自的稳态,具体参见公式(4.3)。

$$[\ln(C_{it}/C_{io})]/t = \alpha + \beta \ln C_{i0} + \gamma X_{it} + \varepsilon_t \tag{4.3}$$

其中,X_{it} 为控制变量,其余变量均与公式(4.2)相同。C 也是包括创新竞争力、创新效率和技术进步率。

判断沿海地区创新发展的收敛性以创新投入、创新产出等多个变量进行分析,考虑到前后一致性,本节继续选取创新竞争力作为判断沿海地区收敛性的重要依据,还选取效率分析中所得到的技术效率和技术进步率综合判断沿海地区创新发展的收敛情况。

此外,在条件收敛分析中,参考白俊红等(2008)①的研究,考虑人力资本、对外开放度、产业结构及政府行为作为条件收敛中的控制变量。其中,人力资本由在校大学生数衡量,对外开放度由外商投资额衡量,产业结构由三产增加值/二产增加值衡量,政府行为由一般财政支出衡量。

(二)收敛性分析

图4-4显示了沿海地区创新水平,即创新竞争力、技术效率和技术进步率的标准差随时间变化的情况。从图中可以看出,沿海地区虽然在创新竞争力上的标准差趋于平缓,但从技术效率和技术进步率的波动变化中,仍然能够看到沿海地区创新发展并不存在总体收敛的特征。特别是近5年来,沿海地区创新发展的发散程度更为明显,这也与沿海地区的创新实际水平紧密相关,从前述统计分析中能够看到,沿海地区各省份创新竞争力水平在现有水平和增速上均有显著差异,从而支持了上述结论。

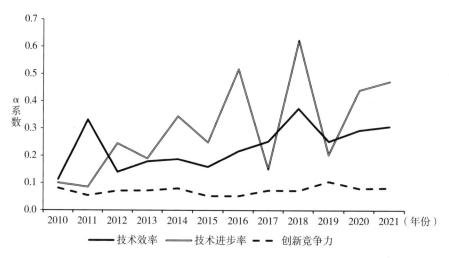

图4-4 2010—2021年沿海地区 α 收敛基本情况

资料来源:根据《中国统计年鉴》、中国研究数据服务平台数据库制作。

---

① 白俊红、江可申、李婧:《中国区域创新效率的收敛性分析》,《财贸经济》2008年第9期。

　　进一步地，本章继续探究沿海地区创新发展的绝对 β 收敛和条件 β 收敛，具体结果参见表4-9。从绝对 β 收敛结果可以看出，除以创新竞争力为变量探究的结果不显著以外，技术效率和技术进步率的回归系数均显著为负，则说明沿海地区在创新发展上实际存在一定的收敛趋势。而在条件 β 收敛中加入控制变量后，能够看到包括创新竞争力在内的所有变量的估计系数均显著为负，则说明创新竞争力也存在区域收敛。特别是从创新竞争力的条件 β 收敛中能够看到，对外开放和政府行为均与创新竞争力之间存在显著的正相关关系，说明二者对沿海地区创新竞争力的收敛起到了正向的促进作用，这与现有研究基本一致。[1] 而产业结构则起到了负面作用，这可能是因为沿海地区产业转移等其他因素导致产业结构仍未充分起到带动创新发展的作用，现有研究也一般认为创新发展对产业结构调整的作用更大，而且产业结构对创新的影响存在多样性。[2]

表 4-9　2010—2021 年沿海地区 β 收敛基本情况

	创新竞争力		技术效率		技术进步率	
	绝对 β	条件 β	绝对 β	条件 β	绝对 β	条件 β
创新竞争力	0.001 (0.032)	-0.404*** (0.076)				
技术效率			-1.400*** (0.100)	-1.430*** (0.101)		
技术进步率					-1.284*** (0.099)	-1.416*** (0.104)
产业结构		-0.080** (0.034)		-0.021 (0.168)		0.313 (0.268)

　　① 刘俊、白永秀、韩先锋：《城市化对中国创新效率的影响——创新二阶段视角下的 SFA 模型检验》，《管理学报》2017 年第 5 期。李斯嘉、吴利华：《市场分割对区域创新资源配置效率的影响》，《现代经济探讨》2021 年第 1 期。杨朝均、杨文珂、朱雁春：《中国省际间对内开放对驱动工业绿色创新空间趋同的影响》，《中国环境科学》2018 年第 8 期。
　　② 傅元海、叶祥松、王展祥：《制造业结构变迁与经济增长效率提高》，《经济研究》2016 年第 8 期。张平、张鹏鹏、蔡国庆：《不同类型环境规制对企业技术创新影响比较研究》，《中国人口·资源与环境》2016 年第 4 期。

续表

	创新竞争力		技术效率		技术进步率	
	绝对 β	条件 β	绝对 β	条件 β	绝对 β	条件 β
对外开放		0.094 *** (0.035)		0.168 (0.172)		−0.261 (0.269)
人力资本		0.162 (0.105)		0.706 (0.504)		1.607 * (0.811)
政府行为		0.194 *** (0.055)		−0.360 (0.228)		0.268 (0.357)
常数项	0.067 *** (0.014)	−3.755 *** (0.784)	1.450 *** (0.106)	−2.032 (2.573)	1.363 *** (0.113)	−5.371 (4.102)
双向固定效应	控制	控制	控制	控制	控制	控制
观测值	108	108	108	108	108	108
调整后 R^2	0.000	0.276	0.675	0.688	0.638	0.680

注:括号内为稳健标准误差,*、**、*** 分别表示在10%、5%、1%的水平下显著。

资料来源:根据《中国统计年鉴》、中国研究数据服务平台数据库制作。

第五节　沿海地区增强创新竞争力的政策建议

本章基于2010—2021年的沿海地区创新发展统计指标,运用综合评价模型、DEA-Malmquist指数、收敛性分析等多手段探究沿海地区的创新发展竞争力和实力。研究发现,沿海地区创新实力和竞争力位居全国首位,相关创新政策实施效果良好,存在正向溢出效应,基本具备创新驱动经济发展的能力。在竞争力测度比较中发现,江苏、广东、北京和福建等省份的创新竞争力水平位居沿海地区前列,同时地区内部创新竞争力差距显著,存在南北差距,需要继续加强协调发展。进一步分析中,效率分析发现沿海地区各省份的创新竞争力实际上还有待进一步提高,需要在体制机制、创新集聚、人才培养、创新联动等多方面加强投入。收敛性分析发现基于创新竞争力的结论显示不存在 α 收敛和绝对 β 收敛,但存在条件 β 收敛,说明沿海地区各省份的创新竞争力在增长速度和水平上没有向同一方向发展的趋势,但是其创新竞争力分别朝各自的均衡水平收敛,而且各省份间的创新竞争力差距没有缩小的趋势;基于技术效率和技术进步率的结果显示不存在 α 收敛但存在条件与绝对 β 收敛,说明沿海地区技术效率及其进步率存在达到相同稳态增速与水平的趋势和可能。

　　总之,虽然沿海地区创新实力与竞争力在全国范围内处在绝对领先地位,北京、广东等地也具备创新驱动区域经济增长的实力,但从整体看,沿海地区整体创新水平分布不均衡现象较为显著,推动形成沿海地区创新协调发展格局可以弱化这一显著差距,也要从创新体制机制、人才培养和集聚、创新资源要素分配上入手,加快巩固和提高沿海地区整体创新竞争力的基础水平,继续增强沿海地区创新驱动经济高质量发展的作用。

第五章 构建沿海地区现代化产业体系

现代化经济体系重在"体系"二字,在做大做强各产业门类的同时,还要注重结构优化,通过产业间的良性耦合,缩小同国际全要素生产率前沿面之间的差距,以更强大的产业实力服务于高质量发展。本章将依次分析沿海地区现代农业发展、传统制造业转型、高端制造业培育、现代服务业孵化的基本现状,并提出针对性的对策建议。

第一节 沿海地区现代农业发展

一、现代农业发展的总体态势

(一)综合生产能力稳步提升

总体而言,沿海地区第一产业综合生产能力稳步提升。农、林、牧、渔业总产值由 2018 年的 47485.49 亿元上升至 2022 年的 62132.70 亿元,占全国比重由 2018 年的 41.81%下降至 2022 年的 39.81%。分省份而言,沿海地区农、林、牧、渔业总产值差距明显:山东农、林、牧、渔业总产值最高,2020 年首次突破 10000 亿元,2022 年占全国比重已达到 7.77%。其次为广东和江苏,2022 年农、林、牧、渔业总产值分别达到 8892.30 亿元和 8733.80 亿元,占全国比重分别为 5.70%、5.60%。再次为河北和广西,2022 年农、林、牧、渔业总产值分别为 7667.40 亿元和 6938.50 亿元,占全国比重分别为 4.91%、4.45%;与之形成对比的北京、天津和上海,2022 年农、林、牧、渔业总产值分别为 268.20 亿元、521.40 亿元、273.50 亿元,占全国比重分别为 0.17%、0.33%、0.18%(见图 5-1)。由此可见,沿海地区第一产业综合生产能力较高,虽然近年来占全国的比重有所下降,但仍在40%左右,内部分异明显,山东、江苏、广东、河北、广西等农业大省(自治区)贡献较大。

（单位：亿元）

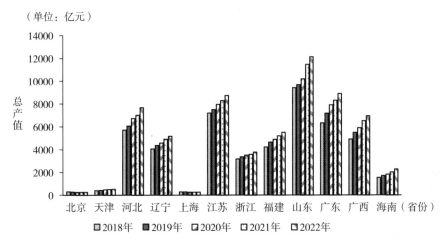

图 5-1 2018—2022年沿海地区农、林、牧、渔业总产值

资料来源：中经网统计数据库。

具体到各产业内部情况。天津、河北、上海、江苏、山东、广西、海南农业产值占农、林、牧、渔业总产值比重超过50%，除福建外，其他省份农业产值占比也超过40%，说明农业是农、林、牧、渔业的主体。就林业产值而言，北京林业产值占农、林、牧、渔业总产值的比重最高，达32.25%，说明北京第一产业中林业占据相当位置；其次为广西、福建和广东，林业占农、林、牧、渔业总产值的比重分别为7.91%、7.81%、6.18%；此外，海南林业占农、林、牧、渔业总产值的比重超过了5%。就畜牧业产值而言，辽宁、河北、天津畜牧业占农、林、牧、渔业的比重最高，分别达32.71%、31.19%、28.23%，山东、广西占比超过20%。就渔业而言，浙江渔业占农、林、牧、渔业的比重最高，达37.15%，其次为福建、江苏、广东和海南，占比分别为35.27%、29.41%、26.48%、25.35%（见图5-2）。由此可见，沿海地区第一产业结构较为多元。

（二）"菜篮子"产品供给充足

沿海地区的肉奶蛋、水产品等"菜篮子"产品产量较高，供应充足。

（单位：%）

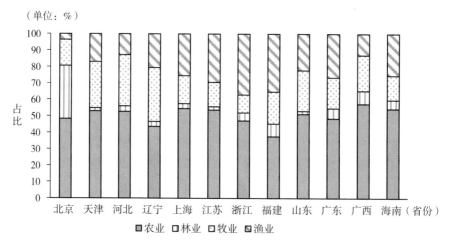

图 5-2 2022 年沿海地区农、林、牧、渔业总产值构成

资料来源：中经网统计数据库。

就肉奶蛋而言,2022 年沿海地区肉类、奶类、禽蛋类产量分别为 3540.80 万吨、1240.30 万吨、1591.49 万吨,占全国比重分别为 37.96%、30.80%、46.69%。具体而言,山东肉、禽蛋类产量最高,分别达到 844.50 万吨、455.43 万吨,占沿海地区总产量的 23.85%、28.62%,此外奶类产量也占到沿海地区总产量的 24.55%。河北奶类产量最高,达 549.30 万吨,占沿海地区总产量的 44.29%,与此同时禽蛋类、肉类产量也占到沿海地区总产量的 24.31%、13.52%。辽宁肉类、奶类、禽蛋类产量分别占沿海地区总产量的 12.60%、10.89%、20.44%,也是贡献较高的省份。此外,广东、广西在肉类生产上占有一定规模优势,肉类产量分别为 481.10 万吨、454.90 万吨,占沿海地区总产量的比重超过 10%。江苏则在禽蛋类生产上占有一定规模优势,禽蛋类产量达 230.26 万吨,占沿海地区总产量的 14.47%(见图 5-3)。

沿海地区水产品优势明显。沿海地区水产品总产量占全国比重在 70% 以上,山东、广东、福建水产品产量多年来均保持较高水平。具体而言,广东水产品产量于 2021 年达到 884.52 万吨,占沿海地区比重为 18.20%,位列第一。山东和福建位于第二梯队,2021 年水产品产量分别

（单位：万吨）

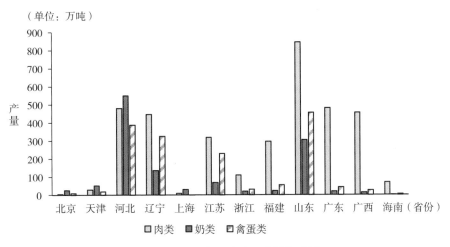

图 5-3　2022 年沿海地区肉蛋奶产量

资料来源：中经网统计数据库。

为 854. 42 万吨、853. 07 万吨，占沿海地区比重分别为 17. 58%、17. 55%。
第三梯队为浙江、江苏、辽宁、广西，2021 年水产品产量分别为 599. 05 万
吨、493. 81 万吨、482. 41 万吨、354. 81 万吨，占沿海地区比重分别为
12. 32%、10. 16%、9. 92%、7. 30%（见图 5-4）。

（单位：万吨）

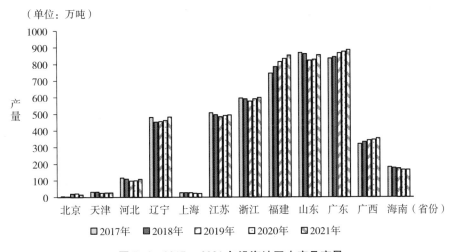

图 5-4　2017—2021 年沿海地区水产品产量

资料来源：中经网统计数据库。

由此可见,沿海地区"菜篮子"产品生产具有较大的规模优势。山东各类产品产量均较高,这与其农业大省地位一致。河北生产奶类、辽宁生产禽蛋类、广东和广西生产肉类具有相当优势,水产品生产的优势则集中于广东、福建等省份上。

(三)物质技术装备规模化趋势显现

沿海地区机械使用状况与产量基本一致。2021年沿海地区农用机械总动力合计为37665.95万千瓦,占全国比重为34.95%。其中,山东、河北、江苏、广西、辽宁、广东农用机械总动力较高,分别为11186.07万千瓦、8096.81万千瓦、5148.24万千瓦、3886.35万千瓦、2552.60万千瓦、2524.48万千瓦。沿海地区大中型拖拉机数为135.76万台、小型拖拉机数为489.93万台,占全国比重分别为27.26%、29.25%(见图5-5)。

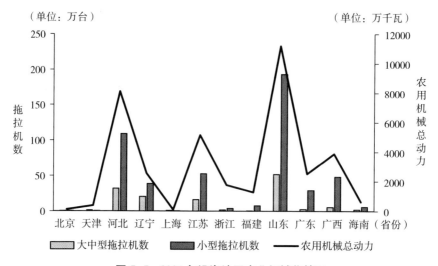

图5-5 2021年沿海地区农业机械化情况

资料来源:中经网统计数据库。

就大中型拖拉机配套农具数而言,沿海地区拥有量占全国比重由2017年的24.50%上升至2018年的35.63%,2019—2021年波动下降至34.08%。就大中型拖拉机数而言,沿海地区拥有量占全国比重由2017年的22.63%上升至2018年的29.09%,2019—2021年虽然出现下降趋势,但仍然保持在27%以上。与此同时,小型拖拉机数占全国比重由

2017 年的 32.42% 下降至 2021 年的 29.25%（见图 5-6）。由此可见，沿海地区大中型拖拉机数及其配套农具数占全国比重较高，呈现出大范围推广的态势。

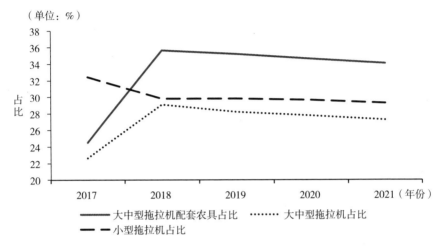

图 5-6　2017—2021 年沿海地区农业机械化占全国比重

资料来源：中经网统计数据库。

农田有效灌溉面积能在一定程度上代表物质技术装备水平。2017—2021 年沿海地区农田有效灌溉面积呈增加态势，占全国比重稳定在 32% 左右（见图 5-7）。

由此可见，沿海地区物质技术装备规模化水平较高，大中型机械拥有量总体呈上升趋势，农田有效灌溉面积逐年提升，现代设施装备、现代科学技术支撑农业发展的格局基本形成。

（四）农民收入水平高

总体而言，沿海地区农村居民人均可支配收入高于全国平均水平。2018—2022 年沿海地区各省份农村居民人均可支配收入逐年上升。2022 年，相较于全国 20132.80 元的农村居民人均可支配收入水平，上海农村居民人均可支配收入最高，达 39729.40 元，是全国平均水平的 1.97倍；其次为浙江、北京，其农村居民人均可支配收入是全国平均水平的1.87 倍、1.73 倍；最后为天津、江苏，其农村居民人均可支配收入是全国

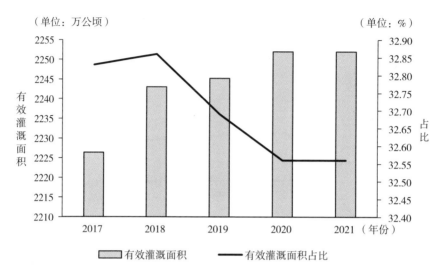

（单位：万公顷）　　　　　　　　　　　　　　　　　（单位：%）

图5-7　2017—2021年沿海地区有效灌溉面积及其占全国比重

资料来源：中经网统计数据库。

平均水平的1.44倍、1.41倍；河北、辽宁、广西、海南的农村居民人均可支配收入则低于全国平均水平，分别低于全国平均线3.82个、1.12个、13.41个、5.04个百分点(见图5-8)。

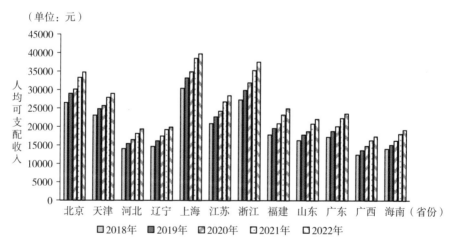

（单位：元）

图5-8　2018—2022年沿海地区农村居民人均可支配收入

资料来源：中经网统计数据库。

就4个农村居民人均可支配收入低于全国平均水平的省份而言,其城乡居民人均可支配收入比值在不断下降,说明城乡差距逐渐减小。河北城乡居民人均可支配收入之比由2018年的2.35下降至2022年的2.13,辽宁城乡居民人均可支配收入之比由2018年的2.55下降至2022年的2.21,广西城乡居民人均可支配收入之比由2018年的2.61下降至2022年的2.28,海南城乡居民人均可支配收入之比由2018年的2.38下降至2022年的2.10(见图5-9)。

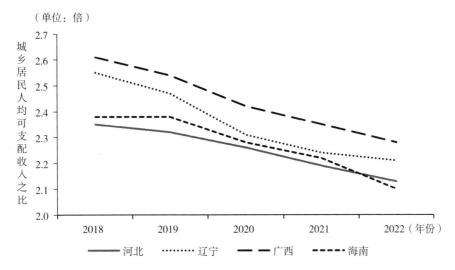

图5-9 2018—2022年沿海地区后发省份城乡居民人均可支配收入之比

资料来源:中经网统计数据库。

就农村居民人均可支配收入较高的省份而言,城乡居民人均可支配收入差距更小。天津城乡居民人均可支配收入差距最小,比值稳定在1.80左右。其次为浙江,城乡居民人均可支配收入比值于2020年首次迈入比值小于2的行列。上海、江苏城乡居民人均可支配收入差距接近,比值分别由2018年的2.24、2.26下降至2022年的2.12、2.11。北京城乡居民人均可支配收入比值由2018年的2.57下降至2022年的2.42(见图5-10)。

相较于全国层面2022年的2.45比值,沿海地区城乡居民人均可支配收入差距较小,说明其农民收入相对较高。

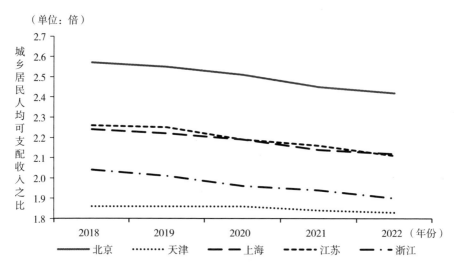

图 5-10　2018—2022 年沿海地区先发省份城乡居民人均可支配收入之比

资料来源：中经网统计数据库。

二、现代农业发展的新型业态

农业发展根本出路在于现代化,农业现代化是国家现代化的基础和支撑。目前,推进农业供给侧结构性改革是化解农业主要矛盾、提高农业综合效益和竞争力的关键。在外部拉力强劲、转型基础扎实、创新驱动有力的背景下,沿海地区发展现代农业具备得天独厚的优势:就外部拉力而言,东部地区新型工业化、信息化、城镇化加速推进,城乡共同发展为现代农业发展提供了广阔的市场空间和新的供求标准;就转型基础而言,沿海地区经济发展水平较高,农业基础设施较为完善,农业发展规模经营主动性不断增强;就创新驱动而言,新一轮科技革命和产业革命发展迅速,沿海地区创新能力较强,科技赋农优势明显,农业规模化、机械化水平较高。

政策也对沿海地区农业现代化有较高要求。《国务院关于印发全国农业现代化规划(2016—2020 年)的通知》要求到 2020 年,东部沿海发达地区、大城市郊区、国有垦区和国家现代农业示范区基本实现农业现代化。在 2023 年政府工作报告中,各地区也纷纷强调现代农业的建设:山东指出要全力打造乡村振兴齐鲁样板,推动农村一二三产业融合发展;江苏明确因地制宜发展高效精品农业和都市农业,培育壮大乡村休闲旅游、农产品电商等新业态新模式;广东提出要高水平打造"跨县集群、一县一园、一镇一业、一村一品"现代农业产业体系,加快特色优势农业产业带、都市农业建设;河北强调大力发展科技农业、绿色农业、质量农业、品牌农业;广西重视现代种业发展,要求建设一批现代种业基地、农业科技园区。本节重点对沿海地区智慧农业、生态农业、都市农业等农业新业态进行讨论。

(一)智慧农业

当前,中国正在推进新一代信息通信、大数据和人工智能等技术为重点的新型基础设施建设。新技术的兴起催生了现代农业建设过程中的新业态,如将物联网技术应用到传统农业各个环节,以"智慧"武装农业的智慧农业。智慧农业能够打破传统生产要素束缚、实现数据信息及时多向反馈[1],是将信息通信、大数据和人工智能等工业4.0技术同传统农业实现有机融合的新型农业生产经营方式[2],有利于提升产出率、劳动效率和资源利用率,保证农产品质量安全,全面了解农产品市场变化和消费者需求,增加农业附加值[3]。

以山东智慧农业为例。《山东省人民政府办公厅关于加快全省智慧农业发展的意见》以2022年实现数据互联互通、产业融合发展、服务高效便捷的智慧农业为发展目标,要求建设济南、青岛、潍坊3个智慧农业试验区,在全省范围内建设100个农产品智慧批发市场和400个智慧农业应用基地,强调全省涉农数据资源的共享交换、数据融合和分析应用。地方积极出台配套政策,如济南印发《济南市农业局关于成立"互联网+农业"发展工作领导小组的通知》《济南市人民政府办公厅印发关于加快推进济南智慧农业试验区建设的实施方案的通知》等文件和一系列实施方

---

[1]　赵敏娟:《智慧农业的经济学解释与突破路径》,《人民论坛·学术前沿》2020年第24期。

[2]　马红坤、毛世平、陈雪:《小农生产条件下智慧农业发展的路径选择——基于中日两国的比较分析》,《农业经济问题》2020年第12期。

[3]　胡亚兰、张荣:《我国智慧农业的运营模式、问题与战略对策》,《经济体制改革》2017年第4期。

案,明确建设农业大数据中心、打造智慧农业核心区和示范工程等。农业大数据中心和智慧管理平台能够促进智慧农业管理和服务高效便捷。2019 年,济南移动联合长清区农业机械管理局搭建完成山东首个智慧农机互联网管理服务平台。平台将用户方和管理方链接并形成农机智慧"云",将物联网、大数据、云计算等智能技术运用于农机设备监测,实现对农机作业地点、过程、面积、数量等数据的精准检测和全程监控,实时向服务器回传农机作业信息数据。近年来,济南又相继出台掌上农业 App、掌上农机 App、泉城农业公众号等,及时提供农业信息资讯、观光休闲、技术知识等服务。

由此可见,智慧农业涉及信息通信、机械制造、基础设施等多个领域,需要从全盘视角进行研究。通过优化完善顶层设计和全域现代信息技术设施建设,推动智慧农业发展的统一决策部署和协调管理联动,同时加大农业科学技术研发力度和农村信息化建设,才能从根本上促进智慧农业的稳步发展。

(二)生态农业

生态农业因其具有绿色生态、低污染、高附加值的特征,能够通过不同生产过程之间的横向耦合和资源共享,实现污染负效应向资源正效益的转变,将农产品安全、生态安全、资源安全、农业综合效益进行整合,减少温室气体排放并推动经济效益、社会效益、生态效益的全面提高。[1]

现有研究对中国生态农业绩效进行评价后发现,上海、江苏、浙江等省份生态农业绩效表现最好,2006 年后生态农业效率进步较快的省份则包括北京、天津、河北等。[2] 浙江生态养殖模式、农业废弃物综合利用模式、绿色和有机农业模式等均发展较为成熟[3],本节以浙江衢州的生态农业为例。2014 年 4 月,浙江成为全国唯一的现代生态循环农业发展试点

---

[1] 张予、林惠凤、李文华:《生态农业:农村经济可持续发展的重要途径》,《农村经济》2015 年第 7 期。

[2] 刘应元、冯中朝、李鹏、丁玉梅:《中国生态农业绩效评价与区域差异》,《经济地理》2014 年第 3 期。

[3] 刘咏梅、黄宝连、米松华:《东部沿海发达地区循环农业的优势、约束及思路——来自浙江循环农业的实证分析》,《农村经济》2011 年第 7 期。

省份;2014年7月,衢州被列为浙江整建制推进现代生态循环农业试点市;衢州先后编制印发一系列规划和方法,从政策层面明确现代生态循环农业发展的方式步骤,做到有规可循、有案可依。衢州利用种养结合模式、"稻+"共生模式、立体复合农业模式等将农作物秸秆、畜禽粪便、农业残膜和农药包装物等废弃物转化为可再次利用的资源,积极探索构建"主体小循环、园区中循环、县域大循环"的三级循环利用模式,将小农户、合作社、龙头企业、农业园区等进行了有机衔接、无缝覆盖,生态循环农业实现全域化、网络化发展,设计"一线、三带、四区、多群落"的农业农村全域绿色发展空间格局促进生态农业优化发展。据统计,衢州绿色美丽农场数量达到500家,高标准农田面积比重保持在65%—80%,农作物耕种收综合机械化率达95%,完成了从生态循环农业到全域农业绿色发展的二次跃迁。

由此可见,生态农业发展侧重于多功能挖掘,即从规划体系到具体实施的各个过程之中,都要强调空间资源的合理利用和生产过程的系统整合,强调人与自然的关系,推动产业链延伸和提升价值链。

(三)都市农业

都市农业是指位于城市内部和城市周边地区的农业,融入城市系统是都市农业可持续发展的关键[1],能够促进城乡融合发展[2]、保障粮食安全、保育生态环境[3]。

江苏徐州铜山都市农业发展具有示范意义,铜山现代农业产业示范园是江苏首批12家现代农业产业示范园之一,铜山区农村产业融合发展示范园是国家农村产业融合发展示范园之一。就发展基础而言,铜山区经济基础雄厚、农业基础扎实,能够为现代农业发展提供有力的资金保障、产业支撑。铜山区建设了一批特色产业、田园观光、科普教育、休闲娱

---

① 蔡建明、杨振山:《国际都市农业发展的经验及其借鉴》,《地理研究》2008年第2期。
② 张永强、王珧、田媛:《都市农业驱动城乡融合发展的国际镜鉴与启示》,《农林经济管理学报》2019年第6期。
③ 宋涛、蔡建明、刘军萍、杨振山、温婷:《世界城市都市农业发展的经验借鉴》,《世界地理研究》2013年第2期。

乐等多功能的休闲观光农业示范村,2019 年接待游客约 400 万人次。就空间布局而言,铜山区农村产业融合发展示范园采取"一轴、两园、三区、一镇、多空间"的空间结构布局,即以三产融合发展为一轴,以蔬菜、粮食加工物流园为两园,以综合服务及三产融合集聚区、高效绿色蔬菜生产示范区、优质粮食生产集中区为三区,以草莓小镇为一镇,以园区丰富的水网和路网为多空间基础,设立 8 个功能区,结合京沪宁城市需求,围绕农业种植和加工销售两端做强做深优质粮食产业,做优做精高效蔬菜产业。

都市农业发展应根据城市社会经济特征确定都市农业角色定位。沿海发达地区经济基础良好、城市消费能力强,都市农业则应重点强调农产品精细化、绿色发展和休闲观光;经济基础相对薄弱的地区则应立足优势资源,通过三次产业深度融合发展和全产业链经营提高都市农业附加值。同时,都市农业发展还应强调农业经营主体自组织能力,形成政府、龙头企业、农业合作组织、农户的互联互利有机关系。

第二节　沿海地区传统制造业转型

一、传统制造业发展现状

沿海地区是中国制造业的核心区,也是传统制造业转型发展的先行区,制造业基础雄厚。2021 年沿海地区 12 个省份制造业资产总计达871039.87 亿元,占全国制造业资产比重达 59.38%;负债总计达484698.86 亿元,占全国制造业负债比重达 33.06%;所有者权益总计达385664.25 亿元,占全国制造业所有者权益比重达 26.28%。就其内部而言,广东、江苏制造业规模较大、优势明显,山东、浙江处于第二梯队,此外其他省份之间也存在较为明显的差距(见图 5-11)。

沿海地区制造业发展历史悠久,基础雄厚,经历了传统产业转型升级和新兴产业蓬勃发展的过程。本节重点聚焦前者,观察沿海地区传统产业发展和转型升级经验。

第一,食品类制造业的发展情况。2021 年沿海地区农副食品加工业

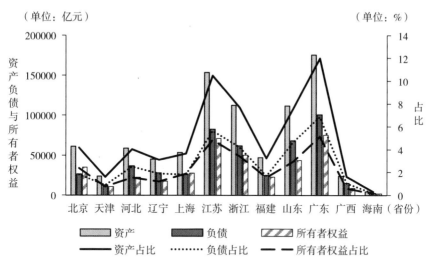

（单位：亿元）

（单位：%）

图 5-11 2021 年沿海地区制造业经济指标及其占全国比重

资料来源：《中国工业统计年鉴》。

资产总计达 17329.98 亿元，占全国比重为 51.85%，其中，山东、广东、辽宁、江苏、福建、广西等省区资产规模较大。2021 年沿海地区食品制造业资产总计达 9976.18 亿元，占全国比重为 52.40%，其中，广东、山东、福建、江苏等规模较大。就酒、饮料和精制茶制造业、烟草制品业而言，2021年沿海地区上述行业资产总计分别为 6801.40 亿元、4866.64 亿元，占全国比重分别为 33.14% 和 41.59%，江苏、山东、广东在酒、饮料和精制茶制造业有一定优势，上海在烟草制品业上优势更为明显（见图 5-12）。由此可见，依托农业现代化，沿海地区食品饮料相关行业具有一定规模，但相较于制造业总体水平处于弱势地位。

第二，服装类制造业的发展情况。2021 年沿海地区纺织业资产总计达 16397.30 亿元，占全国比重为 75.08%，其中，浙江、江苏资产明显较高，占沿海地区比重达 31.06%、26.07%；其次为山东、福建，占沿海地区比重分别为 14.49% 和 11.02%。2021 年沿海地区纺织服装、服饰业资产总计为 9125.71 亿元，占全国比重为 78.44%，其中，浙江、广东、江苏、福建、山东比重较高，占沿海地区分别为 28.76%、20.69%、18.01%、14.52%、11.12%。2021 年沿海地区皮革、毛皮、羽毛及其制品和制鞋业

（单位：亿元）

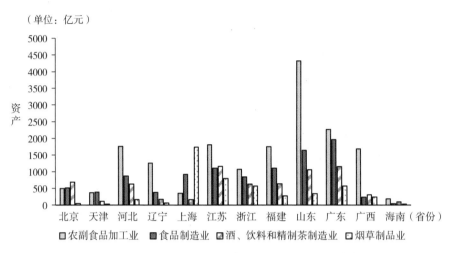

图5-12　2021年沿海地区食品类制造业的发展情况

资料来源：《中国工业统计年鉴》。

资产总计为5226.26亿元，占全国比重达74.18%，其中，福建资产最高，占沿海地区比重达38.47%（见图5-13）。由此可见，依托产业基础，沿海地区服装制造等劳动密集型产业优势明显。

（单位：亿元）

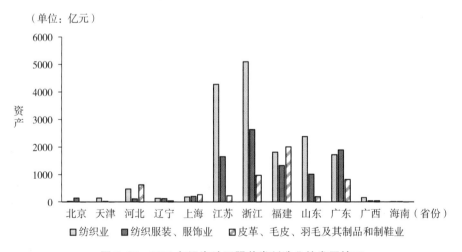

图5-13　2021年沿海地区服装类制造业的发展情况

资料来源：《中国工业统计年鉴》。

　　第三，家居办公类制造业的发展情况。2021年沿海地区木材加工和木、竹、藤、棕、草制品业资产总计达 3782.16 亿元,占全国比重为 66.47%,其中,江苏、山东、广西、浙江、广东、福建资产较高,占沿海地区比重超过 10%。2021 年沿海地区家具制造业资产总计为 5358.46 亿元,占全国比重为 77.02%,其中,广东、浙江优势明显,占沿海地区比重分别为 39.63%、25.55%。2021 年沿海地区造纸和纸制品业资产总计为 12175.25 亿元,占全国比重达 76.47%,其中,山东资产最高,占沿海地区比重达 21.61%。2021 年沿海地区印刷和记录媒介复制业资产总计为 4632.61 亿元,占全国比重达 66.06%,广东优势最为明显。2021 年文教、工美、体育和娱乐用品制造业资产总计为 7410.42 亿元,占全国比重为 77.50%,同样地,广东具有明显的资产优势(见图 5-14)。由此可见,沿海地区木材加工、家具制造、印刷造纸、文美体娱制造业等方面的资产较高,具有一定规模优势。

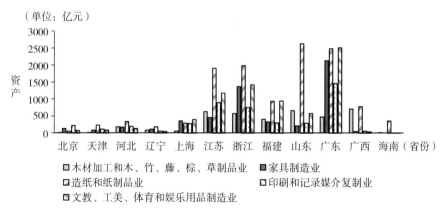

图 5-14 2021 年沿海地区家居办公类制造业的发展情况

资料来源:《中国工业统计年鉴》。

第四,能源金属类制造业的发展情况。2021 年沿海地区石油、煤炭及其他燃料加工业资产总计达 24176.94 亿元,占全国比重为 58.48%,其中,山东、辽宁资产较高,占沿海地区比重分别超过 25% 和 15%。2021 年沿海地区黑色金属冶炼和压延加工业资产总计为 44448.36 亿元,占全国比重为 64.23%,其中,河北优势明显,占沿海地区比重达 31.73%。2021 年沿海地区有色金属冶炼和压延加工业资产总计为 19028.06 亿元,占全国比重为 42.79%,其中,山东资产最高,占沿海地区比重达 25.42%。2021 年沿海地区金属制品业资产总计为 30494.67 亿元,占全国比重达 74.63%,江苏、广东优势最为明显,占沿海地区比重超过 20%(见图 5-15)。

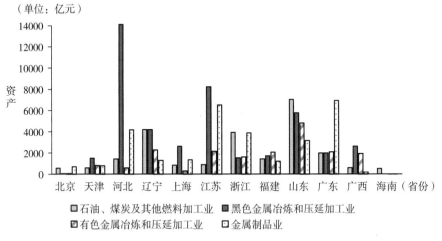

（单位：亿元）

图 5-15　2021 年沿海地区能源金属类制造业的发展情况

资料来源:《中国工业统计年鉴》。

　　第五,化工类制造业的发展情况。2021 年沿海地区化学原料和化学制品制造业资产总计达 52075.06 亿元,占全国比重为 59.37%,其中,山东、江苏资产较高,占沿海地区比重超过 20%。2021 年沿海地区化学纤维制造业资产总计为 8391.69 亿元,占全国比重为 81.64%,其中,浙江、江苏优势最为突出,占沿海地区比重分别达 47.98%、30.33%。2021 年沿海地区橡胶和塑料制品业资产总计为 21460.97 亿元,占全国比重为 78.18%,其中,广东资产最高,占沿海地区比重达 25.11%(见图 5-16)。由此可见,沿海地区资源密集型产业和资本密集型产业具有明显的区域和行业差异,化学纤维制造业、橡胶和塑料制品业、化学原料和化学制品制造业资产总值较高,占全国比重高于平均水平,江苏、浙江、山东、广东具有相当优势。

　　综上所述,沿海地区制造业基础雄厚,劳动密集型、资本密集型产业规模较大,江苏、浙江、山东、广东优势尤其明显,其传统产业转型升级也面临更大的挑战。

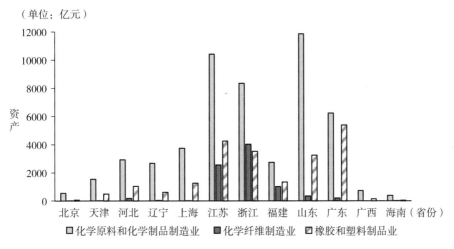

（单位：亿元）

图5-16 2021年沿海地区化工类制造业的发展情况

资料来源：《中国工业统计年鉴》。

二、传统制造业转型经验

（一）加快技术改造，延长产业链条

当前传统制造业面临产能过剩和有效需求不足的双重问题[①]，而创新能力是转型升级的关键。数字技术为产业转型升级提供新动能的来源包括产业链组织分工拓展、交易成本降低、价值分配转移、需求变化倒逼等[②]，其中，地区产业基础、技术能力和资金保障水平会影响数字经济效果的释放[③]。同时，产业链条延长和产业形态融合能够有效提高传统产业附加值。现有研究发现生产性服务业与传统制造业融合发展能够显著促进劳动生产率的改善。[④] 以钢铁产业为例，顾客全需求满足、顾客全流

① 仲云云：《中国制造业产能过剩影响因素的实证研究——基于供给侧结构性改革视角》，《现代经济探讨》2018年第12期。

② 李春发、李冬冬、周驰：《数字经济驱动制造业转型升级的作用机理——基于产业链视角的分析》，《商业研究》2020年第2期。

③ 廖信林、杨正源：《数字经济赋能长三角地区制造业转型升级的效应测度与实现路径》，《华东经济管理》2021年第6期。

④ 夏斐、肖宇：《生产性服务业与传统制造业融合效应研究——基于劳动生产率的视角》，《财经问题研究》2020年第4期。

程参与、基于上下游客户的衍生需求满足是中国上市钢铁企业服务型制造的主要模式,服务型制造带动传统制造转型的程度受到从业人员文化水平、专业获取能力、商誉等无形资产的影响。[①]

沿海地区利用自身雄厚的经济产业基础,通过持续做大做强数字经济等方式,以创新武装传统制造业,以产业链延长增加附加值,推动传统产业转型与高端化发展。

山东积极实施智能化技术改造,率先推行"云对接"技改模式,"一县一企一策"开展技改供需对接,设立"山东技改在线",打造"技改典型案例微视频库",滚动实施万项技改、推动万企转型,加快建设工业互联网平台体系,推动企业"上云用数赋智"。"十三五"时期,山东规模以上工业企业累计实施投资 500 万元以上的技改项目 7 万余个,完成技改投资 3万亿元以上,一批龙头骨干企业率先走上高端化、智能化、绿色化发展之路,传统产业新业态、新模式不断涌现,"四新"[②]经济增加值占地区生产总值比重已占 30%左右。

河北以供给侧结构性改革为主线,深入实施工业转型升级、科技创新等系列三年行动计划,产业结构调整和新旧动能转换实现新突破。深化万企转型,实施"千项技改"和"百项示范"工程,培育百家制造业"单项冠军",积极推动曹妃甸石化基地建设,打造万亿级钢铁产业集群。以技术改造、工业设计、两化融合为抓手,加快传统产业结构调整,1.3 万家规模以上工业企业实现技改全覆盖,连续 3 届荣获中国优秀工业设计奖金奖。

上海纺织产业经过 20 年的升级,实现了从劳动密集型传统纺织向时尚纺织、科技纺织、品牌纺织的成功升级。20 世纪 90 年代以来,结合国际化都市发展要求,基于劳动密集型的传统制造业无法适应城市经济发展和自身盈利需要,向"科技与时尚"发展成为企业家群体共识。通过横向企业兼收并购等方式形成了若干优势企业,通过纵向产业链整合等方

---

① 王维才、吴琦:《服务型制造带动中国传统制造企业转型程度测度及提升策略研究——以钢铁行业为例》,《南京社会科学》2019 年第 4 期。
② "四新"即新技术、新产业、新业态、新模式。

式建立了生产基地和原材料供应基地,能够有效地发挥品牌资源优势、推动技术扩张应用、避免原材料价格波动风险等。同时,规模较大的企业进行自主创新和联合技术攻关,利用上下游优势扩散专利应用,通过技术设备引进、消化、吸收、模仿、创新提高先进技术和知识。上海纺织产业逐渐形成以技术、专利、品牌为代表的无形资产优势。①

由此可见,明确创新和技术水平提高对传统产业改造升级的核心作用,通过科技赋能、延长产业链等方式,能够有效推动传统产业向高端化迈进。

(二)强化政策支撑,发挥集聚优势

通过科技助力、市场激活等方式,传统产业能够摆脱"夕阳产业"的宿命,重新释放发展活力。但考虑到产业生命周期的作用规律,需要政府从宏观层面提供外部冲击。沿海地区通过强化政策支撑,明确地区分工,发挥集聚优势,有力地推动了传统产业的转型升级。

浙江从政策层面为产业技术改造、融资发展等方面保驾护航。为实现"浙江制造"向"浙江智造"转变,从 2003 年起大力推动机器换人,每年投入大量资金实施大量的改造项目:雅戈尔采用先进技术配合的自动化生产线和国际先进水平的吊挂系统实现细化分工,提高生产效率;苏泊尔 2007 年与法国炊具巨头赛博(SEB)战略合作,通过机器换人实现从传统炊具制造业向智能家电、环境家电的转型升级。同时,浙江还通过金融改革激活本地金融服务生态,开辟了以"温州金改"和"台州小微金改"为代表的金融服务之路。2012 年国务院批准设立温州金融综合改革试验区,2015 年批准设立台州小微企业金融服务改革创新试验区,将其金融改革成果进行巩固发展。②

江苏传统产业比重较大,2014 年全省纺织、冶金、轻工、建材等四大传统产业的工业总产值和企业数量占规模以上工业的 50%左右,但投入

---

① 吴海宁:《传统制造业升级时期产业动态能力形成研究——基于上海纺织产业升级的案例分析》,《科技进步与对策》2015 年第 19 期。

② 张伯伟、马骆茹:《地方政府引导下的区域创新模式研究——以长三角珠三角为例》,《南开学报(哲学社会科学版)》2017 年第 2 期。

的研发经费和人员只占 30% 左右,实现利润则为 36%。① 面对传统产业转型升级和创新驱动要求,江苏致力于构建"高新技术产业为主导、服务经济为主体以及先进制造业为支撑"的现代产业体系,围绕高新技术园区建设推动产业结构升级及其对传统产业的带动作用。《江苏省"十四五"制造业高质量发展规划》明确指出要强化全省制造业发展"一盘棋",深度协同共建集群和产业链,支持沿江、沿海和苏北三大区域产业协同发展,增强全省产业体系整体竞争力。

针对产业门类居于首位的化工产业,山东编制《山东省高端化工产业发展规划》,实施《山东省化工投资项目管理规定》,通过组建高端化工产业专班、成立高端化工产业发展促进会、建立完善"6 个 1"推进体系、设立总额 125 亿元的 11 只产业基金和项目基金、组建"四个一批"高端化工项目库等方式力促化工产业转型发展。经过三年专项行动整治,2019 年全省规模以上化工企业实现营业收入 2.08 万亿元,占规模以上工业的 24.6%,正在走上规模化的安全、绿色、高质量发展道路。

由此可见,传统产业转型升级涉及方面多、内容广,在产业发展动力疲软的困境下,政策有力支撑、创新科技赋能能够有效推动其重新释放活力。

第三节　沿海地区高端制造业壮大

一、沿海地区高端制造业机遇与挑战并存

(一)沿海地区高端制造业综合实力迈上新台阶

制造业是沿海地区的支柱产业之一。一方面,培育高端制造业是沿海地区制造业转型升级、参与国际竞争、赢得竞争优势的内在要求,只有从资本、资源等初级要素驱动转向创新驱动,通过创新推动产品质量提

---

① 王有志、张巍巍、张玉赋:《新常态下产业技术升级政策研究——以江苏省为例》,《科技进步与对策》2017 年第 10 期。

升、生产效率提升以及企业效益提升,推动制造业向全球价值链攀升,才能赢得未来。另一方面,高质量发展是沿海地区制造业紧抓新机遇、促进产业结构优化的必然选择。制造业是关联度高的基础产业,是各类资源要素最集中的领域,面对新一轮科技革命和产业变革以及新时代带来的机遇与调整,沿海地区培育高端制造业可以吸引资金、人力资本等资源的集聚,从而抑制资源密集型产业,促进技术密集型产业繁荣发展,提升新兴产业的占比,促进沿海地区产业结构优化转型。

　　沿海地区高端制造业发展有鲜明的特点。一是发展速度快。2012年,沿海地区规模以上工业企业总数仅为 227232 个,2021 年则达到了280778 个,年均增长 2.38%(见图 5-17)。二是产业聚集度高。沿海地区城市过千亿级的产业集群目前有动力装备、高端化工、食品加工等。在"双循环"的大背景下,沿海地区城市推进化工产业园区化,重点打造环渤海湾石化产业集群、杭州湾石化产业集群、泛大湾区石化产业集群、海西石化产业集群、能源金三角现煤化工产业集群五大石化产业集群,集中中国未来全部石油化工的大型项目。三是创新能力强。研发投入强度是反映创新能级的重要信号,也常被用来考察一个地区的科研实力和发展

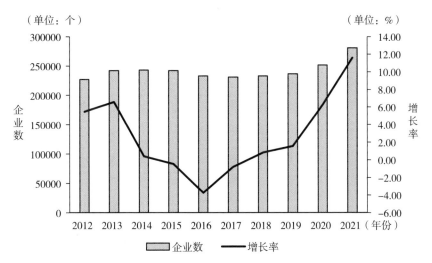

图 5-17　2012—2021 年沿海地区规模以上工业企业数量及其增长率

资料来源:EPS 数据库。

潜力。2021年,沿海地区的R&D经费占全国的67%(见图5-18),创新研发实力进一步增强。

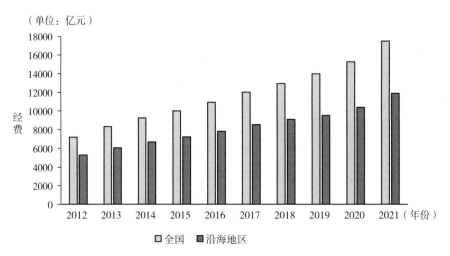

图5-18　2012—2021年沿海地区与全国R&D经费比较

资料来源:EPS数据库。

(二)沿海地区高端制造业发展格局经历深度调整

新工业革命带来"换道超车"新契机。科技革命推动制造业向数字化方向发展,加速转化成各种新技术、新产业、新业态、新模式。2022年,沿海地区数字化网络化智能化发展水平位居全国第一梯队,广东累计建成5G基站124266座,居全国第一,福建数字经济增加值突破2万亿元,占全省生产总值比重约45%。厦门、泉州获评国家服务型制造示范城市。

构建新发展格局带来战略新机遇。构建以国内大循环为主体、国内国际双循环相互促进的新发展格局,有利于沿海地区打通生产、分配、流通和消费等各个环节,实现更大范围、更宽领域、更深层次的对外开放;有利于依托中法农业园等产业融合发展项目,构建立体化产业体系;有利于眉山信利等外向型企业创新产品、拓宽市场、延伸产业链条。

新型城镇化深入推进带来城市发展新需求。国家深入推进新型城镇化,沿海地区省份的主要地市作为第三批国家新型城镇化综合试点市迎来重大机遇,有利于推动外来人口定居、农业转移人口市民化,优化新型城镇化综合试点布局,加强城市基础设施建设,加快高端制造业发展,加速形成六大沿海地区城市群。

(三)沿海地区高端制造业发展道阻且长

制造业开放发展的环境不确定性更加凸显。"十四五"时期,中国处于百年未有之大变局中,外部环境不稳定性、不确定性更加凸显。沿海地区产业外向度较高,外贸依存度较高的城市主要分布在珠三角、长三角、闽南等地,其中东莞、苏州、深圳、厦门的外贸进出口总额与GDP的比值均超过100%。这些成为沿海地区开放发展的不稳定因素。

经济持续稳定增长的压力上升。"十四五"时期是中国新旧动能转换、跨越中等收入陷阱的关键窗口。面临经济再平衡和分工格局的系统调整,区域竞争日趋激烈,对沿海地区稳增长、增强发展韧性、提高应对外部环境冲击的能力、维护供应链安全构成挑战。

区域竞争加剧加大地市之间协调发展难度。许多沿海地区城市在产业项目规划、特色集群发展等方面有相似之处,造成区域间主导产业同构、分工不明显等问题,并在一定程度上形成区域产业的不良竞争,加大地市之间协调发展难度。由于学术地位高、实践经验强的技术类、管理类、营销类高端人才属稀缺资源,人才竞争形势也较为严峻。

面向未来,沿海地区应紧抓重要战略机遇期和发展窗口期,以长三角、京津冀、珠三角、辽中南、山东半岛、海峡西岸六大城市群为统揽,大力发展以高端制造业为基础的实体经济,加快先进制造业产业布局和高质量发展。

二、沿海地区培育高端制造业的模式与经验

(一)医药制造

医药行业是集高附加值和社会效益于一体的高新技术制造业,沿海地区也一直将医疗产业作为重点支柱产业予以扶持。医药制造产业主要包括药品(中药、化学药、生物技术药物)、保健食品、医疗器械、药用辅料及包装材料、功能性化妆品、医用卫生材料等产品的研发、生产

和流通和服务外包。得益于中国经济快速增长以及医疗体制改革等因素,医药行业一直保持较快的增长速度。中国医药行业产业链代表性企业分布在浙江、广东、江苏、北京、山东、上海等沿海地区。截至2021年1月,广东和山东两省在业的医药企业数量居全国所有省份榜首,超过10万家。

在百强制药企业的龙头带动作用下,沿海地区医药企业集约化经营水平提高,发展动能更加充足,行业集聚效应突出。围绕"京津冀协同发展战略"、"长三角一体化和长江经济带发展战略"、《粤港澳大湾区发展规划纲要》等形成的医药产业集聚区,在引领医药创新、国际化方面发挥了巨大作用。其中,上海张江药谷、苏州生物纳米园和广州国际生物岛等成为国内生物医药产业高质量集群发展的重要引擎。但沿海地区医药产业也面临增速放缓、结构性不平衡的问题:现代中药与生物制药发展不足,低端仿制药与低附加值原料药存在一定程度的产能过剩、低水平重复建设现象严重、产业集中度低;医疗器械的发展速度快于医药产业的总体增速且有进一步加快的趋势,但高端医疗器械领域仍然主要被国外品牌占据,国内医疗器械企业普遍规模较小且品种相对低端。但由于医药产品刚性需求的特殊性,随着国内人口城镇化和老龄化加速、消费升级和人们健康意识增强,以及医疗改革、医保覆盖范围和程度扩大带来的医疗消费持续加速增长等因素,中国医药产业仍将保持长期较快增长。

(二)航空、航天器及设备制造

航空航天制造业是沿海地区的战略性新兴产业。沿海地区各省份纷纷围绕航空航天制造业出台了"十四五"规划,《浙江省航空航天产业发展"十四五"规划》提出大力培育航空航天等产业,加快形成一批战略性新兴产业集群,加大航空等先进制造业领域开放力度。

在航空装备方面,加快大型飞机研制,适时启动宽体客机研制,鼓励国际合作研制重型直升机;推进干支线飞机、直升机、无人机和通用飞机产业化。突破高推重比、先进涡桨(轴)发动机及大涵道比涡扇发动机技术,建立发动机自主发展工业体系。开发先进机载设备及系统,形成自主完整的航空产业链。

在航天装备方面,发展新一代运载火箭、重型运载器,提升进入空间能力。加快推进国家民用空间基础设施建设,发展新型卫星等空间平台与有效载荷、空天地宽带互联网系统,形成长期持续稳定的卫星遥感、通信、导航等空间信息服务能力。推动载人航天、月球探测工程,适度发展深空探测。推进航天技术转化与空间技术应用。

良好的交通区位、强劲的民营经济、灵活的市场机制等,是沿海发达地市快速融入国际国内航空航天产业链,优先承接波音、空客、中国商飞等航空龙头企业及航空航天军工央企落地布局的重要条件。但同时也应看到,航空航天产业具有高技术、高投入、长周期特征,民营企业参与发展风险较高;"逆全球化"趋势、高技术封锁以及国际合作不确定性、不稳定性加大。

(三)电子及通信设备制造

电子及通信设备制造是沿海地区经济战略性、基础性、先导性支柱产业。坚持"抓龙头、铸链条、建集群、强配套、推示范、促应用",聚焦稳端、上屏、升网、强基、网安、优服,重点发展集成电路、新型显示、存储、软件等核心基础产业,培育壮大北斗、卫星互联网、网络安全等特色产业,做优做强5G、人工智能、量子科技、区块链、大数据、云计算、物联网等新兴产业,进一步推动5G、超高清视频等技术、模式、业态的技术创新和应用示范,构建"芯屏端软智网"一体化产业生态圈和创新生态链,建设具有全球竞争力的世界级电子信息产业集群。以建设国家级区域型数据中心集群为目标,优先支持杭州、宁波、温州、金义等都市区范围内做大做强大数据中心,重点实施浙江云计算数据中心、阿里巴巴长三角智能计算数据中心等项目。

新型基础设施建设(以下简称"新基建")为沿海地区带来信息基础建设新机遇。2020年3月,新型基础设施建设被明确提出,2020年5月被写入《2020年政府工作报告》,各省份纷纷响应,目前沿海地区已有数个省份和重点城市出台政策支持"新基建"建设。与传统基建相比,"新基建"以产业作为赋能对象,更突出支撑产业升级和鼓励应用先试,促进区域生产要素整合和协调发展,加快构建政府、企业和社会组织的多主体协同治理模式,创新多元化资金筹措和红利分享机制,为电子信息制造产业发展带来新机遇。沿海地区各省份相关政策和项目也将加速落地,进一步拉动5G、数据中心、人工智能、物联网及上下游产业发展,成为国内经济社会转型和创新发展的重要引擎,沿海地区主要省份"新基建"相关政策梳理见表5-1。

表5-1 沿海地区主要省份和重点城市"新基建"相关政策梳理

时间	地点	政策名称	主要内容
2020年3月	山东	《山东省人民政府办公厅关于山东省数字基础设施建设的指导意见》	建设泛在连接的信息通信网络、构建高效协同的数据处理体系、布局全域感知的智能终端设施、升级智能融合的传统基础设施、打造安全可信的防控设施体系等
2020年3月	广西	《广西基础设施补短板"五网"建设三年大会战总体方案(2020—2022年)》	构建通达通畅的交通网、构建稳定可靠的能源网、构建泛在先进的信息网、构建高效便捷的物流网、构建功能完善的地下管网
2020年3月	广州	《广州市黄埔区、广州开发区、广州高新区加快"新基建"助力数字经济发展十条》	大力建设新设施、重奖高端新项目、培育产业新生态、创建特色新园区、焕发制造新活力、着力发展新业态、打造人才新高地、探索制度新变革
2020年4月	江苏	《关于加快新型信息基础设施建设扩大信息消费的若干政策措施》	重点任务包括加快新型信息基础设施建设(包括5G网络、5G工业互联网、新一代数据中心及车联网设施,在5G领域计划2020年投资120亿元新建基站5.2万个)、释放信息消费增长潜能、推动产业数字化转型等
2020年4月	上海	《上海市推进新型基础设施建设行动方案(2020—2022年)》	以新一代网络基础设施为主的"新网络"建设,以创新基础设施为主的"新设施"建设,以人工智能等一体化融合基础设施为主的"新平台"建设,以智能化终端基础设施为主的"新终端"建设
2020年5月	青岛	《市属企业加快布局"新基建"实现数字化智能化转型升级三年行动计划(2020—2022年)》	发挥国有资本投资运营公司平台功能,通过股权投资、基金投资等方式,前瞻布局5G产业链和5G融合专网、集成电路、人工智能、大数据中心、云计算、物联网等数字经济基础设施和核心产业

续表

时间	地点	政策名称	主要内容
2020 年 5 月	厦门	《厦门市新型基础设施项目建设行动方案》	补齐基础设施和基本公共服务短板,在 5G、大数据中心、人工智能、充电桩等新型基础设施领域,扩大供给数量、提高供给质量。加速新技术与传统产业、传统设施的融合发展,对交通运输、能源水利等传统基础设施进行数字化、网络化、智能化升级
2020 年 5 月	三亚	《三亚市加快新型基础设施建设若干措施》	每年安排资金 1 亿元用于扶持 5G 基站、数据中心、人工智能、区块链、卫星互联网等信息基础设施、智慧城市等融合基础设施、深海科技等创新基础设施建设

资料来源:根据各省份公开资料整理。

（四）计算机及办公设备制造

计算机及办公设备制造业同样在沿海地区集聚分布。广东、江苏、上海等沿海省份计算机及办公设备制造业的重点企业较多,且计算机及办公设备制造业产业链较长,为进一步提升企业研发创造能力奠定了良好基础。

从主要分布地区看,计算机及办公设备制造业是广东的主导产业之一,甚至成功击退医药制造业、航空航天制造业成为该省仅次于电子及通信设备制造业的第二大主导产业,在企业数目、从业人员平均数、当年价格总产值、R&D 经费支出、R&D 人员全时当量和有效发明专利数等主要创新研发指标上遥遥领先。广东为推动本省计算机及办公设备制造业提高自主创新效率,2021 年 9 月开始实施《广东省数字经济促进条例》,为增加省内高新技术制造业的企业数和促进其发展,鼓励科研创新成果转化,对研发投入强度大的规模以上企业,给予定额的财政资金奖励与补贴。

总的来说,沿海地区的计算机及办公设备制造业建立以企业为主体、市场为导向、政产学研用相结合的技术创新体系,推动规模以上工业企业实现研发活动全覆盖,支持企业开展研发活动,激发企业作为创新主体的创新动力。

第四节　沿海地区现代服务业发轫

党的二十大报告指出："高质量发展是全面建设社会主义现代化国家的首要任务。"2017 年,中央经济工作会议上也强调:"推动高质量发展是当前和今后一个时期确定发展思路、制定经济政策、实施宏观调控的根本要求。"2019 年,国家发展改革委、市场监管总局联合印发的《关于新时代服务业高质量发展的指导意见》指出在今后的发展中要寻找制约高质量发展的薄弱环节以及发展中的共性问题,并强调促进中国服务业高质量发展就需要从加强质量管理、健全完善服务标准,以及极力塑造服务品牌等着手。

一、沿海地区现代服务业支柱地位凸显

(一)沿海地区现代服务业规模不断壮大

改革开放以来,沿海地区的经济发展不断腾飞,尤其是服务业快速崛起。沿海地区各省份平均知识密集型服务业增加值占地区生产总值比重在 2010 年为 10.86%,2014 年则为 12.47%。2023 年,根据各省份统计局发布的国民经济和社会发展统计公报,沿海地区服务业对 GDP 增长的贡献率已超过 60%,为实现经济高质量发展奠定了坚实的基础。

同时,沿海地区服务业劳动生产率显著提高。以北京、上海、江苏、浙江、福建和广东为代表的东部沿海地区服务业全要素生产率,要明显高于中部地区和西部地区。[1] 就服务业内部的技术进步率而言,东部地区最高,西部地区和东北地区居中,而中部地区最低。有效稳健地提高劳动生产率可以降低劳动生产成本,促进企业扩大规模,实现规模化生产,从而带动整个行业的提升以及地区国民经济的增长。有效提高全要素生产率,可以使沿海地区服务业在促进经济快速增长、调整产业结构、转变发展方式、促进产业转型、保障民生以及防控风险等方面凸显作用,还可以

---

① 夏杰长:《中国现代服务业发展战略研究》,经济管理出版社 2019 年版。

进一步增强第三产业市场活力。

中国经济发展进入新时代,以习近平同志为核心的党中央对民生高度关注,服务业被视为影响民生幸福的重要产业。沿海地区政府在此期间出台了许多扶持第三产业的政策文件,例如江苏太仓2017年6月出台《关于推动现代服务业转型升级创新发展若干政策》,成为推动服务业发展的引导力。"十四五"时期,沿海地区要不断壮大和提升先进制造业和现代服务业在产业结构之中所占的规模和比重,推动两业深度融合发展。

(二)沿海地区现代服务业结构稳步优化

随着国民经济高速发展以及中国特色社会主义市场经济体制不断完善,全国人民日益增长的美好生活需求,不断改变着人们的消费习惯和消费方式,随之带动沿海地区生产性服务业和生活性服务业结构发生变化,知识密集型的生产性服务业所占比重在不断攀升,而传统行业在整个行业中的比例呈现降低趋势。与生活息息相关的传统服务业,如批发零售业、交通运输、仓储和邮政业和餐饮业等持续增长的同时,一些与增长的美好生活需求相适应的新兴行业譬如房地产业、金融业等不断地快速崛起。

虽然生产性服务业比重不断加大,但是拥有高技能人才的生产性服务业、满足发展享受型需求的消费性服务业增长速度还不够,在服务业中的占比还需要提高,这样才能满足人们对美好生活的需求,才能为产业升级转型提供有力支撑。

二、沿海地区壮大现代服务业的有益经验

(一)数字赋能,集聚布局

沿海北部地区省份劳动密集型服务业集聚。如辽宁、河北是中国重工业和制造业基地,服务业也是紧紧围绕传统工业发展,属于劳动密集型服务业,占60%以上。2013年,辽宁批发零售、交通运输、仓储和邮政业吸引就业人数占63.4%,技术含量高和人力资本密集型行业,如金融、电子商务等发展较为滞后,无论是产业活动单位还是个体经营户

比重均偏低。① 与东南沿海地区相比,能够进入千家万户、直接面向消费品的生产性服务业更少。

沿海南部地区省份生产性服务业密集,以提升产业能级为重点,重点发展金融行业、研发设计、信息技术业、现代物流业、商务咨询、人力资源、检验检测、煤炭焦炭物流、融资租赁等现代高端服务业。上海作为长三角的核心城市和长江经济带的龙头城市,毋庸置疑是东部沿海地区经济发展的中心。2020 年,上海金融市场成交总额超过 2200 万亿元,全球金融中心指数(Global Financial Centers Index,GFCI)排名由 2015 年的第 21 位升至第 3 位,多层次金融市场体系基本形成,国际金融中心资源配置能级不断增强。上海把数字牵引作为推动服务业高质量发展的强劲动能,合理确定产业定位和发展方向,提高产业集聚水平,加快服务业转型升级和新旧动能转换步伐。

(二)以人为本,塑造品牌

"十四五"规划出台后,东部沿海地区发挥自身产业链综合优势,多措并举搭建平台,实施"傍大学、傍机构、傍人才"战略。

服务业是以人为本的行业,尤其是餐饮业、电子商务业及物流服务业等面临数量更大的人才需求。作为东部沿海地区的增长极,上海率先在服务业发展"十四五"规划中提出围绕"上海服务"打响品牌,以方向性的倾斜和激励,鼓励学校与企业合作培育复合型人才,从而吸引更多的专业人才从事服务业,最终达到提升服务功能辐射度、服务对象感受度以及服务品牌美誉度的目标。

此外,科技服务业等第三产业面临更高素质的人才需求。沿海地区积极推动建设大量科技服务业综合试验区与科学中心,作为双循环的新动力、制度创新的重要引擎、稳外贸的重要抓手、参与国际竞争的新优势。例如上海的张江综合性国家科学中心、浙江的中国(天水)跨境电子商务综合试验区等。这些科技服务业试验区积极对接科技发达国家和外贸市

---

① 金春云、王成芬、全占岐、唐梅:《辽宁生产性服务业现状及发展调查报告》,《经济研究导刊》2016 年第 4 期。

场,建立起"走出去"的服务平台,提高沿海地区专业人才及各类科技资源的集聚度,进一步优化科技服务环境,积极构筑功能型创新平台,加快建设科技创新集聚区,共同建设一批重大科技基础设施,共同探索科技体制机制创新。

(三)体制改革,规则创新

沿海地区建立服务业高质量发展标准体系,力求以新的监管政策、监管方式和监管队伍适应新服务。各省份纷纷放宽服务业准入机制,改变服务业部分垄断经营现象,建立规范、公平、透明的准入制度,形成与之相配套的政策体系;并健全和完善鼓励金融行业发展的政策,增强信贷扶持功能,支持企业信贷产品。2019年8月,上海市委、市政府印发《上海市新一轮服务业扩大开放若干措施》,提出进一步放宽服务业外资市场准入限制等政策举措。临港新片区以投资自由、贸易自由、资金自由、运输自由、人员从业自由为重点的便利化改革加快推进。2021年7月,江苏"十四五"现代服务业规划加大金融机构对中小微企业、民营企业、科创企业等的金融支持力度,构建"775"特色服务业体系,为经营困难或资金短缺的企业提供金融政策扶持,重点加大对疫情防控重点企业复工复产的支持力度。

(四)结构优化,两业融合

沿海地区促进技术与产业紧密融合,促进制造业、服务业"双向融合",努力掌握产业链核心环节,占据价值链高端位置。一是促进制造业服务化,既有利于制造业向后延伸,从而发挥服务业的作用,又有利于制造业企业自身适应产业转型综改的方向。二是创建适合三次产业融合发展的有利市场环境,在税收上避免给企业增加额外负担。

总而言之,东部沿海地区服务业规模大、增长快、制度好、结构佳,但距离国际最高标准尚且存在一定差距。目前主要存在内部结构不均衡,科技服务等新兴服务业发展潜力有待激发;主体发展不均衡,本土龙头企业和品牌培育力度有待加大;辐射能级不充分,金融、贸易、航运、科技等功能性服务业的资源配置能力有待提升等问题。未来中国经济发展的重心仍在东部,体量大、集聚和辐射力强的当数沿海地区产业。长江经济带作为贯通东部、中部和西部的经济区域,有利于中国的东部经济与中西部经济协同发展。长三角、粤港澳、京津冀三大城市群产业协同发展,实属中国未来经济发展的重中之重。

第六章　沿海地区产业转移与工业化进程

进入"十四五"时期,国内外经济发展环境深刻改变,中国经济发展面临前所未有的复杂环境,正处于百年未有之大变局中。世界格局的变换,对中国产业发展和空间布局产生了深远的影响:一是世界经济重心从北大西洋转向太平洋;二是世界政治格局非西方化与多极化的趋势明显,全球化进程的主要推动力量面临重组;三是世界的科技与产业正在发生巨变,数字经济与传统制造业的融合极大地改变了现有的生产方式和生产条件。在此基础上,中国适时地提出了构建新发展格局,宏观上的海陆统筹,东部地区、东北地区、中部地区和西部地区间的产业转移、产业升级、区域合作和产业承接将成为区域发展的新动能。[①] 同时,逆全球化引发产业核心技术竞争加剧,触发了各经济体产业安全的敏感神经,沿海地区如何推进产业转移,将成为区域产业发展的重要命题。本章从历史和现实双重视角出发,在梳理中国沿海地区产业发展的基础上,科学研判产业转移与承接的总体态势,并提出相应的政策建议。

第一节　沿海地区产业转移的现状分析

东部沿海地区产业快速发展的时间段开始于 20 世纪 80 年代,进入 21 世纪之后,国内的区域间产业转移出现,东部沿海地区的部分产业逐渐向中西部地区转移。京津地区、长三角地区、珠三角地区和东部沿海区

---

① 孙久文、宋准:《双循环背景下都市圈建设的理论与实践探索》,《中山大学学报(社会科学版)》2021 年第 3 期。

域的劳动密集型、资源密集型产业向中西部地区转移。随着国家区域协调发展战略的实施和完善,中西部地区对产业选择、汰换的需求增加,资源密集型产业和劳动密集型产业虽然仍是产业转移的主要力量,但是技术密集型和资本密集型产业转移的比重开始上升。[1] 同时,东部沿海地区在向中西部地区转移产业的同时,也将部分产业向东南亚国家等新兴经济体转移,产业转移呈现阶段性的新特征。

一、东部沿海地区产业转移的历史路径

东部地区产业转移的现状和特点很大程度上是由东部沿海地区产业发展的历史路径决定的。东部沿海地区产业快速发展始于 20 世纪 80 年代。其产业发展的宏观背景是国际产业转移的浪潮,第三次工业革命进一步提升了产业链的自动化水平,生产效率大幅度提高的同时,劳动力成本急剧攀升,成本上升助推了以轻纺产业为代表的劳动密集型产业的国际转移。

1979—1991 年,东部沿海地区承接了大量来自以"东亚四小龙"为主的亚洲经济较为发达国家和地区的产业转移。轻工业占据了其中最主要的部分,主要包括玩具、服装、鞋帽和家用电器等。这一时期,东部沿海地区的对外开放正处于实验和探索阶段,"三来一补"成为这一时期企业贸易的主要形式,依托对产品、材料的加工和装配,东部沿海地区的轻工业初步发展起来。

随着改革开放的持续推进,中国特色社会主义市场经济体制基本得到确立,在原有贸易加工产业结构的基础上,1992—2001 年,中国东部沿海地区的产业进入加速发展阶段。利用劳动力成本和原材料成本的优势,承接劳动和资本密集型相结合的产业,以电子设备装配为代表的机电产业得以快速发展,并迅速利用成本优势打开国外市场。同时,国内市场的进一步开放带来了大量的商机,"市场换投资"成为部分地区招商引资

---

① 胡安俊、孙久文:《中国制造业转移的机制、次序与空间模式》,《经济学(季刊)》2014年第4期。

的重要手段,大量跨国公司开始在中国进行系统化、大规模的投资,外资企业和合资企业纷纷涌现,东部沿海地区的产业由单一的轻工业向更为现代的复合型制造业演进。

中国在 2001 年加入世界贸易组织后,经济和贸易增长进入了快车道,经济的持续高速增长带来了巨大的市场空间,中国对国际产业的吸引力进一步增强,中国成为外商直接投资的首选地之一。外商投资不再局限于单一特定产品、特定产业环节,开始沿着产业链条逐级延伸到相关产业。在这一阶段,以汽车、设备制造、电子元器件制造为代表的成熟资本密集型、技术密集型产业大规模从发达国家和地区向中国东部沿海地区转移。

二、东部沿海地区产业转移的典型特征

东部沿海地区产业发展的路径决定了其区域内部产业发展到一定阶段之后,发达经济体面临的产业发展困境会重现。一方面,随着东部沿海地区经济发展提速,人口、产业和要素集聚的效应更加明显,各类生产生活成本大幅度攀升,推动部分产业部门寻找成本更低的区域重新布局。另一方面,随着中国市场逐步开放,市场空间不断拓展,国际产业转移的速度加快、规模扩大,产业转移范围也在延伸,中西部地区的要素成本优势和政策优势更加明显,逐渐受到国际资本的青睐。但是总的来说,宏观上承接国际产业转移的区域仍以东部沿海地区为主,从历年各省份外商投资企业年末投资额的变动情况可以看出,东部地区的比重一直稳定保持在 75% 以上,中部、西部地区的比重基本在 7% 徘徊,而东北地区从 2013 年开始呈现出不断下降的趋势。中国承接国际产业转移的产业表现出由低技术梯度到高技术梯度变化的特点。承接的产业逐渐由资源密集型、劳动密集型转向资本密集型、技术密集型。

经过长期的发展,东部沿海地区的产业转移形成了两条主要路径。首先是由东部沿海向中西部内陆地区梯度转移,表现出三个主要特征:(1)东部沿海地区向中西部转移的产业中,劳动密集型产业现阶段并且

将在较长一段时间内占据主要地位。一方面是因为劳动力成本是中西部地区现阶段的主要比较优势[1]；另一方面是因为劳动密集型产业从开始到形成竞争优势大约需要 20 年，技术进步虽然会大大缩短这一周期，但同时也会拉大区域间的技术差距。正负效应相抵之下，劳动密集型产业仍是中西部地区部分区域发展的首选。(2)能源导向型产业会大规模在西部地区布局。近年来，能源价格上涨、碳排放标准的提升和东部能源资源衰竭，将进一步推动能源密集型产业向中西部地区转移。西部大开发极大地提升了西部地区的基础设施水平，同时广袤的土地解决了能源产业的占地空间问题。随着能源运输成本的进一步下降，西部有望成为中国重要的能源产业基地。(3)新兴业态的产业转移逐渐增多。随着国家区域协调发展战略的实施观察，中西部地区的区域发展质量逐步引起各级政府的重视，中西部地区不再一味地承接落后的、淘汰的产业。2006 年以来，中西部地区资本要素的集聚程度开始明显上升，技术密集型产业的转移速度也不断加快。电子通信制造业、交通设备制造业、金属制品业等资本密集型产业开始大规模转移，产业转移趋势将持续较长时间。

其次，在向中西部地区转移的同时，中国东部沿海地区的产业进入"产业外流"阶段。由于中西部地区对产业的承接和发展开始有倾向性地甄别和筛选，在东部沿海地区发展约束日益收紧的背景下，"产业外流"成为东部沿海地区经济发展和产业升级的必然结果。在全球性的贸易大战之前，中国对外投资和利用外资已经呈现历史性变化，2014 年中国对外投资规模超过利用外资规模，首次成为资本净输出国；2015 年中国超越日本，成为全球第二大直接投资来源国；2015 年中国对美直接投资首次超过美国对华投资。

然而，国际贸易争端中断了全球化的历史进程，不仅阻断了发达经济体产业转移的路径，也影响了中国东部沿海地区产业向外输送的通道。

---

[1] 杨亚平、周泳宏：《成本上升、产业转移与结构升级——基于全国大中城市的实证研究》，《中国工业经济》2013 年第 7 期。

导致东部沿海地区综合成本上升、制造业竞争力相对优势下滑。除此之外,东部沿海地区的政策红利已经逐步释放完毕,除了劳动力成本、能源成本外,东部地区的税费成本、综合交易成本的比较优势也进一步被削弱。

三、沿海地区产业转移的测度与分析

为了进一步准确地分析东部地区产业转移,我们通过测算沿海地区产业经济指标来度量东部沿海地区产业转移程度。学界依据份额变动的思想使用一种衡量产业转移的新方法,该方法将产业转移看作一个事件,转移发生前产业的发展比较平缓,转移的发生会导致产业发展发生较大变动,转移发生前后产业经济指标的相对变化量即为转移的大小。因此,如果将转移发生前的年份定义为基期,则地区产业转移的程度可以定义为:

$$IR_{ci,t} = P_{ci,t} - P_{ci,t_0} = \frac{q_{ci,t}}{\sum_{c=1}^{n} q_{ci,t}} - \frac{q_{ci,t_0}}{\sum_{c=1}^{n} q_{ci,t_0}} \tag{6.1}$$

其中,$IR_{ci,t}$ 为 c 地区 t 年份 i 行业的转移程度,$q_{ci,t}$ 代表 c 地区 t 年份 i 行业的产值,n 为全国地区总数,$\sum_{c=1}^{n} q_{ci,t}$ 表示该行业的全国总产值。

尽管公式(6.1)通过不同地区的产业相对变化间接地识别了产业转移程度,但没有充分考虑由于地区经济规模扩大带来的行业自然增长,包括产出扩张或企业数量的增加。也就是说,某地区某一行业产值占全国份额的增减可能主要来自本地区总体生产规模的变动,而不是其他地区的产业迁移。基于这种考虑,孙晓华等(2018)[①]对式(6.1)进行改进,加入地区经济规模占全国总体经济规模的比重,以消除地区生产状况变化对行业份额造成的干扰,改进后的产业转移程度可以表示为:

---

① 孙晓华、郭旭、王昀:《产业转移、要素集聚与地区经济发展》,《管理世界》2018 年第 5 期。

$$IR'_{ci,t} = P'_{ci,t} - P'_{ci,t_0} = \cfrac{\cfrac{q_{ci,t}}{\sum\limits_{c=1}^{n} q_{ci,t}}}{\sum\limits_{i=1}^{m} \cfrac{q_{ci,t}}{\sum\limits_{i=1}^{m}\sum\limits_{c=1}^{n} q_{ci,t}}} - \cfrac{\cfrac{q_{ci,t_0}}{\sum\limits_{c=1}^{n} q_{ci,t_0}}}{\sum\limits_{i=1}^{m} \cfrac{q_{ci,t_0}}{\sum\limits_{i=1}^{m}\sum\limits_{c=1}^{n} q_{ci,t_0}}} \qquad (6.2)$$

将改进后的 $IR'_{ci,t}$ 界定为产业转移指数,m 为所考察的行业数量,$q_{ci,t}$ 代表 c 地区 t 年 i 行业的生产规模,$\sum\limits_{i=1}^{m} q_{ci,t}$ 表示地区全部行业的总体规模。为了更加全面地刻画地区间产业转移的现实情况,同时采用产值和企业数量代表行业生产规模进行测算,既体现某地区行业生产要素的收缩与扩张,又反映了企业数量的空间流动。如果 $IR'_{ci,t} > 0$,表明所考察年份 c 地区 i 行业规模相对于初期发生了转入;若 $IR'_{ci,t} < 0$,则意味着 c 地区该产业相对于初期发生了转出。这样,改进后的产业转移指数既体现了产业转移的方向性,又可以反映地区间产业转移量的大小。

根据东部沿海地区产业发展的实际路径,我们可以发现,不同类型的产业在转移过程中的特征不尽相同。东部沿海地区产业转移的内生动力是要素稀缺背景下,区域内效率竞争的结果。产业转移的同时随着内部的产业升级,同时技术密集型产业仍是东部地区鼓励发展的重点产业。因此,我们从不同产业类型的角度对东部沿海地区的产业进行划分,按照国际通行标准,把制造业中二位码行业合并为劳动密集、资本密集和技术密集三大行业类型(见表6-1)。

表6-1　要素密集型行业分类标准

行业分类	制造业行业
劳动密集型	纺织业、纺织服装、服饰业、皮革、毛皮、羽毛及其制品和制鞋业、木材加工和木、竹、藤、棕、草制品业、家具制造业、其他制造业、废弃资源综合利用业

续表

行业分类	制造业行业
资本密集型	农副食品加工业、食品制造业、酒、饮料和精制茶制造业、烟草制品业、造纸和纸制品业、印刷和记录媒介复制业、文教、工美、体育和娱乐用品制造业、石油加工、炼焦和核燃料加工业、非金属矿物制品业、黑色金属冶炼和压延加工业、有色金属冶炼和压延加工业、金属制品业、金属制品、机械和设备修理业
技术密集型	化学原料和化学制品制造业、化学纤维制造业、医药制造业、橡胶和塑料制品业、通用设备制造业、专用设备制造业、汽车制造业、铁路、船舶、航空航天和其他运输设备制造业、电气机械和器材制造业、计算机、通信和其他电子设备制造业、仪器仪表制造业

资料来源：国民经济行业分类与代码（GB/T 4754—2017）。

在此基础上，我们以《中国工业经济统计年鉴》中的行业产值和企业数量为数据基础，按照改进后的产业转移衡量方法，对中国东部沿海地区山东、天津、辽宁、江苏、浙江、福建、上海、广东的制造业产业转移指数进行了测算（见表6-2）。

表6-2　2006—2021年沿海地区省份劳动密集型产业转移情况

地区	劳动密集型	资本密集型	技术密集型
辽宁	0.129	-0.147	0.098
天津	0.136	0.278	-0.252
山东	-0.223	-0.089	0.086
江苏	-0.642	-0.061	0.103
上海	-0.135	-0.084	0.095
浙江	-0.392	-0.001	0.039
福建	0.352	0.103	-0.246
广东	0.242	0.075	-0.118

资料来源：根据《中国工业经济统计年鉴》制作。

从整体来看，东部沿海地区的产业转移存在地区和产业类型的异质性。东南沿海地区，山东、江苏、上海和浙江劳动密集型产业向外转出的态势最为明显。资本密集型产业向外转出的省份主要为以大型设备制造业为主导产业的传统制造业大省，包括辽宁、山东、江苏、上海、浙江，这与这些地区制造业去产能、产业转型升级、腾笼换鸟政策的执行息息相关。而技术密集型产业几乎是东部沿海地区重点培育和发展的对象。仅有天津、福建和广东表现相对突出,这些省份在经济发展初期积累了大量的技术密集型制造业,随着经济发展环境的改变,数字技术极大地扩展了产业链条在空间上的延展长度,因此,部分沿海地区省份的技术密集型产业可以向邻近地区转移,形成更为有效的资源配置模式。

第二节　沿海地区产业高质量发展的新特征

在新的发展环境下,构建新发展格局需要产业的高质量发展,对沿海地区产业转移和产业升级提出了更高的要求。在日渐盛行的贸易保护主义、新冠疫情和新兴技术的冲击下,制造业对经济增长的支撑作用重新受到重视,世界各国的产业布局也脱离传统路径,进入新的发展模式。

东部沿海地区产业转移和承接也呈现出全新的发展特征。首先,产业转移和承接的传统路径被打破。美国、德国、日本、英国等主要经济体纷纷收紧钱袋,集中资源到本国的制造业上,全球分工合作的基础环节遭到破坏。叠加消费升级带来的劳动力成本上升,产业转移陷入停滞甚至逆转,"雁阵模型"的"两翼"被割裂。其次,全球分工网络由单极化转向多极化。一方面,北美、西欧和东亚等传统制造业中心均不同程度地陷入停滞或衰退,其主导的分工体系动能衰减,利益冲突加剧,产业循环的优势被打破;另一方面,新兴经济体冲破了产业梯度转移的"落后陷阱",进入由数量扩张向质量提升的关键机遇期,有机会借助新兴技术,实现弯道超车。最后,产业安全逐渐得到重视。新冠疫情的全球蔓延导致世界贸易和分工被迫中断,突发的封闭状态给各国政府制造了巨大压力,也引发了对传统分工模式的反思,除了保证分工的效率,如何兼顾涉及国计民生的产业链、供应链的安全成为了下一阶段国际分工的重要考量。

一、沿海地区产业转移新动力机制

中国沿海地区产业转移的动力机制可以归结为政府和市场两方面,

构架新发展格局,市场和政府两方面产业转移的动力机制都表现出全新的特征。

地区发展环境变化导致区域比较优势变化是产业转移的主要市场动力机制,而新兴技术的成熟与推广,会极大地重塑传统的市场动力机制。一方面,东部沿海地区的产业发展的基础是改革开放初期的低要素成本和政策红利,因此,部分企业是基于这种比较优势而发展起来的,当比较优势消失的时候,这些产业有动力去寻找新的比较优势,从而有产业转出的动力。随着东部沿海地区经济发展水平不断提高、工资水平不断上升,东部沿海地区的劳动密集型产业和资源密集型产业在国际贸易中的比较优势不复存在,则主动寻求向要素成本更廉价的中西部地区或东南亚等新兴经济体转移。另一方面,沿海地区产业部门的内部竞争会迫使产业自主选择退出,进行迁移。在资源稀缺性无法改变的前提下,有限的资源必然会被市场机制分配给效率最高的生产部门。在产业发展的过程中,资本密集型、技术密集型制造业,生产性、生活性服务的附加值更高,与城市发展的契合度更高,在资源竞争中的优势更大,因此,部分传统制造业被迫重新选址以改善自身经营状况。

在新发展格局下,技术条件的改善大大加快了企业转型升级的过程。因此,在新的产业转移路径中,除了产业向低成本地区转移外,产业转型升级也成了企业的一项新选择。产业升级可以让企业获得较高的生产效率,能够支付在原址较高的土地租金;可以提高企业对各类生产要素的使用效率,降低能耗,通过技术改造成为精细发展的企业。因此,企业需要在技术升级的成本收益和迁移的成本收益之间进行权衡,产业的迁移也不再呈现同类型产业大批量迁移或者整个生产集团全部转移的模式。依托现在高效通信技术和交通设施,总部,设计、研发部门,生产部门和服务部门相分离的"飞地模式",成为产业转移的新特征。

同时,东部地区产业的转出也不仅仅局限于生产率较低的产业或资源密集型、劳动密集型产业。东部沿海地区的快速发展带来了地区环境和基本公共服务的极大改善,形成较高的正外部性的同时,也提高了企业员工的生活成本,进一步提升了企业的招工难度和用工成本。当从区位优势中获得的正外部性小于为获得区位优势而付出的成本时,生产率较高的产业也有可能去寻找土地租金较少或者劳动力成本较低的区域。此外,中国中西部地区和世界其他新兴经济体也利用技术升级带来的机遇谋求产业跨越式发展和经济快速增长,与东部沿海地区存在承接与合作关系的同时,还存在竞争关系。如随着中西部地区工业化和城市化的进一步推进,中西部地区新的比较优势开始出现,部分东部产业的迁出由被动转为主动。

政府推动也是产业转出的重要动力之一。在中国区域经济和产业发展的历程中,地区导向型政策产生了深远的影响,决定了区域产业的整体布局和发展方向。随着中国经济进入高质量发展阶段,东部沿海地区部分城市的"拥堵"问题开始出现,降低了城市运行的整体效率,产业疏解政策开始出台。同时,随着人们对经济文化需求的水平日益提高,单纯的经济增长并不能满足社会需求,通过产业规制对地区经济和产业发展进行特定的引导就尤为必要。

产业疏解政策和产业规制政策都是政府主导产业转移的主要力量。前者依靠政府的行政手段,影响产业的生产要素供给、产品需求条件和相关产业的发展,进一步促使某些产业在产业转出地失去竞争优势,推动某些不符合地方政府发展规划的产业向外转移。其目的是调整经济结构,从供给侧调整产业结构,最终推动产业高端化和精细化发展。后者是政府为了限制某些产业发展,对某些产业征收高额税率,以提高这类产品的价格,减少消费;或者对企业的发展设立较为严苛的标准,如环境规制、生产安全、质量检测、监控、能源消耗等,最终压缩企业的利润空间,迫使企业搬离本地区。

在过去很长一段时间内,产业发展在效率与外部性之间难以取舍。产业疏解政策和产业规制政策也更多是关注企业生产的负外部性。但是,国际环境的改变将产业安全提到了一个新的高度,产业的转移不能再单纯的依靠政策的强制力,要保证提高本地产业效率的同时避免产业过度外流和空心化。同时,中西部地区经济社会发展也取得了长足进步,粗放发展的制造业不再适合地区发展。生态功能区划的确定也将中西部部分地区的生态涵养功能置于经济发展的诉求之上。

在这样的新环境下,东部沿海地区的产业转移政策不能仅仅是落后产业或高能耗产业的"清退"。产业的转移更具体,更具有识别性。涉及国民经济命脉的产业和抢占技术关键环节、全球产业链制高点的产业将成为发展的重点,沿海地区产业的转出和承接、升级将同时存在。产业规制、产业疏解政策继续推广的同时,产业园区和高新区的建设也将进一步推进。部分生产技术条件落后的企业将面临企业选址的困境而被迫转型升级,部分对高新技术较为敏感、与高新产业关联紧密的生产部门可能暂停从沿海地区转出甚至重新回流。

二、沿海地区产业转移新模式

进入高质量发展阶段,东部沿海地区人口红利消失,土地等生产、生活要素成本上涨,推动沿海地区产业转移和升级。随着国内国际形势更加复杂,数字技术与制造业深度融合,新的产业转移模式开始出现。

(一)分散式的产业转移

传统的产业转移是由土地、劳动力、技术等要素决定的。以化纤、纺织、钢铁、多元化工等在内的传统制造业尤为典型,向更有效率和成本优势的地区集聚。但是,低端制造业从东部沿海地区向中西部地区转移并非必然规律,原因在于:首先,劳动力和土地成本不是产业发生转移的充分条件,是众多因素综合作用的结果,东部地区仍然存在很多劳动力和土地成本不高的区域;其次,经过多年的发展,中西部地区已经积累了大量的劳动密集型和资源密集型产业,并且形成了一定的竞争优势,同类型企业进入中西部地区的门槛升高;最后,现代通信技术的普及极大地降低了信息要素传递的成本,高速铁路的建设打破了空间对要素流通的壁障,同一产业集团可以分批次、分环节地进行转移。分散、零星的产业转移模式将取代原有的统一、集中的转移模式。

(二)产业转移与升级同步进行

传统的产业梯度转移理论认为发达地区应首先加快发展,然后通过产业和要素向较发达地区和欠发达地区转移,以带动整个经济的发展。

但是,高铁等快速交通工具的出现、网络通信技术的普及、云服务的推广和应用将推动全国劳动力市场统一化,劳动力差价反映的只是附着在劳动力上的生活成本差异,同工种劳动力能力的价格差并不显著。企业在迁出后,能够获得的有效收益不能完全覆盖其成本支出。同时,承接地方政府对产业和企业的筛选标准也逐步提高,地方政府更加重视产业部门对本地经济发展的带动效应。通过设计引入企业的标准,逐渐形成产业链。因此,产业部门在转出的同时还需要提升自己的技术水平、产品附加值,提升带动辐射能力。

(三)城市成为产业转移主要载体

新技术革命为传统的制造业赋能,科技水平、基础设施、劳动力素质等新型生产要素对企业生产影响的权重逐渐提高。城市作为各项要素的综合载体,往往代表了一个地区的最高发展水平,这一点在中西部地区的中心城市尤为明显。因此,中国的新兴制造业,如半导体、通信设备、电子元件等,都不同程度地从北京、上海、广东等一线城市向中西部地区的核心城市转移,使中国广大中西部地区的中心城市逐渐成为中国中高端制造业的战略高地。例如,江西的支柱产业包括半导体产业,陕西是国家半导体器材与器件研发和生产的重要基地,合肥、武汉、郑州、西安、贵阳、重庆等均在大力推动新兴制造业的发展。随着技术进步的持续推进,更多的中高端制造业将向城市及城市所属区域聚集。

三、沿海地区产业转移与工业化进程

从历史角度来看,中国一共发生了四次规模较大的产业转移。第一次发生在抗日战争时期,为了保护民族工业,国家将沿海及沿江下游的工业内迁。第二次是20世纪六七十年代的三线建设,大批的国防军工企业迁往西北和西南地区。第三次产业转移发生在改革开放后,生产要素能够自由流动,随着国际贸易的蓬勃发展,中国区域经济发展整体呈现出"东强西弱,南升北降"的局面。第四次是随着经济发展环境的改变,东部沿海地区的产业开始逐步向中西部地区和海外迁移。与前两次产业转移相比,20世纪70年代开始的两次产业转移与中国的工业化进程息息相关。在全球经济社会发展环境深刻变革的大背景下,制造业再度成为区域经济发展的支撑力量,沿海地区如何在产业转移的过程中平稳推进工业化进程,将成为下一阶段地区发展的重要命题。

(一)产业转移与产业安全

随着中国经济发展水平的不断提高和产业技术的不断积累,中国的工业化进程取得了突出成果,由产业承接国转向成为主要的输出国和引领者,承接地主要在东南亚、南亚等共建"一带一路"国家和地区。在新冠疫情的持续冲击下,世界各发达经济体纷纷高筑贸易壁垒,"逆全球化"风潮盛行。制造业兴起,产业安全再度引起重视,在产业转移的同时,避免产业过度外流同样重要。

一方面,在当前的国际竞争中,中国竞争力的一大来源就是完备的制造业工业体系,"世界工厂"的地位不仅使中国的经济实力大大强化,也增强了中国应对各方面压力的经济韧性;另一方面,从历史发展规律上看,站在世界舞台中央的国家往往都经历过"世界工厂"的发展阶段,而当制造业外流之后,如若未建立起与之相适应的金融治理体系,则往往伴随着国际竞争力的下降,因此避免产业过度向外转移具有很高的战略意义。

因此,在增强国家综合竞争力的视域下,避免产业过度向国外转移有两点内涵:一是保证中国制造业产业体系的完整,确保中国应对国际局势变化的经济韧性;二是保证中国在国际分工体系中的地位,确保中国在部分核心产业上具有绝对的话语权,这都对引导产业转移提出了要求。因此,在实施对外投资,特别是对"一带一路"通道建设时,应进行国家产业发展安全评估,对那些可能对国内产业发展造成负面影响的区域的基础设施建设,不再追加投资,不提供配套服务,以减轻国内产业外流的压力。

此外,完整的制造业产业链使中国实现由制造业大国向制造业强国的转变,实现中国制造业由中低端迈向中高端,对巩固加强中国制造业的全球竞争力具有极其重大的战略意义。可以说,推动区域间的产业转移既能够有效地保留制造业产业链条中的低端部分,也能够有效地提升制造业产业链条中的高端部分。应该清醒地认识到,促进区域间的产业转移是保障国内产业链完整的重要抓手。决策层应该对此问题高度重视，保证制造业产业链的完整性，统筹推进，有序引导产业转移。

（二）产业转移与国内市场开发

构建新发展格局是中国对国内外经济社会发展环境深刻改变的主动应对。形成国内大循环，需要产业向中西部有序转移，引导推动国内消费升级，开发国内市场潜力。

当前，中国区域发展不平衡不协调的问题仍然十分突出：一方面，中国东西部发展差距非常明显；另一方面，中国的南北差距也呈现出扩大的趋势。在此背景下，促进区域间的产业转移是实现区域协调发展的重要抓手。此外，引导产业向中西部转移也是实现中国区域合理分工的重要抓手，对发挥大国优势、重塑区域空间格局具有重要意义。

中西部通过产业承接，会自主地进行市场开发，扩大已有市场的规模，形成对转移产业的吸引力。产业转移的市场动力是企业为获得市场竞争优势而进行的区位选择，中国中西部地区有庞大的市场需求，邻近市场，便于充分和消费者发生互动，迅速发现市场需求潜力和市场需求变化。因此，启动中西部地区的消费市场，是进行产业转移的重要步骤。生产地靠近市场、原料产地或者燃料产地的产业布局原则，在今天的产业转移当中，仍然发挥着关键的作用。通过补贴购置耐用消费品、文化用品和旅游产品的方式，能够提升消费的质量和规模。一方面，大规模的目标市场具有足够的吸引力，不仅可以通过大幅度提高收入从而提高利润，而且容易产生规模经济效应，共享基础设施、劳动力和信息，导致成本下降；另一方面，市场的高成长性可以保证企业未来的预期利润。例如，日本家庭因为地狭人稠，所以家电朝向小型、可携带的方向发展，由于本国市场拥有一群挑剔的消费者，使日本拥有全球最精致、最高使用价值的家电产业。产业转入地具有庞大的市场规模是产业转入的重要动力之一。

在产业转移的过程中，推进消费升级，提升中西部地区的区域经济发展的综合质量水平，通过产业转移，提升地方的经济基础实力，通过消费引领带动承接地产业转型升级，逐步缩小与东部沿海地区的产业差距。

从根本上提升中西部地区消费能力,承接产业的同时为沿海地区的新兴产业提供充足的市场。

(三)产业转移与产业结构优化

东部沿海地区在产业转出的同时,也是产业的升级和优化的机会。产业转移使中国沿海发达地区能够转出处在产业发展和产品生命周期后期的成熟产业和衰退产业,有助于发达地区顺利完成转型。同时,企业在产业转移的过程中也可以实现自身技术、管理上的升级与重组,提升自身的生产效率。因此,在这个意义上,产业转移不应该仅仅局限于落后产业的疏解,将高污染、产能过剩的产业从发达地区迁出,而是应该以优化产业发展为出发点,综合协调转出地和承接地的转移问题。

沿海地区劳动密集型和资源密集型产业向中西部地区转移,可以为沿海地区产业发展腾出更多的发展空间。为沿海地区新兴产业的发展提供关联产业部门的支撑,方便企业可从其他产业的发展中获得生产和销售的外部性。相关联的产业互相匹配,形成集聚,比简单横向产业集聚更有效率。可以共享投入品,传递有效信息,进而实现对生产要素的更好匹配,提高生产效率。

第三节 沿海地区产业转移的反思与展望

18 世纪蒸汽机的改良,将人类带进了工业化时代,在随后的几百年里,世界各国先后开始了工业化进程。工业化与城市化一道成为影响区域经济发展的两股重要力量之一。而随着工业原料和能源成本增加,主要发达国家的工业部门发展受限,经济服务化进程加快。[1] 而在次贷危机、逆全球化和新冠疫情的多重冲击下,工业尤其是制造业对经济的支撑作用得到重视,经济社会发展再次回到工业化的轨道上,从这个角度来看,沿海地区产业转移也是工业化进程的特定阶段。

---

[1] 魏后凯、王颂吉:《中国"过度去工业化"现象剖析与理论反思》,《中国工业经济》2019年第 1 期。

一、沿海地区产业转移反思

工业化的各个阶段本质是原材料、能源、技术、市场等发展环境改变后表现出来的必然现象。从完整的历史脉络来看，工业化处于螺旋上升、持续发展的路径之中，再工业化也不是重走工业化的老路。面对已经发生翻天覆地变化的现实条件，沿海地区产业转移与工业化发展的路径，有很多的问题值得反思。

第一，产业结构优化。产业结构之争由来已久，库兹涅茨曲线、刘易斯二元结构、鲍莫尔效应都从不同的角度说明了产业结构演化的规律。服务业部门的产值和就业比重超过工业部门是工业化发展的必然结果，然而，这并不意味着在所有情况下，服务业都是经济社会发展的最优选择和最终结果。首先，工业是经济社会发展的基石，是带动经济增长、生产率提高的"扶梯"。[1] 其次，工业是服务业稳定发展的保证，一方面，工业尤其是现代制造业与生产性服务业共生共荣，相互促进；[2]另一方面，工业提供的市场和消费能力是消费性服务业在面临经济衰退时的稳定器。最后，产值和就业份额只是产业结构的外在表现而非决定因素，发展的关键环节在于新生产要素投入带来的质量提升、效率升级和动力转换。[3]

第二，产业空间布局与集聚。产业空间布局和集聚理论的研究目的是为企业寻找最优的生产区位和空间关系，关键影响因素是区位条件以及集聚和分散的力量对比。从历史脉络的角度来看，产业空间布局在经历了集聚到分散的调整后，呈现出了全新集聚模式。一方面，技术条件的改善增强了企业生产要素分享和交流的能力，集聚的收益进一步缩减；另一方面，空间选择和空间分类会自主地对产业进行筛选[4]，产业进入的阈

---

① Rodrik D., "Premature Deindustrialization", *Journal of Economic Growth*, No.1, 2016.

② 顾乃华、毕斗斗、任旺兵：《中国转型期生产性服务业发展与制造业竞争力关系研究——基于面板数据的实证分析》，《中国工业经济》2006 年第 9 期。

③ 郭凯明、潘珊、颜色：《新型基础设施投资与产业结构转型升级》，《中国工业经济》2020 年第 3 期。

④ 张可云、何大梽：《空间类分与空间选择：集聚理论的新前沿》，《经济学家》2020 年第 4 期。

值会随着经济社会发展而逐步提高。无论是基于垂直分工体系的产业集聚,还是基于规模经济的同类企业水平集聚,都不足以满足现代产业布局的效率要求,基于产业相对匹配的协同集聚和制造业服务业相组合的共生集聚正逐步成为产业空间布局的主流范式。

第三,产业安全。从宏观角度来说,产业安全指的是影响国民经济发展重要产业的存续、发展以及政府对该产业的调整控制能力;从微观角度来说,产业安全指的是某一产业生存和发展的空间,包括供应链安全、市场进入、技术使用等权力。基于产业安全的考虑,各国在产业链附加值高的核心环节竞争将更加激烈,产业网络主轴线和分支脉络将更加清晰,产业的替代性和存在意义得到重视,技术投入和核心竞争力成为产业培育的重点内容。

第四,产业政策的应用。综合运用中性和非中性的产业政策,对特定的制造业给予特殊支持是美国产业政策应用的典型特征。特朗普政府通过税制和税法改革,降低企业资产回流后承担的税款,给予隐性补贴的同时引导企业决策;通过大量公共资金投入,支持本国制造业发展;通过"购买美国货"条款的延伸,确保本国产品的市场。在新的竞争模式下,财政政策、货币政策等按照自由市场原则运行的中性政策同样可以成为有效的产业政策手段,产业政策成为产业竞争的新领域。

二、沿海地区产业转移重点任务

为了推动沿海地区高质量发展,推动沿海产业转移的同时推动沿海地区产业的转型升级、保证产业安全、避免产业空心化,还需要构建相应的保障机制和政策体系,具体来说,可以分为以下四个方面:

第一,构建开放统一的全国市场。这一市场的构建既包括产品市场的构建,也包括要素市场的构建。工作的重点在于打通产品、要素区域流动的壁垒,消除区域保护主义,降低行政区划对市场的分割。缺乏统一市场势必造成区域之间交易成本扩大,导致产业结构同化、产业相似度偏高、竞争过于激烈、竞争费用和保护成本增加等问题。因此,区域间的产业转移,必须建立公开、公平、公正的市场竞争机制,冲破地区封锁和行业垄断,消除市场割据和地方保护,消除区域经济产业转移的体制障碍,以拓展市场容量和空间,推动地区经济在更高层次和更大规模上持续发展。继续发展金融、土地、技术和劳动力要素市场,规范各类中介组织,完善商品和要素价格形成机制,提高生产要素在地区间、产业间的配置效率。进一步整顿和规范市场秩序,坚决打击制假售假、商业欺诈、偷逃骗税和侵犯知识产权行为。

第二,推进园区经济的现代化发展。传统的产业园区和高新技术区在产业转移之后面临重整和再布局,以配对集聚模式为主的新产业布局要求园区能够提供更加系统、更加专业的发展支持,对基础设施的水平要求更高,规划和定位对园区的发展至关重要。在园区建设过程中,根据产业发展的整体布局,划分园区功能,明确园区主导产业,制定外来投资产业指导目录,实现对园区功能的精准定位,增强产业协作配套能力,形成错落有致的产业配套集群。支持园区加快环境建设和体制创新,不断增强园区的承载容量、服务功能和配套能力。可以设立专项基金,用于支持基础设施建设、科技孵化器建设、重大公共服务平台建设和重大产业转移项目贷款贴息以及风险补偿等。

第三,明确区域产业分工和定位。在新发展格局下,沿海地区的产业发展和选择更有针对性,中西部地区对产业承接也更具有筛选性。因此,在谋划产业转移和承接之前,明确产业转移的次序、行业和模式,对转出地和承接地产业的发展都尤为重要。首先,要确定转移顺序。选择能发挥地方产业特色、依托区域资源禀赋优势、促进相关产业在当地集聚的产业。在产业转移过程中,关注核心企业,充分利用其带动作用来加快承接产业转移的步伐。其次,要确定转移目录。依据产业定位,对产业链进行深度研究,找出产业链上的缺失和薄弱环节,按照形成完善产业链的要求引进配套企业,促进以产业链为纽带的产业集群的形成与发展。依托区位优势,积极引进和承接高端制造产业,加快发展金融、商贸物流、交通运输等现代服务业,构建高效、快捷的现代服务业体系。最后,要优化转移形式。产业转移的形式多样,各地应根据实际情况,通过高新技术产业化、名牌产品扩展转移、零部件或初级产品生产基地转移、市场临近引导转移和联合开发建立特色产业等多种模式,因地制宜地引导产业转移。

第四,完善沿海地区产业转移的新动力机制。密切关注各地发展的实际情况,通盘考虑,把承接产业转移与产业结构调整、推进新型工业化紧密结合在一起,采用国际标准,提高中高档产品、高附加值产品、绿色环保型产品比重,大力发展以信息技术为主导的高新技术产业。通过联合建立工业园区、双方共同招商、利益分成,鼓励东部地区开发区和企业通过股份经营等方式在中西部现有开发区和工业园区内设立"区中区""园中园",以实现互利共赢。建立合理税收分享机制,引进的优势产业产生的增值税和企业所得税,可由产业转出地政府参与项目的税收分享,具体分配办法可由转出方和转入方政府协商确定,实现共同发展。

三、沿海地区产业转移政策建议

本章围绕产业转移提出了以下五点政策建议:

第一,依托城市,形成城市与产业互促发展的良性循环。城市应根据自身功能定位,注重降低要素成本,提升产业配套能力,加强对外联系强度,推进产业结构优化升级,进一步提升产业集聚度。加大信息基础设施投入力度,实现信息共建共享,通过产业创新联盟和一体化科技创新平台建设,强化科技成果转化能力,从而有效发挥其对非中心城市的辐射带动作用。资源型城市应结合自身资源优势,以综合性和多元化为发展方向,积极探索转型发展模式,建立具有地方特色的现代城市产业体系。另外,还要重视产业的选择:各城市应根据地区生态环境承载力水平,因地制宜地采取环境规制措施,对入驻企业进行严格审查;坚决调整和淘汰不利于生态环境建设的产业,对高能耗、高排放产业的发展进行限制,对集约、节能成效显著的企业给予财政补贴、税收优惠等政策激励,并不断优化城市绿色空间布局,提升城市公共绿地水平和绿色品质。

第二,借助新兴技术,同时推进产业转移和制造业转型升级。高速铁路、物联网等技术的成熟进一步降低了贸易成本,劳动力、土地、原材料等要素对不同类型制造业的影响两极分化,劳动密集型、资源密集型产业的利润空间进一步被压缩,传统的产业梯度转移模式不再适合中西部地区的发展,产业筛选和升级的重要性进一步提高。产业功能性集聚取代空间集聚成为产业集群发展的新模式,设计研发部门和生产部门可以分散部署,最大限度发挥不同区位的比较优势。产业安全成为制造业发展的新重点,利用制造业复苏的契机,增加科技研发投入,推动科技创新,破解产业发展"卡脖子"问题,推动东北地区等老工业基地制造业尤其是装备制造业的复苏,重塑全国制造业中心地位。

第三,同时推进产业转移与配套资源转移。通过产业转移引导教育、医疗、公共卫生、生产性服务等城市职能或产业的跨区域转移。中西部地区普遍存在人才缺乏的问题,通过教育资源或人才培育机构的转移,满足特定的劳动力市场的技能需求,缓解一些行业的技能短缺的状况。有助于疏解沿海地区过度拥堵的资源,同时建设中西部地区的职业教育体系。实际用工企业结合紧密,市场反馈及时,行业相关度高。

第四,提升转移企业的迁移能力和核心竞争力。通过提升转移企业的综合实力,降低其迁移成本,将转移由"被动"变为"主动"。将创新资源陆续投向企业,逐步增强对企业创新基础能力建设的投入力度,并在此基础上积极支持产业技术创新战略联盟根据产业发展需求培育创新链。积极支持具备条件的企业承担或参与工程中心、重点实验室、技术转移平台建设。进一步鼓励企业在承接地成立研发中心,合理支持企业与承接地科研院所开展合作,不断强化企业的根植性。

第五,加强区域合作。加强产业转入地与产业转出地有效配合与衔接,推广由产业转出地和产业转入地共同建设"飞地经济"模式,打破原有行政区划的限制,共同实施行政管理和经济开发,实现两地资源互补、协调发展。产业转入地主动加强与发达省份的园区对接,积极探索园区共同开发、共同收益的模式,为承接东部地区产业转移、产业转型升级和集群化发展提供良好条件。将产业转移示范区由点对点的企业转移升级为区对区的产业转移,由单纯的资金承接转变为项目承接,由以往发达地区带动不发达地区转变为二者共同发展、互惠互利。充分发挥产业转入地的市场规模效应,吸引企业入驻,通过产业转入地的市场规模优势促进竞争优势的形成。

第七章 沿海地区城乡深度融合发展

改革开放以来,中国经济发展取得了举世瞩目的成就,实现了持续的快速增长,2001 年中国加入世界贸易组织后常年保持着 10%左右的 GDP 增速,截至 2016 年,年均 GDP 增速达到 9.6%。2017 年随着党的十九大成功召开,国民经济由高速增长阶段转向高质量发展阶段,城镇化日益成为高质量发展的新动力。与中高速的经济增长相对应,改革开放以来中国城镇化率取得了较快增长,2019 年已达到 60.6%,超过全球约 55%的平均水平,但仍处于诺瑟姆曲线的加速阶段,未来仍有近 10 个百分点的增长空间。在城镇化进程迅速推进释放增长动能的同时,城乡发展失衡和城乡差距拉大等问题也日益显现。针对城乡发展中存在的突出问题,党的二十大报告指出要坚持城乡融合发展,畅通城乡要素流动,使城乡从"分割"走向"融合"。党的二十大报告的顶层设计为城乡融合发展指明了未来的方向,沿海地区的经济社会发展水平较高,各方面条件较为成熟,最有可能率先在城乡深度融合发展上实现突破,因而值得重点关注和研究。为此,本章以城乡关系为主线,在梳理中国城乡政策的演进,探究城乡融合发展内涵取向的基础上,从经济融合、空间融合、基础设施建设融合、基本公共服务融合、生态环境融合五大维度定量评价沿海地区城乡融合发展的水平和存在问题,进而提炼出促进沿海地区城乡深度融合发展的政策导向。

第一节 中国城乡政策的演进

城乡政策是旨在解决城乡发展中存在的问题而出台的各种政策的总

和。城乡政策以缓解城乡发展失衡、缩小城乡发展差距为目标,以城乡关系调整为主线,经历了城乡统筹到城乡一体化再到城乡融合发展的演进历程。

城乡政策服从和服务于国家的发展战略,重点在于调节城乡关系,随着中国现代化征程的推进而动态调整。自新中国成立以来,城乡政策大致经历了三个发展阶段。

第一阶段,城乡二元体制不断强化(新中国成立至党的十一届三中全会):新中国成立后,中国实行优先发展重工业的战略,城乡政策服从于建设现代化工业体系这一大政方针。通过建立统购统销制度、户籍管理制度、人民公社制度,城乡二元体制全面建立。城乡二元体制将城市和农村人为割裂,在一系列制度安排下,城乡之间在自然空间结构、产业结构、经济结构上呈现出明显的差异,表现出明显的城乡二元结构现象。这样的制度设置在促进了工业发展的同时,也带来了巨大的制度成本,城乡之间的发展差距越拉越大,农业劳动生产率提高缓慢,农民收入长期难以提高。

第二阶段,城乡二元体制开始破除(党的十一届三中全会至党的十六大):改革开放之后,党和国家逐渐开始重视城乡发展失衡的问题,出台了一系列改革措施来破除城乡二元体制,弥合城乡二元分割,缩小城乡经济社会发展鸿沟。一方面,给予农业、农民、农村也即"三农"问题相当程度的重视。1982—1986年连续五年的中央一号文件都以"三农"问题为主题,旨在解放和发展农村生产力,搞活农村经济。另一方面,破除城乡二元体制,缓和城乡矛盾。城乡二元体制在一些领域推进较快。如1985年中央一号文件《中共中央、国务院关于进一步活跃农村经济的十项政策》中提出要取消农副产品统购派购制度,农副产品购销市场化改革持续推进,城乡分割的市场体系逐渐弥合;又如1984年中央一号文件《中共中央关于一九八四年农村工作的通知》中提出允许农民自理口粮进入小城镇落户,此后户籍制度逐渐松绑,农民进城务工的限制逐渐放开,城乡间的生产要素流动逐渐通畅,城乡间资源配置扭曲的情况得到一定缓解。有关"三农"问题的中央一号文件见表7-1。

表 7-1 有关"三农"问题的中央一号文件一览

年份	文件名称	主题
1982	《全国农村工作会议纪要》	包产到户、包干到户或大包干
1983	《当前农村经济政策的若干问题》	家庭联产承包责任制
1984	《中共中央关于一九八四年农村工作的通知》	土地承包期
1985	《中共中央 国务院关于进一步活跃农村经济的十项政策》	取消农副产品统购派购制度
1986	《中共中央 国务院关于一九八六年农村工作的部署》	肯定农村改革的方针政策
2004	《中共中央 国务院关于促进农民增加收入若干政策的意见》	农民增收
2005	《中共中央 国务院关于进一步加强农村工作 提高农业综合生产能力若干政策的意见》	提高农业综合生产能力
2006	《中共中央 国务院关于推进社会主义新农村建设的若干意见》	社会主义新农村建设
2007	《中共中央 国务院关于积极发展现代农业 扎实推进社会主义新农村建设的若干意见》	现代农业
2008	《中共中央 国务院关于切实加强农业基础建设 进一步促进农业发展农民增收的若干意见》	农业基础设施建设
2009	《中共中央 国务院关于2009年促进农业稳定发展农民持续增收的若干意见》	农业稳定发展
2010	《中共中央 国务院关于加大统筹城乡发展力度 进一步夯实农业农村发展基础的若干意见》	统筹城乡发展
2011	《中共中央 国务院关于加快水利改革发展的决定》	水利改革发展
2012	《中共中央 国务院关于加快推进农业科技创新 持续增强农产品供给保障能力的若干意见》	农业科技创新
2013	《中共中央 国务院关于加快发展现代农业 进一步增强农村发展活力的若干意见》	现代农业
2014	《中共中央 国务院关于全面深化农村改革 加快推进农业现代化的若干意见》	农村改革

年份	文件名称	主题
2015	《中共中央　国务院关于加大改革创新力度加快农业现代化建设的若干意见》	农业现代化
2016	《中共中央　国务院关于落实发展新理念加快农业现代化实现全面小康目标的若干意见》	农业现代化
2017	《中共中央　国务院关于深入推进农业供给侧结构性改革加快培育农业农村发展新动能的若干意见》	农业供给侧结构性改革
2018	《中共中央　国务院关于实施乡村振兴战略的意见》	乡村振兴
2019	《中共中央　国务院关于坚持农业农村优先发展做好"三农"工作的若干意见》	坚持农业农村优先发展
2020	《中共中央　国务院关于抓好"三农"领域重点工作确保如期实现全面小康的意见》	补齐全面小康"三农"领域的突出短板
2021	《中共中央　国务院关于全面推进乡村振兴加快农业农村现代化的意见》	加快农业农村现代化
2022	《中共中央　国务院关于做好2022年全面推进乡村振兴重点工作的意见》	乡村全面振兴
2023	《中共中央　国务院关于做好2023年全面推进乡村振兴重点工作的意见》	乡村全面振兴
2024	《中共中央　国务院关于学习运用"千村示范、万村整治"工程经验有力推进乡村全面振兴的意见》	乡村全面振兴

资料来源:笔者自行整理。

　　第三阶段,全面破除城乡二元体制,从城乡统筹到城乡一体化再到城乡融合(党的十六大至今):党的十六大标志着中国的城乡政策进入新阶段。自此,城乡发展问题开始被摆到经济社会发展全局中进行系统性的谋划。党的十六大报告明确承认城乡二元经济结构还没有改变,首次提出统筹城乡经济社会发展,建设现代农业,发展农村经济,增加农民收入,是全面建成小康社会的重大任务。党的十六届三中全会进一步提出要统筹城乡发展,并把统筹城乡发展列为五个统筹之首。党的十八大报告强调城乡发展一体化是解决"三农"问题的根本途径,指出要加快完善城乡发展一体化体制机制,着力在城乡规划、基础设施、基本公共服务等方面推进一体化,促进城乡要素平等交换和公共资源均衡配置,形成以工促农、以城带乡、工农互惠、城乡一体的新型工农、城乡关系。党的十九大报告指出要实施乡村振兴战略,建立健全城乡融合发展体制机制和政策体系。党的十六大以来有关城乡政策的表述见表7-2。从城乡统筹到城乡一体化再到城乡融合,城乡政策既一脉相承又与时俱进,有力地促进了城乡的发展共荣。近年来,城乡间的公共资源配置更加均衡,城乡间的要素流动更加畅通,城乡间的经济社会发展更加协调。

表7-2 党的十六大以来有关城乡政策的表述

时间	会议或文件名称	有关城乡政策的表述
2002年11月	党的十六大	统筹城乡经济社会发展
2003年7月	党的十六届三中全会:《中共中央关于完善社会主义市场经济体制若干问题的决定》	统筹城乡发展
2007年10月	党的十七大	建立以工促农、以城带乡长效机制,形成城乡经济社会发展一体化新格局
2008年10月	党的十七届三中全会:《中共中央关于推进农村改革发展若干重大问题的决定》	统筹土地利用和城乡规划、统筹城乡产业发展、统筹城乡基础设施建设和基本公共服务、统筹城乡劳动就业、统筹城乡社会管理
2012年11月	党的十八大	城乡发展一体化是解决"三农"问题的根本途径
2013年11月	党的十八届三中全会	形成以工促农、以城带乡、工农互惠、城乡一体的新型工农城乡关系
2017年10月	党的十九大	实施乡村振兴战略,促进城乡融合发展
2018年1月2日	《中共中央 国务院关于实施乡村振兴战略的意见》	坚持城乡融合发展,加快形成工农互促、城乡互补、全面融合、共同繁荣的新型工农城乡关系
2019年11月	党的十九届四中全会:《中共中央关于坚持和完善中国特色社会主义制度推进国家治理体系和治理能力现代化若干重大问题的决定》	实施乡村振兴战略,完善农业农村优先发展和保障国家粮食安全的制度政策,健全城乡融合发展体制机制

续表

时间	会议或文件名称	有关城乡政策的表述
2020年10月	党的十九届五中全会	强化以工补农、以城带乡,推动形成工农互促、城乡互补、协调发展、共同繁荣的新型工农城乡关系,加快农业农村现代化
2021年11月	党的十九届六中全会:《中共中央关于党的百年奋斗重大成就和历史经验的决议》	始终把解决好"三农"问题作为全党工作重中之重,实施乡村振兴战略,加快推进农业农村现代化,坚持藏粮于地、藏粮于技,实行最严格的耕地保护制度,推动种业科技自立自强、种源自主可控,确保把中国人的饭碗牢牢端在自己手中
2022年10月	党的二十大	全面推进乡村振兴
2023年2月	党的二十届二中全会	全面推进乡村振兴,巩固拓展脱贫攻坚成果,防止发生规模性返贫

资料来源:笔者自行整理。

梳理相关政策文本可以发现,弥合城乡分割,促进城乡融合是城乡政策演进中一以贯之的逻辑主线。从二元分割到有机融合,城乡政策的侧重点逐渐从城市转向农村,城市和乡村逐渐被作为地位平等的有机整体来对待。进入新时代,城乡政策从偏向城市转向城乡融合,这符合马克思主义城乡关系理论的基本原则,既体现了新时代的阶段特征,也符合高质量发展的内在要求。

第二节 新时代背景下城乡融合发展的内涵探究

党的二十大明确指出,要着力推进城乡融合和区域协调发展,推动经济实现质的有效提升和量的合理增长。坚持城乡融合发展,畅通城乡要素流动,全面推进乡村振兴,是新时代大背景下的直接要求。为此,在下文中我们首先从新时代的阶段特征、发展理念、发展方略等方面阐述城乡融合发展的内涵,并在此基础之上提出城乡融合发展的五个维度,也即城乡经济融合、城乡空间融合、城乡基础设施融合、城乡基本公共服务融合、城乡生态环境融合。

一、新时代背景下的城乡融合发展

城乡融合发展体现了新时代的阶段特征。新时代的阶段特征体现在社会主要矛盾的转化和发展阶段的变化上。党的十九大报告指出,中国社会主要矛盾已经转化为人民日益增长的美好生活需要和不平衡不充分的发展之间的矛盾。其中,城乡发展的不平衡不充分是社会主要矛盾的突出表现。而城乡融合发展能够弥合城乡发展差距,是解决社会主要矛盾的根本之策。可以说,城乡融合发展响应了社会主要矛盾转化带来的新要求。党的二十大报告指出,新时代十年的伟大变革,在党史、新中国史、改革开放史、社会主义发展史、中华民族发展史上具有里程碑意义。中国也迈上了全面建设社会主义现代化国家新征程,目前中国已经全面建成小康社会,正在朝着基本实现现代化和建设成为社会主义现代化强国的方向迈进,城乡融合发展事关现代化建设全局,是推进农业农村现代化的重要举措,只有补上农业农村现代化的短板,才能实现"四个现代化"的同步。可以说,城乡融合发展是建成社会主义现代化强国的重要一招。

城乡融合发展是实现高质量发展的内在要求。党的二十大报告指出,高质量发展是中国式现代化的本质要求之一。高质量发展阶段更加注重发展质量,内在要求转变发展方式、优化经济结构、转变增长动力。城乡二元结构问题以及城乡发展质量差距过大问题是高质量发展阶段中难啃的"硬骨头",城乡融合发展则有助于破解城乡二元结构,弥合城乡发展质量鸿沟,是实现高质量发展的内在要求。

城乡融合发展是对新发展理念的深入贯彻。新发展理念体现在创新、协调、绿色、开放、共享五个方面。在党的二十大报告指出,全面建设社会主义现代化国家,最艰巨最繁重的任务仍然在农村。实施乡村振兴战略,建立健全城乡融合发展体制机制和政策体系是贯彻新发展理念的重要内容。城乡融合发展突出体现了协调和共享两大发展理念。一方面,城乡融合发展能够协调城乡关系,使城市和乡村成为共荣共生的有机整体;另一方面,城乡融合发展突出强调以城带乡,使乡村能够共享城市的发展资源。

城乡融合发展是建设现代化经济体系的重要内容。更平衡的区域和城乡发展格局是现代化经济体系的重要特征,彰显优势、协调联动的城乡区域发展体系是现代化经济体系的七大组成部分之一。城乡融合发展能够优化城乡发展格局,实现城乡的良性互动,是建设现代化经济体系的重要内容。

城乡融合发展是乡村振兴战略和城镇化战略的有机契合。李爱民(2019)[1]指出,城镇化战略立足城市,联系乡村,乡村振兴战略立足乡村,依靠城市。姜长云(2018)[2]也指出,坚持城乡融合发展是推进乡村振兴的重大战略导向。同时,走城乡融合发展道路要注重同以城市群为主体构建大中小城市和小城镇协调发展的城镇格局衔接起来。城乡融合发展兼顾城市和乡村,结合城镇化和乡村振兴战略,是实现城乡共同繁荣的有效路径。

城乡融合发展是构建新发展格局的有效路径。2020 年 5 月 14 日,中央政治局常委会会议提出要深化供给侧结构性改革,充分发挥中国超大规模市场优势和内需潜力,构建国内国际双循环相互促进的新发展格局。双循环的根基在于国内循环,只有国内循环畅通,才能形成国内国际循环相互促进的发展格局。城乡发展不平衡不充分是构建新发展格局面临的区域难题。城乡融合发展能够破除城乡经济循环中的障碍,促进区域经济循环,进而有助于新发展格局的形成。

城乡融合发展是实现共同富裕的重要抓手。共同富裕是社会主义的本质要求,是现代化的重要特征。城乡发展的不平衡不充分是实现共同富裕面临的一大障碍。

城乡融合发展能够有效解决城乡经济社会发展水平差距过大的问题,促进城乡居民在收入、基本公共服务享有水平等方面的差距收敛,推动城乡共同富裕。

---

① 李爱民:《我国城乡融合发展的进程、问题与路径》,《宏观经济管理》2019 年第 2 期。
② 姜长云:《科学理解推进乡村振兴的重大战略导向》,《管理世界》2018 年第 4 期。

二、城乡融合发展的五个维度

城乡融合发展究竟涵盖哪些方面的发展,城乡融合发展意味着城乡之间实现怎样的发展? 围绕上述问题,现有文献对城乡融合发展的内涵进行了深入探究。李爱民(2019)[①]认为,城乡融合发展包括要素、城乡经济、城乡空间、基础设施建设、城乡公共服务、生态环境等多方面的融合。黄渊基等(2020)[②]认为,城乡融合发展应从城乡生产经营融合、城乡资产收入融合、城乡要素资源融合、城乡基础建设融合、城乡管理服务融合、城乡人力资本融合这六个方面着力。唐琼(2020)[③]认为,城乡之间要实现产业融合、空间融合、要素融合这三方面的融合发展。谭明方(2020)[④]从社会学的角度出发,认为城乡融合是促进一定城乡区域社会内城乡之间在经济、生态环境、社会、精神文化、政治这五个方面朝着"全面融合"方向持续演进的过程。何仁伟(2018)[⑤]则认为,城乡融合发展是基于空间布局优化和制度供给创新的经济、社会、环境全面融合发展。

上述研究均是从定性的角度阐释了城乡融合发展的内涵,还有一些研究则通过构建城乡融合发展指标体系,定量地评价了中国的城乡融合发展水平。周佳宁等(2019)[⑥]认为,高质量发展阶段的城乡融合应是"人口—空间—经济—社会—环境"的五维融合,并基于省级层面相关数据构建指标体系,定量评估了中国的城乡融合水平,得出东部经济发达地区城乡融合水平较高的结论。钱力和张轲(2021)[⑦]也从相似的角度构建了

① 李爱民:《我国城乡融合发展的进程、问题与路径》,《宏观经济管理》2019 年第 2 期。

② 黄渊基、熊曦、郑毅:《生态文明建设背景下的湖南省绿色经济发展战略》,《湖南大学学报(社会科学版)》2020 年第 1 期。

③ 唐琼:《乡村振兴战略下稳妥推进城乡融合发展研究》,《湖湘论坛》2020 年第 2 期。

④ 谭明方:《城乡融合发展促进实施乡村振兴战略的内在机理研究》,《学海》2020 年第 4 期。

⑤ 何仁伟:《城乡融合与乡村振兴:理论探讨、机理阐释与实现路径》,《地理研究》2018 年第 11 期。

⑥ 周佳宁、秦富仓、刘佳等:《多维视域下中国城乡融合水平测度、时空演变与影响机制》,《中国人口·资源与环境》2019 年第 9 期。

⑦ 钱力、张轲:《长三角地区城乡融合发展水平评分与空间演变分析》,《中国石油大学学报(社会科学版)》2021 年第 4 期。

城乡融合发展水平指标体系,他们基于省级和市级层面的数据,从经济、社会、生态、文化、空间融合五个维度评价了长三角地区城乡融合发展水平,结果表明长三角地区城乡融合水平整体呈现出缓慢平稳上升的趋势,长三角的经济融合度最高,空间融合度最低。赵德起和陈娜(2019)[①]则从城乡融合前提、融合动力和融合结果的角度出发构建城乡融合发展综合水平指标体系,他们认为城乡间要素及产业互动是城乡融合的前提,信息交通网和环境承载力则是城乡融合的动力,而城乡融合的结果主要反映在居民收入消费水平和基本公共服务水平上。

综上,从新时代的阶段特征、发展理念、发展格局以及国家相关战略的高度出发,结合现有相关定性和定量的文献,笔者认为可以从经济、空间、基础设施、基本公共服务、生态环境五个维度理解城乡融合发展的内涵取向,如图 7-1 所示。

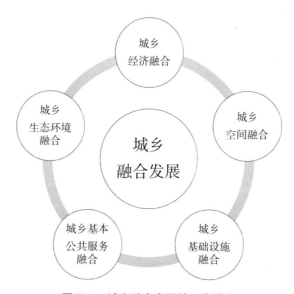

图 7-1　城乡融合发展的五个维度

资料来源:笔者自行绘制。

城乡融合发展的五维设定体现了问题导向、目标导向和结果导向。

---

① 赵德起、陈娜:《中国城乡融合发展水平测度研究》,《经济问题探索》2019 年第 12 期。

城乡二元结构问题在经济、空间、基础设施、基本公共服务、生态环境上体现得最为突出,实现五个维度的融合发展既是城乡融合发展的目标也是城乡融合发展的结果。基于此,下文中我们将从五个维度出发定量分析沿海地区城乡融合发展水平。

第三节　沿海地区城乡融合发展水平评价

沿海地区包括辽宁、河北、北京、天津、山东、江苏、上海、浙江、福建、广东、广西和海南共计 12 个省份,按南北方划分来看,有 4 个属于北方,8 个属于南方;按四大板块来看,辽宁属于东北板块,广西属于西部板块,其余均属于东部板块。沿海地区贯穿南北,横跨东西,是中国经济高质量发展的主要空间载体和支撑平台。2022 年统计数据显示,沿海地区生产总值达到 67.73 万亿元,是内陆地区的 1.29 倍,占全国 GDP 比重达到 56.28%;沿海地区的人均 GDP 达到 109301.17 元,是内陆地区的 1.59 倍。相对内陆地区来说,沿海地区的经济社会发展水平较高,推动城乡融合发展的基础条件较为成熟,是中国实现城乡融合发展的突破口。结合上文有关城乡融合发展内涵的阐释,本节从经济、空间、基础设施、基本公共服务、生态环境五个维度定量评价沿海地区城乡融合发展的水平。

考虑到数据的可得性,在城乡经济融合发展方面,选取城乡居民可支配收入、消费支出、固定资产投资额之比 3 个指标;在城乡空间融合方面,选取人口城镇化率、城乡宽带接入用户数 2 个指标;在城乡基础设施融合方面,选取城乡用水普及率、燃气普及率、人均道路面积 3 个指标;在城乡公共服务融合方面,选取城乡每千人医疗卫生机构床位数 1 个指标;在城乡生态环境融合方面,选取城乡污水处理率、绿化覆盖率、生活垃圾处理率 3 个指标。除数据缺失的情况外,以上数据的时间跨度均从 2012 年开始,数据均来自 EPS 数据库。

一、城乡经济融合

现有的统计口径中并不包括按城乡分的生产总值、三次产业产值、人均生产总值等反映城乡总量和人均经济发展情况的数据,一些研究选取第一产业人均产值与第二、第三产业人均产值之比也即二元对比系数、第二、第三产业产值与第一产业产值的比重来考察城乡经济融合的发展水平,但农村地区并不是只有第一产业,城市地区也不全是第二、第三产业,因此选用三次产业产值相关指标并不能反映城乡经济融合的真实情况。

综合考虑现有相关数据,我们选取城乡人均可支配收入之比、人均消费支出之比以及人均固定资产投资额之比 3 个指标。原因在于,一方面人均可支配收入和消费支出反映居民的生活水平,与城乡经济发展水平息息相关;另一方面,人均固定资产投资额反映资本这一生产要素的投入情况,直接体现出城乡可用于发展经济的资本多寡。

在数据处理方面,以各省份的城乡人口数占沿海地区城乡人口总数的比例为权重,将省级层面的城乡居民可支配收入和消费支出聚类到沿海层面;城乡居民固定资产投资额则分别用城乡固定资产投资总额除以城乡总人数得到。

如图 7-2 所示,从可支配收入来看,沿海地区城乡居民可支配之比呈现出逐年缓慢下降的趋势,从 2013 年的 2.41 下降到了 2022 年的 2.14,这表明沿海地区城乡居民收入差距正逐渐缩小。横向比较来看,沿

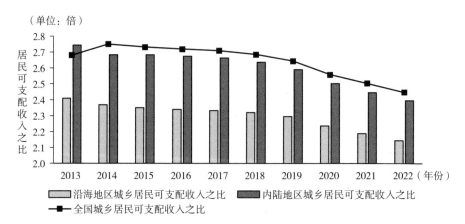

图 7-2　2013—2022 年沿海地区和内陆地区城乡居民可支配收入之比

资料来源:EPS 数据库。

海地区城乡居民收入的差距小于内陆地区,并低于全国的平均水平,2022年沿海地区城乡居民可支配收入之比比内陆地区低 0.26,比全国低 0.31。

从沿海地区内部来看,2013—2022 年沿海地区各省份城乡居民可支配收入之比如图 7-3 所示。可以发现,沿海地区各省份的城乡收入差距较小,其中:江、浙、沪水平基本相当;广西的城乡居民可支配收入之比最大,为 2.57;天津的城乡居民可支配收入之比最小,为 1.85。

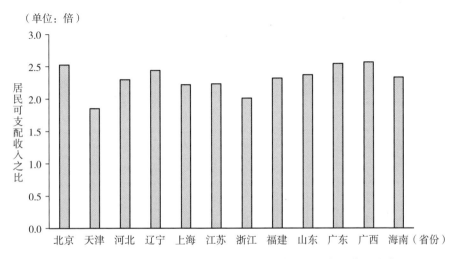

图 7-3　2013—2022 年沿海地区各省份城乡居民可支配收入之比
资料来源:EPS 数据库。

如图 7-4 所示,在消费支出上,沿海地区城乡居民消费支出的差距呈现出下降的趋势,城乡比值从 2013 年的 2.23 下降到 2022 年的 1.74。横向比较来看,沿海地区居民消费支出的差距小于内陆地区,2022 年沿海地区城乡人均消费支出之比为 1.74,比内陆低 0.02。

从沿海地区内部来看,2013—2022 年沿海地区各省份城乡居民消费支出之比如图 7-5 所示。可以发现,沿海地区各省份的差距较小,基本处于 1.8—2.3 这一区间内,其中:辽宁的城乡居民消费支出之比最大,为 2.25;浙江的城乡居民消费支出之比最小,为 1.74。

如图 7-6 所示,从人均固定资产投资看,沿海地区城乡居民固定资

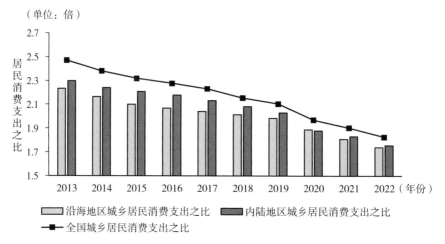

（单位：倍）

图 7-4　2013—2022 年沿海地区和内陆地区城乡居民消费支出之比

资料来源：EPS 数据库。

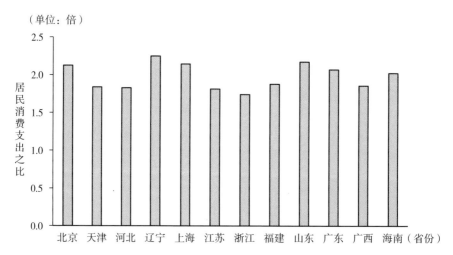

（单位：倍）

图 7-5　2013—2022 年沿海地区各省份城乡居民消费支出之比

资料来源：EPS 数据库。

产投资差距呈现出扩大趋势，内陆地区和全国也呈现出相同的特点。沿海地区城乡居民固定资产投资之比从 2013 年的 34.49 上升到 2022 年的 47.96。虽然城乡居民固定资产投资的差距逐年拉大，但横向来看低于全国平均水平，也远低于内陆地区。

（单位：倍）

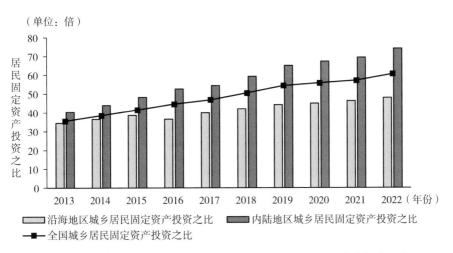

图 7-6　2013—2022 年沿海地区和内陆地区城乡居民固定资产投资之比

资料来源：EPS 数据库。

　　从沿海地区内部来看,2013—2022 年沿海地区各省份城乡居民固定资产投资之比如图 7-7 所示。可以发现,12 个省份的差别较大,天津的城乡居民固定资产投资差距最大,是最低的辽宁的 8.58 倍。除了上海和天津的城乡投资失衡较为严重之外,其余省份的城乡居民固定资产投资之比相对较低。

（单位：倍）

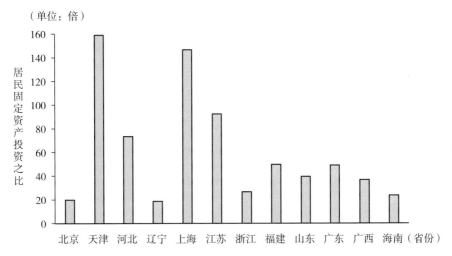

图 7-7　2013—2022 年沿海地区各省份城乡居民固定资产投资之比

资料来源：EPS 数据库。

二、城乡空间融合

城乡空间融合既包括人在空间上的融合又包括网络空间的融合。在人口的空间融合方面,选用人口城镇化率。在网络空间的融合上,选用城乡宽带接入户数之比。

在人口城镇化上,将省级层面的城镇人口数和城乡总人口数加总到沿海地区和内陆地区层面,相除得到沿海地区和内陆地区的人口城镇化率。如图 7-8 所示,沿海地区的人口城镇化率呈现出逐年稳定上升的趋势,由 2012 年的 59.77%上升至 2021 年的 70.23%。与此同时,内陆地区人口城镇化率从 2012 年的 47.01%攀升到 2021 年的 59.80%,明显低于沿海地区的人口城镇化率。

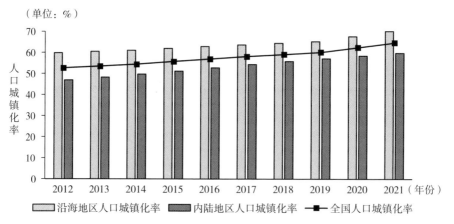

图 7-8 2012—2021 年沿海地区和内陆地区人口城镇化率

资料来源:EPS 数据库。

从沿海地区内部来看,2012—2021 年沿海地区各省份人口城镇化率如图 7-9 所示。可以发现,沿海地区各省份的城镇化水平有较大差异,大致可分为三个梯队:第一梯队是 3 个直辖市,北京、天津、上海的人口城镇化率均接近 90%;第二梯队为广东、江苏、浙江、福建、辽宁;第三梯队为山东、河北、广西、海南。

（单位：%）

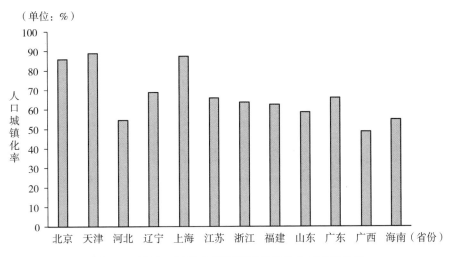

图 7-9　2012—2021 年沿海地区各省份人口城镇化率

资料来源：EPS 数据库。

如图 7-10 所示，从宽带接入户数来看，沿海地区城乡宽带接入户数之比呈现出波动下降的趋势，2012—2013 年小幅下降，随后的 2014—2016 年又有一定程度的上升，从 2017 年又开始呈下降态势。这表明城乡在网络上的互联互通日益通畅，沿海地区城乡的网络融合水平在不断

（单位：倍）

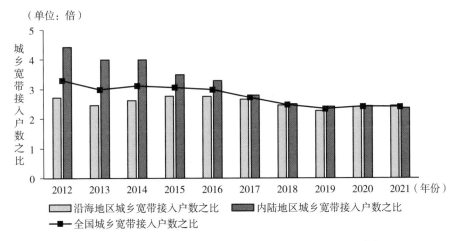

图 7-10　2012—2021 年沿海地区和内陆地区城乡宽带接入户数之比

资料来源：EPS 数据库。

提高。此外,2012—2020 年沿海地区的城乡网络融合水平高于全国平均水平和内陆地区,2021 年出现反转,但总体来看沿海地区和内陆地区的城乡宽带接入户数之比呈现出向全国平均水平收敛的规律。

从沿海地区内部来看,2012—2021 年沿海地区各省份城乡宽带接入户数之比如图 7-11 所示。可以看到,沿海地区各省份有较大差异,且城乡之比均大于 1。沿海地区各省份的差异主要体现在天津和其他省之间,天津的城乡宽带接入户数之比高达 15.65,远高于其他各省份,是城乡网络空间融合发展水平最高的江苏的 9.58 倍。

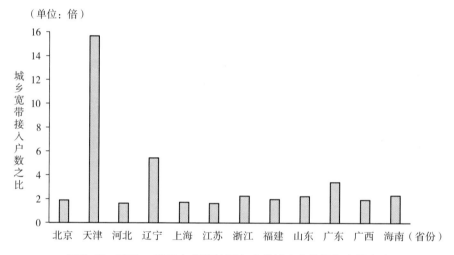

图 7-11　2012—2021 年沿海地区各省份城乡宽带接入户数之比

资料来源:EPS 数据库。

三、城乡基础设施融合

基础设施是城乡区域经济发展的基础,城乡融合发展离不开基础设施的互联互通。基础设施既包括诸如公路、供水供气管网这类"硬"基础设施,也包括发展政策和营商环境等"软"基础设施。受制于数据的可得性,我们侧重于"硬"基础设施,选取城乡用水普及率、燃气普及率以及人均道路面积之比 3 个指标来评估城乡基础设施融合发展水平。由于数据缺失,内陆地区的数据不包括西藏。此外,3 个指标均包括城市、建制镇和乡三种统计口径,由于城市—建制镇与城市—乡的数据变动情况基本相似,在下文中主要基于城市—建制镇的数据进行分析。

如图 7-12 所示,从用水普及率来看,沿海地区城乡用水普及率的差距呈现出波动下降的趋势,2012—2016 年,城乡用水普及率之差略有下降,常年保持在 11% 以上,随后 2017 年出现明显的下降,在 2021 年达到7.83。横向比较发现,沿海地区的城乡用水普及率差距明显低于全国平均水平,同时也低于内陆地区。进一步观察发现,从 2017 年开始,沿海地区和内陆地区城乡用水普及率之差开始向全国平均水平收敛。

（单位：%）

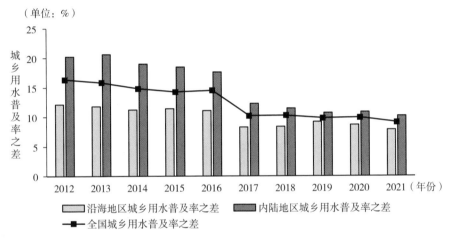

图 7-12　2012—2021 年沿海地区和内陆地区城乡用水普及率之差

资料来源:EPS 数据库。

从沿海地区内部来看,2012—2021 年沿海地区各省份年均城乡用水普及率之差如图 7-13 所示。可以发现,沿海地区各省份的用水普及率差距显著,沿海北部地区的差距最为突出。具体分省份来看:辽宁的城乡用水普及率差距最大,达到 23.70%;江苏的城乡用水普及率差距最小,为 2.15%。

如图 7-14 所示,从燃气普及率来看,沿海地区城乡燃气普及率之差的变动幅度不大,常年在 30% 左右波动。2012—2013 年有小幅度扩大,随后逐年波动下降,2021 年沿海地区城乡燃气普及率之差为 24.91%。横向比较来看,沿海地区城乡燃气普及率之差低于内陆地区,二者间的差距常年维持在 30 个百分点左右。

（单位：%）

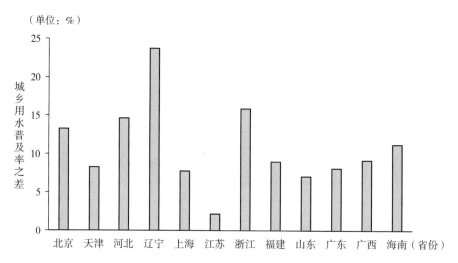

图 7-13　2012—2021 年沿海地区各省份城乡用水普及率之差

资料来源：EPS 数据库。

（单位：%）

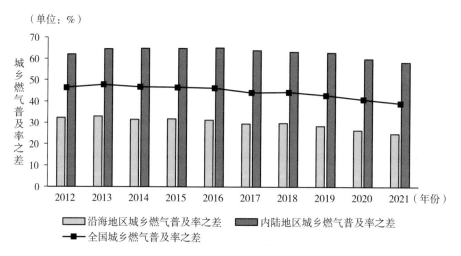

图 7-14　2012—2021 年沿海地区和内陆地区城乡燃气普及率之差

资料来源：EPS 数据库。

　　从沿海地区内部来看,沿海地区各省份 2012—2021 年城乡燃气普及率之差如图 7-15 所示。可以发现,沿海中部、南部地区的城乡燃气普及率之差总体上低于沿海北部地区。具体分省份来看:辽宁的城乡燃气普及率之差最大,达到 65.62%;江苏的城乡燃气普及率之差最小,为 9.21%。

（单位：%）

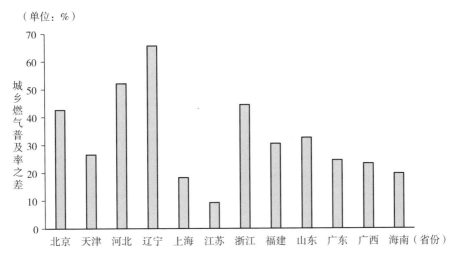

图7-15　2012—2021年沿海地区各省份城乡燃气普及率之差

资料来源：EPS数据库。

如图7-16所示,从人均道路面积来看,沿海地区城乡人均道路面积之比变动幅度不大,基本保持在1.1—1.2的区间内,并呈现出缓慢上升的趋势,这表明农村的道路建设滞后于城市。横向比较来看,2012—2020年沿海地区的城乡人均道路面积之差小于内陆地区,但在2021年出现了反转。

（单位：倍）

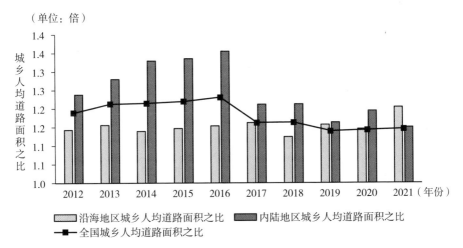

图7-16　2012—2021年沿海地区和内陆地区城乡人均道路面积之比

资料来源：EPS数据库。

从沿海地区内部来看,2012—2021 年沿海地区各省份人均城乡道路面积之比如图 7-17 所示。可以发现,沿海北部地区、南部地区城乡道路建设的差距整体上大于沿海中部地区。具体分省份来看:沿海 9 个省份的城乡人均道路面积之比大于 1,有 3 个省份的比值小于 1。这表明沿海地区各省份的城乡道路建设情况出现了分化,一部分省份的城市道路建设快于乡村,而另一部分省份的城市道路建设滞后于乡村。

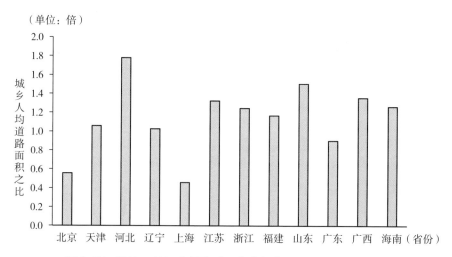

图 7-17　2012—2021 年沿海地区各省份人均城乡道路面积之比

资料来源:EPS 数据库。

四、城乡基本公共服务融合

基本公共服务涵盖教育、科技、文化、卫生、体育等领域,受制于数据的可得性,我们无法面面俱到,选用每千人医疗卫生床位数,用于侧重分析城乡在卫生方面的融合发展水平。

如图 7-18 所示,在每千人医疗卫生机构床位方面,沿海地区城乡每千人医疗卫生机构床位数之比常年保持在 1.2 以上,但城乡差距呈现出逐年下降的趋势,城乡之比从 2012 年的 2.08 下降到 2021 年的 1.25。横向比较来看,沿海城乡医疗卫生机构床位数差距小于内陆地区,与全国平均水平相当。

（单位：倍）

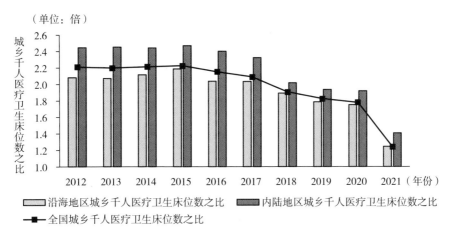

图 7-18　2012—2021 年沿海地区和内陆地区城乡千人医疗卫生机构床位数之比
资料来源：EPS 数据库。

　　从沿海地区内部来看,2012—2021 年沿海地区各省份城乡每千人医疗卫生机构床位数之比如图 7-19 所示。整体来看,沿海地区各省份的差别总体不大。具体分省份来看:海南的城乡差距最大,城乡每千人医疗卫生机构床位数之比达到 2.40;天津的城乡差距最小,城乡每千人医疗卫生机构床位数之比为 1.08。

（单位：倍）

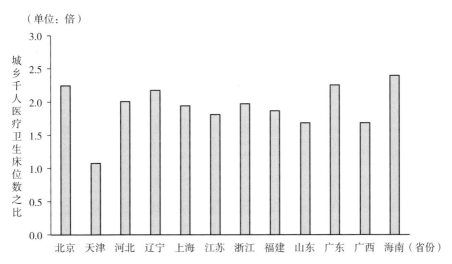

图 7-19　2012—2021 年沿海地区各省份城乡千人医疗卫生机构床位数之比
资料来源：EPS 数据库。

五、城乡生态环境融合

城乡生态环境融合是新时代城乡融合发展的重要目标与主要抓手，为评估城乡生态环境融合发展水平，我们选取污水处理率、绿化覆盖率和生活垃圾处理率三个指标。受制于数据的可得性，内陆地区不包括西藏。此外，由于乡的数据缺失较多，我们只分析城市—建制镇的污水处理率之差、绿化覆盖率之差和生活垃圾处理率之差。

如图7-20所示，从污水处理率来看，沿海地区城乡污水处理率之差呈现出先上升后下降的态势，2015—2017年逐年上升，2017年之后又有所下降，2021年沿海地区城乡污水处理率之差为31.66%。横向比较来看，沿海地区城乡污水处理率之差明显小于内陆地区，与全国平均水平相当。

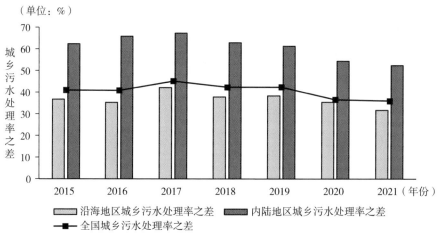

（单位：%）

图7-20　2015—2021年沿海地区和内陆地区城乡污水处理率之差

资料来源：EPS数据库。

从沿海地区内部来看，2015—2021年沿海地区各省份城乡污水处理率之差如图7-21所示。可以发现，沿海中部地区城乡污水处理率的差距明显小于沿海北部地区、南部地区。具体分省份来看：河北的城乡差距较大，城乡污水处理率之差为66.17%；上海的城乡差距最小，城乡污水处理率之差为14.08%，河北是上海的4.70倍。

（单位：%）

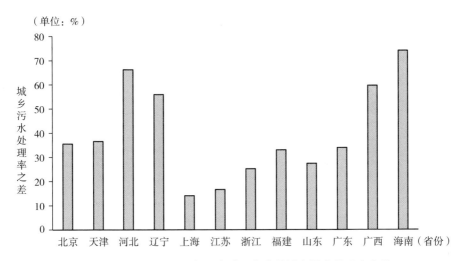

图 7-21 2015—2021 年沿海地区各省份城乡污水处理率之差

资料来源：EPS 数据库。

如图 7-22 所示,从生活垃圾处理率来看,沿海地区城乡差距呈现出"下降—上升—下降"的趋势。城乡生活垃圾处理率之差从 2015 年的 11.36%降至 2016 年的 6.90%,接着缓慢上升至 2019 年的 8.65%,随后再次降至 2021 年的 5.66%。横向比较来看,沿海地区生活垃圾处理率的城乡差距远小于内陆地区,也低于全国平均水平。

（单位：%）

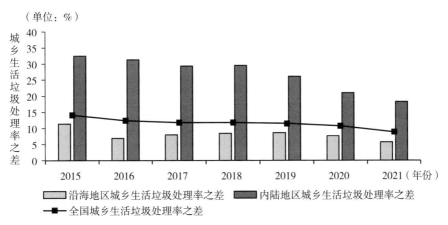

图 7-22 2015—2021 年沿海地区和内陆地区城乡生活垃圾处理率之差

资料来源：EPS 数据库。

从沿海地区内部来看,2015—2021年沿海地区各省份城乡生活垃圾处理率之差如图7-23所示。可以看出,沿海地区各省份城乡差距的绝对数值并不大。进一步观察发现,在社会经济发展水平相对较高的上海和广东,城乡生活垃圾处理率之差较大,分别达到4.39%和1.92%,其余大多数省份城乡生活垃圾处理率之差均处于0%—1%的范围内,天津则出现了负值。

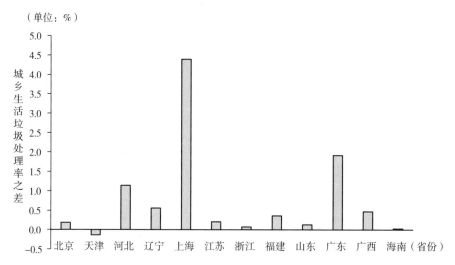

（单位：%）

图7-23　2015—2021年沿海地区各省份城乡生活垃圾处理率之差

资料来源:EPS数据库。

如图7-24所示,从绿化覆盖率来看,沿海地区城乡生态绿地建设的进展各有快慢,2012—2021年围绕21%的均值水平线上下波动,并未呈现出逐年缩小的态势。横向比较可知,沿海地区绿化覆盖率的城乡差距小于内陆地区,也低于全国平均水平。

从沿海地区内部来看,2012—2021年沿海地区各省份城乡绿化覆盖率之差如图7-25所示。可以看到,沿海地区各省份存在较为明显的分异:江苏的城乡绿化覆盖率差距最小,为14.28%;河北的城乡绿化覆盖率差距最大,高达30.47%,是江苏的2倍多。

综上,我们从横向和纵向两个角度比较分析了沿海地区在经济融合、空间融合、基础设施融合、基本公共服务融合以及生态环境融合五个维度

（单位：%）

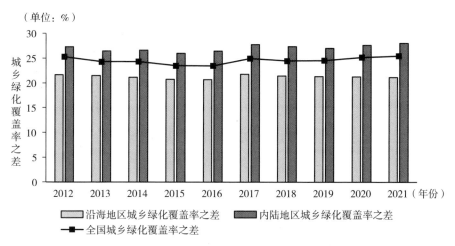

图7-24　2012—2021年沿海地区和内陆地区城乡绿化覆盖率之差

资料来源：EPS数据库。

（单位：%）

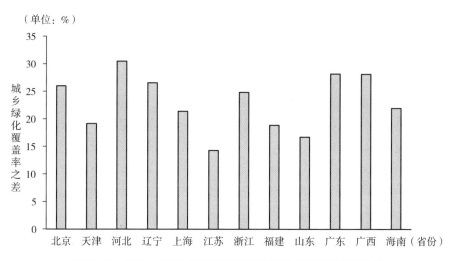

图7-25　2012—2021年沿海地区各省份城乡绿化覆盖率之差

资料来源：EPS数据库。

上的融合发展水平,也考察了沿海地区各省份的城乡融合发展情况。整体来看,沿海地区的城乡融合发展呈现出趋势较好、短板突出的鲜明特点。一方面,总体趋势较好,除个别指标外,沿海地区的城乡融合发展水平呈现出逐年提高的态势。并且,沿海地区的城乡融合发展水平明显高于内陆地区,也高于全国平均水平。另一方面,短板突出。沿海地区各省份的城乡融合发展水平差别较大,拖累了沿海地区的整体提升。并且,沿海地区在基础设施、生态环境融合发展方面没有表现出不断向好的态势,甚至部分年份还有所恶化。

第四节 促进沿海地区城乡深度融合发展的政策导向

自党的十九大报告提出要实施乡村振兴战略,建立健全城乡融合发展体制机制以来,城乡融合发展在政策层面越来越受到重视,在顶层设计中出现的频率越来越高,有关政策文件陆续出台。2019 年 5 月,《中共中央、国务院关于建立健全城乡融合发展体制机制和政策体系的意见》发布,同年 12 月,国家发展改革委等 18 个部门联合发布了《关于开展国家城乡融合发展试验区工作的通知》并印发《国家城乡融合发展试验区改革方案》,这一系列举措的实施和落实表明新时代城乡融合发展正在由试点先行向全面铺开的方向不断推进。沿海地区在城乡融合发展上基础较好,起步较快,是实现城乡融合发展的关键抓手与重要空间载体。为推进沿海地区城乡深度融合发展,我们从战略导向、主要载体、主要路径三个方面提出相关政策建议。

一、战略导向

推进沿海地区城乡融合发展要注重发挥乡村振兴战略和新型城镇化战略的合力。《中共中央、国务院关于建立健全城乡融合发展体制机制和政策体系的意见》中明确指出,协调推进乡村振兴战略和新型城镇化战略是建立健全城乡融合发展体制机制和政策体系的抓手;《中共中央、国务院关于实施乡村振兴战略的意见》中也指出,坚持城乡融合发展是实施乡村振兴战略的基本原则;并且,国家发展改革委发布的历年推进新型城镇化建设的重点任务中,均将加快推进城乡融合发展作为新型城镇化战略的重点任务。由此可见,城乡融合发展内嵌于乡村振兴和新型城镇化战略的政策设计中,推进城乡融合发展离不开两大战略的保障和支撑。沿海地区在具体实施中,要注重将城乡融合发展政策与乡村振兴和新型城镇化战略衔接起来,通过协调两大战略,凝聚发展合力,实现城乡融合。全域城市化将城乡发展纳入统一框架,结合了城市发展和乡村振兴,是实现城乡一体化的新模式,建议在经济社会发展水平较高的地区如沿海的长三角地区探索全域城市化这一新模式,以促进城乡融合发展。最后,要注重城乡融合发展与国家战略导向相结合。具体来说,就是要注重在高质量发展、构建新发展格局的大背景下,推进沿海地区城乡融合发展,具体推进中要注重体现新发展理念。

二、主要载体

城乡融合发展要以都市圈、城市群为主战场。《中共中央、国务院关于建立健全城乡融合发展体制机制和政策体系的意见》将经济发达地区、都市圈和城市郊区在体制机制改革上率先取得突破作为建立健全城乡融合发展体制机制和政策体系到 2022 年的主要目标。都市圈和城市群的经济社会发展水平较高,城乡之间的互联互通较为通畅,推进城乡融合发展的障碍较少,是城乡融合发展的主要空间载体。沿海地区的城市群和都市圈规划较早,发展较快,目前共有辽中南、京津冀、山东半岛、长三角、海峡西岸、珠三角、北部湾七大城市群,在城市群内又包括上海、苏锡常、深莞惠、广佛肇、北京、杭州、南京、天津、青岛、厦泉漳、宁波、济南、沈阳、石家庄 14 个常住人口超过 1000 万的都市圈。建议沿海地区把城市群和都市圈作为重点区域,以推进浙江嘉湖片区、福建福州东部片区、广东广清接合片区、江苏宁锡常接合片区、山东济青局部片区 5 个国家城乡融合发展试验区以及浙江高质量发展建设共同富裕示范区的建设为抓手,促进城乡深度融合发展。

三、主要路径

推进沿海地区城乡融合发展的主要路径体现在经济、空间、基础设施、基本公共服务、生态环境五个维度上。沿海地区要在五个维度上补齐短板、巩固优势。一是要推进城乡经济融合发展。经济融合的关键在于城乡产业融合和城乡要素双向流动机制的构建。一方面,城市和农村区域要找准定位,错位发展,城市主要发展现代服务业、先进制造业,农村则以现代农业、现代旅游业为主攻方向;另一方面,要破除妨碍城乡要素自由流动的各种体制机制障碍,引导劳动力、资本、技术、土地等生产要素在城乡间自由有序流动,促进生产要素在城乡之间的优化配置。二是要推进城乡空间融合发展。要推进城乡空间布局一体化,要坚持城乡一盘棋,统筹做好城乡规划,以主体功能区为抓手优化城乡的生产、生活、生态空间。三是要推进城乡基础设施融合发展,目前沿海地区城乡基础设施融合的短板主要表现在乡村的基础设施建设滞后上。要把基础设施的建设重点放在农村上,做好农村的基础设施规划,加大对农村基础设施建设的资金投入,压实相关单位在农村基础设施管护上的责任,从规划、建设、管护三方面补齐农村的短板。四是要推进城乡公共服务融合发展。一方面要补齐农村的短板,保障和提高农村医疗、教育、卫生、文化等公共物品的供给数量和质量;另一方面要引导城市的公共资源向农村延伸,使城市优质的基本公共服务能够更多惠及农村。五是要推进城乡生态环境融合发展。绿水青山就是金山银山,要补齐农村的生态环境短板。一方面要加强治理,加大农村生产生活污染的治理力度;另一方面要加强保护,加强对农村自然生态的保护,加强农村环境检测和监督。

第八章 优化沿海地区生态环境

优化生态环境是实现人与自然共生的不二法门。本章将阐明经济增长与生态环境保护的特征性事实及其运行机理,总结沿海地区面临的生态环境突出问题,量化评估沿海地区城市的生态环境承载力,并基于上述研究探讨提升沿海地区生态环境质量的可行路径。

第一节 经济增长与生态环境保护的特征性事实

自分税制改革以来,政府在经济起飞过程中的作用不可或缺。地方财政支出占全国财政支出的比重稳定保持在 70% 以上,并且呈增加趋势,到 2022 年约为 86.35%(见图 8-1)。与发达国家相比,分权程度最高的加拿大为 60%;而发展中国家平均财政分权程度为 14%,由此表明中国是当今世界上分权程度较高的国家。在较高的地方分权的背景下,地方政府拥有较高的财政自主权,推动地方加大基础设施投资、提供更多的公共品,促进地区经济增长。

中国经济快速增长,GDP 由 2000 年的 10.03 万亿元增加到 2022 年的 121.02 万亿元,极大地提高了人们的生活水平(见图 8-2)。与此同时,环境污染也伴随而生。尽管主要工业污染物排放量的增速低于同期 GDP 增速,但是其绝对量仍然不断增长。如工业二氧化硫排放量由 2000 年的 1995.09 万吨上升到 2006 年的 2588.80 万吨,随后逐年下降至 2022 年的 243.13 万吨(见图 8-3)。由此可见,中国在经济快速发展过程中存在过环境恶化的时期。虽然近几年环境恶化趋势有所遏制,但是总体来说中国环境污染问题依然严峻。

（单位：%）

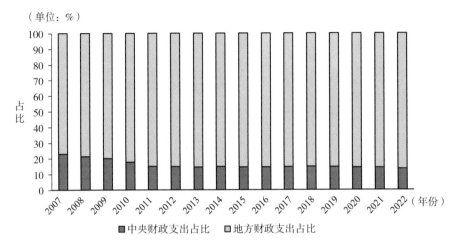

图 8-1　2007—2022 年中国地方财政支出、中央财政支出占全国财政支出的比重

资料来源：EPS 数据库。

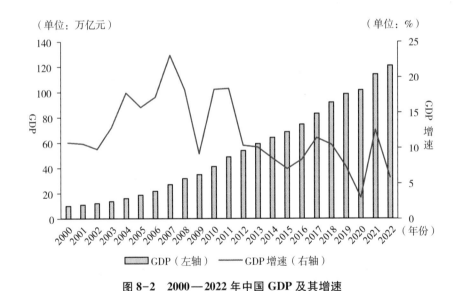

图 8-2　2000—2022 年中国 GDP 及其增速

资料来源：EPS 数据库。

　　针对上述环境与增长的两难冲突问题，中国政府已经日益关注环境治理，出台了一系列中央与地方环境政策与法规。如国务院发布《国务院关于落实科学发展观加强环境保护的决定》（2005 年）、《中华人民共

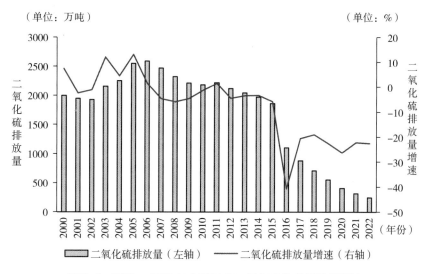

（单位：万吨）　　　　　　　　　　　　　（单位：%）

图 8-3　2000—2022 年中国工业二氧化硫排放量及其增速

资料来源：EPS 数据库。

和国可再生能源法》（2005 年）、《中华人民共和国节约能源法》（2007 年），修改《中华人民共和国水污染防治法》（2008 年）、《京津冀协同发展生态环境保护规划》（2015 年）等，习近平总书记在党的二十大报告中特别指出："我们要推进美丽中国建设，坚持山水林田湖草沙一体化保护和系统治理，统筹产业结构调整、污染治理、生态保护、应对气候变化，协同推进降碳、减污、扩绿、增长，推进生态优先、节约集约、绿色低碳发展。"①随着环境保护问题的重要性与日俱增。中国又把主要污染物的减排纳入约束性指标进行考核，并将减排总体目标在各省份之间进行分解，要求"各地区要切实承担对所辖地区环境质量的责任，实行严格的环保绩效考核、环境执法责任制和责任追究制"。由此可见，对环境污染物强度的控制显然成为地方政府执行环境规制的重要指标之一。

　　本部分以地区经济发展阶段为研究背景，通过理论分析，揭示地区环境规制和经济增长之间的内在机制和影响因素，为地方政府乃至国家经济与环境协调发展提供决策与参考。

----

　　① 《习近平著作选读》第一卷，人民出版社 2023 年版，第 41 页。

第二节　环境规制与区域经济增长的运行机理

一、影响区域经济增长的因素

区域经济增长理论和主流经济学的发展是一脉相承的,先后出现了传统地区经济增长理论和现代地区经济增长理论。传统地区经济增长理论主要指新古典区域经济增长理论和极化增长理论。新古典区域经济增长学派基本观点:地区经济增长源于地区的资本、劳动力及土地等生产要素的禀赋,以及地区之间要素报酬的差别将会通过要素流动趋向均衡,市场机制的作用最终会消除地区之间人均收入的差别,实现地区经济的均衡增长。① 其中,以索洛发表《对经济增长理论的贡献》论文最著名,以此作为新古典增长理论模型的研究起点。自此之后,一大批发展经济学家结合欠发达地区研究,提出罗森斯坦·罗丹的"临界最小努力命题"理论、"大推进"理论,纳克斯的"贫困恶性循环"理论等均衡增长的理论。由于区域均衡理论是建立在严格的假定基础上,与现实情况有一定距离。作为对该理论的批判,20 世纪 50 年代以佩鲁、缪尔达尔、郝希曼为代表的一批经济学家提出区域非均衡理论,他们强调自发的市场力量使区域发展的差别不是趋向缩小,而是扩大。由于经济落后地区的资本有限,不可能大规模地投向所有部门,要实现这些地区的经济增长,就只能集中资本投入到几类有带动性的部门,通过有带动性部门的经济优先发展,促使整个区域的经济得到增长。

随着收益递增—不完全竞争模型建模技巧的突破与推广,越来越多的学者运用规模报酬递增的生产函数和不完全竞争的假定来研究地区经济增长问题。其中,以新增长理论和新经济地理理论最为著名。(1)新增长理论以罗默、卢卡斯、杨小凯和诺斯为代表的经济学家们分别从技术

---

① 陈秀山、张启春:《转轨期间财政转移支付制度的区域均衡效应》,《中国人民大学学报》2003 年第 4 期。

变化、人力资本积累、分工演进和制度变迁的角度,提出了新的经济增长模型,使经济增长理论研究的侧重点和方向发生了转移。他们研究以技术进步内生化为主线,强调知识积累是经济增长的重要驱动力,也是经济增长的结果,二者循环互动、相互作用。(2)以克鲁格曼为代表的新经济地理学,采用收益递增—不完全竞争模型的建模技巧对空间经济结构与变化过程进行重新考察,说明了制造业企业倾向于将区位选择在市场需求大的地方,但大的市场需求又取决于制造业的分布,从而形成"中心—外围"空间格局。因此,他们用规模经济、外部性、聚集经济解释区域经济非均衡增长的因素与机制。

尽管涉及地区经济增长源泉的探讨众多,上述学派关于地区经济增长的研究已经形成较为广泛的共识。但是,在地方分权下环境规制对地区经济增长的影响并没有得到较多研究,至于环境规制对经济增长的影响效果如何未定。因此,接下来,我们阐述两者之间的运行机理。

二、环境规制与区域经济增长的作用机理

在文献综述中,我们已经涉及新古典与波特假说分别阐述环境规制"不利说"与"有利说"。在这一节中我们将重点阐述两种学说的内在运行机理。

(一)环境规制阻碍区域经济增长

我们遵循古典经济学的研究思路,说明环境规制对企业成本的影响。在没有环境规制约束条件下:

$$C(Q) = TVC(Q) + TFC(Q) \tag{8.1}$$

其中,$TVC(Q)$ 为可变成本,$TFC(Q)$ 为固定成本。

$$AC(Q) = AVC(Q) + AFC(Q) \tag{8.2}$$

其中,$AC(Q)$ 为平均成本,$AVC(Q)$ 为平均可变成本,$AFC(Q)$ 为平均固定成本。

$$MC(Q) = \lim_{\Delta Q \to 0} \frac{\Delta C(Q)}{Q} \tag{8.3}$$

$MC(Q)$ 为边际成本。

当政府采取污染防治措施使企业污染排放量减少,在一定技术水平下,排污量在一定程度上与产量呈正向关系,所以政府环境排放标准可以看成产量的函数,则有:

$$TVC_e(Q) = \beta Q \tag{8.4}$$

其中,$TVC_e(Q)$ 为企业的污染治理成本函数,它属于可变成本,β 为污染排放量与产出之间的比例。

所以,$C(Q)' = TVC(Q)' + TFC(Q) = [TVC(Q) + TVC_e(Q)] + TFC(Q)$ \hfill (8.5)

$$AC(Q)' = \frac{TVC(Q)' + TFC(Q)}{Q} = [AVC(Q) + \beta)] + AFC(Q) \tag{8.6}$$

$$MC(Q)' = MC(Q) + \beta \tag{8.7}$$

因此,在环境规制约束下,总成本曲线、平均成本曲线、边际成本曲线均上移 β 个单位。由此可见,在信息完全条件下,其他条件保持不变,厂商从事成本最小化的决策行为。一旦面临严格的环境规制,企业的间接成本与直接成本将增加,从而伤害企业的竞争力。

(二)环境规制促进区域经济增长

波特假说讨论了厂商面对高度不完全的信息和瞬息万变的环境(技术、产品、生产以及市场需求)时追求利润最大化的决策行为。经由严格的环境规制,将刺激厂商进行创新活动,产生成本抵消效果,有利于经济增长、经济竞争力的提升。其运行机理在于创新补偿和市场先发优势两条路径。

波特(Porter)认为"创新补偿"以产品补偿和过程补偿的方式,不仅影响了产品自身,而且影响了其相关生产过程。在某种程度上,创新补偿可能超过遵循成本,提高企业生产率,提升其产品的竞争力。另一个实现途径则是依靠先动优势。当环境规制正预见并反映了环境保护的趋势时,该地区企业就可能从率先实行的管制中获竞争优势。获得先动优势的企业能主动引进技术创新,而无须受到环境规制的约束;可以用新产品实行市场渗透,从而阻止竞争对手的进入。

因此,政府恰当设计的环境规制可以激发被规制企业创新,产生效率收益。相对不受规制的企业,可能会导致绝对竞争优势的产生。由此,环境规制通过刺激创新可对本国企业的国际竞争力产生正面影响。

(三)经济增长的空间异质性

技术溢出的根源在于知识的外部性。知识从本质上来讲,它是非竞争性和只有部分排他性。非竞争性使增加知识使用者导致的边际成本基本可以忽略。公共领域的一般性知识不具有排他性,即使受知识产权保护的私有领域的专业化知识,也不能完全拒绝其他研究者或生产者学习他们的思想。以马歇尔(MAR)外部性为代表,可以看作技术进步的溢出效应的雏形。基本观点:企业的新技术既能促进本企业生产具有排他性的产品,也能溢出到其他企业并促进这些企业的创新,这些创新的技术知识又会溢出,从而形成不间断的企业间相互知识溢出,使创新收益递增。

然而,基于内生增长理论的马歇尔效应的研究并没有研究技术溢出的空间特征。也就是说,他们没有区分或者考虑全域知识溢出与局域知识溢出的差异在创新及经济增长中的影响。但是,新经济地理学的动态模型将知识空间溢出和经济集聚联系起来,对内生经济增长理论进行了扩展。克鲁格曼(Krugman)借用萨缪尔森(Samuelson)提出的"冰山交易"技术作为处理运输成本的手段,来解释经济空间的异质性,着重强调动态积累过程。

目前已有研究虽然对上述问题均有不同程度的研究,但是主要集中在环境规制与经济增长的关系探讨,或者在地方政府环境规制的竞争形态的识别上,因此,本章研究的目的,正是希望在前人研究的基础上,以地区经济发展阶段为研究背景,以动态性为本质特征,建立一个含有环境规制、空间溢出与经济增长的统一系统的理论分析框架,以此来系统考察环境规制与地区经济增长的内在机制和影响因素。

第三节　沿海地区生态环境承载力的综合评价

综合承载力概念是起源于生态学研究领域中的一个概念,在区域经济研究中常用于研究某地区的发展限制程度,也就是承载能力。马尔萨斯(Malthus)的《人口原理》被认为是承载力研究的起点,此后很长一段时间,人口的增长并未带来比较严重的城市发展问题,承载力的研究便很少得到关注。第二次世界大战结束后,随着经济的发展和人口的急速增长,资源环境矛盾开始显现,承载力问题研究重新引起学界的广泛关注。在城市承载力方面,国外学者的研究较少。21世纪初城市综合承载能力的概念被提出后,研究成果数量大幅增加。大多数学者就城市某一方面的承载力进行研究,有交通环境承载力问题[1],不同地区的水资源承载力问题[2],还有从生态环境角度[3]、产业角度[4]对地区承载力进行研究,以及从土地视角研究承载力[5]。关于综合承载力的研究,国内学者也有比较多的涉及,主要是城市或者城市群的综合承载力。如刘惠敏[6]研究了长江三角洲城市群的动态变化规律,孔凡文等[7]提出了城市综合承载力的测算思路,程广斌等[8]通过构建综合承载力指标体系比较分析了西北城市

① 卫振林、申金升、徐一飞:《交通环境容量与交通环境承载力的探讨》,《经济地理》1997年第1期。

② 姜文超、龙腾锐:《水资源承载力理论在城市规划中的应用》,《城市规划》2003年第7期。朱一中、夏军、王纲胜:《张掖地区水资源承载力多目标情景决策》,《地理研究》2005年第5期。叶龙浩、周丰、郭怀成:《基于水环境承载力的沁河流域系统优化调控》,《地理研究》2013年第6期。李姣、严定容:《湖南省及洞庭湖区重点城市水环境承载力研究》,《经济地理》2013年第10期。

③ 向秀容、潘韬、吴绍洪:《基于生态足迹的天山北坡经济带生态承载力评价与预测》,《地理研究》2016年第5期。石敏俊、李元杰、张晓玲:《基于环境承载力的京津冀雾霾治理政策效果评估》,《中国人口·资源与环境》2017年第9期。

④ 李俊杰、马楠:《产业资源相对承载力视角下民族地区产业发展与经济增长路径研究》,《中国人口·资源与环境》2017年第3期。

⑤ 祝秀芝、李宪文、贾克敬:《上海市土地综合承载力的系统动力学研究》,《中国土地科学》2014年第2期。刘蕾、周策、张永芳:《京津冀协同发展视阈下土地综合承载力地区分异研究》,《广西社会科学》2016年第5期。

⑥ 刘惠敏:《长江三角洲城市群综合承载力的时空分异研究》,《中国软科学》2011年第10期。

⑦ 孔凡文、刘亚臣、常春光:《城市综合承载力的内涵及测算思路》,《城市问题》2012年第1期。

⑧ 程广斌、申立敬:《天山北坡城市群城市综合承载力评价》,《中国沙漠》2015年第5期。

群的综合承载力,姜豪和陈灿平①研究了成都的城市综合承载力,刘晶和林琳②分析了长江生态经济区的城市群综合承载力,王振坡等③评价了京津冀城市群的综合承载力。上述研究为丰富和完善城市综合承载力的理论和实践奠定了重要基础。

一、生态环境承载力的指标体系

根据城市综合承载力含义,它是一个由资源承载力、环境和生态系统承载力、城市基础设施承载力、社会资源承载力等组成的一个复杂的系统。上述因素的共同作用影响着一个城市的发展。本章基于指标选取的科学性、可行性、完整性和层次性等原则④,考虑到本部分主要研究生态环境承载力状况,筛选出如表8-1所示的10项指标,随着指标数值的增大,有利于提升城市生态环境承载力的指标设定为正指标,不利于提升城市生态环境承载力的指标设定为负指标。研究数据主要来源于《中国城市统计年鉴》《中国区域统计年鉴》《中国城市建设年鉴》相关省份的统计年鉴以及国民经济与社会发展统计公报。绝大部分数据是统计资料中的原始数据,部分缺失值采用多重插值补漏法填充。

生态环境是城市存在和发展的支持系统,城市的所有活动莫不与环境系统息息相关。指标的选取主要从两个方面着手:一是污染物的处理能力,即净化能力;二是绿化率,反映的是环境恢复的能力。

---

① 姜豪、陈灿平:《城市综合承载力研究——以成都为例》,《软科学》2016年第12期。
② 刘晶、林琳:《长江生态经济区城市群综合承载力的实证分析》,《统计与决策》2018年第17期。
③ 王振坡、朱丹、王丽艳:《区域协同下京津冀城市群城市综合承载力评价》,《首都经济贸易大学学报》2018年第6期。
④ Sun C., Chen L., Tian Y., "Study on the Urban State Carrying Capacity for Unbalanced Sustainable Development Regions: Evidence from the Yangtze River Economic Belt", *Ecological Indicators*, No.89, 2018.

表8-1 沿海地区生态环境承载力指标体系

类别	代码	指标	指标类型
生态环境承载力	X1	人均污废水排放量	−
	X2	人均工业粉尘排放	−
	X3	人均工业二氧化硫排放	−
	X4	人均工业氮氧化物排放	−
	X5	生活垃圾无害化处理率	+
	X6	一般固体废弃物综合利用率	+
	X7	污水处理厂集中处理率	+
	X8	可吸入细颗粒物年平均浓度	−
	X9	人均绿地面积	+
	X10	建成区绿化覆盖率	+

资料来源:笔者自行绘制。

城市生态环境承载力的评估主要包含无量纲标准化、确定权重以及指标估计三个步骤。

第一步:城市生态环境承载力指数评估的第一步是进行无量纲标准化,以消除因不同类型的基本指标产生的数据污染问题。对于"正指标"组,数据通过公式(8.8)转换:

$$x_{ij}^* = [x_{ij} - \min(x_j)]/[\max(x_j) - \min(x_j)](i = 1,2,\cdots,t; j = 1,2,\cdots,p)$$

$$(8.8)$$

对于"负指标"组,数据通过公式(8.2)转换:

$$x_{ij}^* = [\max(x_j) - x_{ij}]/[\max(x_j) - \min(x_j)](i = 1,2,\cdots,t; j = 1,2,\cdots,p)$$

$$(8.9)$$

需要注意,x_{ij}^* 表示城市 i 中指标 j 的标准化值;$\min(x_j)$ 和 $\max(x_j)$ 分别表示沿海地区所有城市中指标 j 的最小值和最大值。经过无量纲标准化的过程,每个指标的值都在[0,1]内,不同的基本指标具有一致性和可比性。

第二步:采用改良熵方法(IEM)计算各指标的相对权重,基于信息熵

理论,根据信息量提供的数据确定指标权重,具有相对客观和预测性。接下来,通过无量纲标准化来确定权重。计算方法如下:

$$p_{ij} = x_{ij}^* \sum_{i=1}^{I} x_{ij}^* \tag{8.10}$$

$$g_j = 1 + (1/\ln I) \sum_{i=1}^{I} p_{ij} \ln p_{ij} \tag{8.11}$$

$$w_j = g_j \sum_{j=1}^{J} g_j \tag{8.12}$$

其中,p_{ij} 表示 i 城市在指标 j 中的占比,g_j 表示指标 j 的熵值,w_j 表示指标 j 的权重。

第三步:构建城市生态环境承载力评价模型。用多目标线性求和法计算城市生态环境承载力及其子系统的估计值。

$$UC\ Cenv_i = \sum_{j}^{J} x_{ij}^* w_j (j = 1, 2, 3, \cdots, J) \tag{8.13}$$

其中,$UC\ Cenv_i$ 是城市 i 的生态承载能力值。

二、沿海地区生态环境承载力的量化分析

(一)沿海地区生态环境承载力总体态势

图 8-4 展现了沿海地区生态环境承载力在 2017—2021 年的变化趋势。从总体上看,该时期内沿海地区生态环境承载力的变化呈下降趋势,2017 年超过 86,2018 年有所下降,2021 年持续下降为 76.4。总体上看,沿海地区生态环境承载力下降的趋势不仅没有得到缓解,还呈现加速下降态势。沿海地区 12 个省份存在较为严峻的环境问题,在经济快速发展的同时应当做好生态环境的保护,深入贯彻"绿水青山就是金山银山"的绿色发展理念,推动本地区产业转型升级,持续淘汰高污染高能耗企业行业。从提高生态环境承载力方面着手,以满足人民日益增长的物质文化需要。以解决生态环境突出问题为导向,更加注重内涵发展。

(二)沿海地区省会(首府)城市生态环境承载力时空分异

省会(首府)城市是省级行政单元的政治与经济中心,聚集了本地区最高比例的人口与经济活动,其生态综合承载力表示在未来城市发展过

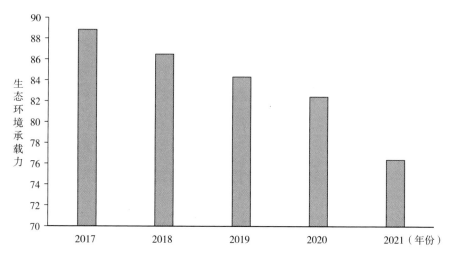

图 8-4 2017—2021 年沿海地区生态环境承载力总体态势

资料来源:根据《中国城市统计年鉴》《中国区域统计年鉴》《中国城市建设年鉴》制作。

程中能够承载的人口与经济活动的潜力。表 8-2 展示了 2017—2021 年沿海地区省会(首府)城市生态环境综合承载力的得分值。从大的区域范围来看,南方城市排名更为靠前,北方的北京、天津、沈阳、石家庄和济南均处于中等偏下的水平,特别是天津与石家庄在 12 个省会(首府)城市中排在最后 2 位。南方的城市表现较为亮眼,其中排名前 4 的城市海口、广州、福州和南宁均为南方城市。但是从时间趋势上看,除广州外,其余城市生态环境承载力从 2017—2021 年均有不同程度的下降,其中沈阳下降值最大,为 0.16。

表 8-2 沿海地区省会(首府)城市生态综合承载力

城市	2017 年	2019 年	2021 年
海口	0.86	0.78	0.72
广州	0.85	0.83	0.85
福州	0.80	0.76	0.69
南宁	0.78	0.75	0.68
北京	0.77	0.73	0.72
沈阳	0.77	0.68	0.61

城市	2017 年	2019 年	2021 年
上海	0.77	0.72	0.62
南京	0.73	0.71	0.68
济南	0.73	0.69	0.62
杭州	0.73	0.72	0.68
天津	0.72	0.66	0.58
石家庄	0.71	0.64	0.59

资料来源:根据《中国城市统计年鉴》《中国区域统计年鉴》《中国城市建设年鉴》制作。

(三)沿海地区普通地级市生态环境承载力时空分异

沿海地区包含中国华北、华东、华南的大部分地区,地区间经济、社会、文化差异显著。表8-3展示了沿海地区117个地级市的生态环境承载力。从排名的总体情况来看,华南地区和华东地区的各城市得分值较高,华北地区靠后,这也与实际发展情况相匹配。特别的,处于海南的三亚、海口等城市排名较为靠前,广东的茂名、广州、汕头等城市也有较高的生态环境承载力值,排在靠后的多为河北、山东与辽宁的城市,其中三沙由于原始数据缺失较为严重,得分值的科学性不足。从绝对值来看,得分最高的城市能达到等分最低城市的近2倍,即中国沿海地区城市在生态环境承载力上存在较为严重的分化,区域间差异明显。

表 8-3　沿海地区 117 个地级市的生态环境承载力

城市	2017 年	2019 年	2021 年	城市	2017 年	2019 年	2021 年
三亚	0.89	0.82	0.79	菏泽	0.74	0.71	0.63
威海	0.88	0.87	0.88	揭阳	0.74	0.67	0.68
茂名	0.87	0.84	0.80	宁波	0.74	0.71	0.66
海口	0.86	0.78	0.72	锦州	0.74	0.69	0.63
梅州	0.85	0.80	0.80	厦门	0.74	0.78	0.73
广州	0.85	0.83	0.85	朝阳	0.74	0.59	0.58
汕头	0.85	0.81	0.76	梧州	0.74	0.67	0.64
汕尾	0.84	0.81	0.71	徐州	0.74	0.70	0.66

城市	2017 年	2019 年	2021 年	城市	2017 年	2019 年	2021 年
温州	0.84	0.80	0.71	南京	0.73	0.71	0.68
玉林	0.84	0.66	0.68	济南	0.73	0.69	0.62
儋州	0.84	0.82	0.76	杭州	0.73	0.72	0.68
南平	0.84	0.80	0.73	盘锦	0.73	0.70	0.61
舟山	0.84	0.80	0.74	贵港	0.73	0.77	0.67
湛江	0.83	0.81	0.77	云浮	0.73	0.73	0.69
台州	0.82	0.80	0.74	铁岭	0.73	0.67	0.52
南通	0.82	0.80	0.77	绍兴	0.73	0.75	0.69
钦州	0.82	0.77	0.69	来宾	0.72	0.65	0.59
深圳	0.82	0.75	0.73	丹东	0.72	0.71	0.53
莆田	0.82	0.79	0.76	邯郸	0.72	0.63	0.57
北海	0.81	0.74	0.66	天津	0.72	0.66	0.58
泰安	0.81	0.79	0.76	韶关	0.72	0.69	0.70
惠州	0.81	0.74	0.70	邢台	0.72	0.70	0.79
福州	0.80	0.76	0.69	大连	0.72	0.72	0.63
泉州	0.80	0.77	0.71	肇庆	0.72	0.76	0.71
贺州	0.80	0.78	0.71	张家口	0.71	0.57	0.58
扬州	0.80	0.75	0.72	潍坊	0.71	0.67	0.61
江门	0.80	0.78	0.77	湖州	0.71	0.71	0.68
河源	0.79	0.76	0.71	佛山	0.71	0.73	0.72
龙岩	0.79	0.77	0.68	嘉兴	0.71	0.72	0.65
丽水	0.79	0.77	0.70	石家庄	0.71	0.64	0.59
清远	0.79	0.73	0.67	阜新	0.70	0.54	0.57
宁德	0.79	0.71	0.68	日照	0.70	0.70	0.62
珠海	0.79	0.80	0.79	衢州	0.69	0.71	0.68
金华	0.79	0.75	0.67	秦皇岛	0.69	0.66	0.61
桂林	0.79	0.76	0.69	崇左	0.68	0.69	0.68
潮州	0.79	0.75	0.34	柳州	0.68	0.67	0.61
南宁	0.78	0.75	0.68	防城港	0.68	0.65	0.70
漳州	0.78	0.75	0.68	常州	0.67	0.62	0.56
连云港	0.78	0.73	0.68	承德	0.67	0.58	0.60

续表

城市	2017 年	2019 年	2021 年	城市	2017 年	2019 年	2021 年
盐城	0.78	0.75	0.70	河池	0.67	0.65	0.63
济宁	0.78	0.75	0.68	聊城	0.66	0.60	0.57
淮安	0.77	0.73	0.68	保定	0.64	0.64	0.59
北京	0.77	0.73	0.72	无锡	0.64	0.62	0.60
沧州	0.77	0.70	0.62	百色	0.62	0.55	0.52
沈阳	0.77	0.68	0.61	淄博	0.62	0.61	0.62
上海	0.77	0.72	0.62	营口	0.62	0.51	0.42
三明	0.77	0.73	0.67	东营	0.62	0.72	0.71
葫芦岛	0.77	0.67	0.61	苏州	0.61	0.60	0.54
烟台	0.76	0.71	0.70	辽阳	0.61	0.56	0.54
中山	0.76	0.62	0.72	滨州	0.56	0.57	0.60
临沂	0.76	0.73	0.67	抚顺	0.55	0.52	0.51
衡水	0.76	0.67	0.62	莱芜	0.55	0.58	0.21
廊坊	0.76	0.72	0.68	东莞	0.55	0.63	0.68
宿迁	0.76	0.68	0.64	鞍山	0.54	0.45	0.44
阳江	0.76	0.75	0.82	唐山	0.51	0.46	0.44
德州	0.76	0.72	0.67	本溪	0.49	0.43	0.40
镇江	0.75	0.74	0.69	青岛	0.42	0.80	0.73
泰州	0.75	0.72	0.68	三沙	0.24	0.28	0.23
枣庄	0.75	0.71	0.62				

资料来源:根据《中国城市统计年鉴》《中国区域统计年鉴》《中国城市建设年鉴》制作。

　　从空间上看,2017—2021 年城市生态环境承载力自南向北呈现出梯度下降的趋势,总体而言,南部各市的城市生态环境承载力普遍较高,呈现"南高北低"的情况。直辖市、省会(首府)城市基本上都是该区域城市生态环境承载力最高的地区,如北京、天津是京津冀城市群的高点,石家庄、济南、南京、杭州是各省份的高点。总体来说,从空间分异上看沿海地区的城市生态环境承载力呈现"南高北低""省会(首府)高周边低"的格局。从时间演变上看,不同城市表现出较大的差异化,省会(首府)城市均保持较高水平。地级市方面,虽然本地区生态环境承载力总体较低,但是局部存在较高的情况,如河北的南部城市、山东东部部分城市、辽宁的南部部分城市。但是从时间的推移上看,除个别城市外,绝大部分城市2021年的生态环境承载力低于2017年。总之,从时间演变上看,存在城市间的分化情况,但是从总体上看,大部分城市的生态承载力呈现持续下降的态势,只有较少部分城市出现上升的情况。

第四节　沿海地区提高生态环境质量的政策建议

一、基本观点和主要结论

本章通过理论分析和实证研究,基本观点和主要结论如下:

实施严格的环境规制强度,导致工业经济增长速度放缓。在理论分析中发现,在不考虑技术创新条件下,环境规制将构成企业生产成本之一,不利于地区经济增长。因此,各级政府应该结合地区经济发展所处阶段,合理妥善地运用环境规制手段,适度提高环境规制门槛。加强环境规制手段,如何刺激企业创新激励,成为实现经济增长和环境保护双赢的关键所在。

地区间经济增长具有正向的空间溢出效应。并且,不同地区经济活动的空间溢出作用大小不同,取决于空间权重矩阵结构形态。因此,需要充分发挥政府和市场的双重功能,加强地区间在经济发展合作与交流,建立跨地区、跨行业的长效环境污染治理合作机制,降低地区工业企业环境治理的成本和风险。尤其欠发达地区可以通过接受发达地区经济辐射、技术传播与转移,加快使用新技术的速度,迈入集约型的技术进步的行列,促进地区经济协调发展。

生态环境度量指标空间差异大,主要表现为正向指标"南高北低",负向指标"北高南低"。总体来看,沿海地区生态环境承载力呈下降趋势,空间上北方水资源短缺,且污染物排放总量高,南方生态承载力高于北方。

二、优化环境规制助力沿海地区高质量发展的政策建议

为优化环境规制,助力沿海地区高质量发展,本章提出了以下政策建议:

第一,推进科学的环保政绩考核体制。落实科学发展观,构建和谐社会,要求各级领导干部树立可持续发展观念和环境保护意识,因此考核官员的环保责任已经成为区域经济管理的重要手段。以 GDP 为核心的政绩考核,不利于区域的环境保护,阻碍地区优势的发挥和区域经济发展的转型。因此,推进地区行政官员政绩考核体制的改革,不再以 GDP 为唯一的考核指标,而是建立具有综合指标的考核体系。要突出环境保护绩效在区域经济发展中的地位,可以考虑将节能减排绩效考核作为对地方政府官员选拔任用的重要考评指标,以此促进节能减排等经济发展的约束性目标的实现,并在考核的具体环节上将环保绩效的评估具体化。

第二,加强环境法治化管理和公众对环境保护的参与。到目前为止,中国颁布了不计其数的环境保护法律和规章制度,已经形成较为完备的环境管理体系。但是,随着工业化与城镇化的不断深入推进,环境法规的适用对象和适用范围均有所改变,这种变化对现行环境保护法律和法规提出了与时俱进的具体要求。为适应新的发展阶段,完善现有环境法律法规的各个行政机关执法的具体范围,防止环境法规执行过程中权利边界模糊带来的行政冲突和消耗,应加强部门间的协同和合作。在环境影响评价法上,要加强司法权在环境影响评价中的地位;要积极鼓励公众参与环境保护,有效发挥非政府组织的作用,推行行政公务公开,行政执法的法律依据、执法程序、执法结果等一律向社会公布,保障公众的环境知情权。对涉及公众环境权益的政策出台和重大建设项目的环境影响评价,要听取公众的意见。适时地调整和完善环境法规标准,健全绿色认证、环保标准等产品规范,保护先进的生产能力,淘汰落后的生产能力。

第三,大力推行环境税制度。在全球大力倡导低碳经济,并且随着以经济合作与发展组织成员的大力推行,环境税已经成为这些成员政府的主要税种之一,对引导资源合理配置、调整经济结构起到至关重要作用。

我们建议环境税制度应与现有税费体制相融合,参照能源增值税、特殊能源税制度,逐步提高对传统的高污染高排放行业的税率,合理调整能源价格中的税款比例,达到节能减排的目的。增加对使用可再生能源的税收优惠,使征收与使用、惩罚与鼓励有机结合,使这项税收的制度安排尽可能完善。要根据经济发展情况实行地区差别性税率,中心城市和沿海地区经济发展水平较高,环境税的征收就应当有较高的标准,同时需要配套相应的税收返还机制,以鼓励企业将更多的资金投入到环保当中去。中西部资源依赖型地区在环境税征收的初期阶段可以设立较低的税率,但需要有逐年提升的制度安排,配以政府财政补贴机制相结合。此外,可参照欧美国家实践经验,建立相应的污染治理和环境保护的专项基金,通过专项基金的使用来强化环境治理的物质基础。

第四,实施地区差异化的环境规制政策。由于地区经济发展不平衡性的影响,环境问题具有区域性和跨区域性的特点。与中国区域经济发展水平呈现出的"东高西低"的格局相对应,环境污染却呈现出"东低西高"格局,中央政府采取差异化的环境规制的政策工具手段势在必行。在经济发展水平较高的地区,或者城市规模较大的地区,加大实施环境保护的力度、加大企业清洁型技术推广力度,加快产业结构调整与升级。要更多地实施市场化的环境规制,更多鼓励地方政府和企业通过自愿减排而获得更多的政策性优惠。对于北方城市或者城市规模较小的地区,更多实施政府的强制性政策规制,要防止高污染行业的过度集中,同时政府也要有更多政策性环保资金的投入。另外,由于跨区域的环境和生态问题越来越严重,而规制不健全、管理机制缺失,使环境和生态纠纷时有发生,建立跨区域的环境规制政策已经成为当务之急。要打破现有行政区划的限制,建立跨地区环境保护合作组织,建立起具有规划权和调控权的跨区域的环境与生态管理机构,处理解决地方政府无法解决的跨界环境与生态问题。

第九章　深化沿海地区对外开放新格局

　　"十四五"规划纲要提出,鼓励东部地区更高层次参与国际经济合作和竞争,打造对外开放新优势,率先建立全方位开放型经济体系。长期以来,沿海地区凭借优越的区位优势、雄厚的对外开放基础以及利好的政策优势,是中国对外开放的窗口和高地。随着全球经济形势的变化,中国面临的外部环境正在发生着变革,作为中国对外开放高地的沿海地区要在不断变化的环境中积极融入国际经济体系,在全球分工体系中占据价值链的优势地位。首先,分析对外开放的理论基础,在理论层面阐述中国对外开放的必要性。其次,梳理中国沿海地区对外开放的演进历程,中国沿海地区对外开放经历了相对缓慢阶段、试点开放阶段、体制转换阶段、加速开放阶段直到全面开放阶段,对外开放深度和广度的增加体现了沿海地区参与全球经济的积极性。再次,从对外贸易、利用外资以及对外投资三个方面分析中国沿海地区对外开放的发展情况,总体来看,沿海地区对外开放的规模占中国总体的绝大部分,是中国对外开放的基本盘。从沿海地区内部来看,沿海北部地区对外开放水平不敌沿海中部地区和沿海南部地区。最后,从优化对外贸易结构、推进沿海地区节点城市和城市群建设以及加快自由贸易区建设三个方面提出推进沿海地区对外开放的政策建议。

第一节　对外开放的理论基础

一、古典贸易理论

　　关于国际贸易发生的原因与影响,最早是由英国古典学派经济学家在劳动价值学说的基础上,创立了绝对优势学说和比较优势学说。古典学派的劳动价值学说认为,劳动是唯一的生产要素,生产成本取决于劳动生产率,因此,劳动生产率就成为国际贸易的重要决定因素。从本质上讲,古典贸易理论是从技术差异的角度来解释国际贸易的起因,只不过当假设劳动力是唯一的生产要素时,生产技术差异就具体表现为劳动生产率差异。

(一)绝对优势理论

亚当·斯密在《国民财富的性质和原因的研究》一书中提出,扩大生产才能提高本国的生活水平,而生产的扩大最根本的动力是劳动生产率的不断提高,劳动生产率的提高又取决于社会分工——专业化的不断深化。简而言之,财富增加依赖于劳动分工。亚当·斯密进一步将其学说应用于国际贸易,认为国与国之间的贸易可以使每个国家的财富都得到增加。原因如下:国际贸易可以通过市场的拓展,将社会分工由国内延伸到国外,使国内分工转变为国际分工,从而社会分工范围的不断扩大,专业化程度不断提高、劳动生产率不断提高,最终促进财富增长。亚当·斯密实际上证明了国际贸易是实现专业化分工利益的重要途径,他的这一思想为自由贸易提供了有力的证据。同时,亚当·斯密还提出了绝对优势这一概念来解释国际贸易的基础。他认为贸易之所以发生,其基础在于各国生产成本存在绝对差异。

(二)比较优势理论

英国古典经济学家大卫·李嘉图在其1817年出版的著作《政治经济学及赋税原理》中提出了比较优势论。李嘉图指出,决定国际贸易的因素是两个国家的相对劳动成本,而不是生产这些商品所需要的绝对劳动成本。很显然,李嘉图的学说比斯密更进了一步。一个国家在各种产品的生产上,即使劳动成本皆高于其他国家,但只要在劳动投入量上有所不同,也可以进行贸易。每个国家只要比较劳动投入量的相对水平,即可决定比较利益之所在,进而决定贸易的方向。

李嘉图证明了成本条件的相对差异可以成为获得贸易利益的基础,但和斯密一样,他的理论仍集中在成本分析方面,而忽略了需求面的影响,所以无法分析利益在各国之间的分配问题。直到穆勒提出"相互需求理论",才正式将需求面的分析纳入李嘉图的比较优势理论中,回答了国家价格比率(贸易条件)是如何决定的这一问题。

二、新古典贸易理论

新古典贸易理论是在新古典经济学框架内建立的标准的贸易理论形式。新古典贸易理论是从新古典经济学的概念和前提出发,利用新古典的边际分析、均衡分析方法考察国际贸易问题

(一)要素禀赋理论(H—O 理论)

要素禀赋理论是由瑞典经济学家赫克歇尔(Heckscher)和俄林(Ohiln)提出的。在 1933 年出版的《地区间贸易与国际贸易》一书中,认为各国间要素禀赋的相对差异以及生产各种商品时利用这些要素的强度的差异是国际贸易的基础,强调生产商品需要不同的生产要素,如资本、土地等,而不仅仅是劳动力;不同的商品生产需要不同的生产要素配置。认为一国应该出口由本国相对充裕的生产要素所生产的产品,进口由本国相对稀缺的生产要素所生产的产品。简言之,劳动力丰富的国家出口劳动密集型商品,而进口资本密集型商品;相反,资本丰富的国家出口资本密集型商品,进口劳动密集型商品。相对要素丰裕度和相对要素价格之间的差异是比较优势的来源。

(二)要素价格均等化定理(H—O—S 定理)

要素价格均等化定理是俄林研究国际贸易对要素价格的影响而得出的著名结论。要素价格均等化定理认为,国际贸易会使各国同质要素获得相同的相对收入与绝对收入,即在一定条件下,国际贸易最终将导致各国的生产要素相对价格和绝对价格的均等化,国际贸易在一定程度上是国际要素流动的替代物。在开放经济中,国际间因生产要素自然禀赋不同而引起的生产要素价格差异将通过两条途径而逐步缩小,第一条途径是生产要素的国际移动,它导致要素价格的直接均等化;第二条途径是商品的国际移动,它导致要素价格的间接均等化。结论就是国际贸易最终会使所有生产要素在所有地区都趋于相等。需要强调的是,要素价格的

均等是以商品价格的均等为先决条件的。现实中,由于运输成本和一些贸易壁垒的存在,各国的商品价格难以达到一致,因此国际要素价格均等化在现实中一般难以实现。

三、现代贸易理论

(一)列昂惕夫之谜的提出

美国经济学家列昂惕夫(Leontief)利用 1947 年美国的投入—产出表,测算了美国进口和出口商品的要素含量,来验证 H—O 理论。在测算之前,他推断,与世界其他国家相比,美国应该是资本丰富的国家,依据 H—O 定理,美国应该出口资本密集型产品,而进口劳动密集型产品。经过测算之后,证明了美国出口劳动密集型产品,进口资本密集型产品,这一结构与 H—O 理论恰恰相反,故称为列昂惕夫之谜。

(二)列昂惕夫之谜的解释

列昂惕夫之谜引起了经济学家们的极大注意,经济学家们就此提出很多不同的解释。

列昂惕夫从有效劳动角度作出解释,由于各国的劳动者素质不同,在同样的资本配合下,美国的劳动生产率约为他国的 3 倍,因此若以他国作为衡量标准,则美国的有效劳动数量应该是现在的 3 倍。从有效劳动来看,美国应为(有效)劳动相对丰富的国家,而资本成了相对稀缺的要素,这样列昂惕夫之谜也就得到了相应的解释。

也有学者在要素禀赋理论框架下引入了人力资本这一因素。由于质量上的差异,一般劳动可区分为非熟练劳动和熟练劳动两类。其中熟练劳动指具有一定技能的劳动,这种技能不是先天具备的,而是后天通过教育、培训等方式积累的。由于这种后天的积累类似于物质资本的投资行为,所以也称后一类劳动为人力资本。这样,资本的含义就更加广泛了,既包括有形的物质资本,也包括无形的人力资本。在加入人力资本之后,列昂惕夫之谜也就得到了解释。美国经济学家凯南后来发现,美国的出口以物质资本加人力资本密集型的商品为主。

需求重叠理论是瑞典经济学家斯林德(Linder)于 1961 年在其论文《论

贸易和转变》中提出的。林德认为,国际贸易是国内贸易的延伸,产品的出口结构、流向及贸易量的大小决定于本国的需求偏好,而一国的需求偏好又决定于该国的平均收入水平。两国人均收入相同,需求偏好相似,两国间贸易范围可能最大,但如果人均收入水平相差较大,需求偏好相异,两国贸易则会存在障碍。同时本国需求推动生产所需产品技术的提高和成本的降低,从而扩大供给并使其成为出口产品。该理论的核心思想就是两国之间贸易关系的密切程度是由两国的需求结构与收入水平所决定的。

产品生命周期由经济学家维农(Vernon)提出,该理论试图从技术变化的角度解释国际贸易形态的动态变化特征。该理论认为,一种产品从生产者到消费者手里,需要多种不同的投入成本,比如研究与开发费用、资本和劳动投入、原材料、各类费用等。随着技术的变化,产品像生物一样经历诞生到衰老,完成一次循环。在产品周期的不同阶段,各种投入在成本中的相对重要性也将发生变化。由于各国在各种投入上的相对优势不同,因此各国在该产品的不同阶段是否拥有比较优势取决于各种投入在成本中的相对重要性。例如,资本在产品生产成本的某一阶段居支配地位,而资本又是某一国的相对丰富要素,那么该国在这一阶段就处于比较优势地位。产品生命周期理论将产品的发展过程划分为三个阶段:初始期、成长期和成熟期。在初始期,决定比较优势的因素主要是研究与开发;在成长期,决定比较优势的最重要因素是资本;在成熟期,决定比较优势的最重要因素是非熟练或半熟练的劳动力。

第二节　沿海地区对外开放的演进历程

新中国成立以来,中国的对外开放经历了不同的广度和深度时期。新中国成立后的前30年,中国通过大规模引进先进技术设备建立了现代产业体系。1978年改革开放之后,中国通过对外开放充分利用全球市场和资源,提高资源配置效率,实现了增长奇迹。沿海地区一直是中国对外开放的前排兵和桥头堡,在对外开放中担任着重要的角色,总体来看,经历了以下五个不同的阶段。

一、1949—1978 年：相对缓慢阶段

从新中国成立到改革开放，中国对外开放的主要形式是引进国外先进技术设备，建立起了新中国的现代产业体系。

20 世纪 50 年代，中国主要从苏联和东欧国家引进各种项目，"156 工程"是中国第一个五年计划（1953—1957 年）的核心项目，包括钢铁联合企业、有色冶金联合企业、大型煤矿、大型炼油厂、重型机器制造厂、汽车制造厂、大型水力火力发电站、电气技术和无线电技术企业等，以关系国计民生的重工业为主。

20 世纪 60 年代初期，中国与苏联的关系恶化，多数合作项目被搁置。中国开始把目光放在其他国家，从其他国家引进先进的设备和技术。1962—1966 年，中国从日本、英国、法国、意大利、联邦德国等国引进多项设备和技术，为中国的工业体系发展作出了有益补充。

20 世纪 70 年代，随着中美关系破冰、中日建交以及中国在联合国恢复合法席位，中国的外部环境明显好转，因此再次开启从国外引进先进设备和技术的计划。当时提出的"四三方案"，主要是为了解决人民群众的吃饭穿衣问题，拟用三至五年的时间从美国、联邦德国、法国、日本等西方发达国家，引进总价值为 43 亿美元的成套设备。"四三方案"也是中国继 50 年代引进苏联援助的"156 项工程"之后，第二个大规模的对外技术引进项目。这些重大引进项目几乎涵盖中国经济建设和生产中的薄弱环节，绝大多数为基础工业项目，生产技术基本上都达到了当时世界上较为先进的水平。到了 1982 年，这些项目全部实现了投产，为改革开放后中国国民经济的发展和人民生活水平的提高奠定了重要的物质技术基础。

在计划经济时期，中国沿海地区在对外开放方面并不占据绝对优势，因为引进的各种项目及其布局都是在中央调配的基础上进行的，各地区的工业布局相对比较均衡。

二、1979—1991 年：试点开放阶段

改革开放之后，中国对外开放进入了新阶段，在国家的大力支持下，

沿海地区设立了多种类型、多个数量的对外开放试点,沿海地区从此走上了对外开放的快车道。

(一)经济特区

1979年7月,中共中央、国务院同意在广东的深圳、珠海、汕头和福建的厦门试办出口特区。1980年5月,中共中央、国务院决定将深圳、珠海、汕头和厦门这四个出口特区改称为经济特区。1988年4月,设立海南经济特区。世界上多个国家都设立经济特区,在对外经济活动中采取较国内其他地区更加开放和灵活的特殊政策,以期达到扩大对外开放的目的。在中国,经济特区也实行多种特殊政策。在经济特区内,对国外投资者在设备、原材料、元器件等方面实施优惠条件,对公司所得税进行减免,对外汇结算和利润的汇出、土地使用、外商及其家属随员的居留和出入境手续等方面提供优惠条件。

经济特区是中国利用境外资金、技术、人才和管理经验来发展本国和本地经济的重要手段,在中国工业化、城市化和现代化进程中发挥了重要作用,成为中国实施区域经济发展战略的重要形式。经济特区在中国有重要的地位和作用,尤其是对外开放方面,经济特区发挥着重要的"窗口"作用。邓小平同志1984年在《办好经济特区,增加对外开放城市》一文中提出,"特区是个窗口,是技术的窗口,管理的窗口,知识的窗口,也是对外政策的窗口。从特区可以引进技术,获得知识,学到管理,管理也是知识。特区成为开放的基地,不仅在经济方面、培养人才方面使我们得到好处,而且会扩大我国的对外影响"。

(二)沿海开放城市

1984年5月,中共中央、国务院决定,进一步开放天津、上海、大连、秦皇岛、烟台、青岛、连云港、南通、宁波、温州、福州、广州、湛江和北海14个沿海港口城市为全国首批沿海开放城市(后来营口和威海分别在1985年和1988年批准为沿海开放城市,与上述14个城市一并为全国首批沿海开放城市)。沿海开放城市是沿海地区对外开放的,并在对外经济活动中实行经济特区的某些特殊政策的一系列港口城市,也是经济特区的延伸。这些沿海港口城市实行对外开放后,在扩大地方权限和给予外商投资者优惠方面,实行多项优惠政策和措施。放宽利用外资建设项目的审批权限。支持引进先进技术并利用外资改造老企业,在关税、进口工商统一税、企业所得税、生产计划等方面给予扶植政策。对中外合资、合作经营及外商独资企业,给予优惠待遇。增加外汇使用额度和外汇贷款等。

沿海开放城市交通条件便捷,工业基础雄厚,科教文卫水平较高,技术水平和管理水平也在全国处于前列,既有对外贸易开放的经验,也有对内协作发展的网络基础,是中国经济比较发达的地区。沿海地区城市实行对外开放,能够充分发挥区位优势和经济优势,更好地利用国外的资金、技术以及市场,推动现有企业进行技术改造升级,同时还能促进新产品和新技术的研发和诞生,提高在国际上的竞争力,促使这些城市从内向型经济转向外向型经济。从经济特区再到沿海开放城市,中国从南到北形成了一系列对外开放前沿阵地。

(三)沿海经济开放区

1985年,中共中央、国务院决定把长江三角洲、珠江三角洲和闽南厦门、漳州、泉州三角地区开辟为沿海经济开放区。1988年,国务院进一步扩大了长江三角洲、珠江三角洲和闽南三角洲地区经济开放区的范围,并把辽东半岛、山东半岛、环渤海地区的一些市县和沿海开放城市的所辖县列为沿海经济开放区。1992年,中共中央、国务院又决定对五个长江沿岸城市,东北、西南和西北地区13个边境市、县,11个内陆地区省会(首府)城市实行沿海开放城市的政策。

设立这些地区为经济开放区,扩大了中国对外开放的范围,增加了对外的影响力。沿海经济开发区既可以加快其自身的发展,也可以通过辐射效应带动内陆的发展,并使沿海与内陆形成优势互补、内外联动的发展局面,进而在中国初步形成"经济特区—沿海开放城市—沿海经济开放区—内陆"的梯度式推进格局。由此,多层次、全方位、宽领域的对外开放的新局面初步形成。

(四)经济技术开发区

中共中央、国务院在设立经济特区、沿海开放城市以及沿海开放经济区的同时,也在这些地区设立了多个经济技术开发区。1986年8月和

1988 年 8 月,先后批准将上海的闵行、虹桥和漕河泾开发区列为经济技术开发区。随后,又相继决定在珠江三角洲、闽南厦(门)、漳(州)、泉(州)三角地带、长江三角洲以及山东半岛、辽东半岛组建一系列经济技术开发区。截至 2021 年,中国共有国家级经济技术开发区 232 家。

经济技术开发区根据地区经济文化发展水平的不同,发展的侧重点有所不同,包括依托工业基础雄厚、工业门类齐全、经济科技水平较高的中心城市,发展尖端科技,建立新兴产业开发区。也有依托毗邻深水良港、航运发达的城市,沟通内外经济联系,发展进口和出口贸易的开发区。也有依托本地旅游资源,重点开发旅游业、商业、服务业等第三产业的开发区。也有依托本地的资源优势以及完备的投资环境,开展中外经济合作的开发区。总之,经过多年积极探索和不断发展,这些经济技术开发区已成为所在地区经济发展的新增长点和吸引外资的焦点,并在扩大开放、发展外向型经济、调整产业结构等方面起到了窗口、辐射、示范和带动作用。

三、1992—2000 年:体制转换阶段

1992 年,党的十四大明确提出中国改革开放的目的是建立"社会主义市场经济体制",并提出中国经济体制改革的目标是建立社会主义市场经济体制,使市场在社会主义国家宏观调控下对资源配置起基础性作用。同时阐明社会主义市场经济体制的本质要求是,我们的市场经济的性质是社会主义的,即中国的市场经济必须由社会主义基本制度来保证,国家宏观调控与市场机制作用二者相辅相成、相互促进,缺一不可。与社会主义市场经济相适应,对外开放的目标是发展开放型经济。1993 年党的十四届三中全会通过的《中共中央关于建立社会主义市场经济体制若干问题的决定》,提出了积极参与国际竞争与国际经济合作,发挥中国比较优势,发展开放型经济,使国内经济与国际经济实现互接互补。

建立社会主义市场经济体制,意味着中国从地区保护、行政垄断的经济发展模式向内外开放、平等竞争的经济发展模式转变。在计划经济体制下,经济发展按照行政区划和行政部门统一配置的方式进行,不但形成

了行政垄断,也形成了条块分割。市场经济体制的确立,意味着经济发展要求打破地区封锁和部门垄断,建立统一完整的市场体系。比较利益是国际贸易产生和发展的主要动力,也是市场经济国家发展到一定阶段必然要实行对外开放的主要动因。

四、2001—2012年:加速开放阶段

进入21世纪,中国对外开放的步伐越来越快,与国际经贸规则接轨,加快融入全球经济体系。

(一)加入世界贸易组织

世界贸易组织(WTO)是贸易体制的组织基础和法律基础,还是众多贸易协定的管理者、各成员贸易立法的监督者,以及为贸易提供解决争端和进行谈判的场所。世界贸易组织是当代最重要的国际经济组织之一,其成员之间的贸易额占世界的绝大部分比例,因此被称为"经济联合国"。加入世贸组织是中国改革开放进程中具有历史意义的重大事件,这是以江泽民同志为主要代表的中国共产党人,面对经济全球化趋势加快,从中国经济发展和改革开放需要出发作出的重大战略决策。中国经过13年的艰苦谈判和积极努力,终于在2001年12月成为世界贸易组织的第143个成员。

加入世界贸易组织加快了中国对外开放的历史进程,对改善中国发展的国际环境,促进中国经济体制市场化改革进程和经济发展发挥了极大的作用。经济全球化是世界经济发展的客观趋势和必然规律,这要求我们积极加入到经济全球化条件下的国际分工与合作,充分利用国际有利资源发展壮大自身,及时防范和控制可能出现的不利因素和风险。通过加入世贸组织,进一步加快完善社会主义市场经济体制的步伐,在更大范围和更深层次上实行改革开放,这为中国有效地参与经济全球化创造了重要的体制条件和政策保障。

(二)建立中国—东盟贸易自由区

为扩大与东盟国家的经济贸易往来,时任中国国务院总理朱镕基1999年在马尼拉召开的第三次中国—东盟领导人会议上提出,中国愿加

强与东盟自由贸易区的联系。2002 年 11 月,第六次中国—东盟领导人会议在柬埔寨首都金边举行,朱镕基总理和东盟 10 国领导人签署了《中国与东盟全面经济合作框架协议》,决定到 2010 年建成中国—东盟自由贸易区。这标志着中国—东盟建立自由贸易区的进程正式启动。《中国与东盟全面经济合作框架协议》提出了中国与东盟应加强和增进各缔约方之间的经济、贸易和投资合作;应促进货物和服务贸易,逐步实现货物和服务贸易自由化,创造透明、自由和便利的投资机制。此外,该协议为各缔约方进行更紧密的经济合作提供支持。

建立中国—东盟自由贸易区,是中国和东盟合作历程中历史性的一步。它充分反映了双方领导人加强睦邻友好关系的良好愿望,也体现了中国和东盟之间不断加强的经济联系,是中国与东盟关系发展中新的里程碑。中国—东盟自由贸易区的建成,将会创造一个拥有 18 亿消费者、近 2 万亿美元国内生产总值、1.2 万亿美元贸易总量的经济区。按人口算,这将是世界上最大的自由贸易区;从经济规模上看,将是仅次于欧盟和北美自由贸易区的全球第三大自由贸易区。由中国和东盟 10 国共创的世界第三大自由贸易区,是发展中国家组成的最大的自由贸易区。

五、2013 年至今:全面开放阶段

(一)"一带一路"倡议的提出

2013 年 9 月 7 日上午,中国国家主席习近平在哈萨克斯坦纳扎尔巴耶夫大学作重要演讲,提出共同建设"丝绸之路经济带"。"丝绸之路经济带"包括西北五省份的陕西、甘肃、青海、宁夏、新疆,以及西南四省份的重庆、四川、云南、广西,加强了中国与中西亚国家的联系,构筑了对外开放新格局。

2013 年 10 月,中国国家主席习近平在出访东南亚国家期间,提出共建"21 世纪海上丝绸之路"的重大倡议。"21 世纪海上丝绸之路"圈定上海、福建、广东、浙江、海南 5 省份,是国家对沿海地区对外开放的新构想。2015 年 3 月 28 日,国家发展改革委、外交部、商务部联合发布的《推动共建丝绸之路经济带和21 世纪海上丝绸之路的愿景与行动》对沿海地区对

外开放进行了系统规划。利用长三角、珠三角、海峡西岸、环渤海等经济区开放程度高、经济实力强、辐射带动作用大的优势,加快推进中国(上海)自由贸易试验区建设,支持福建建设 21 世纪海上丝绸之路核心区。充分发挥深圳前海、广州南沙、珠海横琴、福建平潭等开放合作区作用,打造粤港澳大湾区。推进浙江海洋经济发展示范区、福建海峡蓝色经济试验区和舟山群岛新区建设,加大海南国际旅游岛开发开放力度。加强上海、天津、宁波—舟山、广州、深圳、湛江、汕头、青岛、烟台、大连、福州、厦门、泉州、海口、三亚等沿海城市港口建设,强化上海、广州等国际枢纽机场功能。以扩大开放倒逼深层次改革,创新开放型经济体制机制,加大科技创新力度,形成参与和引领国际合作竞争新优势,成为"一带一路"特别是 21 世纪海上丝绸之路建设的排头兵和主力军。发挥海外侨胞以及香港、澳门特别行政区独特优势作用,积极参与和助力"一带一路"建设。2023 年 10 月 18 日,习近平总书记在第三届"一带一路"国际合作高峰论坛开幕式上发表了《建设开放包容、互联互通、共同发展的世界》的主旨演讲,宣布中国支持高质量共建"一带一路"的八项行动,"一带一路"倡议进入全新阶段。

(二)中国自由贸易试验区的设立

党的十七大把自由贸易区建设上升为国家战略,党的十八大提出要加快实施自由贸易区战略。党的十八届三中全会提出要以周边为基础加快实施自由贸易区战略,形成面向全球的高标准自由贸易区网络。自由贸易试验区是指在贸易和投资等方面比世贸组织有关规定更加优惠的贸易安排,在主权国家或地区的关境以外,划出特定的区域,准许外国商品豁免关税自由进出。

2013 年 9 月 27 日,国务院印发《中国(上海)自由贸易试验区总体方案》,中国(上海)自由贸易试验区正式成立,实施范围 28.78 平方千米,涵盖四个片区:外高桥保税区、外高桥保税物流园区、洋山保税港区和上海浦东机场综合保税区。建立中国(上海)自由贸易试验区,是党中央、国务院作出的重大决策,是深入贯彻党的十八大精神,在新形势下推进改革开放的重大举措,对加快政府职能转变、积极探索管理模式创新、促进贸易和投资便利化,为全面深化改革和扩大开放探索新途径、积累新经验,具有重要意义。中国(上海)自由贸易试验区建设是国家先行先试、深化改革、扩大开放的重大举措,为后来建立更多的自由贸易试验区积累了宝贵经验。建设中国(上海)自由贸易试验区,是顺应全球经贸发展新趋势,实行更加积极主动开放战略的一项重大举措。同时还有利于培育中国面向全球的竞争新优势,构建与各国合作发展的新平台,拓展经济增长的新空间,打造中国经济"升级版"。

2013年9月至2023年10月,中国已经多批次批准了22个自由贸易试验区,形成了东西南北中协调、陆海统筹的开放态势,中国对外开放达到新的历史阶段。22个自由贸易试验区的具体情况如表9-1所示。

表9-1 中国自由贸易试验区名单

名称	设立时间	面积(平方千米)	具体范围	所属板块
中国(上海)自由贸易试验区	2013年9月	120.72	保税区片区、陆家嘴片区、金桥片区、张江片区、世博片区	东部地区
中国(广东)自由贸易试验区	2015年4月	116.2	广州南沙新区片区、深圳前海蛇口片区、珠海横琴新区片区	东部地区
中国(天津)自由贸易试验区	2015年4月	119.9	天津港片区、天津机场片区、滨海新区中心商务片区	东部地区
中国(福建)自由贸易试验区	2015年4月	118.04	福州片区、厦门片区、平潭片区	东部地区
中国(辽宁)自由贸易试验区	2017年3月	119.89	沈阳片区、大连片区、营口片区	东北地区
中国(浙江)自由贸易试验区	2017年3月	119.95	宁波片区、杭州片区、金义片区	东部地区
中国(河南)自由贸易试验区	2017年3月	119.77	郑州片区、开封片区、洛阳片区	中部地区
中国(湖北)自由贸易试验区	2017年3月	120	武汉片区、宜昌片区、襄阳片区	中部地区
中国(重庆)自由贸易试验区	2017年3月	119.98	两江片区、西永片区、果园港片区	西部地区

续表

名称	设立时间	面积（平方千米）	具体范围	所属板块
中国（四川）自由贸易试验区	2017 年 3 月	119.99	成都天府新区片区、成都青白江铁路港片区、川南临港片区	西部地区
中国（陕西）自由贸易试验区	2017 年 3 月	119.95	西安中心片区、西安国际港务区片区、杨凌示范区片区	西部地区
中国（海南）自由贸易试验区	2018 年 10 月	33900	海南岛全岛	东部地区
中国（山东）自由贸易试验区	2019 年 8 月	119.98	济南片区、青岛片区、烟台片区	东部地区
中国（江苏）自由贸易试验区	2019 年 8 月	119.97	南京片区、苏州片区、连云港片区	东部地区
中国（广西）自由贸易试验区	2019 年 8 月	119.99	南宁片区、钦州港片区、崇左片区	西部地区
中国（河北）自由贸易试验区	2019 年 8 月	119.97	雄安片区、正定片区、曹妃甸片区、大兴机场片区	东部地区
中国（云南）自由贸易试验区	2019 年 8 月	119.86	昆明片区、红河片区、德宏片区	西部地区
中国（黑龙江）自由贸易试验区	2019 年 8 月	119.85	哈尔滨片区、黑河片区、绥芬河片区	东北地区
中国（北京）自由贸易试验区	2020 年 9 月	119.68	科技创新片区、国际商务服务片区、高端产业片区	东部地区
中国（湖南）自由贸易试验区	2020 年 9 月	119.76	长沙片区、岳阳片区、郴州片区	中部地区
中国（安徽）自由贸易试验区	2020 年 9 月	119.86	合肥片区、芜湖片区、蚌埠片区	中部地区
中国（新疆）自由贸易试验区	2023 年 10 月	179.66	乌鲁木齐片区、喀什片区、霍尔果斯片区	西部地区

资料来源：笔者自行整理。

第三节　沿海地区对外开放的发展态势

中国的对外开放经历不断扩大和深化发展的过程，目前形成全方位、多层次、宽领域的对外开放格局，其中沿海地区是中国对外开放的重要窗口和优秀示范。随着国际政治经济环境的变化以及国内开放发展的深入推进,沿海地区在对外贸易、利用外资、对外直接投资等方面均取得了较大发展。

一、沿海地区对外贸易发展情况

经济全球化背景下,随着全球分工的深化,对外贸易在一国经济中所占的比重不断增加,对外贸易在中国国民经济中的地位不断提高,已经成为国民经济的有机组成部分,是国民经济整体中不可缺少的重要环节。对外贸易可以充分优化一国的资源配置,实现互通有无,提高资源的使用效率。对外贸易可以充分吸收和引进世界上先进的产品和技术,增强本国的经济实力和科技水平。对外贸易可以使本国的企业直面国际市场的竞争压力和挑战,促使国内企业不断进行技术革新,提高产品的国际化水平。

如图 9-1 所示,从整体看,沿海地区的进出口规模逐年不断扩大,进出口总额在波动中呈现上升趋势。2013 年之前,沿海地区的进出口总额增长速度较快,2013 年之后增长速度放缓。分地区来看,沿海北部地区、

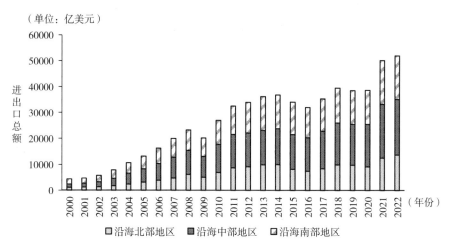

图 9-1　2000—2022 年沿海地区的进出口总额

资料来源:中国研究数据服务平台(CNRDS)。

中部地区、南部地区 2000—2022 年的进出口总额在波动中增加。具体而言,沿海北部地区的进出口总额占比较少,尽管沿海北部地区的行政区域最多,但是对外开放规模不如沿海中部、南部地区。沿海中部、南部地区进出口总额的规模大致相当,其中:沿海中部地区上海的进出口规模最大,江苏和浙江的进出口规模大致相当;沿海南部地区广东的进出口规模最大,其他三省份的进出口规模较小。

二、沿海地区利用外资发展情况

中国在改革开放之初,就出台多项政策积极吸引外资。随着外商投资规模的迅速扩大和投资领域的进一步扩宽,吸引外资对中国国民经济的促进作用越来越明显。吸引和利用外资有利于弥补国内建设资金的短缺,促进国内投资规模的不断增加,在宏观上促进中国经济增长,同时还能够缓解就业压力。中国利用外资经历了较长的发展过程。改革开放以来,中国引进外资工作取得了巨大成就,对外开放领域不断拓展,层次不断提升,总体来看,中国利用外资的规模在不断扩大。如图 9-2 所示,从外商投资企业数量来看,外商投资企业数量的波动较大,在波动中有所增长;实际使用外资总额稳步增长,2008 年之前的实际使用外资总额增长速较快,2008 年之后增长速度有所减缓,但总体上仍呈现不断增长趋势。2021 年,中国外商投资企业数量达到 17.96 万户,实际使用外资总额达到 179571.58 亿美元,规模居全球第二位,占全球外商直接投资总量的 10%以上。

分区域来看,中国四大板块在利用外资方面存在较大差距。如表 9-2 所示,2021 年东部地区、中部地区、西部地区、东北地区外商投资企业数量占比分别为 80.63%、8.17%、7.21%、3.99%,实际使用外资总额占比分别为 83.61%、6.34%、5.72%、4.33%。东部地区无论是外商投资企业数量还是实际使用外资总额都占据绝对优势,说明沿海地区是中国利用外资的排头兵。

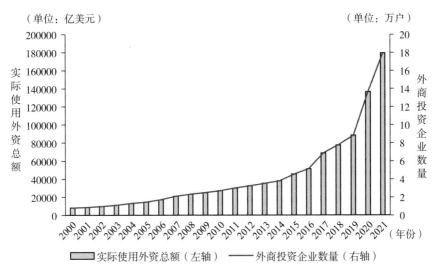

（单位：亿美元）　　　　　　　　　　　　　　　　　　（单位：万户）

图 9-2　2000—2021 年中国实际使用外资情况

资料来源：中国外资统计公报。

表 9-2　2021 年中国四大板块实际使用外资情况

地方名称	外商投资企业数量（万户）	比重（%）	实际使用外资总额（亿美元）	比重（%）
总计	663562	100	179571.5804	100
东部地区	535052	80.63	150141.6852	83.61
中部地区	54198	8.17	11391.6841	6.34
西部地区	47811	7.21	10264.013	5.72
东北地区	26501	3.99	7774.1981	4.33

资料来源：中国外资统计公报。

下面进一步聚焦沿海地区利用外资的发展历程。

从整体上看，如图 9-3 所示，在外商投资企业数量方面，沿海地区外商投资企业数量由 2000 年的 16.76 万户增加至 2008 年的 35.51 万户，在 2008 年国际金融危机的冲击下，2009 年略有下降，随后再次呈现增加态势。特别是 2013 年随着自由贸易试验区试点工作的展开，外商投资企业数量增速有所加快，2021 年已达到 55.14 万户。如图 9-4 所示，在实际利用外资金额方面，沿海地区实际利用外资金额由 2000 年的 6925.72 亿美元逐年攀升至2021年的154744.33亿美元,特别是2013年以来,增速有所加快,与外商投资企业数量的情况大体类似。

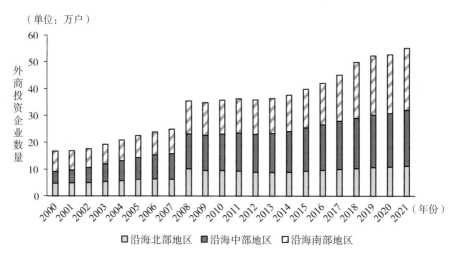

（单位：万户）

图9-3　2000—2021年沿海地区外商投资企业数量

资料来源:中国研究数据服务平台(CNRDS)。

从沿海地区内部来看,如图9-3所示,在外商投资企业数量方面,2000—2006年沿海南部地区的外商投资企业数量多于沿海中部地区,2006年沿海中部地区反超沿海南部地区之后,直到2018年沿海南部地区的外商投资企业数量才再次超过了沿海中部地区。由此可见,沿海中部、南部地区的外商投资企业数量相当,但两者均明显高于沿海北部地区,2021年沿海北部地区的外商投资企业数量大体是沿海中部、南部地区的50%。如图9-4所示,在实际利用外资金额方面,沿海北部地区、中部地区、南部地区实际利用外资金额分别从2000年的1918.34亿美元、2028.57亿美元、2978.80亿美元攀升至2021年的40673.04亿美元、33137.19亿美元、80934.10亿美元,跨境资金融通规模迅速扩大。

三、沿海地区对外投资发展情况

除了"引进来"之外,"走出去"也成为中国对外开放的重要战略手段。对外直接投资可以开辟新的产品市场,扩大销售规模。通过对外投

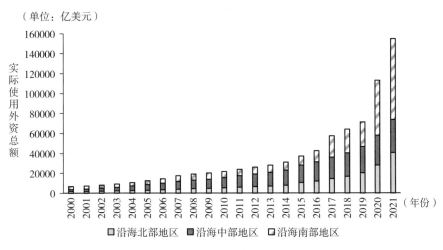

图 9-4 2000—2021 年沿海地区实际使用外资总额

资料来源：中国研究数据服务平台（CNRDS）。

资,企业可以在东道国获得更多的资源、原材料等,保证企业的能源、原材料等供应充足、成本低廉,较好地解决了企业生产经营中某些资源供应不足的问题。同时,对外投资还可以使企业获得先进的技术,提升企业的生产能力和生产效率,通过逆向技术溢出效应使母国企业获得更加先进的技术,从而提升整体的技术水平。对外投资也是获取经济信息的重要途径,在可行性调研、合资联营谈判、投资项目建设以及企业管理的过程中,可以通过各种途径获得多种对企业发展有利的信息,进而判断企业未来的发展方向。如图 9-5 所示,随着"走出去"战略的深入实施,中国对外直接投资规模越来越大,对外直接投资流量、存量分别由 2004 年的 45.25 亿美元、382.88 亿美元攀升至 2021 年的 642.91 亿美元、16343.51 亿美元,年均增长率达 16.89%、24.71%,跻身世界三大对外投资国。特别是 2020 年以来,在错综复杂的国际政治经济环境下,中国对外投资彰显出强劲的韧性,成为跨境资金流动的重要增长极。

随着对外直接投资的快速增长,2022 年中国境内投资者共在全球 190 个国家和地区设立境外企业 4.7 万家,近 60% 分布在亚洲,北美洲占 13%、欧洲占 10.2%、拉丁美洲占 7.9%、非洲占 7.1%、大洋洲占 2.6%。

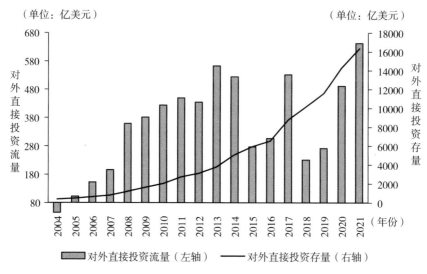

图 9-5 2004—2021 年中国对外直接投资情况

资料来源:中国对外直接投资统计公报。

其中,在共建"一带一路"国家设立境外企业 1.6 万家。中国对外投资实践呈现出以下新的特征:一是投资领域广泛。2022 年,中国对外直接投资涵盖了国民经济的 18 个行业大类,其中流向租赁和商务服务、制造、金融、批发零售、采矿、交通运输等领域的投资均超过百亿美元。二是地方企业对外投资持续活跃。2022 年中国对外非金融类投资流量中,地方企业 860.5 亿美元,占 61%,较上年提升 3.3 个百分点。其中,东部占比 77.3%。浙江、广东、上海列前三位。三是互利共赢助力经济发展。2022 年,境外企业向投资所在地纳税 750 亿美元,增长 35.1%。年末境外企业员工总数超 410 万人,其中雇用外方员工近 250 万人。当年对外投资带动货物进出口 2566 亿美元。非金融类境外企业实现销售收入 3.5 万亿美元,增长 14.4%。

下面进一步聚焦沿海地区对外投资的发展历程。

从整体上看,如图 9-6 所示,沿海地区对外直接投资 2003—2016 年发展速度较快,2017 年以来保持相对平稳的趋势。对外直接投资流量方面,沿海地区对外直接投资流量从 2004 年的 6.77 亿美元逐年增长至

2015 年的 791.92 亿美元,2016 年陡增至 1288.90 亿美元,随后下降到与
2016 年大体相当的水平。如图 9-7 所示,沿海地区对外直接投资存量
2004—2017 年保持较高的增长速度,自 2004 年的 58.46 亿美元扩容至
2017 年的 6285.43 亿美元,2017—2021 年虽有所增长,但增速有所放缓。

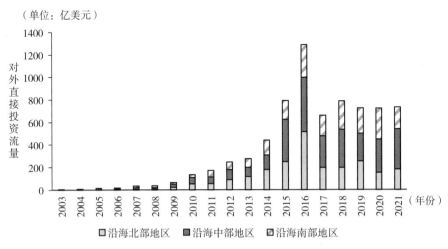

图 9-6 2003—2021 年沿海地区对外直接投资流量

资料来源:中国研究数据服务平台(CNRDS)。

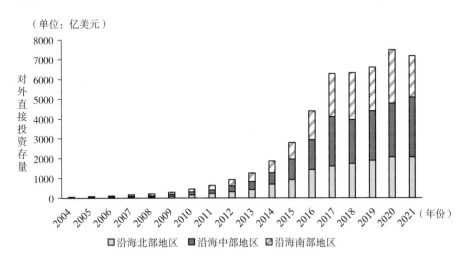

图 9-7 2004—2021 年沿海地区对外直接投资存量

资料来源:中国研究数据服务平台(CNRDS)。

从沿海地区内部来看,如图 9-6 所示,在对外直接投资流量方面,2003—2016 年沿海北部地区的对外直接投资流量高于沿海中部地区、南部地区。但总体看,随着"走出去"战略的深入落实,沿海各地区的对外直接投资流量渐趋均衡。2021 年,沿海北部、中部地区、南部地区的对外直接投资流量分别达到 183.43 亿美元、356.60 亿美元、191.75 亿美元。如图 9-7 所示,在对外直接投资存量方面,沿海北部地区、中部地区、南部地区的对外直接投资存量分别从 2004 年的 14.59 亿美元、19.19 亿美元、24.69 亿美元提升至 2021 年的 2074.91 亿美元、3023.45 亿美元、2084.21 亿美元,沿海中部地区总体高于沿海北部地区、南部地区。

第四节　促进沿海地区对外开放的政策建议

沿海地区作为中国对外开放的主要阵营和前沿阵地,促进沿海地区对外开放、建设开放型经济体制是新时代实现沿海地区高质量发展、实现社会主义现代化的应有之义。加大沿海地区对外开放力度,全面融入国际经济,需要进行以下几个方面改革。

一、优化对外贸易结构

调整进出口贸易结构,移步至国际分工价值链中高端。21 世纪以来,在劳动力供给减少、土地价格上涨等多重约束下,传统加工贸易的优势不再,沿海地区的对外贸易面临新的考验,如何在生产要素的制约下变革贸易结构是沿海地区对外开放最主要的问题。与此同时,沿海地区对外贸易也面临着新的外部环境。西方国家更加重视区域化的趋势,以保证自身经济贸易的实力范围。全球产业链条重新洗牌,产业链重构迫在眉睫。

为在经济全球化逆流中化危为机,沿海地区在发挥要素禀赋优势的同时,都应继续将积极有为的自主创新作为第一要务。2020 年 11 月,国务院办公厅印发《关于推进对外贸易创新发展的实施意见》指出,要以习近平新时代中国特色社会主义思想为指导,全面贯彻党的十九大和十九届二中、三中、四中、五中全会精神,坚持新发展理念,坚持以供给侧结构性改革为主线,坚定不移扩大对外开放,稳住外贸外资基本盘,稳定产业链供应链,进一步深化科技创新、制度创新、模式和业态创新。沿海地区要充分发挥区域内龙头企业的带动作用,在科技、制度、发展模式等方面推陈出新,提升产品价值,占据全球产业链的价值高端部分,提高对外贸易的质量。

二、推进沿海地区节点城市和城市群的建设

第一,继续壮大沿海地区对外开放节点城市,发挥中心城市的带动作用。沿海地区中心城市是扩大对外开放的重要窗口,依托沿海超大特大城市的要素集聚能力,充分吸引国外的生产要素,成为增长能力强的增长极。同时,沿海大城市的经济发展水平、产业结构水平、科技创新能力以及人才吸引能力等高于其他城市,在"走出去"方面的表现优于其他城市,2021 年中国对外直接投资者前 10 位中有 9 位是沿海地区的省份。充分利用沿海地区在对外贸易、吸引外资以及对外投资中的优势,巩固东部沿海地区和超大特大城市开放先导地位,推动沿海地区成为对外开放的新高地。沿海地区节点城市对外开放水平的不断提高,会辐射周围其他城市,最终形成多中心的对外开放新格局,形成全方位的高水平开放。

第二,加快沿海地区城市群的建设,提升城市群对外开放水平。城市群是随着工业化、城镇化发展到较高级阶段才出现的区域空间形态,能够产生巨大的集聚经济效益,是国民经济快速发展、现代化水平不断提高的标志之一。根据这种建立在集聚基础上的分工理论,城市作为产业和人口聚集的空间载体,其重要地位不言而喻。城市系统的发展和升级与产业发展及分工深化的过程紧密联系。随着产业分工系统的扩张,中心地演化为中心城市,中心城市再由单中心向多中心的城市区域或城市群方向发展,最终贸易与分工腹地会延伸至更广泛区域以及国际范围。推动城市群建设对实现对内对外一体化水平具有重要意义。外部一体化指城市群的对外开放水平,即城市群经济融入世界经济的能力,涉及国际贸易投资规则的一体化程度、外贸成本的降低、与外部经贸联系度等。借助全

球生产网络融入全球经济贸易体系,将本区域的商品销售到世界各地,塑造本地区的全球竞争优势。综合来看,就是将城市群建设成为联系国内市场与国际市场的枢纽与国内外各种要素和信息的汇集地。沿海地区集中着中国几个发展水平最高的城市,京津冀城市群、长三角城市群、珠三角城市群以及粤港澳大湾区等,占据中国对外开放的绝大部分比例。继续加快沿海地区城市群建设,提升城市群的经济发展水平、科技竞争优势、要素汇集能力以及全球通达能力,增强主要城市群的辐射能力,培育山东半岛城市、海峡西岸城市群、北部湾城市群等其他体量较小的城市群的对外开放水平,形成沿海地区全面对外开放新格局。

三、加快自由贸易区建设

加快自由贸易区建设,保障开放型经济行稳致远。为助力"引进来"与"走出去"高质量发展,中国开始了自由贸易试验区的建设。自 2013年上海自由贸易试验区设立以来,中国自由贸易试验区在政府职能调整、外商投资管理制度改革、贸易发展和监管方式转型升级、金融开放创新、法制环境建设等方面取得了重大进展,形成了一批体制机制创新成果,并得以在更大范围内复制推广,对深化改革、扩大开放产生了重要的推动作用。

稳步推进海南自由贸易港建设。建设自由贸易港是自由贸易试验区开放创新的进一步深化,是中国进一步打造开放高地的具体实践。建设海南贸易自由港,有利于进一步探索形成可复制可推广的经验,同时也有利于中国更加主动参与和推动经济全球化进程,发展更高层次的开放型经济,通过形成参与国际竞争合作的制度性新优势,进一步扩大开放领域来引领和推动经济全球化。以货物贸易"零关税"、服务贸易"既准入又准营"为方向推进贸易自由化便利化,大幅放宽市场准入,全面推行"极简审批"投资制度,开展跨境证券投融资改革试点和数据跨境传输安全管理试点,实施更加开放的人才、出入境、运输等政策,制定出台海南自由贸易港法,初步建立中国特色自由贸易港政策和制度体系。

第十章　完善沿海地区基本公共服务供给

　　共享互惠是助推更加公平、更高质量发展的关键举措。为在高质量发展的进程中促进社会公平正义,保证全体人民拥有更多的获得感,必须在"幼有所育、学有所教、劳有所得、病有所医、老有所养、住有所居、弱有所扶"七大领域不断取得新突破。在以人民为中心的发展思想指引下,沿海地区基本公共服务供给逐步扩大,经济发展的质量实现飞跃,具体表现为:(1)相比于内陆地区,沿海地区更早地将幼儿养育视作人力资本的长线投资,注重学前教育资源的合理配置、学前教育普及率攀升;(2)作为高等学校与科研院所的集聚地,沿海地区接受高等教育的人数稳步增加,在加速人力资本积累的同时,广大青年对科学文化知识的诉求得到满足,教育的正外部性较内陆地区更强;(3)随着沿海地区经济增长压舱石的地位不断巩固,居民可支配收入在总量及增速上均高于内陆地区,与中等发达经济体间的差距渐趋缩小;(4)为最大限度地保障人民身体健康,沿海地区加大了对医疗卫生基础设施的投入力度,人均医疗资源拥有量日益丰裕;(5)在人口红利消失的背景下,受老龄化冲击最为明显的沿海地区通过完善养老保险体系,基本上达到养老保险的全面覆盖,为内陆地区树立了良好典范;(6)沿海地区经济发展水平总体较高,住宅房屋售价高于内陆地区,但近年来在中央与沿海地区政府楼市调控政策的指导下,住宅房屋售价增速放缓,人民的基本住房需要正逐步得到满足;(7)沿海地区积极满足弱势群体在育儿、教育、就业、医疗、养老、住房等方面的基础性诉求,社会福利制度臻于完善。

第一节　沿海地区基本公共服务供给水平

一、沿海地区基本公共服务供给水平测度

（一）基本公共服务供给的指标体系

较多学者围绕基本公共服务领域展开了深入探讨，构建了基本公共服务供给水平指标体系，并研究了中国基本公共服务供给的时空演变。[①] 一些研究着眼于省（自治区、直辖市）内部或特定区域，研究了区域内基本公共服务供给的变动趋势。[②] 还有一些学者分析了基本公共服务与城镇化和经济发展之间的耦合协调关系，探索了促进基本公共服务与区域经济发展和城镇化协调发展的路径对策[③]，形成了较为丰富的成果。然而，现有研究缺乏对沿海地区的关注。沿海地区发展基础较好，经济发展水平相对较高，目前已经基本建立了较为完善的基本公共服务体系，随着沿海地区经济发展水平的不断提升，居民对改善基本公共服务供给的愿望将会更加强烈。研究沿海地区基本公共服务发展现状，有利于为改善和提高沿海地区基本公共服务水平提供理论支持。因此，本章研究沿海地区基本公共服务供给水平演化的时空特征，分析各地区基本公共服务供给的空间相关性以及区域差异的来源和变动，并利用耦合协调度模型计算沿海地区基本公共服

[①] 武力超、林子辰、关悦：《我国地区公共服务均等化的测度及影响因素研究》，《数量经济技术经济研究》2014 年第 8 期。辛冲冲、陈志勇：《中国基本公共服务供给水平分布动态、地区差异及收敛性》，《数量经济技术经济研究》2019 年第 8 期。李华、董艳玲：《中国基本公共服务均等化测度及趋势演进——基于高质量发展维度的研究》，《中国软科学》2020 年第 10 期。

[②] 范柏乃、傅衍、卞晓龙：《基本公共服务均等化测度及空间格局分析——以浙江省为例》，《华东经济管理》2015 年第 1 期。史卫东、赵林：《山东省基本公共服务质量测度及空间格局特征》，《经济地理》2015 年第 6 期。韩增林、朱珺、钟敬秋、闫晓露：《中国海岛县基本公共服务均等化时空特征及其演化机理》，《经济地理》2021 年第 2 期。

[③] 马慧强、王清：《中国地级以上城市经济发展与基本公共服务协调性空间格局》，《干旱区资源与环境》2016 年第 9 期。袁丹、欧向军、唐兆琪：《东部沿海人口城镇化与公共服务协调发展的空间特征及影响因素》，《经济地理》2017 年第 3 期。刘传明、张春梅、任启龙、宋佳、沈茜：《基本公共服务与经济发展互动耦合机制及时空特征——以江苏省 13 城市为例》，《经济地理》2019 年第 4 期。

务与经济发展的耦合协调水平,分析两者耦合协调互动关系变化的特征,梳理总结沿海地区基本公共服务存在的问题,并据此提出相关政策建议。

基本公共服务是由政府主导、保障全体公民生存和发展基本需要、与经济社会发展水平相适应的基本公共服务,但是在学术研究中基本公共服务的具体范围仍未得到统一。已有研究多从省份层面研究基本公共服务供给水平,不同学者设定的基本公共服务涵盖范围不同,涉及领域包括教育、文化、医疗、社会保障、基础设施、公共环境、公共安全、信息化等,但是大部分研究包括教育、医疗、文化和社会保障这四大方面。因此,考虑到现有研究进展和沿海地区城市层面数据的可得性,本章选取教育、文化、医疗卫生、社会保障这些较为基础的基本公共服务,构建沿海地区基本公共服务供给水平指标体系,具体内容见表10-1。

表 10-1　沿海地区基本公共服务供给水平测度指标体系

目标层	子系统	具体指标	属性	权重
基本公共服务供给	教育服务	普通高等学校师生比	+	0.0756
		小学师生比	+	0.0755
		万人普通高等学校数	+	0.0672
		万人财政教育支出	+	0.0687
	文化服务	每百人公共图书馆藏书量	+	0.0663
		每万人影剧院个数	+	0.0672
	医疗卫生	万人医院数	+	0.0717
		万人医院床位数	+	0.0735
		万人执业医师数	+	0.0732
	社会保障	人均社会保障财政支出	+	0.0691
		登记失业率	+	0.0721
		城镇职工基本养老保险参保率	+	0.0713
		城镇基本医疗保险参保率	+	0.0721
		失业保险参保率	+	0.0764

注:各指标权重根据熵权法计算,具体可参见下文。
资料来源:笔者自行绘制。

本章选取沿海地区城市层面2000—2021年数据进行研究,由于海南部分地级市数据缺失较多,我们未将其包括在本章的研究范围内,本章最终研究范围为沿海115个地级市。涉及的相关数据来源于《中国统计年鉴》《中国城市统计年鉴》和各省份历年统计年鉴,并对万人财政教育支出、人均社会保障财政支出等指标利用居民消费价格指数进行平减。

(二)基本公共服务供给指标权重设定

指标体系权重设定大致可以分为主观赋权法和客观赋权法两类。主观赋权法包括专家评分法、层次分析法等,利用经验知识等对各指标的相对重要性进行判断,确定各个指标的权重,能够较好地解决多目标复杂系统问题。客观赋权法包括主成分分析法、标准离差法、熵权法等,能够增强指标赋权的科学性和合理性,其中熵权法利用数据的离散程度等信息进行赋权,能够较好地解决指标间信息重叠问题,因此被广泛应用在现有研究中。[1] 对样本数据较为分散的指标,熵权法对其赋予更高的权重,因为该指标离散程度越大,说明与其他指标相比对总指标的影响越大。熵权法具体步骤如下:

第一,对指标进行标准化处理:

$$z_{tij} = (x_{tij} - x_{min}) / (x_{max} - x_{min}) \tag{10.1}$$

$$z_{tij} = (x_{max} - x_{tij}) / (x_{max} - x_{min}) \tag{10.2}$$

假设有 h 个年份、m 个城市、n 项评价指标,x_{tij} 代表第 t 个年份第 i 个城市的第 j 项指标,x_{max} 和 x_{min} 代表第 j 项评价指标中所有样本的最大值和最小值,z_{tij} 代表第 t 个年份第 i 个城市的第 j 项标准化后的指标,对正向指标采用式(10.1)进行计算,对负向指标采用式(10.2)进行计算。

第二,对指标进行归一化处理:

$$P_{tij} = \frac{Z_{tij}}{\sum\limits_{t=1}^{h} \sum\limits_{i=1}^{m} Z_{tij}} \tag{10.3}$$

第三,计算各项指标的熵值:

---

① 乔家君:《改进的熵值法在河南省可持续发展能力评估中的应用》,《资源科学》2004年第1期。

$$E_j = -k \sum_{t=1}^{h} \sum_{i=1}^{m} P_{tij} \ln P_{tij} \qquad (10.4)$$

其中，$k = 1/\ln(h \times m)$，熵值越小指标离散程度越大，说明指标越重要。

第四,计算各项指标的冗余度:

$$D_j = 1 - E_j \qquad (10.5)$$

第五,计算各项指标的权重:

$$W_j = \frac{D_j}{\sum_{j=1}^{n} D_j} \qquad (10.6)$$

最后,根据熵值法得到各项指标的权重,计算沿海地区基本公共服务整体水平。

二、沿海地区基本公共服务供给水平的时空演变

沿海地区基本公共服务整体供给水平显著提升,不同类型基本公共服务提升水平存在明显差异。本章计算了每年沿海地区城市的平均值,绘制了2000—2021年基本公共服务整体和子系统的变动情况,如图10-1所示。从该图中可以看出,除个别年份略微有所下降外,沿海地区基本公共服务供给水平整体不断上升,2021年基本公共服务整体供给水平约为2000年的1.52倍,年均增长率约为1.57%。从各子系统变动趋势来看,医疗卫生和社会保障提升水平最为明显,2021年医疗卫生和社会保障供给水平分别是2000年的2.02倍和1.57倍。这两个子系统呈现波动式增长,医疗卫生从2005年起增长速度开始提升,2017年明显降低;社会保障在2012—2015年经历了"增加—下降—增加—下降"的波动过程,此后呈现稳定增长态势。文化服务供给水平变动不明显,2000—2009年呈现波动下降趋势,此后略有增长,2021年文化服务供给水平仅略高于2000年。教育服务供给在2000—2009年缓慢增长,此后基本保持稳定。总体来看,近年来沿海地区综合服务水平有了明显提高,尤其是医疗卫生和社会保障方面提升较为明显,未来仍需继续提升文化服务和教育服务的供给水平。

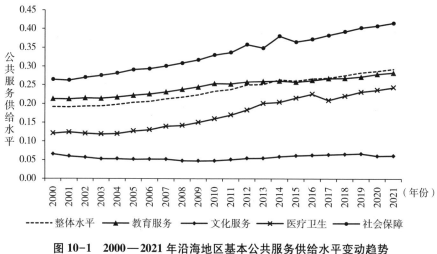

图 10-1　2000—2021 年沿海地区基本公共服务供给水平变动趋势

资料来源：根据《中国统计年鉴》《中国城市统计年鉴》制作。

　　基本公共服务各子系统发展不平衡,不同子系统贡献差距较大。如图 10-2 所示,从各子系统对基本公共服务整体供给水平的贡献来看,社会保障的占比最高,除 2000 年和 2001 年占比不足 50% 外,其他年份占比均在 50% 以上。教育服务占比也相对较大,但是整体呈现不断下降的趋势,占比已经由 2000 年的 31.85% 下降到 2021 年的 27.77%。医疗卫生占比呈现逐年上升趋势,由 2000 年的 13.77% 上升至 2021 年的 18.17%。文化服务占比最低,2000—2021 年占比均不足 5%,部分年份占比甚至低于 3%。沿海地区城镇化水平较高,近年来社会保障覆盖群体不断扩大,社会保障水平不断提高,在进入高质量发展阶段以后,应该更加重视教育供给数量和质量的提升,为沿海地区的发展提供充足的人才保障。

三、沿海地区省份基本公共服务供给水平

　　表 10-1 进一步展示了各省份 2000—2021 年基本公共服务供给水平的变动情况。从时间趋势上看,2000 年以来各省份供给水平均呈现增加趋势。其中,北京和上海增加幅度最大,2021 年供给水平分别比 2000 年高 0.2312 和 0.1824,年均增长率分别为 2.17% 和 2.06%。浙江和广东增

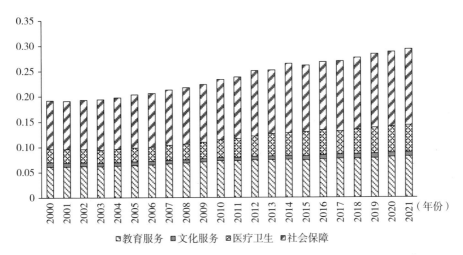

图 10-2 2000—2021 年沿海地区各子系统基本公共服务供给水平变动趋势

资料来源：根据《中国统计年鉴》《中国城市统计年鉴》制作。

长幅度也相对较大,2021 年供给水平比 2000 年增加 0.10 以上。辽宁、天津、广西和山东增幅相对较小,年增长率均不足 1.8%。从当前各省份供给水平来看,北京和上海属于第一梯队,明显高于其他各省份。海南由于较多城市数据缺失问题严重,因此只包括海口和三亚两个经济较为发达的城市,供给水平也相对较高,需要注意的是该数据不能代表海南整体基本公共服务供给水平。浙江、广东和江苏在发展初期供给水平较为接近,当前浙江略高于广东和江苏。天津在初期供给水平高于浙江、广东和江苏等省份,然而由于增长相对较慢,目前略低于江苏。辽宁、山东和福建基本公共服务供给水平较为接近,略低于天津。河北和广西在 2000 年基本公共服务供给水平最低,2021 年仍处于末位,基本公共服务供给水平亟待提升。

表 10-1 2000—2021 年各省份基本公共服务供给水平变动情况

省份 年份	辽宁	北京	天津	河北	山东	江苏	上海	浙江	福建	广东	广西
2000	0.1968	0.4045	0.2235	0.1641	0.1908	0.2010	0.3416	0.2053	0.1717	0.2013	0.1537
2001	0.1951	0.3963	0.2298	0.1668	0.1914	0.1988	0.3350	0.2019	0.1754	0.1977	0.1526

续表

年份 省份	辽宁	北京	天津	河北	山东	江苏	上海	浙江	福建	广东	广西
2002	0.1913	0.3924	0.2275	0.1699	0.1938	0.2040	0.3343	0.2003	0.1768	0.2064	0.1537
2003	0.1966	0.4020	0.2249	0.1720	0.1927	0.2051	0.3424	0.2049	0.1828	0.2060	0.1475
2004	0.1926	0.3902	0.2308	0.1733	0.1985	0.2111	0.3573	0.2096	0.1936	0.2052	0.1554
2005	0.2002	0.4162	0.2341	0.1775	0.1975	0.2158	0.3668	0.2153	0.1982	0.2127	0.1656
2006	0.2026	0.4245	0.2383	0.1812	0.1986	0.2201	0.3697	0.2217	0.2005	0.2207	0.1590
2007	0.2079	0.4277	0.2469	0.1865	0.2042	0.2229	0.3794	0.2257	0.2100	0.2334	0.1608
2008	0.2138	0.4344	0.2485	0.1891	0.2098	0.2245	0.3705	0.2264	0.2152	0.2419	0.1659
2009	0.2223	0.4637	0.2575	0.1917	0.2170	0.2286	0.3831	0.2347	0.2175	0.2518	0.1688
2010	0.2361	0.4862	0.2593	0.2024	0.2275	0.2317	0.3952	0.2427	0.2294	0.2639	0.1736
2011	0.2392	0.5026	0.2631	0.2106	0.2270	0.2385	0.4128	0.2501	0.2284	0.2720	0.1773
2012	0.2411	0.5251	0.2707	0.2109	0.2373	0.2601	0.4259	0.2617	0.2318	0.3018	0.1845
2013	0.2479	0.5455	0.2772	0.2171	0.2427	0.2564	0.4338	0.2719	0.2357	0.2866	0.1905
2014	0.2528	0.5471	0.2858	0.2222	0.2434	0.2736	0.4408	0.2918	0.2390	0.3233	0.1938
2015	0.2547	0.5698	0.2912	0.2234	0.2462	0.2712	0.4535	0.2925	0.2463	0.2974	0.1901
2016	0.2628	0.5706	0.2941	0.2298	0.2512	0.2793	0.4994	0.3029	0.2486	0.3027	0.1947
2017	0.2646	0.5879	0.2959	0.2313	0.2513	0.2778	0.5002	0.3131	0.2484	0.3058	0.1939
2018	0.2708	0.6020	0.2960	0.2401	0.2564	0.2899	0.5056	0.3245	0.2534	0.3068	0.2007
2019	0.2743	0.6178	0.2983	0.2451	0.2626	0.2989	0.5204	0.3370	0.2603	0.3142	0.2087
2020	0.2791	0.6226	0.3074	0.2465	0.2659	0.2969	0.5140	0.3288	0.2678	0.3339	0.2068
2021	0.2839	0.6357	0.3119	0.2509	0.2701	0.3023	0.5240	0.3361	0.2726	0.3411	0.2099

注:由于海南部分地区数据缺失较多,因此海南的数据只计算了三亚和海口的平均值,下同。

资料来源:根据《中国统计年鉴》《中国城市统计年鉴》制作。

　　沿海地区各省份子系统基本公共服务供给水平变动如图 10-3 所示。北京和上海在所有基本公共服务方面供给水平均位于前列,而河北和广西在所有基本公共服务方面基本位于末位。各省份教育服务和社会保障方面排名与整体水平一致,在文化服务方面差异较大。具体来看,辽宁在医疗卫生和社会保障方面表现较好,相较整体水平有一定提升,在文化服务方面表现较为落后。天津在文化服务方面排名较为靠前,增长趋势明显,但是 2021 年教育服务和医疗卫生与前期相比均有所下降。河北在文化服务方面位于各省份末位,医疗卫生相较整体水平排名靠前,但是教育服务水平自 2005 年以来没有明显增长。山东各子系统排名与整体较为一致,但是教育服务方面近年来未能实现增长。江苏在文化服务方面与 2000 年相比有所下降,相对整体水平排名下降明显,在其他服务方面表现较好。浙江在各项服务方面均仅次于上海,基本公共服务供给水平整体较好。福建在文化服务方面相较整体水平排名较为靠前,但是医疗卫生方面排名相对靠后。广东除文化服务外,在其他方面排名都仅次于浙江,文化服务供给水平仍需进一步提升。广西整体基本公共服务供给水平较低,除文化服务外各子系统基本公共服务水平均位于末位。

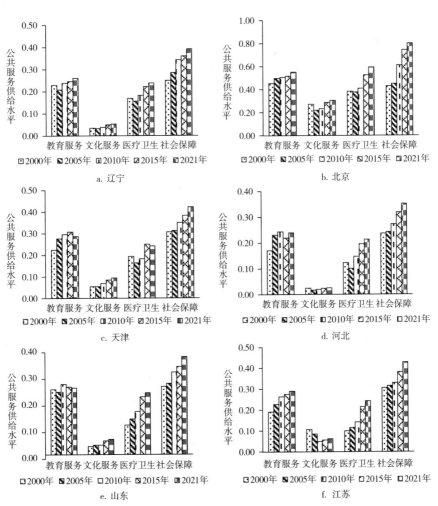

a. 辽宁

b. 北京

c. 天津

d. 河北

e. 山东

f. 江苏

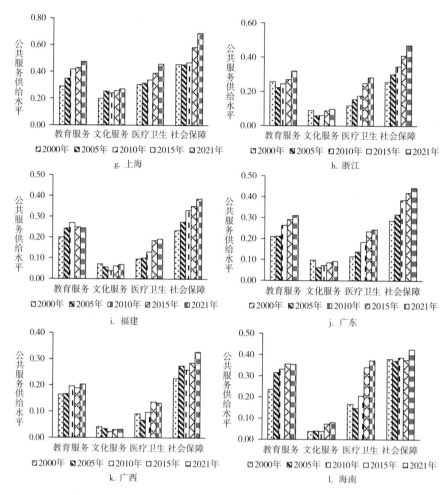

图 10-3　沿海地区各省份基本公共服务子系统变动情况（续）

资料来源：根据《中国统计年鉴》《中国城市统计年鉴》制作。

四、沿海地区基本公共服务供给水平空间相关性分析

沿海地区基本公共服务供给存在显著的空间差异，为了验证其空间相关性，本章参照现有研究通常做法，利用局部莫兰指数进行分析，公式如下：

$$I_{it} = \frac{x_{it} - \bar{x}_t}{\frac{1}{n}\sum (x_{it} - \bar{x}_{-t})^2} \sum_{j \neq i}^{n} w_{ij}(x_{it} - \bar{x}_t) \tag{10.7}$$

其中，I_{it} 为 i 市 t 年的莫兰指数，x_{it} 为 i 市 t 年的基本公共服务供给水平，$\bar{x}_t$ 为 t 年的各城市基本公共服务供给平均水平，w_{ij} 为空间权重值，n 为沿海地区城市数量。根据各城市自身和周边城市的基本公共服务供给水平，可以识别出空间集聚的四种区域类型：①HH 集聚区，即城市自身和周边城市公共服务水平均较高的区域；②HL 集聚区，即城市本身基本公共服务供给水平较高而周边城市较低的地区；③LH 集聚区，即城市本身基本公共服务供给水平较低而周边城市较高的地区；④LL 集聚区，即城市自身和周边城市基本公共服务水平均较低的区域。

表 10-2 展示了 2021 年不同城市基本公共服务供给水平的分布情况。整体来看，较多城市属于 HH 集聚区和 LL 集聚区，只有少数城市属于 LH 集聚区，没有城市属于 HL 集聚区，说明沿海地区基本公共服务供给水平空间集聚特征明显。其中，HH 集聚区主要位于长三角和珠三角等经济较为发达的地区，2021 年珠三角除肇庆外的所有城市均属于 HH 集聚区。这些地区自身基本公共服务供给水平较高，同时能够对周边地区产生良好的辐射带动作用。例如舟山，此前公共服务供给水平也较低，在长三角这些区域的带动下，2021 年也跃迁到 HH 集聚区。目前不存在 HL 集聚区。LH 集聚区城市的数量也相对较少，且总数在不断减少。2021 年，只有张家口、承德、南通、河源属于这种类型，这些城市与北京、上海距离较近，而北京、上海的基本公共服务供给水平在沿海地区城市中位于前列，这几个城市与北京、上海的差距仍然较大。较多城市属于 LL 集聚区，且 LL 集聚区包括的城市数量在不断增加，包括河北、山东部分偏向内陆的城市，江苏和广州的个别城市，以及广西的大部分地级市。2021 年 22 个 LL 集聚型城市中，11 个城市均属于广西，这些地区的基本公共服务供给水平与周边地区均较低，互相产生负向影响。石家庄在 2010 年和 2015 年均属于 HL 集聚区，由于其自身基本公共服务供给水平增长较慢，且其周边的邯郸、衡水和邢台都属于 LL 集聚区，最终导致石家庄在 2021 年也由 HL 集聚区落入 LL 集聚区。

表 10-2　2021 年沿海地区城市基本公共服务供给水平空间集聚特征分类

空间类型	城市名称
HH	上海、无锡、常州、苏州、嘉兴、湖州、绍兴、舟山、广州、深圳、珠海、佛山、东莞、中山、江门、惠州
HL	无
LH	张家口、承德、南通、河源
LL	石家庄、邯郸、衡水、徐州、连云港、枣庄、聊城、菏泽、汕头、茂名、梅州、南宁、柳州、梧州、北海、防城港、钦州、贵港、玉林、贺州、河池、来宾

资料来源:根据《中国统计年鉴》《中国城市统计年鉴》制作。

第二节　沿海地区基本公共服务供给的
空间差异及其来源

从沿海地区基本公共服务供给水平空间分布和各省份供给水平来看,沿海地区基本公共服务供给水平存在明显的空间差异。为了进一步探究沿海地区基本公共服务供给区域差异的来源和演变,本章将沿海地区划分为北部、中部和南部三个区域,利用空间基尼系数进行分解测算。其中北部包括辽宁、北京、天津、河北和山东,中部包括上海、江苏和浙江,南部包括广东、福建、广西和海南。

一、空间基尼系数及其分解

现有研究中对区域差异的衡量方法主要包括标准差、变异系数、加权变异系数、泰尔指数、基尼系数等,其中泰尔指数和基尼系数可以对区域差异进行再分解,得到区域内差异和区域间差异,更加深入探究区域差异的来源,因此应用更为广泛。然而泰尔指数分解仍然存在一些不足,该方法没有考虑研究样本的分布状况,样本之间的交叉重叠会导致分解结果存在偏差。达格姆(Dagum,1997)考虑样本分布和交叉重叠的问题,将衡量区域总体差距的基尼系数分解为区域内差距、区域间净值差距和超变密度三个部分,被众多学者应用于区域差距的问题研究中。在现有有关基本公共服务区域差距的研究中,学者们也采用这种方法揭示了区域基本公共服务供给差异的来源和演变。

二、沿海地区基本公共服务供给的总体及区域内差异

图 10-4 展示了 2000—2021 年沿海地区基本公共服务供给总体及区域差异的变动趋势。从图中可以看出,2000—2021 年沿海地区基本公共服务供给不平等程度呈上升趋势。2001—2003 年基尼系数上升较为明显,此后直到 2007 年每年均保持小幅增长,2008 年明显下降,2009—2012 年均保持了小幅增长态势。2013 年之后,基尼系数波动幅度增加,波动更为频繁,2014 年明显下降,2015 年和 2017 年增加较为显著,2018—2021 年又开始呈现明显的下降趋势。近年来,长三角和珠三角等沿海地区实现了快速发展,基本公共服务供给水平也稳步提高,而辽宁、广西、河北、海南等省(自治区)发展基础较为薄弱,近年来增速也相对较低,基本公共服务与沿海发达地区的差距逐渐拉大,沿海地区各城市间发展差距显著。

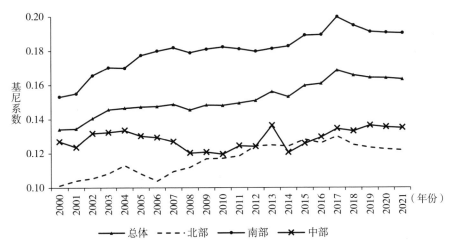

图 10-4　2000—2021 年沿海地区基本公共服务供给总体及区域差异的变动趋势

资料来源:根据《中国统计年鉴》《中国城市统计年鉴》制作。

分区域来看,南部沿海区域差距最大,中部和北部区域差距相对较低。南部沿海地区基尼系数变动趋势与总体水平基本保持一致,在观测

期间整体呈现上升趋势,从 2000 年的 0.1531 上升至 2021 年的 0.1531。中部沿海区域历年波动幅度较大,总体上经历了先下降后上升的过程,2005—2010 年存在缓慢下降趋势,2011 开始又总体呈逐步增长趋势。中部沿海地区基尼系数在 2010 年达到最小值为 0.1195,2021 年基尼系数为 0.1299。南部沿海地区整体呈现增长态势,2000—2004 年稳定增长,2005 年和 2006 年明显下降,此后从 2007 年起呈现缓慢增长趋势。2021 年南部沿海地区基尼系数为 0.2002。整体来看,中部沿海地区基尼系数变动趋势不明显,北部和南部沿海地区区域差异在波动中呈增加趋势。南部沿海地区包括珠三角等经济发达的城市,也包括广西等、海南等经济基础发展较为薄弱的地区,因此区域内部差距较大,而且随着粤港澳大湾区的发展,基本公共服务的水平不断提高,南部沿海地区区域内部差异可能会继续扩大。中部沿海地区由于只包括上海、浙江和江苏,因此区域差异相对较小,预计随着长三角都市圈的发展,区域内部基本公共服务均等化水平将提高,区域差异将会缩小。北部沿海地区除了北京和天津外,辽宁、河北和山东大部分城市发展水平较为接近,因此区域差异在三大区域中相对较小。

三、沿海地区基本公共服务供给的区域间差异

图 10-5 展示了 2000—2021 年沿海地区基本公共服务供给各区域间差异的变动趋势。南部—北部区域之间的差异呈现先波动上升后下降的过程,2000—2017 年处于波动上升阶段,2017—2019 年差异有所下降,2020—2021 年又有所扩大。中部—北部区域之间的差异呈现先上升后下降再波动上升的过程,2004 年之前基尼系数不断增加,2005—2010 年呈缓慢下降趋势,此后波动上升,2021 年区域间基尼系数为 0.1492。中部—南部区域之间的差异呈现平稳波动然后上升的过程,2000—2014 年两区域间基尼系数无明显变化趋势,从 2015 年开始基尼系数明显上升,2021 年区域间基尼系数为 0.1880。研究期内,基本公共服务区域间差异从高到低依次为中部—南部、南部—北部、中部—北部,基尼系数均值分别为 0.1720、0.1564 和 0.1341。从未来变

动趋势看,南部和北部间区域差异存在下降趋势,中部和北部间差异有继续上升的趋势。

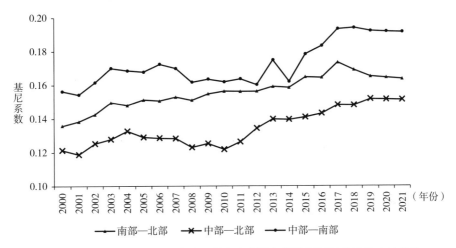

图 10-5　2000—2021 年沿海地区基本公共服务供给区域间差异的变动趋势
资料来源:根据《中国统计年鉴》《中国城市统计年鉴》制作。

四、沿海地区基本公共服务供给的差异来源及其贡献

图 10-6 展示了 2000—2021 年沿海地区基本公共服务供给地区差异来源及贡献率变动趋势。可以看出,沿海地区基本公共服务的地区差异主要来源于超变密度,其次是区域内差异,区域间差异对区域差异的贡献最低。由此说明沿海地区不同区域之间的交叉重叠部分是基本公共服务供给差异的主要来源,区域内差异对基本公共服务供给的差异也存在较大贡献,而区域间差距的影响最小。从变动趋势来看,超变密度贡献率先上升后下降,2021 年超变密度对总体差异的贡献在 51.24% 左右,且呈现不断下降的趋势。区域内差异贡献率变动整体较为稳定,变动幅度较小,2021 年贡献率为 33.91%。区域间差异贡献率变动幅度较大,呈现先下降后上升的趋势,自 2010 年以来增长趋势明显,2021 年贡献率为14.85%,按照当前变动趋势,区域间差异将接近甚至超过区域内差异的贡献。由于初期基本公共服务发展水平对后续发展有较大影响,而且区

域内部经济增长格局相对较为稳定,因此区域内差异对整体差异的贡献保持了长期稳定的趋势。随着区域间贡献率的不断上升,区域间基本公共服务供给差距需要引起重视。

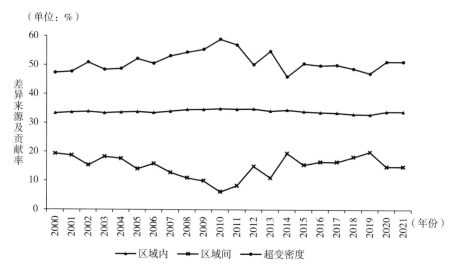

（单位:%）

图 10-6　2000—2021 年沿海地区基本公共服务供给地区差异来源及贡献率变动趋势
资料来源:根据《中国统计年鉴》《中国城市统计年鉴》制作。

第三节　沿海地区基本公共服务和经济发展耦合的时空特征

　　经济高质量发展是提供良好基本公共服务的基础,同时基本公共服务供给水平的提高也有助于促进经济发展。已有实证研究表明,经济发展能够推动基本公共服务的改善,公共服务供给水平对经济均衡发展有长期推动作用,两者之间存在互动耦合关系。[1] 然而,中国以往对地方政府的考核较为注重 GDP 增长,同时地方政府依赖基础设施的大量投资获

---

　　① 马慧强、王清:《中国地级以上城市经济发展与基本公共服务协调性空间格局》,《干旱区资源与环境》2016 年第 9 期。齐岳、秦阳:《城市群公共服务均等化与经济发展不平衡关系研究》,《统计与决策》2020 年第 21 期。周小刚、叶数红:《中国基本公共服务与经济发展的协调度测算》,《统计与决策》2020 年第 21 期。

得更多财政收入,忽视了教育、医疗、社会保障等民生服务水平的提高,这就导致中国基本公共服务的整体发展滞后于经济增长,两者之间存在一定的背离。因此,本部分进一步探究沿海地区基本公共服务与经济发展的互动耦合关系。

一、基本公共服务与经济发展的互动耦合机制

一方面,基本公共服务供给水平的提升能够促进经济发展。地方政府通过提供良好的教育和文化服务,能够提升居民智力资本,提高劳动力质量;通过提供良好的医疗卫生条件,能够提升居民健康资本,提高有效劳动力数量;通过提供完善的社会保障体系,能够解决人民后顾之忧,提高劳动力工作效率。同时,高素质劳动力的充足供给以及良好的社会保障体系能够加强资本的流入。不仅如此,在现有发展格局下,基本公共服务已经成为中心城市和城市群吸引发展要素的核心资源,能够有效促进人口、资金的流入。① 此外,基本公共服务能够提升居民生活幸福感和满足感,使人民共享发展成果,激发人民劳动积极性,提高劳动效率,促进形成信任合作的社会氛围,提高社会运转效率,降低交易成本。因此,良好的基本公共服务供给能够通过增加劳动力供给、提高劳动力素质、增加资本流入和提高劳动效率,有效促进经济增长。

另一方面,经济发展为基本公共服务水平的提高提供物质保证。基本公共服务的改善需要大量的资金投入,地方政府收入是资金的主要来源。经济发展水平的提高才能为政府提供充足的财政收入,同时通过转移支付政策加强对财政收入的调配,为经济发展水平较差地区提高基本公共服务供给水平提供资金支持。此外,经济发展水平的提高也会增加居民对基本公共服务的需求,经济发展水平的提高会推动城镇化进程的发展,大量人口进入城市将产生大量的基本公共服务需求,从而倒逼政府提高基本公共服务供给水平。

---

① 邓慧慧、薛熠、杨露鑫:《公共服务竞争、要素流动与区域经济新格局》,《财经研究》2021年第8期。

二、沿海地区基本公共服务和经济发展互动耦合水平测度

在经济发展水平指标方面,已有研究较多采用 GDP 或人均 GDP 进行衡量。为了综合反映经济的发展水平,本章选取人均 GDP、城镇居民人均可支配收入、农村居民人均纯收入、人均社会消费品零售总额等指标,利用上文提到的熵权法对各项指标进行赋权,得到经济发展水平评价指标。数据来源于 2001—2021 年《中国城市统计年鉴》,城镇人均可支配收入和农村居民人均纯收入来源于各省份历年统计年鉴,以及各地级市经济和社会发展统计公报,对缺失数值采用线性推测法进行补齐。

基本公共服务和经济发展耦合度计算公式如下:

$$C = \{U_1 \times U_2 / (U_1 + U_2)^2\}^{1/2} \tag{10.8}$$

其中,C 为耦合度,取值范围为 0—1,$U1$ 和 $U2$ 分别为基本公共服务供给水平和经济发展水平,C 越大表明两者关系越协调,越小表明两者关系存在失衡。

耦合协调度模型考虑了基本公共服务和经济发展的所处发展层次,相比耦合度模型能够更好地反映两者的整体协同效应,计算公式如下:

$$T = \alpha U_1 + \beta U_2 \tag{10.9}$$

$$D = \sqrt{C \times T} \tag{10.10}$$

其中,T 为综合协调指数,反映两个系统之间的整体协同水平,α 和 β 为待定系数,反映对不同系统的重视程度,在基本公共服务与经济发展的研究问题中,一般选择 $\alpha = \beta = 0.5$。D 为最终测度的耦合协调度,D 的取值范围为 0—1,D 越大意味着基本公共服务和经济发展系统之间的协调关系越好。

三、沿海地区基本公共服务和经济发展互动耦合时空演变

(一)时间特征分析

沿海地区基本公共服务和经济发展整体协调水平整体较好,研究期

内显著提升,中部沿海地区协调水平最高。图 10-7 展示了 2000—2021 年沿海地区整体及分区域的各城市耦合协调度平均值,从图中可以看出各区域耦合协调水平都呈增长态势。2021 年沿海地区整体耦合协调度为 0.55,相比 2000 年提高了 0.28,年均增长率为 3.51%,目前处于基本协调的阶段。值得注意的是,中部沿海地区与其他地区耦合协调度的差距在逐渐拉大,近 5 年中部、北部和南部沿海地区耦合协调度年均增长率分别为 2.59%、1.60% 和 2.41%。由于中部沿海地区的经济发展水平整体较高,因此有更多财政收入用于提高基本公共服务供给水平,两者能够达到较好的协同互动状态。北部和南部沿海地区大部分城市在初期基本公共服务供给水平较低,随着经济发展水平的提高,用于提高基本公共服务供给的资金支持逐渐增加,基本公共服务供给水平得到提高,对经济发展的制约作用减弱,目前呈现基本协调的发展状态。

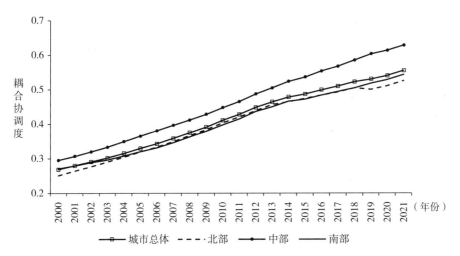

图 10-7　2000—2021 年沿海地区基本公共服务和经济发展耦合协调度变动趋势
资料来源:根据《中国统计年鉴》《中国城市统计年鉴》制作。

(二)空间分布特征分析

根据耦合协调度数值大小,将耦合协调情况分为五种类型:0—0.2 为严重失调阶段,0.2—0.4 为轻度失调阶段,0.4—0.6 为基本协调阶段,0.6—0.8 为良好协调阶段,0.8—1.0 为高度协调阶段,2000—2021

年各阶段城市数量分布如图 10-8 所示。从图中可以看出,研究期间城市耦合协调水平发生了较为显著的变化。2000 年有 13 个城市处于严重失调阶段,这些城市主要位于广西,还包括河北的张家口和沧州、辽宁的朝阳和阜新、江苏的宿迁和山东的菏泽,2001 年严重失调类城市减少至 4 个,只包括辽宁和广西的部分城市,2003 年已经不存在严重失调类城市。2000 年大多数城市处于轻度失调阶段,占全部城市数量的 83% 左右,2001 年和 2002 年较多处于严重失调阶段的城市步入轻度失调阶段,2002 年轻度失调城市数量占比提高到 94% 左右,此后随着越来越多的城市从轻度失调阶段步入基本协调阶段,轻度失调阶段城市占比不断减少,2011 年占比已经不足 50%,此后越来越多的轻度失调阶段城市进入基本协调或良好协调阶段,2018 年已经不存在轻度失调阶段城市。

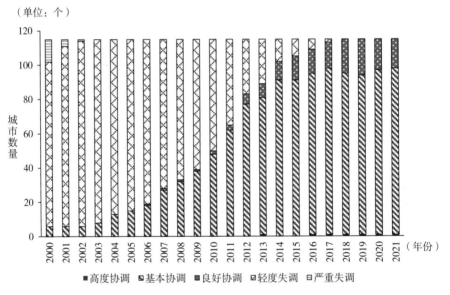

图 10-8 2000—2021 年沿海地区不同耦合阶段城市分布变动情况

资料来源:根据《中国统计年鉴》《中国城市统计年鉴》制作。

基本协调和良好协调阶段的城市数量逐渐增多,深圳已经进入高度协调发展阶段。2000 年只有北京,上海,广东的广州、深圳、东莞和珠海这 6 个城市处于基本协调状态,此后这一数量逐渐增多,2011 年占比过半数,达到54%左右,2016年起占比达到80%以上。深圳最早于2006年进入良好协调阶段,东莞于2010年进入该阶段,北京和上海分别于2011年和2012年进入良好协调阶段。2021年处于良好协调阶段的城市数量达到17个,除北京和上海外,主要包括浙江、江苏和广东的省会城市及周边核心城市。深圳最早于2013年进入高度协调阶段,且耦合协调度仍在不断增加,基本公共服务和经济发展实现互相促进、共同发展。

各城市耦合协调度差距明显,不同省份耦合协调状态存在一定差异。2021年耦合协调度前五名城市分别为深圳(0.84)、北京(0.79)、上海(0.76)、珠海(0.74)和东莞(0.74),后五名城市分别为贵港(0.42)、来宾(0.42)、揭阳(0.42)、贺州(0.43)和百色(0.43),耦合协调度最高的城市是最低城市的1.95倍,城市之间差异较大。分省份来看,广西、河北和辽宁的所有地级市均处于基本协调状态,福建和山东大部分城市处于基本协调阶段,少部分城市已经进入良好协调阶段,江苏的南京、苏州、无锡、常州已经进入良好协调阶段,其他9个城市处于基本协调阶段,而浙江除丽水、衢州、台州、温州处于基本协调阶段外,其他7个城市均处于良好协调状态,广东除了深圳处于高度协调状态外,广州、佛山、中山、东莞和珠海也已经进入良好协调状态,其他城市处于基本协调状态。

四、沿海地区基本公共服务和经济发展耦合协调度空间相关性分析

耦合协调度具有显著的空间相关性,呈现"集群"分布特征。为了进一步研究沿海地区基本公共服务和经济发展耦合协调的空间特征,本章计算了沿海地区全局莫兰指数和局部莫兰指数。2005年、2010年、2015年和2021年的全局莫兰指数分别为0.42、0.43、0.45和0.67,说明耦合协调度具有显著的空间正相关性,而且空间相关性在不断增强。局部莫兰指数计算结果如表10-3所示,沿海地区不存在HL型集聚区,大部分属于HH集聚区或LL集聚区,而且这两类集聚区的数量在不断增加。

表 10-3　沿海地区各城市基本公共服务和经济
发展耦合协调度空间集聚特征分类

空间类型	城市
HH	上海、南京、无锡、常州、苏州、南通、镇江、泰州、杭州、宁波、嘉兴、湖州、绍兴、金华、舟山、台州、广州、深圳、珠海、佛山、江门、惠州、东莞、中山
LH	张家口、承德
LL	石家庄、邯郸、邢台、衡水、徐州、枣庄、聊城、菏泽、汕头、茂名、梅州、揭阳、南宁、柳州、梧州、北海、防城港、钦州、贵港、玉林、贺州、河池、来宾

资料来源：根据《中国统计年鉴》《中国城市统计年鉴》制作。

整体来看，基本公共服务和经济发展耦合协调度基本已经形成由长三角城市群和珠三角城市群为主的 HH 集聚区，以及冀中中南和广西为主的 LL 集聚区。2005 年 HH 集聚区城市数量共有 21 个，2010 年、2015 年和 2021 年分别增加了无锡、泰州和杭州，说明以上海、南京和苏州为核心的城市对周边城市的辐射带动作用不断增强，而珠三角城市群中属于 HH 集聚区的城市基本没有变化，对肇庆和江门的带动作用不足。LL 集聚区城市变动相对较大，但是冀中南和广西大部分城市长期属于 LL 集聚区，而山东和江苏的部分城市集聚特征较不明显。

第四节　沿海地区优化基本公共
服务供给的政策建议

本章首先考虑教育、文化、医疗卫生和社会保障等方面构建沿海地区基本公共服务指标体系，利用熵权法对各个指标进行赋权，测度了整体及各子系统的基本公共服务供给水平；其次利用核密度分析方法等分析了沿海地区基本公共服务供给的时空演变进程，利用局部莫兰指数分析基本公共服务供给的空间相关特征；通过空间基尼系数及其分解揭示沿海各城市基本公共服务供给水平差异的来源；最后通过熵权法测度各个城市经济发展水平，利用耦合协调度模型分析沿海地区基本公共服务与经济发展互动耦合的典型特征。主要研究结论如下：

第一，沿海地区基本公共服务整体供给水平显著提升，但是教育、医疗卫生、文化和社会保障等基本公共服务不同子系统发展并不均衡,对基本公共服务整体供给水平的提升贡献不同,医疗卫生和社会保障服务发展较好,文化服务和教育服务的供给水平亟待提升。

第二,沿海地区基本公共服务供给不存在明显的梯度效应,各城市基本公共服务供给水平均不断提升,但是基本公共服务供给水平较高的城市提升速度大于其他地区,存在"强者越强"的马太效应。

第三,基本公共服务供给水平与经济发展水平紧密相关,经济发展状况较好的北京、上海以及长三角和珠三角的基本公共服务供给水平提升较快且整体水平较高,河北和广西基本公共服务供给水平仍长期处于末位,基本公共服务供给水平亟待提升。

第四,沿海地区基本公共服务供给不平等程度呈上升趋势,超变密度对地区差异的贡献最大,其次是区域内差异,区域间差异对区域差异的贡献最低。对区域内部差异,南部沿海区域差距最大,整体呈现增长态势;中部和北部区域差距相对较低。

根据本研究得到的主要结论,本章提出以下政策建议。

第一,加强顶层制度设计,巩固提升基本公共服务供给水平。尽管沿海地区整体基本公共服务供给水平得到提升,但是部分地区基本公共服务供给水平提升较慢,而且基本公共服务的改善需要花费较多的资金,与基础设施建设相比对经济发展的促进作用见效更慢,因此地方政府提升基本公共服务供给的激励不足。应当加强服务型政府建设,进一步完善政府绩效考核机制,将基本公共服务纳入政府绩效考核内容,激励地方政府通过引入多元主体、借助多元方式有效提升基本公共服务供给水平。此外,地方政府要通过制定基本公共服务规划,加强规划引导,系统梳理总结各地区基本公共服务的短板和薄弱环节,结合区域发展实际逐步提升基本公共服务供给水平。另外,要建立健全基本公共服务供给的监督考核机制,推进基本公共服务供给公示制度,加强政府运作公开度和透明度,充分保障民众监督权利。同时,完善基本公共服务信息监测和反馈,通过监督和检查促进基本公共服务规划的落实。

第二,优化调整基本公共服务供给结构,全面促进经济高质量发展。

沿海地区不同类型基本公共服务供给不均衡,教育和文化供给提升水平较慢,医疗卫生和社会保障供给水平相对较高且提升较为显著。基本公共服务各子系统之间并非是相互孤立、各自发展的状况,只有各子系统协调配合才能充分发挥基本公共服务对经济发展的促进作用,充分提升人民生活的幸福感和满足感。基本公共服务均等化的核心就在于赋予每个人公平发展的机会,教育公平是机会公平的重点内容,教育公平对于实现人的全面和自由发展至关重要。在当前经济高质量发展阶段,人力资本对推动经济发展的重要性日益增强。文化是增强民族自信、促进民族团结、促进高质量发展的核心支撑,随着生活水平的不断提高,人民群众对精神文化生活的需要日益增长,因此要注重加强提升基本公共文化服务供给水平,增强人民精神力量。

第三,加强区域一体化建设,缩小区域内部基本公共服务供给差距。基本公共服务供给空间基尼系数的分解结果表明,区域内差异是区域差异的重要来源,对区域差异的贡献甚至超过了区域间差异。因此,缩小区域内部基本公共服务供给水平差异,是推动基本公共服务区域均等化的重要措施。长三角和珠三角地区城市的基本公共服务供给水平均较高,为缩减区域内部差异提供了参考,这两大城市群的区域一体化程度也相对较高,中心城市的辐射带动作用相对较强,因此基本公共服务供给能够产生双向正向促进作用。京津冀城市群已经越过发展基础阶段,但是北京和天津的辐射带动能力较弱,没有能够充分带动城市群内部其他城市的发展,辽中南城市群、海峡西岸城市群、北部湾城市群仍处于发展初级阶段,发展基础相对较为薄弱。要通过都市圈的培育促进核心城市对周边城市的辐射带动作用,同时加强区域内部各城市之间的互动发展,加强区域一体化水平,统筹区域现有资源,合理布局各类城市基本公共服务供给,缩小区域内部基本公共服务供给差距。

第四,协调区域间发展差距,推动基本公共服务均等化。基本公共服务均等化是新时代区域协调发展的重要方面和重点内容,经济发展水平越高,基本公共服务供给水平也越高,基本公共服务对经济发展的促进作用也越强。然而本章的结果表明,基本公共服务供给存在"马太效应",

而且较多地区基本公共服务和经济发展的协调水平有待加强。以基本公共服务供给水平较差的河北和广西为例,这些城市无论是在基本公共服务供给水平还是与经济发展的耦合协调关系方面,均处于低值集聚区,这些地区自身经济发展水平较弱,对基本公共服务供给提升的财政保障较少,无法依赖区域内部城市的拉动作用实现基本公共服务供给水平的改善,而且基本公共服务与经济发展的协调关系也相对较差,在当前发展状态下难以实现基本公共服务供给水平的大幅提升,甚至可能陷入"负锁定"状态。因此,要通过对财政收入的再分配,为基本公共服务薄弱地区的突破发展提供外力支持,防止其陷入"负锁定"状态,同时,这些地区也要注重提升发展内生动力,通过区域合作等方式促进基本公共服务均等化。

第十一章　沿海地区海洋经济发展态势

　　海洋经济即是与海洋相关、相伴的经济发展形态和模式。中国的海洋经济历史悠远,早在先秦《世本》中即有"煮海为盐"的海盐生产活动记载。但事实上对海洋经济概念的探索随中国海洋开发实践不断深入,其时代特征明显。海洋经济概念范畴由狭义的海洋资源社会生产、交换、分配和消费活动,逐渐扩展到广义的海洋相关产业、与海洋经济难以分割的海岛陆域产业、海岸带陆域产业、内河经济等多个层次。在海洋经济归属上,相关研究最开始将其视作陆地经济的扩展和延伸而归为大农业经济一部分,而如今将其归为与陆域经济相平行的、需要独立考察分析的区域经济中的一种。

　　在陆海性质的层面上,中国是一个背陆面海的陆地性濒海国家①。中国拥有世界上最长的陆地边界和最多的陆上邻国,而国内经济发展的领头力量则是深受海洋文明熏陶的沿海地区各省份。美国学者陆伯斌曾指出,尽管中国的优势在大陆,但"中国也具备发展海上势力的地缘政治潜力,其面积与国内的通信网络使其具备发展以大陆为基础的海军力量的战略深度",这种陆海统筹的战略观念既符合中国的历史传统,又同中国的现实状况相契合,中国既不是完全的陆地国家,也不是纯粹的海洋国家,而是兼具两者特性的濒海大国,其中陆地性是主流,海洋性是支流。这一特性决定了中国对海洋的态度会呈现出波动性变化,并产生出对内投资与对外贸易并举、沿海地区与内陆地区并顾、海防与塞防并立、开放

---

　　① 冯天瑜:《中国古代经略海洋的成就与局限》,《苏州大学学报(哲学社会科学版)》2012 年第 2 期。

性与保守性并存、"一带"与"一路"并行等特点。

在实力规模的层面上,中国是一个濒海"大国",而非海洋"强国"。作为一个大国的基础在于拥有自我保全的能力,在这个层面上,即便是曾经屈辱的百年历史也没有彻底摧垮华夏之邦,中国在世界生态中的存在能力显然已经满足了"大国"的标准。与此同时,当前中国业已成为能够触动全球经济发展脉搏的重要主体,其国际影响力不仅在周边地区,也开始向全球范围延伸。伴随而来的,则是中国的海外利益强化和经略海洋的规模提升。历史证明,但凡能够凭借海洋发挥世界影响力的国家,都可能成为海洋强国;反之,仅仅在地区海洋秩序中发挥角色的国家(诸如东南亚的部分沿海国家),显然难以成为真正意义上的大国,毕竟,世界才是最能彰显大国地位的舞台。习近平总书记2022年4月在海南考察时强调,建设海洋强国是实现中华民族伟大复兴的重大战略任务。不过,中国当前对海洋的认知仍然出自于时代潮流的被动驱使,中国对海洋的利用依旧呈现粗放型的趋势,中国对海洋的经略更多聚焦于"应对挑战"而非创造机遇。

在地理范畴的层面上,中国是一个具有世界影响力的地区性濒海大国。自古以来,中国的国家战略多是围绕成为地区性强国而建构的,事实也证明,中国遵照这种地区主义优先的逻辑不仅一度成为地区秩序的主导国,更是在全球范围内领先于世界上的多数国家。可以说,中国的世界观长期是以本地区为核心的,中国的"天下"体系也秉承了更多文明的地区特质。时至今日,中国的复兴和再次发展依然是从东亚地区起步,并借由在地区经济和政治的引领力量继而影响世界。可是,尽管中国曾经在地区层面发挥更大的作用,但是新时期的中国却远未主导东亚地区的发展,暂时还是地区秩序最强有力的参与者。可以说,东亚地区本身的"中心多元"趋势决定了中国在地区发展中既拥有相对优势,又难以在短期取得总体领导地位,中国仍然要在地区秩序的变革中投入主要精力,即便中国已经越来越多地在世界范围发挥其影响力。

第一节　中国海洋经济的发展历程

从时间顺序来看,中国海洋经济大致可以分为四个阶段:萌芽出现、重获新生、快速发展、全新阶段。

一、萌芽出现(1911—1948 年)

在明末和整个清朝年间,明清政府实行了严格的禁海迁界政策,严重损害中国与世界的联系,也阻止了海洋经济的发展。随着 1911 年辛亥革命的爆发,清王朝走入了末期,中国海洋经济重新获得了成长空间。1912 年元旦,中国第一个资产阶级共和国——中华民国临时政府在南京成立,孙中山就任临时大总统。中国的海洋经济虽仍大部分处于西方列强的控制之下,但在政府积极促进对外商务活动的政策下,发展的速度逐渐加快。

在民国时期,海洋经济的一大内容是沿海的对外贸易。尽管南京临时政府存留不长,但孙中山等人拟订了一系列"开放门户""振兴实业"的政策。袁世凯上台后,在社会潮流的推动下,也明确宣称"民国成立,宜以实业为先务""以开放门户,利用外资,为振兴实业之方针"。1912—1925 年,中国的通商口岸明显增加,新开口岸 21 处,极大地便利了商品的倾销和从中国更广阔区域攫取原材料,中国的海洋经济随对外贸易增长而迅速发展。在 1927 年之后,南京国民政府成立,全国上下一致要求关税自主。1928 年 7 月,国民党政府外交部发表《对外宣言》,宣布废除中外一切不平等条约,将与各国订立平等互尊主权之新约。随后国民党政府开展了一系列争取关税自主的外交活动。为争取国民党政府好感,获取最大利益,美国首先表示愿与中国谈判,随后国民政府又与英、德、法、荷、瑞典、挪威、西、意、葡、丹、比 11 个缔约国谈判,相继与各国签署新的关税条约,新约承认中国有关税自主权。国民党政府遂于 1928 年 12 月宣布中国自 1929 年 2 月 1 日起实行国定税率。此后国民政府陆续制定颁行了新的进出口税则。这为中国对外贸易和海洋经济的发展提供了进一步的支撑。抗战期间,美国通过与国民党政府的军事联盟及经济援助大大加强了其在中国的政治经济地位。为获取最大利益,美国支持国民政府发动反共内战,为独占中国市场并确保其独占利益,美国还与国民政府签订了一系列新的条约。从抗战结束到国民党撤出大陆,美国与国民政府共签订了 25 个经济协定,其中最具有代表性的是《中美友好通商航海条约》,这看似助力中国海洋经济,实则加强了美国对中国经济的掠夺和打压。抗战结束后,处于前现代化的中国与现代化的美国在生产力极端悬殊的情况下,签订了权利不对等的贸易协议,实质上构成了美国在华新的特权。中国对美国商品的贸易壁垒大幅度削减,导致中国企业、中国产品处于极端不利的竞争地位。加上内战的爆发、经济环境的恶化,中国企业完全无法抵御外货的冲击,以致纷纷破产,国统区正常的经济秩序被彻底打破,海洋经济也在萌芽之时遭遇重挫。

海洋经济的另一重要组成部分是海洋作物的捕捞、销售。1904 年江浙渔业公司成立,开启了中国渔业的近代化历程。[1] 中国江浙沿海第一艘由机器驱动的渔船,诞生早于日本,可惜沦为形象工程,政府无力推广使用。由张謇倡议组成的渔业总局,于 1903 年向德国订购了一艘小型机轮和相应渔具,取名"福海"号。前期由于实际作业时间少,每年亏损,直至辛亥革命后调整技术、改善经营管理、扩大渔场活动范围、增加作业时间,它才发挥出机拖渔轮的威力。但被寄予厚望的近代渔具、渔法以及渔业公司并没有起到立竿见影的效果,反而入不敷出的企业居多,基本上都不景气,就整体来看,近代渔业并未取代传统渔业,而是两者并存发展,且传统渔业仍占有重要地位。渔业的发展不利除了自身因素外,还很大程度上取决于日本渔业对中国的打压。

日本渔船的革命并不早,但现代化速度很快,背后是国家的工业化、海军扩张做有力支撑。1908 年,日本才从英国购入第一艘金属船体、蒸汽动力的渔船,属于新兴的拖网渔船。新式捕捞法非常高效,也是前所未有的残酷,它在近海能将冬季潜伏海底的鱼群一网打尽,很容易导致渔业

---

① 罗钰如、曾呈奎:《当代中国的海洋事业》,中国社会科学出版社 1985 年版,第 187 页。

资源枯竭。因此日本政府在 1911 年限制新型渔船在日本近海作业,鼓励它们去远海,当然包括中国近海。当时中国的渔船吨位小并且吃水浅,只能在近海活动。1912—1914 年,为保护己国海域的生态,日本政府进一步扩大禁止新型渔船作业的海域,加速逼迫它们来到中国的东海和黄海。对从事远洋渔业以及去他国领海捕鱼的企业,日本政府不惜给予财政补贴。1917 年,日本规定全国只能有 70 艘拖网渔船,新造船的排水量必须在 200 吨以上,航速至少 11 节,续航力在 2000 海里以上。1924 年,日本规定内海及黄海、东海海域之外的渔船不受 70 艘的限制,这等于变相鼓励拖网渔船去南中国海。日本拖网渔船数量在 1926 年达到 300 多艘,在 1937 年达到 1000 余艘。那时中国的青岛、上海、台湾和香港,成为日本渔船的后勤基地。出入中国领海的日本渔船,受到日本政府的纵容和保护。日本海军不时派军舰护渔,甚至直接向驱赶渔轮的中国军舰挑衅、示威。为争夺有限资源,占尽优势的日本渔船不惜欺负中国渔船,最常见的手段就是破坏对方的网具。渔具一旦遭到严重毁坏,中国渔船只能打道回府。最严重的情况,是日本渔轮撞沉弱小的中国木帆渔船,如 1929 年 1 月,"姬岛丸"号渔船在温州沿海撞沉一艘中国渔船;1931 年 3 月,该日本船又在定海海域撞沉一艘中国渔船。因此在这一时期,船家损失十分巨大,特别是在抗日战争全面爆发后,中国重要的临海地区被日军掌控,除了江浙部分还存在,其余渔业彻底落入日本人之手。抗战胜利后统计,中国沿海地区在战时共损失渔船几万艘。以浙江地区为例,1937 年前约有 26000 艘渔船活跃在浙江海域,随后到来的战火毁灭 15000 艘。损失方式包括日军在海上击沉渔船、日军焚毁当地渔船、海盗掠夺和毁坏渔船、渔船因长期无法出海而年久失修,等等。中国渔船在舟山海域的渔获量在 1936 年是 93000 吨,到 1947 年仅剩 12000 吨。

归根结底,这一时期,中国海洋经济曾一度随着国民政府的成立而短暂萌发,但在外国势力和战争的侵蚀下,海洋经济仍然处于比较初级的状态。

二、重获新生(1949—1978 年)

海洋经济的萌芽经过战火的洗礼后变得更加坚韧,1949 年,中华人民共和国成立,标志着中国经济社会即将进入新的发展阶段,于海洋经济而言也是如此。中国海洋经济在新中国刚刚成立时,生产上实行计划经济,海洋渔业是当时海洋经济的主要产业。中国虽然拥有广阔的海域和丰富的海洋资源,但由于西方资本主义的打压和社会主义阵营的内部斗争,导致海洋经济开发起步晚,实际发展水平远低于世界平均水平。

新中国成立初期,由于海洋意识的匮乏、"一边倒"的外交政策和位于内陆的经济发展中心,同时出于国家安全和政治因素的考虑,国家未对海洋经济的发展予以足够的重视,渔业人均捕捞量不足世界平均占有量的 1/4。19 世纪 60 年代,中国开始调整"一边倒"的外交策略,也逐渐意识到发展海洋的重要性。1959 年毛泽东同志在内部讲话中提出"必须造大量的船,建设海上铁路建成强大的海上供给战斗力"。1964 年 7 月,国家海洋局(SOA)正式成立。关于海洋油气业的发展,1965 年 3 月,为了开展渤海海区的石油勘探工作,海洋地质调查第一大队成立。这一阶段,中国的海洋渔业经历从恢复调整到"养捕并举"再到曲折发展的时期,1950 年,全国海水产品的产量为 546000 吨,主要以捕捞为主,捕捞占比达到了 98.17%,随着"养捕并举"政策的提出,海水产品的捕捞占比也开始发生了改变。1959 年,水产部在"十二省工作座谈会"上提出了"养捕并举"的方针,1960 年的养殖占比增加到了 6.47%,海洋盐业管理在这一时期经历了多次变化,在这一阶段,中国对海洋的认识主要还是停留在军事与政治的安全层面上,但也开始与周边国家建立海运协定、进行资源的开发利用、建立与海洋相关的机构,为海洋经济的进一步发展奠定了基础。

随后,中国经历了"文化大革命",海洋经济的相关管理机构及政策在这一时期曲折发展。海洋渔业的发展政策在这一时期主要围绕着社会主义的建设与政治,关于生产发展的方针任务较少。由于"文化大革命"的冲击,水产工作无人问津,1969 年 3 月,周恩来同志提出了"渔汛到哪里,应由哪个省主管起来"的指示,全国水产会议终于在 1977 年 3 月顺利召开。海洋盐业的管理力度在这一时期也出现了萎缩,1968 年

11月,盐务总局与中国盐业公司(托拉斯)被撤销,全国盐业工作的管理仅由两人进行负责,1970年6月新的工业部成立,分配四人在盐组中负责全国的盐业产销工作。但是,这一时期的海洋油气业的调查开发活动继续推进。1970年5月,国务院批准"627"工作筹备组成立,负责海上浮船的钻井工作,之后逐步成立第二、第三、第四海洋地质调查大队。在远洋交通运输的发展上,中国在这一时期还与多个国家签订了海运协定。

三、快速发展(1979—2012年)

经历了30年的曲折发展,1978年12月党中央在十一届三中全会上作出实行改革开放的伟大决策。面朝大海的东南部沿海地区,是改革开放最理想的前沿阵地,中国海洋经济发展迎来了前所未有的春天。

1978年12月,党的十一届三中全会的召开确定了中国开始实行改革开放的政策,将对外开放确定为基本国策,要求实施"走出去,引进来"的战略。根据改革开放的发展要求,政府机构制定了一系列与海洋经济发展相关的政策。1991年1月,在北京召开了全国首届海洋工作会议,会议讨论通过了《九十年代中国海洋政策和工作纲要》,要求积极开发海洋资源、发展经济。这一时期国家的海洋政策向保卫海洋领土主权完整、维护海洋权益的方向发展。1992年,国务院颁布实施了《中华人民共和国领海与毗连区法》,规定了中国海岛和岛屿的领土主权。关于海洋资源开发,1995年5月国家海洋局等部门联合发布了《全国海洋开发规划》,要求实现海陆一体化开发;针对环境保护问题,1996年国家制定了《中国海洋21世纪议程》,主要制定了海洋可持续发展战略。该阶段,中国海洋渔业由"捕捞为主"向"养殖为主"转变,要求发展水产品的加工和利用业,积极开发远洋捕捞、扩大远洋渔业[①]。在此期间,中国还与美国、澳大利亚、马绍尔、韩国等多个国家签订了渔业协定,为中国海洋渔业的发展奠定了基础。在海洋油气业的发展中,1982年2月15日,国务院批

---

① 姜旭朝:《中华人民共和国海洋经济史》,经济科学出版社2008年版,第223页。

准成立中国海洋石油总公司,下设渤海、南海西部、南黄海、南海东部四个地区专业公司。1979年,中国与外国12家石油公司签订了南海北部的地球物理勘探协议,1993年,中国海洋石油总公司还与美国阿科(ARCO)公司签订了合作合同,之后陆续地与国外多个石油公司签订了合作合同开发海洋油气田。

2003年5月,国务院发布《全国海洋经济发展规划纲要》,代表着中国海洋经济开始进入快速发展时期。在此期间,围绕海洋资源开发、环境保护、科技发展等方面国家陆续出台了多项海洋经济政策。2004年9月,发布了《国务院关于进一步加强海洋管理工作若干问题的通知》,对海洋管理工作作出了具体规定。2006年11月,国家海洋局、科技技术部等多个部门下发了《国家"十一五"海洋科学和技术发展规划纲要》,对未来发展目标和任务作出了规定。2011年,国务院颁布了《全国海洋经济发展"十二五"规划》,对中国的海洋传统产业、新兴产业、服务业作出了详细的规划。在国家政策的引导与支持下,中国海洋经济在该阶段快速发展。2003年,中国海洋生产总值达11952.3亿元,2012年增长到50172.9亿元,增加了约320%,平均增长速度达13.5%,超过国家整体经济增长速度。2012年海洋生产总值占GDP的比重达到了9.39%,其中海洋渔业增加值由2003年的1145亿增加至3560.5亿元,海洋油气业也由257亿元增加到了1718.7亿元,海洋交通运输业在2012年达到了4752.6亿元,滨海旅游业在2012年实现了6931.8亿元的增加值。另外,海洋新兴产业在这一时期也实现了快速发展,2003年,海洋生物医药产业的增加值仅为16.5亿元,2012年增长到184.7亿元,在这一时期,海洋电力产业、海水利用业也实现了快速的发展①。

四、全新阶段(2013年至今)

党的十八大报告中,提出"提高海洋资源开发能力,发展海洋经济,

---

① 根据历年《中国海洋经济统计公报》整理。

保护海洋生态环境,坚决维护国家海洋权益,建设海洋强国"[1],海洋强国这一重大战略部署将海洋经济提升到更高的战略层次。2013年10月,习近平主席提出共建"海上丝绸之路",为中国海洋经济发展带来了历史性机遇。

习近平总书记2013年7月在主持中共中央政治局第八次集体学习时进一步强调,建设海洋强国是中国特色社会主义事业的重要组成部分,要进一步关心海洋、认识海洋、经略海洋。[2] 同年,中国首次提出建设"21世纪海上丝绸之路"的倡议,要求大力发展海洋经济。党的十八大以来,中国进入了新时代,呈现出"转方式、调结构"的特征,经济增长方式由粗放型转变为集约型,产业结构得到调整,实现经济发展的全面协调可持续。2011年,中国海洋经济的总体发展已经开始放缓,海洋新兴产业发展迅速,传统海洋产业加速转型。2012年,国务院发布了《全国海洋经济发展规划(2011—2015年)》,提出要实现海洋经济总体实力的进一步提升、海洋科技能力的进一步加强、海洋产业结构的进一步优化和海洋经济调控体系的进一步完善。2016年国家海洋局发布《全国科技兴海规划(2016—2020年)》,提出"到2020年,形成有利于创新驱动发展的科技兴海长效机制,构建起链式布局、优势互补协同创新、集聚转化的海洋科技成果转移转化体系"。2017年5月,《全国海洋经济发展"十三五"规划》指出要不断拓展海洋经济发展空间,提高综合实力,调整海洋产业结构和布局,增强海洋科技的支撑。

在经济发展进入新时代背景下,海洋经济发展的重要意义进一步凸显,党的十九大报告中提出"坚持陆海统筹,加快建设海洋强国",强调以陆海统筹的视角发展海洋经济,将区域规划的范围由陆地拓展至海洋。为推进海洋经济的高质量发展,2018年中国批准了14个海洋经济发展示范区建设,深入实施创新驱动发展战略,推动试点地区成为全国海洋经济发展的重要增长极和建设海洋强国的重要功能平台。

---

[1] 《十八大以来重要文献选编》上,中央文献出版社2014年版,第31页。
[2] https://www.gov.cn/ldhd/2013-07/31/content_2459009.htm。

第二节　中国海洋经济的发展现状

一、中国海洋经济发展的基本面

中国海洋经济已进入稳定增长时期,对沿海地区经济拉动作用不断增强。图11-1展示了2001年以来中国海洋生产总值及其占沿海地区生产总值的比重变动情况。2012年之前是海洋经济的快速增长期,2003—2011年海洋经济规模几乎翻两番,按照不变价格计算的年均经济增速达18.21%。2012年之后,海洋经济转向高质量发展,此期间海洋经济生产总值增速也在不断调整,海洋经济增速降至8%以下,2016年起增速降至7%以下,2019年海洋经济生产总值达到89415亿元。随着中西部地区经济增速不断上升,对GDP增长的贡献作用不断加大,2014年起海洋经济生产总值占GDP的比重呈略下降趋势,由2014年的9.54%降至2019年的9.00%左右[1]。然而,海洋经济对沿海地区省份(自治区、直辖市)的经济带动作用不断增强,2016年起占沿海地区省份GDP的比重呈稳步上升趋势,2019年占比达到17.13%,4年间占比增加0.74个百分点(见图11-1)。

为进一步了解中国在世界沿海国家中的地位,认清发展差距,本章选取美国、澳大利亚、加拿大3个海岸线长度与中国较为接近的国家进行对比分析。尽管不同国家对海洋经济的统计口径存在一定差异,但是基本都涵盖了海洋渔业、海洋油气业、海洋交通运输业、海洋工程制造业、滨海旅游服务业等产业范围,大致与中国的主要海洋产业相对应。因此,本章选取中国主要海洋产业增加值与其他国家的海洋经济增加值数据进行对比,通过分析可以得到以下几点结论[2]。一方面,中国海洋经济规模已超过美国,海洋经济地位不断增强。如图11-2所示,经过近年来的发展,

---

[1] 根据历年《中国海洋经济统计公报》整理。
[2] 张耀光、刘锴、王圣云:《中国和美国海洋经济与海洋产业结构特征对比——基于海洋GDP中国超过美国的实证分析》,《地理科学》2016年第11期。

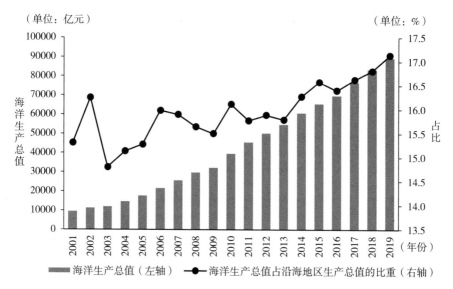

图 11-1　2001—2019 年中国海洋生产总值及其占沿海地区生产总值的比重

资料来源:(1)2001—2019 年数据来源于历年《中国海洋统计年鉴》,下文如无特殊说明,中国海洋经济相关数据均来源于该年鉴。(2)2017—2019 年数据来源于《中国海洋经济统计公报》初步统计数据,与真实数值存在一定差异。

中国海洋经济规模稳步提升,2014 年中国海洋经济规模首次超过美国,此后两国之间的规模差距逐渐增大,2014—2016 年中国海洋经济生产总值分别超过美国 437 亿美元、1037 亿美元、1236 亿美元。澳大利亚和加拿大海洋经济规模总体仍然较小,2016 年海洋经济规模均小于 500 亿美元。尽管中国海洋经济规模与国内整体 GDP 增长水平相比,增长已有所减缓,但是与发达国家相比,增长仍然较为强劲。2012—2016 年,中国海洋规模年均复合增长率为 6.68%,而美国、澳大利亚和加拿大分别为-2.42%、0.60% 和 0.95%,预计未来中国在世界沿海国家中的海洋经济地位将不断提升。

另一方面,中国海洋经济发展效率仍有较大提升空间,海洋经济资源利用方式急需转变。表 11-1 对比了 2006 年和 2016 年中国与其他国家在海洋经济生产效率和资源利用程度方面的差异。在海洋经济生产效率方面,2016 年中国劳均海洋经济生产总值为 3.46 万美元,较 2006 年增加

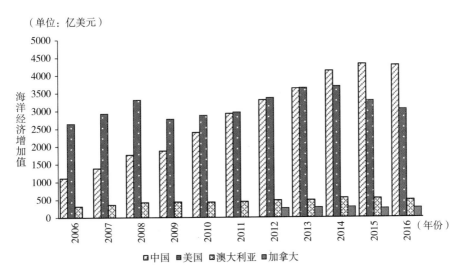

（单位：亿美元）

图 11-2　2006—2016 年中国与其他国家海洋经济增加值的对比

资料来源：(1)数据全部折算为美元,人民币兑美元汇率采用年平均价。(2)中国海洋经济生产总值仅包括主要海洋产业增加值。(3)加拿大海洋经济生产总值仅包括私人部门数据,可得数据范围为 2012—2016 年。

了 2.36 万美元,增长较为显著,但是相较于这些发达国家仍有较大差距,美国劳均海洋经济生产总值约为中国的 2.70 倍。在海洋资源开发利用程度方面,2016 年中国单位海岸线海洋经济生产总值为 13.36 万美元,相较以往有了大幅度的增加,目前已达到与美国较为接近的水平,远高于加拿大和澳大利亚,说明中国对海洋资源的利用已经达到了相对较高的强度,需要适时转变海洋资源利用方式,加强对海洋资源的保护,转变传统海洋经济发展模式,提高海洋经济效益。

表 11-1　中国与其他国家海洋经济生产效率及资源利用程度的对比

国家	劳均海洋经济生产总值（万美元/人）			单位海岸线海洋经济生产总值（百万美元/千米）		
	2006 年	2016 年	变动	2006 年	2016 年	变动
中国	1.10	3.46	2.36	3.45	13.36	9.91
美国	9.52	9.33	-0.19	11.62	13.40	1.78

国家	劳均海洋经济生产总值（万美元/人）			单位海岸线海洋经济生产总值（百万美元/千米）		
	2006 年	2016 年	变动	2006 年	2016 年	变动
加拿大	—	19.90	—	1.54	2.40	0.86
澳大利亚	—	6.77	—	—	1.33	—

资料来源:(1)劳均海洋经济生产总值等于海洋经济生产总值除以涉海从业人数。(2)各国海岸线数据来源于《中国海洋统计年鉴》。

二、中国海洋产业运行态势

中国海洋经济的产业构成与国外略有不同。从国内外海洋经济发展趋势来看,海洋渔业、海洋交通运输业、滨海旅游业和海洋油气业已成为世界海洋经济主要产业,而中国油气资源较为匮乏,海洋经济支柱型产业为前三类产业。与其他国家相比,中国海洋支柱产业相关产品产量及服务规模处于世界前列,但经济效益不高,发展模式较为粗放,产业结构层次较低,产业资源亟待整合;战略性新兴海洋产业发展迅猛,但是技术水平与国外相比仍存在一定差距。中国海洋经济三次产业结构与陆域经济呈现完全不同的演进特征,海洋第二产业对科技水平要求较高,海洋工业体系的建立难度较大,因此中国海洋第二产业的发展相对较为滞后,只有在突破技术瓶颈之后,才能实现快速的发展。如图 11-3 所示,2001—2005 年,第三产业占比略高于第二产业,初步呈现"三二一"产业结构;2006 年开始,第二产业发展迅猛,与第三产业的差距不断缩小,一些年份甚至超过第三产业;2012 年之后,第二产业与第三产业均衡发展的格局被打破,第三产业得到迅速发展,与第二产业的差距逐渐拉大,"三二一"产业结构逐渐稳定。2019 年,一二三产业占比分别为 4.2%、35.8% 和60.0%,第二产业高出第三产业 24.2 个百分点,第三产业占据绝对主导地位。海洋产业结构调整工作成效显著,已经超前达到《全国海洋经济"十三五"规划》中制定的海洋服务业增加值占海洋产业比重超过 55% 的发展目标。

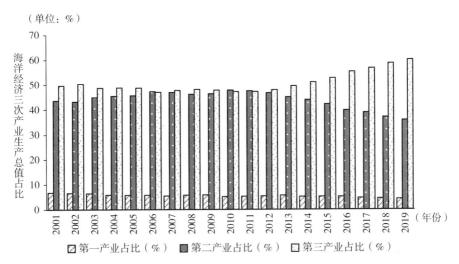

图 11-3 2001—2019 年中国海洋经济三次产业生产总值占比变动

资料来源:2017—2019 年数据来源于《中国海洋经济统计公报》初步统计数据,与真实数值存在一定
差异;三次产业分类标准参考《海洋及相关产业分类 GB/T 20794—2006》。

滨海旅游业、海洋交通运输业和海洋渔业是中国海洋经济的三大支
柱产业。从主要海洋产业的构成来看,2019 年三者占主要海洋产业增加
值的比重分别为 50.63%、17.99% 和 13.20%,合计占比达 81.82%,其他
各类海洋产业占比均不足 5%。其中,滨海旅游业规模最大、增速最高,
且增速呈逐年增加趋势,近 5 年年均增速达 11.83%,已经成为拉动海洋
经济增长的主导产业。海洋交通运输业受近几年国际贸易形势的影响,
增速较以往明显下降,这也导致该产业占比逐年下降。海洋渔业是重要
的传统海洋渔业之一,受自然气候及资源影响波动较大,占比也呈逐年下
降趋势,随着渔业资源的不断枯竭,未来增长空间较小。战略性新兴海洋
产业保持高水平增长。海洋电力业:海洋生物医药业均保持较高增长水
平,近 5 年年均增速在 10% 以上,海水利用业增速相对较低,但近几年有
提速趋势。其他海洋产业中,海洋盐业和海洋船舶工业近 5 年呈明显下
降趋势,尤其是海洋盐业下降最为明显,海洋矿业、海洋船舶工业、海洋化
工业以及海洋工程建筑业增速相对较低且增速波动较大。

整体来看,中国滨海旅游业目前仍是海洋经济的重要组成部分,未来

发展空间较大,能够有力带动海洋经济发展。战略性新兴海洋产业占比仍然较低,短期内难以成为促进海洋经济增长的主导产业,但其发展潜力巨大,辅以相应的政策支持和前瞻性的产业规划,未来有望为海洋经济的发展带来新的活力。

三、中国主要海洋产业的优劣分析

在海洋渔业方面,中国渔业产品产量位居世界第一位,2017年海洋渔业捕捞量占世界总捕捞量的16.62%,水产养殖量占世界总量的58.43%,但是与其他国家相比,中国海洋渔业经济效益不高。2016年中国渔业产品产值为每吨1117.17美元,而美国为2062.34美元,中国单位海洋渔业产品产值仅约为美国的半数。美国海洋渔业主要由海产品加工和贸易两大子行业构成,这两个行业经济效益相对较高。与之相比,中国海洋渔业产品附加值较低,发展模式较为单一,对渔业资源依赖性较高,未来应提高发展可持续性,推动海洋渔业由规模化向精深化转型。

在海洋交通运输业方面,2018年中国有9个港口集装箱吞吐量居世界前20位,占世界总吞吐量的24.19%,然而中国船队规模仅占世界船队规模总吨位的8%,海运服务难以满足自身需求,较多海运服务由国外航运公司提供。这就导致中国在经济效益分配上不足全球航运市场的10%。在港口建设方面,尽管中国港口专业化、大型化、深水化程度不断加强,但港口服务水平仍然较低、运营模式仍需改进、附加值服务提供不足、港口服务功能亟待拓展;同质化竞争较为激烈、重复建设问题突出、港口资源亟待整合。整体来看,中国海洋交通运输业规模较大但效益不高,产业效率和管理水平均较低,高层次人才短缺,产业竞争力有待提升。

在滨海旅游服务业方面,中国仍处于初级发展阶段,旅游资源开发层次较低,对海洋自然景观依赖性较强,旅游休闲服务种类较为单一,不能满足国内游客日益多样化的旅游需求。近年来,东南亚等国家以较高的性价比和丰富多样的休闲活动,吸引了大量国内游客,中国成为泰国、越南等东南亚国家最大旅游客源国,2016年中国赴泰国和越南旅游人数分别为1003万人和324万人,分别占各自境外游客总量的31%和32%。未来中国滨海旅游服务业需要提升旅游品质,开发具有本地特色的旅游服务,丰富旅游服务业态,培育新型旅游产业,提供集观光、度假于一体的综合性旅游产品,提高海洋旅游服务业的竞争力和经济效益。

在战略性新兴产业方面,中国发展较为迅猛,产业规模位于世界前列,但是发展起步较晚,产业发展尚不成熟,在技术和经济效益方面存在一些问题。尤其以海洋风电产业发展最为典型,2019年中国成为全球新增风力发电装机量最多的国家,当年新增风电装机量达240万千瓦;累计装机量达680万千瓦,提前完成了《风电发展"十三五"规划》的目标,成为仅次于英国和德国的全球第三大海上风电国家。然而,中国海洋风电技术与国外存在差距,关键设备国产化水平较低。2019年欧洲新并网风电机组平均单机功率为7.8兆瓦,而中国平均功率仅为4.0兆瓦,大容量风电机组的关键部件主轴承大多采用国外企业产品。此外,海上风电成本较高,在政府补贴退出的情况下,风电企业可能会承担一定的经济风险。

中国的海洋科技发展,一方面,有利于推动海洋经济的结构转型,提升中国海洋经济发展质量;另一方面也可以推动相关领域技术进步,带动其他产业的技术创新。科技创新水平受创新投入及创新效率的影响,科研人员和科研经费是创新投入的关键组成部分。创新产出方面,发明专利创新程度相对更高,能较好反映海洋科技创新发展水平。因此,本章选用海洋科研机构科研从业人员数、科研经费内部支出、发明专利申请量和授权量指标衡量海洋科技创新发展情况。

海洋科技创新活力高于全国科技创新平均水平。2006—2012年中国处于海洋经济快速发展时期,此阶段科研从业人员显著增长,专利申请活跃,发明专利申请数、授权数增长率分别达到53.24%、43.08%,分别比同期全国整体发明专利申请数和授权数增长率高29.17个百分点、13.96个百分点(见图11-4)。2013年以来,随着海洋经济进入转型发展阶段,海洋经济增速明显下滑,在科研经费投入、人员投入、专利成果方面增速较以往也明显下降,但是与全国整体水平相比,海洋领域科技创新活力仍然较强,2013—2019年发明专利授权量年均复合增长率高出全国整体水平8.01个百分点(见图11-4)。

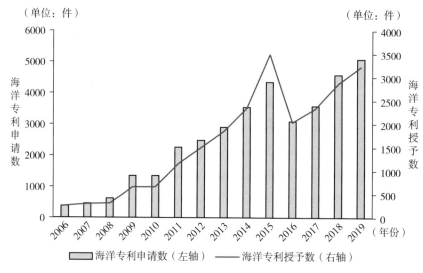

图11-4 2006—2019 年中国海洋专利申请数和授予数

资料来源:历年《中国海洋统计年鉴》。

海洋科技创新效率较高,在全国科技创新中占据重要位置。海洋领域科研经费、科研活动从业人员占全国整体科研领域水平较低,均不足10%,但是在创新科研成果方面占比较高,尤其是海洋领域发明专利授权量占全国整体发明专利授权量的 20.85%。海洋经济能够以较少的人员和经费投入撬动更多的科研产出,说明海洋科技领域创新效率较高。当前海洋科技正处于蓬勃发展阶段,科技创新的边际效率较高,技术联动效应较强,基础性技术的突破能够有力推动相关领域的技术创新,发挥协同促进作用。加强海洋科研领域的资金和人员投入,提高科研资源利用效率,可以有力地推动海洋领域科技进步,考虑到海洋科技在各科研领域中占据的重要位置,也有利于促进中国整体科技水平的进一步提升。

四、海洋经济的空间分异

海洋经济具有特殊的地理属性,对海洋资源的依赖度较大。中国沿海地区省份海洋资源差异较大,海洋经济发展状况也存在明显的区域差距。了解各地区海洋资源利用效率和海洋经济发展规模,有利于沿海地区各省份明确发展定位,促进海洋经济的区域均衡发展。本章按照海洋资源与海洋经济协调度对各沿海地区省份进行区域划分。选取 2019 年各省份海洋经济生产总值衡量海洋经济规模,选取各省份海岸线,长度和管辖海域面积两个指标衡量各省份的海洋资源禀赋状况。根据这两个基准,可以初步将沿海地区省份划分为 4 种海洋经济类型。

第一类地区资源禀赋好、经济规模大。这类地区包括广东和浙江,广东是海洋经济第一大省,虽然其海洋资源禀赋居全国第二位,但是在 2006—2019 年,海洋经济规模一直居全国首位,海洋经济增速一直高于全国平均水平,占全国海洋经济规模的比重每年也在持续增加。浙江大陆海岸线加海岛海岸线长 6696 千米,居全国首位,由于所管辖海域面积较小,综合加权的海洋资源禀赋仅略差于广东,但海洋经济规模与广东相比却有较大差距,甚至低于海洋资源禀赋较弱的上海、江苏、福建,海洋资源利用程度也相对较低。

第二类地区资源禀赋一般、经济规模较大。这类地区能够突破自身资源限制,充分挖掘海洋资源潜力,实现突破性发展。具体包括福建、山东、上海和江苏,其中尤以山东表现最为突出。山东海洋经济规模仅次于广东,海洋经济增长相对较为稳定,2019 年海洋经济规模约占全国的 1/5。上海、江苏和福建海洋经济规模较为接近,其中福建海洋资源禀赋明显好于上海和江苏,但初期海洋经济发展并不突出,近期保持了快速增长,近 5 年来名义年均增速达到 15.58%,高于其他所有沿海地区省份,海洋资源潜力仍有待进一步释放。上海和江苏是突破海洋资源限制发展的典范,其经济规模远高于资源禀赋较为接近的天津和河北。江苏海洋经济保持稳定增长,在 11 个省份中的规模排名稳步提升。上海海洋经济发展起步较早,海洋经济发展已进入相对成熟的阶段,早期海洋经济规模仅略低于广州,然而后续增长乏力,2011—2019 年,海洋经济规模占全国比重呈下降态势。这些地区的共同特点在于海洋经济意识强,发展思路明确,能够扬长避短培育相对优势,从而实现海洋经济规模的不断扩大。

第三类地区资源禀赋一般、经济规模较小。这类地区尚未探索出合适的海洋经济发展道路,受海洋资源约束较强,包括天津、河北、辽宁和广西。天津与河北海洋资源禀赋较为接近,均是传统海洋产业占主导的地区,自 2011 年之后,随着传统海洋产业增长放缓,天津与河北海洋经济规模占比均出现不同程度的下降,尤其是河北近 3 年年均复合增速降至-1.45%。辽宁同样是传统海洋产业主导的地区,海洋渔业较为发达,但其整体海洋资源禀赋较好,仅略低于山东地区,海洋资源利用程度仍有待加强。2011 年及之前,广西海洋经济规模一直处于全国末位,近 5 年的年均海洋经济增速为 13.23%,然而由于发展基数较小,海洋经济规模提升并不明显。第三类地区整体对海洋经济重视程度不够,海洋经济发展起步较晚,对海洋经济发展定位不明晰,政策落实不到位,导致海洋经济规模较小。

第四类地区资源禀赋好、经济规模小。这类地区仅包括海南,海南是中国海洋资源最为丰富的省份,是中国唯一的热带岛屿,具有独特的海岸线资源和丰富的岛屿资源,管辖南海约 200 万平方千米的海域,海洋资源优势突出。然而,近年来海南却一直处于海洋经济发展的末位,优势海洋资源亟待开发。从以上分析可以看出,尽管海洋经济的发展离不开海洋资源,但是海洋资源并不能完全限制海洋经济的发展,海洋资源禀赋接近的地区经济规模也会存在较大差异。一些资源禀赋并不占优的地区可以实现海洋经济规模的突破性增长,而一些海洋资源较为丰富的地区尚未形成有效的开发利用体系。战略性的海洋经济发展策略可以突破原有增长界限,实现海洋经济的高效发展。

第三节　中国海洋经济高质量发展的建议

中国海洋经济规模已经位于世界前列,海洋经济稳定增长,成为拉动沿海地区经济增长的重要力量;海洋产业结构不断优化,主要海洋产业在全球市场中占据较大份额;海洋科技实力不断增强,海洋科技资源投入不断加大,部分地区能够突破资源的限制实现海洋经济的良好发展。同时也应注意到,中国海洋资源利用方式较为粗放,经济效益较低;海洋产业结构层次较低;科技水平与国外仍存在一定差距;各地海洋经济发展差距较大,需要促进各地区协调发展。

一、加强海洋经济法律保障,发挥规划引导作用

推动海洋经济立法,保障海洋经济安全、促进可持续发展。国外沿海国家纷纷制定了基础性的海洋法律,加拿大是世界上第一个进行综合性立法的国家,于 1996 年出台了《加拿大海洋法》,美国于 2000 年通过了《2000 年海洋法案》,为后续海洋政策的制定提供了法律保障,日本和英国也分别于 2007 年和 2009 年制定了《海洋基本法》和《英国海洋法》。中国也出台了不少涉及海洋的法律法规,但是缺少一个综合性的法律,未来应推动建立海洋领域的基本法律,为海洋强国建设提供坚实的制度保障。

加强战略规划统筹引导,注重规划的长期性、系统性和战略性。纵观世界各国海洋经济发展进程,政府均在其中起到了重要的推动作用,通过制定系统性的规划,明确了发展海洋经济的战略思路,自上而下推动了海洋经济的发展。目前,中国已经明确了"海洋强国"的战略思想,也出台了较多海洋领域的规划文件。后续要进一步完善现有规划,建立包含资金、政策、法律、管理在内的战略体系,针对各海洋产业制定产业发展规划与政策指导目录。

二、转变海洋经济发展模式,推动海洋产业提质增效

延伸整合海洋产业链,提升产业层次。推动传统海洋产业转型升级,解决产业链短、散的问题,延伸产业链条深度,拓展产业链条广度,提高产品附加值,发展新业态新模式,推动传统产业高技术化,减轻对资源的依赖能力,形成高效、节约、可持续的发展模式。大力培育战略性新兴海洋产业,进行前瞻性产业布局,提高关键设备自给能力,减轻对国外设备和技术的依赖性。整合现有产业资源,减少同质化竞争,培育特色优势企业,提高资源利用率。

推动产业集群发展,提升产业竞争力。建立海洋产业园区,发挥产业

集群优势,在园区内部给予土地、贷款、税收等方面的优惠政策,吸引优势海洋企业进入,汇集生产要素,优化资源配置。通过共享基础设施和基本公共服务,促进知识交流和学习,提高海洋专业人才就业匹配度,实现集聚优势。培育一批龙头企业,以龙头企业带动产业链上下游中小企业协同发展,建立完善企业孵化成长机制。通过企业之间的竞争合作激发企业竞争意识,推动形成持续性的竞争优势。

三、深入实施"科技兴海"战略,促进海洋经济创新发展

一是增强企业自主创新能力,强化企业创新主体地位。提升行业龙头企业创新能力和动力,引导企业加强创新投入和人才培养,建立研发机构,完善企业内部创新激励机制。选取一批创新潜力大的中小型高科技企业,重点培育,引进国外核心设备,通过技术消化吸收再创新,实现细分领域关键技术突破。

二是建设高水平海洋科研平台,推进关键技术创新突破。加快推进国家海洋实验室试点工作,建设面向世界的顶尖科研平台,服务国家海洋经济发展战略,突出平台前瞻性、引领性和全局性。提高科研要素投入效率,共享科研创新资源。加强基础领域海洋科研工作,推动交叉领域科研创新,攻克重大科技难关,抢占全球范围内海洋科技制高点。

三是推动产学研合作,提高海洋科技成果转化效率。推动产学研深度融合,构建以企业为主体、以市场为导向、高校和科研机构共同参与的海洋科技创新平台,鼓励多种形式的合作机制,推动科技成果的转化,实现知识生产、技术应用和产品市场化创新价值链的顺利衔接,形成科技创新和产业发展的良性循环。

四、融合区域发展战略,实现海洋经济协同发展

挖掘区域比较优势,因地制宜明确发展思路。认清各地区在自然资源、生态环境、产业基础、科技支撑、人才储备等方面的实力,结合各地区的比较优势,明确海洋经济发展思路,因地制宜制定发展规划,减少同质化竞争,发展本地特色海洋产业。

融合区域发展战略,推动区域合作。根据全国海洋主体功能区的划分,融合京津冀协同发展、长三角一体化、"海上丝绸之路"等重大区域发展战略,推动山东、天津、河北和辽宁北部海洋经济圈的合作,协同推进长三角一体化战略,加强江浙沪三地东部海洋经济圈的区域联动,发挥广东在南部海洋经济圈的引领作用,带动福建、广西和海南海洋经济的发展。建立跨区域协作平台,共同培育临海产业带、培养海洋科技人才、研发新技术新产品,优势互补、弥补发展短板,优化海洋资源要素配置,推动各地海洋经济协同发展。

五、加强海洋生态环境保护,推进海洋生态文明建设

树立生态文明理念,加强海洋生态环境保护,对保护海洋生物多样性、维护海洋生态系统平衡、促进海洋经济可持续发展具有重要意义。第一,合理开发、利用和保护海洋资源,提高海洋资源利用效率,强化海洋生态环境保护,发展绿色海洋经济,促进人海和谐发展。第二,控制海洋污染物的排放,加强海洋污染联防联治,海陆并举进行海洋污染物整治。第三,继续开展海洋生态文明示范区建设,划定海洋生态红线,提升近岸海域水质,提高自然岸线保有率,打造生态岸线和景观岸线,加强海洋自然保护区建设,建设良好生态环境助力滨海旅游业发展。第四,完善海洋灾害监测和预警系统,提高海洋灾害应对能力,减轻海洋灾害损失,保障海洋经济安全。

第十二章　塑造沿海地区协调发展新格局

　　空间是人类社会生存和繁衍的载体,区域经济发展一直都是人类与地理空间耦合的结果。由于不同空间单元的自然环境(即第一自然)与社会经济条件(即第二自然)各异,社会经济发展将长期处于空间不均衡状态。传统经济学理论多关注"为谁生产""生产什么""何时生产""如何生产",对于"在哪里生产"关注不足,忽视了空间这一关键要素。为此,20世纪50年代体系初成的区域经济学将区位、土地、交通等概念引入传统经济学视域,牢牢把握经济学最后的前沿——空间。区域空间形态是各个要素包括基础设施、社会群体、经济活动和公共结构互相作用而形成的空间分布模式。本章将在系统梳理协调发展理论基础的同时,划分沿海地区协调发展战略演进的主要阶段,为重塑沿海地区经济地理格局提供新思路。

第一节　协调发展的理论基础

　　从区域经济发展历史来看,经济发展初期往往是非均衡发展战略,经济发展加速阶段一般实行局部不均衡发展战略,经济发展到一定阶段后区域经济发展实行协调发展,以促进社会和谐和实现共同富裕。

一、区域均衡发展与非均衡发展理论

　　区域均衡发展理论认为经济结构中各组成部分之间存在互相依存和互相制约的关系,代表理论包括新古典区域均衡发展理论、临界最小努力理论、低水平陷阱理论、大推进理论等。新古典区域均衡发展理论指出要

素流动总是受到边际收益和边际成本影响,边际报酬大于边际成本的收益是要素持续流动的动力。赖宾斯坦临界最小努力理论提出从不发达经济努力到发达经济需要冲破一个临界规模,才能克服发展障碍,否则经济会一直在低水平状态。纳尔森低水平陷阱理论认为,人均实际收入过低使储蓄和投资过少,但是人均实际收入提高的部分使人口基数增加进而用于储蓄和投资仍然过少,是不发达经济体难以克服的障碍。罗森斯坦·罗丹大推进理论强调资本、需求、储蓄供给的不可分性,所以由不发达经济体成为发达经济体的关键在于投资的持续性,只有这样才可以冲破发展障碍。总体来说,区域均衡发展理论强调平衡发展,包括产业间平衡发展、区域内部平衡发展、区域之间平衡发展。区域均衡发展实现要靠生产要素的区际流动,使各经济水平将趋于收敛。要素总是向着收益最高的方向流动,如果边际报酬大于边际成本,则要素存在持续流动的动力,直到边际报酬等于边际成本才会改变要素流动方向。均衡发展理论局限性包括:在经济发展初期由于受到资源约束,很难兼顾所有产业和区域,市场机制作用往往被忽略。市场机制使发达区域更容易吸引要素流入形成规模效应,所以更容易形成极化效应加剧区域发展差距。另外技术条件差异也不能忽略,技术水平高的地方产出效率高、资本收益高,此时资本要素流动会从不发达区域流出,从而引起区域差距扩大。

区域非均衡发展理论的代表理论包括循环累积因果论、增长极理论、中心—外围理论、倒"U"型理论等。缪尔达尔的循环累积因果论认为,获得既定优势的地区通过不断强化其优势,不断积累有利因素继续发展。增长极是法国经济学家佩鲁提出的,他认为增长极首先是经济活动层面的一个增长点,并鼓励在一定时期内将增长集中于特定产业和地区。增长极可能发生在技术创新的地方是因为创新会形成一种垄断优势,提高企业生产效率,周围其他企业会对其进行模仿,模仿也可以看成是技术创新引起的扩散作用,通过模仿会带动周边企业效率的提升。弗里德曼中心—外围理论强调一种二元结构。经济发展的初级阶段不发达经济体受到资源约束,需要将资本、人才等投入到重点区域和重点产业上。后期差距扩大,随着政府干预经济,中心和外围差距才能逐步消失。威廉姆森的倒"U"型理论指出,一个国家或区域随着经济不断发展,区域差距会经历一个先增大后减小的过程,随着经济发展进入成熟阶段区域差距反而会逐步缩小。总之,区域非均衡发展理论遵循区域经济不平衡发展客观规律,认为不发达区域在经济发展初期由于资源制约不具备均衡发展条件,往往对重点区域实行重点开发,逐步实现非均衡发展向均衡发展的过渡。

二、区域经济空间发展

区域经济空间结构一般包括经济中心、经济腹地和经济空间网络。增长极一般为经济中心,围绕经济中心会形成腹地,腹地也是由于经济中心对周边区域发挥扩散作用而形成,随着区域经济空间结构不断发展和经济联系不断密切会逐步形成经济网络。培育增长极方式广泛应用于不发达经济和地域经济,用于指导特定阶段经济发展消除贫困,因为其增长过程必然需要吸引大量技术、资金、自然资源、人才的流入,以此辐射经济活动空间。增长极发展到一定阶段,鼓励中等发达地区发展,鼓励人才和资金转移,其形成基础是:较好的基础设施和发展潜力。增长极理论在具体指导区域发展的时候往往要与具体情况结合,采取适当政策,制定合理政策规划。在具体实践中增长极理论应用不当,推进型企业和产业与当地条件和资源不能有效结合则可能演化成为飞地。所以增长极可以成功的原因是必须和根据自身情况,结合要发展增长极的地域环境,发展适合的创新技术、企业和主导性型产业;并且要在此基础上完善基础设施建设,并给予政策扶持,鼓励资金、劳动力、技术等要素有效流动到这些地区。在使用培育增长极来支持经济发展时候也要注意的是其成功实施必须要打破行政分割的限制,保护经济活动各参与主体之间广泛联系性和要素之间流动的顺畅。如果地方政府之间过于强调竞争,使资源不能优化配置,进而增长极在发展过程中不能形成良好规模效应和外部效应。①

点轴开发模式最早由波兰经济学家萨伦巴和马利士提出,是增长极

---

① 厉敏萍、曾光:《城市空间结构与区域经济协调发展理论综述》,《经济体制改革》2012年第6期。

理论的延伸。增长极放在空间层面是一个区域的经济中心,也是点轴开发模式的点。增长极之间的相互连接交通线形成了点轴开发的轴,是增长极以线性扩散方式形成的空间推进方式。经济中心之间要素交换需要交通路线或者其余资源联通线,比如电网、光纤、水源供应管道等,点轴之间会形成吸引力,吸引资金、人口、企业等在轴线两侧集聚,形成新的空间发展系统。点轴开发模式也有等级体系,先是发展重点的点轴,然后逐步转移扩散到级别较低的发展轴和中心城镇。轴线的贯通,可以降低要素流动的成本。从微观个体上来说,边际收益超过边际成本就会吸引大量微观个体集聚,直到边际收益降低到边际成本附近。发展轴要选择有开发潜力的地带,并且该地带要有线性基础设施经过。点的确定要选择经济中心,并且对发展中心的功能定位、发展规划均要清晰。

城市空间网络出现背景是区域发展步入成熟阶段,需要具备条件包括市场体系成熟、经济运行机制健全、发展环境条件优良。在多数城市空间网络结构构建中,空间网络包括控制中心和城市等级体系。网络结构控制中心主要是区域内优势点。由于扩散效应,优势点会引起经济增长,然后区域扩张,随着扩散过程进行,先后形成一系列城市等级体系。从扩散时间顺序来看是先扩散到等级高的地区,后扩散到等级体系低的地区;从扩散空间顺序来看是先扩散到距离控制点近的地区,后扩散到等级体系低的地区。网络化城市结构要有不同层级的城市、政府等,规划实施多层级体系治理,对公共物品的提供能够实现最优规模。空间按网状主体包括网络组织和网络社会,经济交流交换在网络内部发展可以降低成本。在空间上要素和资源的扩散是通过空间等级体系进行的。过多发展经济优势点,没有在产业、空间形成足够联系或者基础设施不够完善对增长及发展缺乏支撑,则会阻碍工业发展。所以空间网络构建原则是在不损害发达地区的前提下扶持其他地区。建设网络化城市格局,需要关注多中心布局和网络化决策规划,明确各城市功能定位,城市间产业合理分工,并加强城市间经济联系,促进要素流动效率,实现资源合理配置。

三、区域经济均衡与非均衡发展演变

区域经济在发展演变过程中的作用机制主要包括极化作用和扩散效应。极化作用指增长点在集聚周围要素过程中不断强化自身实力的过程。在区域范畴里,区域内中心城市称为增长极,把受到中心城市吸引的区域称为"极化区域"。轴线发展模式形成是由于经济中心极化作用到一定阶段,极化作用是在减弱情形下发生的。由于经济相互依存性,区域经济市场交易过程中物质流与资金流作用方向相反,企业方既是要素购买者又是产品提供者,劳动力既是产品消费者又是要素提供者,所以扩散效应与极化效应是同时存在、作用相反的两种效应。极化作用带来的层次性包括以下几个方面:(1)共用基础设施成本节约。共用基础设施带来投入建设成本的节约,极化作用会形成集聚,带来管理成本节约。为了带动效应和扩散效应可以顺利发挥,政府需要提供硬件和软件的环境,硬件包括交通、网络、水电等良好的基础设施条件,软件包括政府支持、法律完善等良好的营商环境。(2)产业集聚。产业集聚会通过产业链条,加强链条间联系。区域增长极的确定首先在于推进型产业的选择,推进型产业由于产业间前向、后向、旁侧等效应拉动相关产业增长。在形态上形成产业集聚,集聚又会因为共享劳动力市场,信息分享知识流动频度加强,形成极化效应。(3)要素集聚。极化作用会将周边地区人才、技术、资金不断流入增长中心,形成集聚效应。相比之下,技术由于可以提高生产创新,在某种程度上形成垄断,可以作为吸引其他要素流入的中心。扩散是一种趋势,扩散效应是缩小区域差距的一种重要机制。具体来说,要素扩散包括劳动力、资金和技术等的扩散,劳动力流动是为了获取更高的工资,资本流动是为了获取更高的收益。具体到产业扩散,表现为在产业梯度转移规律作用下周边落后地区承接经济中心淘汰的产业。随着产业发展,有向周边地区扩张进而带动周边地区发展的趋势。

从发展演变过程来看,在区域经济发展过程中,发达地区往往最先由自然成长的增长极发展扩散而来。极化作用扩散的过渡阶段,都是先经过开发轴,然后沿着空间等级体系扩散,形成空间网络结构。点轴空间模

式是增长极最先发展到的阶段,也是发展必经阶段。增长极成功的条件需要具备一定的技术基础和人才基础,并具有较为成熟的产业体系和城市体系,才能引起集聚效应和扩散效应。发展重点转移时,由点转到轴上。而形成的点轴模式是沿着一个方向扩散的,需要强势引导和便利基础设施。扩散方向一般是朝可以获得最优收益的方向或者运费最低的方向。随着交通设施不断扩建,当前已经基本形成了完善的交通运输网络,点轴扩散模式也逐渐向网络结构或者城市等级结构发展。点轴开发是处于区域发展不平衡阶段,是开发重点初步转移的一种方式,后期开发重点就需要规划转移的等级体系。城市群空间演化阶段包括从孤立发展到单中心发展阶段,然后发展到多中心阶段。多中心发展阶段的形成是由于交通网络、通信网络不断完善,进而导致城市空间经济联系不断增强,逐渐形成均衡发展趋势。单中心发展过度会形成过度集聚,带来人口拥挤、环境污染、资源承载能力下降等限制。多中心发展集聚会带来更多辐射作用,形成大中小城市等级城市体系。并且多中心城市体系的优点在于城市间具有合理分工和合作,交通联系比较强,是一种合作型可持续发展空间模式。在具体区域发展实践中,为了帮助欠发达地区发展,政府往往通过公共投资等办法制造增长极,这种增长极就是人工增长极。人工增长极设置有成功也有失败。如果不能结合区域自身条件、自身资源禀赋,盲目投资不适合区域的增长极,增长极就不能自发增长进而带动周边地区发展,还会需要政府资源不断地供给和支持。另外,人工制造的增长极往往是通过引进一些优势企业来发展,通过企业微观主体积极参与形成优势产业和产业之间联动发展局面。

总体来看,区域经济协调发展是为了缩小地区发展差距,非均衡发展是为了将资本、人才等投入到重点区域和重点产业上,允许一部分地区先富起来。在具体实践中,非均衡发展理论对发展中国家更具有现实指导意义。在经济发展的初级阶段,发展中国家由于资源具有有限性,需要将资本、人才等投入到重点区域和重点产业上。当经济发展到一定阶段,为实现区域发展公平和经济协调发展就要考虑推进区域协调发展战略。中国区域发展经历了均衡—非均衡—均衡的战略演变。从新中国成立到改革开放之前时期的区域发展战略,称为"均衡发展"战略,新中国成立后的三年恢复时期,区域发展重点是东北老工业基地,其次是华东和华北。改革开放初期,政策先向沿海地区倾斜,沿海再带动内陆发展。非均衡协调发展战略是将投资和生产布局向重点开发区域适度倾斜,充分发挥各地优势,而均衡发展是要实现区域经济发展和人均收入水平趋同。经过十多年经济高速发展后区域间发展差距扩大,区域之间发展差距过大带来的问题越来越突出。中国开始转向区域协调发展并在 2000 年正式提出了西部大开发战略。走社会主义道路必然要求避免两极分化实现共同富裕,所以区域协调发展是走社会主义道路的必然趋势。[①]

第二节　沿海地区协调发展的战略演进

改革开放以来,中国的区域战略总体态势从不均衡发展再到协调发展。其中,沿海地区协调发展的战略演进总体上可划分为三个阶段:沿海优先发展战略阶段(1978—1998 年)、区域总体协调发展战略阶段(1999—2011 年)以及区域深化协调发展阶段(2012 年至今)。

一、沿海优先发展战略阶段:1978—1998 年

沿海发展战略全称为"沿海地区经济发展战略",就是要充分利用沿海地区的优势,面向国际市场,参与国际交换和国际竞争,大力发展开放型经济[②],是中国工业化、现代化进程中的重大战略决策之一。

改革开放后,以邓小平同志为主要代表的中国共产党人提出"让一部分人、一部分地区先富起来,实行先富带后富"的"非均衡发展"思想。东部沿海地区因其地理条件和经济发展状况,被选为优先开放和发展的地区,成为对外开放的前沿阵地。中国开始实施向东部沿海地区倾

---

① 李兰冰、刘秉镰:《"十四五"时期中国区域经济发展的重大问题展望》,《管理世界》2020 年第 5 期。

② 张可云:《新时代的中国区域经济新常态与区域协调发展》,《国家行政学院学报》2018 年第 3 期。

斜的区域发展战略,以此创造经济"增长极",进而实现全国经济的整体发展。1979 年 4 月,邓小平同志首次提出要开办"出口特区";1979 年 7月,因广东、福建临近港澳与台湾的区位优势,中央确定在两省实行"特殊政策、灵活措施",在广东的深圳、珠海、汕头和福建的厦门试办出口特区;1980 年 5 月,中央下发文件把这四个出口特区改名为"经济特区"。设立经济特区、在特区实行特殊政策的目的就是要在经济特区实行市场经济体制,发挥对外开放的窗口和桥梁作用,同时让特区示范和引领中国的经济改革①。

　　"六五"计划(1981—1985 年)明确提出要重视沿海地区的优先发展和带动作用。全国被分为沿海地区、内陆地区、少数民族地区,其中,沿海地区要"积极利用沿海地区的现有经济基础,充分发挥它们的特长,带动内陆经济进一步发展";而内陆地区则要"加快能源、交通和原材料工业建设,支援沿海地区经济的发展"。沿海地区起带动作用,内陆地区起支援作用,以此提高整体的经济效率。1984 年 10 月,党的十二届三中全会通过了《中共中央关于经济体制改革的决定》,并且把对外开放和发展对外经济关系提到战略高度,为制定沿海地区外向型经济政策奠定了基础②。

　　在"六五"计划期间,中国区域经济发展重心明显向东部沿海地区倾斜。一方面,大批重点建设投资项目布局在沿海地区,东部沿海地区固定资产累计投资占全国比重超过半数,为 54.7%,超过了中部和西部的总和;另一方面,国家在东部沿海地区的区域制度创新也在继续,继 1979 年设立深圳、珠海、汕头和厦门 4 个经济特区后,1984 年,中央进一步设立了 14 个沿海开放港口城市,包括天津、上海、大连、秦皇岛、烟台、青岛、连云港、南通、宁波、温州、福州、广州、湛江和北海;1985 年,中共中央、国务院批准《长江、珠江三角洲和闽南厦漳泉三角地区座谈会纪要》,将长江

---

　　①　肖金成、安树伟:《从区域非均衡发展到区域协调发展——中国区域发展 40 年》,《区域经济评论》2019 年第 1 期。
　　②　高伯文:《20 世纪 80 年代沿海地区经济发展战略的选择及其效应》,《当代中国史研究》2005 年第 4 期。

三角洲、珠江三角洲和闽南三角洲三个地区 59 个县确定为沿海经济开放区,随后山东半岛、辽东半岛也被纳入,从而形成了一个以发展外向型经济为主的沿海开放地带。这 4 个经济特区、14 个沿海开放港口城市和 5 个沿海经济开发区由点到线、由线到面、由南至北,在东部沿海地区形成了条带状的开放地带。中央扩大了这些开放城市和开放地区的地方权限,在外资项目审批权限、财税、外汇留成、信贷等方面给予这些地区特殊的优惠政策和措施,以进一步支持沿海地区经济发展,使其在促进自身地区经济飞速发展的同时,也带动整个国民经济的持续增长①。

"七五"计划(1986—1990 年)根据经济技术水平和地理位置,进一步将全国划分为东部、中部、西部三大经济地带,制订了以三大地带梯度推移为主要内容的地区经济发展总体计划,提出要正确处理东部沿海、中部和西部三个经济地带的关系,其中沿海地区是 20 世纪接下来十几年国家投资重点集中的区域,要加速东部沿海地带的发展,同时把能源、原材料建设的重点放到中部,并积极做好进一步开发西部地带的准备。"七五"计划还要求沿海开放地带重视对外经济贸易和技术交流,成为对外贸易的基地。

1987 年 10 月,党的十三大报告指出,"当今世界是开放的世界。我们已经在实行对外开放这个基本国策中取得了重大成就。今后,我们必须以更加勇敢的姿态进入世界经济舞台,正确选择进出口战略和利用外资战略,进一步扩展同世界各国包括发达国家和发展中国家的经济技术合作与贸易交流"。因此,中国"必须继续巩固和发展已初步形成的'经济特区—沿海开放城市—沿海经济开发区—内地'这样一个逐步推进的开放格局"。基于党的十三大精神,中共中央于 1987 年 12 月提出沿海地区经济发展战略,该战略包括以下三个要点:(1)沿海地区应积极发展劳动密集型产业及劳动与技术密集型产业,扩大这类产品的出口。(2)沿海加工业要实行"两头在外,大进大出":把生产经济过程的两头,即原材

---

① 惠中:《建国以来我国区域经济发展战略的演变及思考》,《毛泽东邓小平理论研究》1999 年第 6 期。

料来源和产品销售主要放到国际市场上,使经济运行由国内循环扩大到国际循环。(3)利用外资的重点应该放在吸引外商直接投资上,大力发展"三资企业",而非举借外债上,这样才能使外商与我方有共同利益,带来资金的同时也带来管理经验、销售网络等。1988年1月,邓小平同志对"加快沿海地区对外开放和经济发展"的报告进行批示:"完全赞成。特别是放胆地干,加速步伐,千万不要贻误时机。"①同年3月,国务院在上海召开沿海地区开放工作会议,正式决定实施沿海地区经济发展战略并进行了具体部署,以沿海地区的乡镇企业为主力,"两头在外,大进大出",大力发展出口型经济,加入"国际大循环"。与此同时,国家也持续扩大沿海对外开放的范围。1988年4月,七届人大一次会议审议通过了《关于建立海南经济特区的决议》和《关于设立海南省的决定》,设立海南省和海南经济特区,成为当时中国第五个,也是面积最大的经济特区。

同样是在1988年,邓小平同志首次明确提出区域发展"两个大局"的重要思想:"沿海地区要加快对外开放,使这个拥有两亿人口的广大地带较快地先发展起来,从而带动内地更好地发展,这是一个事关大局的问题。内地要顾全这个大局。反过来,发展到一定的时候,又要求沿海拿出更多力量来帮助内地发展,这也是个大局。那时沿海也要服从这个大局。"②

二、区域总体协调发展战略阶段:1999—2011年

在区域非均衡政策的影响下,国家经济在取得较大发展的同时,东部地区和中西部地区的发展差距也在迅速扩大。据统计,"七五"计划期间的全国国内生产总值年均增长7.7%,其中东部沿海地区年均增长8.4%左右,而内陆年均增长为7%左右;东部沿海地区与中部、西部地区人均GDP的差距在1978年时分别为153.6元和212.9元,但到1998年时,差距已经分别扩大到4270元和5490.9元,西部地区的人均GDP甚至已经

---

① 《邓小平年谱(一九七五——一九九七)》下卷,中央文献出版社2004年版,第1223页。
② 《邓小平文选》第三卷,人民出版社1993年版,第277—278页。

不到东部地区的一半。针对沿海地区和内陆地区发展差距逐渐扩大的情况,中国开始逐渐调整和完善区域发展战略,向区域协调发展转变。

"八五"计划(1991—1995年)提出"要继续贯彻沿海地区经济发展战略,努力发展外向型经济",同时也首次提出要"正确处理发挥地区优势与全国统筹规划、沿海与内地、经济发达地区与较不发达地区之间的关系,促进地区经济朝着合理分工、各展其长、优势互补、协调发展的方向前进"。然而,"八五"时期区域间的发展差距并没有因为这种区域协调发展战略思想的提出而缩小。之后,自"九五"计划(1996—2000年)起,中央开始突出强调区域协调发展并进行理论和实践上的探索。从1999年开始,中国先后实施了西部大开发、振兴东北地区等老工业基地和中部崛起战略,以支持其他地区的发展,实现不同地区的协调发展。

1999年3月,《国务院关于进一步推进西部大开发的若干意见》发布,提出了进一步推进西部大开发的十条意见;同年党的十五届四中全会和中央经济工作会议正式提出了实施西部大开发战略。中国区域经济发展从西部支持东部转入东部支援西部的新时期。2000年1月,国务院西部地区开发领导小组成立并召开西部地区开发会议,研究加快西部地区发展的基本思路和战略任务,部署实施西部大开发的重点工作。2001年3月,"十五"计划(2001—2005年)进一步强调了要"实施西部大开发战略,促进地区协调发展",而东部地区则要在有条件的地方争取率先基本实现现代化,积极发展外向型经济,"进一步发挥环渤海、长江三角洲、闽东南地区、珠江三角洲等经济区域在全国经济增长中的带动作用",同时,"东部地区要加强与中西部地区全方位的经济技术合作,支持和参与西部开发,更好地发挥对中西部地区的辐射带动作用"。

在西部大开发战略提出后,2002年11月召开的党的十六大正式提出"支持东北地区等老工业基地加快调整和改造……加强东部、中部、西部经济交流和合作,实现优势互补和共同发展,形成若干各具特色的经济区和经济带"。2003年10月,《中共中央、国务院关于实施东北地区等老工业基地振兴战略的若干意见》发布,对振兴东北老工业基地作出重大战略部署。同年11月,国务院成立"振兴东北地区等老工业基地领导小组"。实施东北地区等老工业基地振兴战略对实现地区之间的相互协调发展、东西互动、南北呼应、共同富裕至关重要。

"促进中部地区崛起"首次明确出现于 2004 年的政府工作报告,并于同年 9 月,在党的十六届四中全会上提上日程。2005 年的中央经济工作会议再次提出,"促进区域经济协调发展是结构调整的重大任务",并把"促进中部崛起"作为当年经济工作的重点。2006 年 4 月 15 日,《中共中央、国务院关于促进中部地区崛起的若干意见》正式出台,提出了促进中部地区崛起的总体要求、基本原则和主要任务,这标志着中部崛起战略进入实施阶段。

2004 年政府工作报告提出:"促进区域协调发展,是我国现代化建设中的一个重大战略问题。要坚持推进西部大开发,振兴东北地区等老工业基地,促进中部地区崛起,鼓励东部地区加快发展,形成东中西互动、优势互补、相互促进、共同发展的新格局。"这标志着中国进入区域发展新阶段,全面协调的区域发展战略至此初步形成。2006 年 3 月,国家通过了《中华人民共和国国民经济和社会发展第十一个五年规划纲要》,其中第五篇"促进区域协调发展"中的第十九章"实施区域发展总体战略"再次强调:"坚持实施推进西部大开发,振兴东北地区等老工业基地,促进中部地区崛起,鼓励东部地区率先发展的区域发展总体战略,健全区域协调互动机制,形成合理的区域发展格局"。

与西部大开发战略、东北振兴战略和中部崛起战略这三大地区战略不同,对东部沿海地区,率先发展战略虽然是与这三大地区战略并列的区域发展战略,但是国家并没有专门为之制定区域发展规划或区域发展政策①。"十一五"规划纲要(2006—2010 年)中初步确定了鼓励东部地区率先发展的战略,使东部地区在国家区域发展战略中有了"率先发展"这一新的明确的战略指向,提出"东部地区要率先提高自主创新能力,率先实现经济结构优化升级和增长方式转变,率先完善社会主义市场经济体

---

① 覃成林、张震、贾善铭:《东部地区率先发展战略:变迁、成效与新构想》,《北京工业大学学报(社会科学版)》2020 年第 4 期。

制,在率先发展和改革中带动帮助中西部地区发展"。"十二五"规划纲要(2011—2015年)中提出:"实施区域发展总体战略,充分发挥不同地区比较优势,促进生产要素合理流动,深化区域合作,推进区域良性互动发展,逐步缩小区域发展差距"。对东部沿海地区,战略导向从"鼓励东部地区率先发展"变为"积极支持东部地区率先发展",提出要"发挥东部地区对全国经济发展的重要引领和支撑作用……推进京津冀、长江三角洲、珠江三角洲地区区域经济一体化发展,打造首都经济圈,重点推进河北沿海地区、江苏沿海地区、浙江舟山群岛新区、海峡西岸经济区、山东半岛蓝色经济区等区域发展,建设海南国际旅游岛"。

三、区域深化协调发展阶段:2012年至今

党的十八大以来,以习近平同志为核心的党中央在充分肯定前期战略思想的基础上,对"区域协调发展"展开了新的探索,不断作出新的形势判断和战略安排。习近平总书记多次在不同场合强调,要继续实施区域发展总体战略,促进区域协调发展,是今后相当长一段时间内区域发展的基本战略思想。党中央强调的"区域发展总体战略",指的是区域政策和区域规划要完善、创新,特别强调要缩小政策单元,重视跨区域、次区域规划,提高区域政策精准性。① 2013年召开的中央经济工作会议提出了中国经济发展的四个主攻方向,促进区域协调发展就是其中之一。这一时期提出的最有代表性的区域政策就是"精准扶贫",充分体现了区域政策的具体性和精确性。区域协调发展战略另一个重要发展是在党的十八大之后,中央先后推出京津冀协同发展战略、长江经济带发展战略、"一带一路"倡议,中国形成了"四大板块+三大战略"的新的区域发展战略。2015年,十八届五中全会上提出了新发展理念——"创新、协调、绿色、开放、共享",区域协调发展以此为统领。为解决新时代社会主要矛盾中"不平衡不充分"的发展问题,2017年,"区域协调发展战略"在党的十九

---

① 孙久文:《论新时代区域协调发展战略的发展与创新》,《国家行政学院学报》2018年第4期。

大报告中首次被正式提出,并提升为统领性的区域发展战略。中国区域发展战略的指向性和精确化越来越明确和全面,推动着新发展格局的形成。目前,"十四五"时期突出强调"四大板块"战略和"六大战略",其中,"四大板块"总体战略指的是推进西部大开发形成新格局、加快东北老工业基地振兴、推动中部地区崛起、实现东部地区优化发展,这覆盖了中国全部国土;"六大战略"为京津冀协同发展、长江经济带发展、粤港澳大湾区建设、长三角一体化、黄河流域生态保护和高质量发展以及成渝经济区建设,构成了中国区域协调发展的核心骨架。[①]

东部沿海地区在这一时期继续深入实施区域发展总体战略中的"东部率先"战略。2016 年出台的"十三五"规划中强调"支持东部地区率先发展";2021 年出台的"十四五"规划强调"鼓励东部地区加快推进现代化"。

此外,"六大战略"中的京津冀协同发展、粤港澳大湾区建设、长三角一体化战略都是沿海地区重要的跨区域协调发展战略,近年来也在逐步推进落实中。

(一)京津冀协同发展

京津冀协同发展战略是打造中国经济新版图的重大战略抉择[②],是事关中国经济未来走势的重大国家战略。2014 年 2 月 26 日,习近平总书记在北京主持召开座谈会,专题听取京津冀协同发展工作汇报并发表重要讲话,阐述推进京津冀协同发展的重要意义,京津冀协同发展战略被提出并上升为国家战略。2014 年政府工作汇报中提出将"加强环渤海及京津冀地区协同发展"写入当年工作重点。同年 8 月 2 日,国务院成立京津冀协同发展领导小组,为京津冀协同发展提供组织上的保障,对京津冀协同发展进行顶层设计、统筹规划。2015 年,中共中央政治局审议通过《京津冀协同发展规划纲要》,明确了京津冀整体和京津冀三地各自的发展定位,详细阐述了京津冀发展的骨架布局等核心内容,明确了京津冀地

---

①　孙久文:《区域协调发展与全面建成小康社会和全面建设社会主义现代化国家》,《党的文献》2021 年第 1 期。

②　孙久文、原倩:《京津冀协同发展战略的比较和演进重点》,《经济社会体制比较》2014年第 5 期。

区日后以"一核、双城、三轴、四区、多节点"为骨架协同发展,其中,核心是有序疏解北京非首都功能,优化提升首都核心功能,解决北京"大城市病"。2016年2月出台的《"十三五"时期京津冀国民经济和社会发展规划》是全国首个跨省的区域"十三五"规划,明确了京津冀地区未来五年的发展目标,力求把京津冀地区打造成一个整体统筹区域,顶层设计初步完成。2016年3月出台的"十三五"规划纲要提出要以区域总体发展战略为基础,以"一带一路"建设、京津冀协同发展、长江经济带发展为引领,构建中国区域发展新格局。2017年4月1日,中共中央、国务院决定在河北设立雄安新区,建设北京非首都功能疏解集中承载地和贯彻落实新发展理念的创新发展示范区。2021年出台的"十四五"规划强调要紧抓疏解北京非首都功能"牛鼻子",以高起点规划、高标准建设雄安新区。

京津冀协同发展的地域范围包括北京、天津、河北,辐射山东、辽宁,地区总人口超过1亿人,地区生产总值占全国的1/10以上,是环渤海经济圈的核心区域,是中国经济第三增长极。因此,京津冀协同发展战略具有重大意义。通过对京津冀三地的要素整合,可以对其他地区开展区域合作起到示范作用。[①] 京津冀地区作为国家最重要的畿辅重地,当前依然是协同发展的主要区域。在京津冀城市群建设取得丰硕成果的同时,地区一体化发展却远未达成,区域内发展差距明显,环京津地区发展滞后。未来京津冀协同发展的重点任务包括:疏解非首都功能,建设通州城市副中心;加快雄安新区建设;巩固发展滨海新区;建设"轨道上的京津冀"。

(二)粤港澳大湾区

建设粤港澳大湾区,是习近平总书记亲自谋划、亲自部署、亲自推动的国家战略,是新时代推动形成全面开放新格局的新举措,也是推动"一国两制"事业发展的新实践。粤港澳大湾区包括"九市二区",即香港、澳门两个特别行政区和广东广州、深圳、珠海、佛山、惠州、东莞、中山、江门、肇庆九个珠三角城市。地区内地缘相近、人缘相亲,区域内联系密切,三

---

① 孙久文、李恒森:《我国区域经济演进轨迹及其总体趋势》,《改革》2017年第7期。

地的合作交流自改革开放以来就日益加强、互补发展。粤港澳大湾区在5.6万平方千米的城市群范围内创造的 GDP 约占全国的10%,域内11座城市的人均 GDP 均接近或超越10000美元的门槛,是中国开放程度最高、经济活力最强的区域之一,具备建成世界级城市群的巨大潜力,在国家发展大局中具有重要战略地位。

从最开始的学术探讨,到地方政策,再到上升为国家战略,"粤港澳大湾区"的概念在逐渐深化、内涵在不断丰富。2008年,粤港澳地区合作发展的国家政策开始出台,国家发展改革委发布《珠江三角洲地区改革发展规划纲要(2008—2020年)》,提出要探索和推进粤港澳地区之间的合作,目标是到2020年形成粤港澳三地分工合作、优势互补、全球最具核心竞争力的大都市圈之一。2009年,三地政府联合编制《大珠江三角洲城镇群协调发展规划研究》,确立了"一湾三区""三轴四层""三域多中心"的发展规划。2010年和2011年,广东分别与香港和澳门签署《粤港合作框架协议》和《粤澳合作框架协议》,进一步明确区域经济一体化发展和"环珠江口宜居湾区建设"是粤港澳合作的工作重点。2014年的深圳市政府工作报告是地方政府报告首次提出"发展湾区经济",提出"落实国家战略,加快建设前海开放发展新平台";"聚焦湾区经济,构建区域协同发展新优势"。2015年3月,国家发展改革委、外交部和商务部联合发布了《推动共建丝绸之路经济带和21世纪海上丝绸之路的愿景与行动》,明确提出在"一带一路"建设中"深化与港澳台合作,打造粤港澳大湾区","粤港澳大湾区"在国家文件中被明确提出。2016年3月发布的"十三五"规划强调要深化"粤港澳大湾区"平台建设[1],"支持港澳在泛珠三角区域合作中发挥重要作用,推动粤港澳大湾区和跨省区重大合作平台建设";同月发布的《国务院关于深化泛珠三角区域合作的指导意见》、2016年广东省政府工作报告也都提出"联手港澳打造粤港澳大湾区"等内容。2017年3月,李克强总理在政府工作报告中明确提出:"要推动内地与港澳深化合作,研究制定粤港澳大湾区城市群发展规划,发挥

---

① 张日新、谷卓桐:《粤港澳大湾区的来龙去脉与下一步》,《改革》2017年第5期。

港澳独特优势,提升在国家经济发展和对外开放中的地位与功能","粤港澳大湾区"被纳入顶层设计,上升为国家战略。2017年7月1日,国家发展改革委与粤港澳三地政府共同签署《深化粤港澳合作 推进大湾区建设框架协议》,习近平总书记出席签署仪式;10月,党的十九大报告再次强调"要支持香港、澳门融入国家发展大局,以粤港澳大湾区建设、粤港澳合作、泛珠三角区域合作等为重点,全面推进内地同香港、澳门互利合作"。2019年2月,中共中央、国务院正式颁布《粤港澳大湾区发展规划纲要》,作为指导粤港澳大湾区从今往后一段时期合作的纲领性文件,赋予了其新的战略任务,明确了大湾区应发挥香港—深圳、广州—佛山、澳门—珠海的极点引领带动作用,构建极点带动、轴带支撑的高质量网络化城市群。2021年9月,《横琴粤澳深度合作区建设总体方案》《全面深化前海深港现代服务业合作区改革开放方案》公开发布,明确了珠海横琴合作区实施范围及深圳前海合作区的发展空间,有利于这些重大平台的开发建设,有利于推动大湾区建设以及港澳更好融入国家发展大局。

(三)长三角一体化

推动长江三角洲区域一体化发展,同样也是习近平总书记亲自谋划、亲自部署、亲自推动的重大国家战略。长江三角洲区域一体化发展涵盖上海、江苏、浙江和安徽一市三省,地区生产总值约占全国的1/4,地区综合实力最强、经济密度最大、城市化最密集,是中国第一大经济区、最重要的经济增长极,是"一带一路"和长江经济带重要的交会地带,在中国特色社会主义建设中占据着重要地位。

长三角经济圈概念萌芽自20世纪80年代的"上海经济区",2007年12月,长三角区域在"长江三角洲地区发展国际研讨会"上被定义为上海、浙江和江苏一市两省,发展至今共经历了三轮国家层面的规划发展:长江三角洲地区26座城市、长江经济带下游地区和长三角一体化。[①]2008年9月颁布《国务院关于进一步推进长江三角洲地区改革开放和经

---

① 刘冬、杨悦、张文慧、徐梦佳:《长三角区域一体化发展规划与政策制度研究》,《环境保护》2020年第20期。

济社会发展的指导意见》，2010 年 5 月批准实施《长江三角洲地区区域规划》，以进一步推进长江三角洲地区改革开放和经济社会发展，把长江三角洲地区建设成为亚太地区重要的国际门户、全球重要的先进制造业基地、具有较强国际竞争力的世界级城市群。2016 年 5 月，《长江三角洲城市群发展规划》发布，规划涵盖上海、江苏、浙江和安徽的 26 座城市。2018 年 11 月，在首届中国国际进口博览会上，习近平总书记宣布将支持长江三角洲区域一体化发展，并正式将其上升为国家战略，着力落实新发展理念，构建现代化经济体系，推进更高起点的深化改革和更高层次的对外开放，同"一带一路"建设、京津冀协同发展、长江经济带发展、粤港澳大湾区建设相互配合，完善中国改革开放空间布局。这标志着长三角一体化的地位从地方层面升级至国家层面，进入新的发展阶段，不仅要实现区域自身发展一体化，还要从国家层面承担更多的战略任务，实现高质量发展。[①] 2019 年 5 月，国务院发布《长江三角洲区域一体化发展规划纲要》，明确长三角的战略地位为全国发展强劲活跃增长极、全国高质量发展样板区、率先基本实现现代化引领区、区域一体化发展示范区、新时代改革开放新高地。2021 年 6 月，推动长三角一体化发展领导小组办公室印发《长三角一体化发展规划"十四五"实施方案》。

城市群是城市化发展到一定阶段后，城市之间一种更高级的组织形式，在空间上表现为以中心城市为核心向周围辐射构成的多个城市集合体。城市群的形成以中心城市为支点，中心城市的发展以城市群为依托，两者并非独立存在。[②] 现阶段区域政策的精确性也体现在推动城市群和中心城市建设。2019 年，党的十九届四中全会提出要"提高中心城市和城市群综合承载和资源优化配置能力"。习近平总书记也强调："我国经济发展的空间结构正在发生深刻变化，中心城市和城市群正在成为承载发展要素的主要空间形式"，"新形势下促进区域协调发展，总的思路是：

---

① 李湛、张彦：《长三角一体化的演进及其高质量发展逻辑》，《华东师范大学学报（哲学社会科学版）》2020 年第 5 期。

② 孙久文、蒋治：《"十四五"时期中国区域经济发展格局展望》，《中共中央党校（国家行政学院）学报》2021 年第 2 期。

按照客观经济规律调整完善区域政策体系,发挥各地区比较优势,促进各类要素合理流动和高效集聚,增强创新发展动力,加快构建高质量发展的动力系统,增强中心城市和城市群等经济发展优势区域的经济和人口承载能力,增强其他地区在保障粮食安全、生态安全、边疆安全等方面的功能,形成优势互补、高质量发展的区域经济布局"。① "十四五"时期,区域治理的载体将主要集中到以中心城市为引领的城市群上,以点带面。要构建更有效的区域协调发展新机制,就要充分发挥国家级城市群的引领作用。沿海的国家级城市群包括长江三角洲城市群、京津冀城市群和珠江三角洲城市群,对应的国家中心城市分别为上海、北京和天津、广州,其发展目标是"以国家中心城市为核心,形成带动全国经济发展并有全球影响力和竞争力的增长极,优先建成国家级城市群,最终建成世界级城市群"。沿海区域性城市群包括山东半岛城市群、粤闽浙沿海地区城市群,是国家二级城市群,一般以一个以上国家中心城市或区域性中心城市为核心城市,建设成为全国地理大区的重要增长极并承担所在地理大区的特定职能。"十四五"规划中强调要"推动城市群一体化发展,以促进城市群发展为抓手,全面形成'两横三纵'城镇化战略格局。优化提升京津冀、长三角、珠三角、成渝、长江中游等城市群,发展壮大山东半岛、粤闽浙沿海、中原、关中平原、北部湾等城市群"。

第三节 沿海地区经济地理空间重塑

一、沿海地区经济地理发展格局

根据经济发展客观规律,不均衡发展战略允许一部分地区先富起来,先富带动后富。到一定阶段后其余区域经济也需要协调发展,形成区域经济均衡发格局。改革开放后在允许一部分地区先富起来条件下,东部地区因为具有良好地理优势,成为率先发展起来的区域。中国开始允许

---

① 《习近平谈治国理政》第三卷,外文出版社 2020 年版,第 270—271 页。

深圳、珠海、厦门、汕头试办经济特区。20世纪80年代,中国开放了14个沿海港口城市逐渐推广经济技术开发区模式,这些城市包括大连、秦皇岛、天津、烟台、青岛、连云港、南通、上海、宁波、温州、福州、广州、湛江、北海等。与此同时,沿海北部地区环渤海区域、沿海中部地区包括长江三角洲、沿海南部地区珠江三角洲等也开始建立经济开放区。从区域经济发展格局来说,中国沿海地区经济重心发展经历了一个由珠三角到长三角再到环渤海的逐步北移的过程。经过几十年经济飞速发展,区域间经济发展出现不均衡。结合东部沿海和中西部地区经济发展的客观差距,党的二十大报告强调"促进区域协调发展",推动均衡发展战略使中国区域发展更加协调。另外,随着沿海地区经济取得飞速发展,沿海地区虽然面积广阔但内部发展趋于不均衡。未来推动区域协调发展,沿海区域发展战略包括长江三角洲区域一体化、京津冀协同发展、粤港澳大湾区建设共同推进,并和"一带一路"建设互相配合,完善中国沿海区域经济发展空间布局,各区域发展战略共同支撑中国经济发展。

依据地理方位沿海地区经济地理格局可以分为沿海南部、沿海北部地区、沿海中部地区。沿海南部开放度高、经济活力强,粤港澳大湾区定位世界级城市群、国际科技创新中心,中心城市包括香港、澳门、广州、深圳。沿海南部依据发展水平差距分为两类城市:第一类包括香港、澳门、广州、深圳,第二类包括粤港澳大湾区的其他城市。香港、澳门优势产业主要在于高端服务业,比如旅游、金融、出口加工及博彩等。佛山、中山经济发展水平较为落后,如果不能较快发展起来,将对粤港澳大湾区经济发展有一定制约。部分城市如肇庆存在"高投入—高产出"粗放式发展特点,造成环境污染,需加快产业转型升级。深圳、广州由于经济发展水平高并有政策支持,科技研发实力较强,不同发展水平城市之间人力、资金、技术等要素存在互相流动,推进粤港澳大湾区建设,不断深化内地和港澳交流合作。

沿海中部主要是长三角城市群,包括中心城市上海、苏州、南京、合肥、杭州等及这些城市形成的腹地。长三角区域作为人口最为密集的地区之一,区域竞争激烈。长三角地区以上海等少数城市为核心、各城市联系紧密网络,呈现多核心结构:上海为核心枢纽,苏州、南京、合肥、杭州也是经济中心。各个中心城市辐射周围腹地,带动周边地区经济发展。上海、苏州两市腹地影响范围整个长三角区;南京、杭州与合肥三市作为省会,影响范围基本局限于本省,城市腹地存在区域差异。长三角城市群第二、第三产业均较为发达,产业作为城市发展动力,各城市产业分工合作互相配合,长期以来各部门间的关系和比例不断趋于合理化。其中第二产业主导型城市包括滁州、马鞍山、芜湖、铜陵、宁波、嘉兴等;第三产业主导型城市包括上海、杭州、南京、苏州、无锡、常州、金华、舟山等;此外,第二、第三产业发展较为均衡的城市包括镇江、绍兴、安庆、宣城、扬州、泰州等。

沿海北部地区主要是京津冀城市群,包括北京、天津、河北的地级市、直管市,形成了"首都经济圈"。区域分工中北京作为京津冀城市群发展的中心,其金融业、科技创新优势明显;天津具有制造业基础、港口物流发达特色;河北主要以劳动密集型、资源密集型产业的发展为主。在产业结构方面,北京的第三产业占比最高、天津次之、河北最低。京津冀协同发展的目的是缩小区域间差异,以资源承载力为基础优化区域分工、优化产业布局、优化城市布局和空间结构、构建完善交通网络,加强区域相互之间交流合作。北京发展高端服务业、高端制造业及科技创新,与此同时疏解非首都核心功能。天津则是制造研发基地、北方国际航运核心区、金融创新运营示范区、改革开放先行区。河北的唐山、邯郸、邢台、沧州具有丰富的矿产资源,河北未来定位"全国现代商贸物流重要基地",河北未来仍有巨大发展空间。道路交通网络建设方面,沿海北部地区高速铁路、公路运输互通互达,建设现代化交通网络系统,城市间经济联系不断加强。各城市立足各自比较优势,优势互补,产业分工合理,加快市场一体化。①

二、培育沿海经济带的思路

沿海经济带是引领中国经济实现均衡发展、转型升级、高质量发展的

---

① 曾春水、申玉铭、李哲、冯鹏飞:《京津冀城市职能演变特征与优化对策》,《经济地理》2018年第9期。

重要战略支撑区域,需要进一步优化经济发展空间布局,构建高端现代产业体系,实行内外联动,提高自主创新能力,推进民生、生态环境等全方面高质量发展,将沿海经济带打造成为推动中国区域经济协调发展的动力源。未来沿海经济带要联动国家空间战略,继续加强沿海地区城市群与中心城市建设、推动产业升级发展、继续扩大对外开放、提高自主创新能力、打造宜居宜业发展环境。

(一)沿海地区城市群与中心城市建设

沿海地区城市群中心城市和城市腹地范围要形成协同发展局面。城市群是以1个以上特大城市为核心,至少3个大城市,交通通信等基础设施网络,紧密经济联系构建高度一体化的城市群体。中心城市辐射带动周边腹地发展,腹地资源大小与质量影响协同发展实施效果。粤港澳大湾区作为"一带一路"的重要交通枢纽,土地面积、人口数量、港口群同世界其他湾区相比都处于领先地位。长三角具有非常有利的地理条件,核心城市上海在金融、外贸中具有重要地位。京津冀城市群中,北京在全国作为政治中心,在国际交往中具有重要作用。

城市群形成发展过程中理想的模式是多中心网络型结构,有利于城市间人流、物流、资金流及信息流的高效流动。京津冀、长三角、珠三角城市群发挥集聚效应,北京、上海、深圳等特大城市形成以金融业、科技创新、高端制造为主,外围城市承接核心城市转移的产业如制造业、加工业等,腹地范围可以承接劳动密集型产业等。核心城市高端产业集群发挥带动效应和集聚效应,吸引人才、资金、技术等市场要素流动,沿海地区城市群中心城市和城市腹地范围中心城市与周边区域形成协同发展局面。未来沿海地区城市群发展要保证核心城市首位度,着力发展1—2个超大城市,并发展好周边几个大城市,共同发挥中心城市带动作用。在区域发展中要通过行政区划调整,对区域规划的重点领域和组织实施保障,发挥大城市、枢纽核心城市的辐射带动作用,扩大辐射影响范围。同时,政府要有效治理核心城市"大城市病",统一市场,形成政府与市场间的有机互动,运用互联网、大数据等现代技术手段提高政府服务效能,提高区域协调互动,提升合作共识、协同治理。

（二）产业升级发展

京津冀地区作为经济发达地区，其制造业、高端服务业均较为发达，但区域内仍存在发展不均衡现象。粤港澳大湾区经济发展中因落后城市要素流失、产业升级动力和支持不足，而陷入发展缓慢境地；发展水平处于中端水平城市其营商环境不够完善制约城市发展。长三角地区地理位置有利，科学技术发展具有优势，并有活跃的经济市场和政策支持，具有良好的政策环境和营商环境，但仍面临向附加值高的制造业升级压力。未来沿海地区经济发展应该让高新技术产业和新经济引领产业发展，并依据自身产业优势与资源禀赋进行区域合理分工，实现区域协同倍增效应。

沿海北部地区、中部地区、南部地区经济中心及核心城市要建立科技创新中心，加大技术密集型产业的研发力度，制造业重点突破高精尖产业的方向，发展高端产业集群；其他大城市加大产业升级，比如向高附加值高端制造业升级；周边地区可以发展低附加值的劳动密集型制造业，如钢铁、化工等，各个城市间实现产业合理分工，城市间形成协调发展局面。长三角一体化发展要发挥科学技术优势，政策环境和营商环境优势，推动城市产业升级，提高产业科技附加值。粤港澳大湾区随着港珠澳大桥的开通大大提高了要素流动效率，不断推进高端制造业与数字经济的融合发展，打造科技制造综合性湾区。京津冀地区有众多高等院校和研究机构，要充分发挥科研优势，在让高新技术产业引领产业发展的同时，不同城市要依据自身情况提高产业科技附加值以推动产业结构整体升级。

（三）持续扩大对外开放

沿海地区要继续扩大对外开放，努力实现科学技术文化、现代产业等多领域全方位的对外开放。沿海地区要继续提升对外开放水平，深化国际交流合作，引进利用海外资源，承接、转化世界先进技术，提高企业创新水平，建立对外开放新优势，有效提升区域综合实力。沿海地区城市发展在于区位优势濒临海洋，便于连接海内外市场。长三角应以华东、华中和长江流域为腹地，辐射环太平洋乃至北美、拉美；京津冀要充分发挥北京在国际交往中作用，辐射东北亚、中亚乃至中欧地区；珠三角要充分利用沿海的区位优势,辐射东南亚、南亚、中东、欧洲大陆等。[①]

(四)提高自主创新能力

当前沿海地区经济发展仍面临科学技术的创新力度不够强、创新要素比较分散、缺乏良好的创新机制等诸多问题。为此:第一,京津冀有众多高等院校和研究机构,长三角和珠三角也有很多科研单位,应为技术提供交流平台,加大培养和引进科学技术人才力度,提高自主创新能力,加大科技创新力度,发挥科研院校的科技赋能力。第二,由于每个地区资源要素禀赋不同,在创新战略制定上要结合本地情况;发挥资本市场功能,通过金融手段促进产业跨区域转移和生产要素的双向流动。第三,要构建良好创新制度,加快制度创新和先行先试,健全科技创新保障和激励制度;推进创新成果落地转化、创新成果的产业化,创新驱动产业向科技含量高的信息产业、高端制造业等方向升级。

(五)打造宜居宜业发展环境

沿海地区各城市之间居民生活水平差距较大,在沿海地区经济发展取得不断进步的同时,加强基础设施、科技创新、产业协同、生态环境等合作建设也需要齐头并进。因此,要健全基本公共服务合作机制,在养老服务、医疗卫生、社会保障、绿色发展等方面共同推进,实现基本公共服务基本均等化。另外,由于沿海地区经济发展过程中面临传统产业竞争力下降、资源环境承载负荷增大、产业发展失衡等问题。在大力发展经济、提高产出效率同时,生态环境保护也具有重要意义。加强沿海地区生态系统服务之间的协同程度,提升生态环境治理能力和治理水平,加强人文环境保护,才能满足人民日益增长的美好生活需要。为此,经济发展要遵循绿色低碳循环的发展理念,加强生态保护,集约利用资源;利用先进技术开发绿色技术、绿色产业,发展绿色、低能耗、低污染产业;同时要完善法律保障和制度建设,完善社会治理体系,实现系统治理、依法治理,提升生态环境保护治理和管理水平。[②]

---

①　安树伟、宋维珍、张晋晋:《沿海三大城市群高质量发展研究》,《开发研究》2021年第3期。

②　朱媛媛、文一惠、谢婧、张逸凡、刘桂环:《京津冀跨区域生态补偿机制探讨》,《环境保护》2021年第49期。

第十三章　沿海地区高质量发展的政策耦合思路

　　高质量发展是中国实现经济结构转型升级、跨越"中等收入陷阱"和跻身发达经济体的关键发展思路。本书在量化评价沿海地区高质量发展综合水平、时空分异与演进轨迹的基础上,从创新竞争力、现代化产业体系、产业转移和承接、城乡深度融合、生态环境保护、高水平对外开放、基本公共服务供给、海洋经济发展等多个细分维度入手,描绘了沿海地区在高质量发展实践中的上下求索。马克思主义哲学告诉我们,世界是普遍联系和永恒发展的,高质量发展各个维度都是不可分割的有机整体,通过各项政策的良性耦合能够实现"1+1>2"的效益倍增。本章将以"十四五"规划为指导界定沿海地区高质量发展的核心载体,归纳出沿海地区高质量发展下一步的战略取向,设计相应的政策耦合思路。

第一节　沿海地区高质量发展的核心载体

一、深圳建设中国特色社会主义先行示范区

　　兴办经济特区是党和国家为推进改革开放和社会主义现代化建设进行的伟大创举。1980 年 8 月党和国家批准在深圳、珠海、汕头、厦门设置经济特区,明确要求发挥经济特区对全国改革开放和社会主义现代化建设的重要窗口和示范带动作用。"经济特区"的正式设立标志着改革开放从那时起成为一种社会发展新价值方向,也是中国现代化发展加速的起跑点。自 1980 年 8 月全国人大通过《广东省经济特区条例》,宣告深圳

经济特区正式成立,深圳经济特区就敢闯敢试,勇于承担改革开放赋予深圳的历史使命,积极为建构社会主义市场经济体系探索可行的道路,在发展中解决遇到的各种艰难困苦,特别是在遇到"左"倾思潮冲击的时候,深圳始终坚持改革开放的道路,始终以经济建设为中心,用实践证明了改革开放是中华民族伟大复兴的必由之路。在改革开放初期,冲破传统计划经济体制是有巨大政治风险的,深圳经济特区却积极发挥改革先锋的作用,不畏艰难困苦,率先冲破意识形态的束缚,在国内大胆进行市场经济改革的探索,吹响了"改革的春风",为全国的市场化改革提供经验;40年来深圳等经济特区勇立时代潮头,不断改革创新,突破传统观念和体制的束缚,把不可能变成了可能,向世界展示了中国改革开放释放的巨大经济活力。

中国特色社会主义进入新时代,国家和民族面临百年未有之大变局,深圳承担了新的历史使命。2019年8月,《中共中央、国务院关于支持深圳建设中国特色社会主义先行示范区的意见》提出深圳要在更高起点、更高层次、更高目标上推进改革开放,率先探索全面建设社会主义现代化强国新路径,为实现中华民族伟大复兴的中国梦提供有力支撑,形成全面深化改革、全面扩大开放新格局。要求深圳在构建高质量发展的体制机制上走在全国前列。意见提出,到2035年,深圳高质量发展成为全国典范,城市综合经济竞争力世界领先,建成具有全球影响力的创新创业创意之都,成为中国建设社会主义现代化强国的城市范例。对深圳而言,这是党中央赋予的新使命,是深圳作为中国率先建成国家创新型城市的新目标、新定位;对国家而言,通过在深圳建设中国特色社会主义先行示范区,能够充分发挥先行者的优势和示范引领作用。2020年10月《深圳建设中国特色社会主义先行示范区综合改革试点实施方案(2020—2025年)》发布,支持深圳实施综合改革试点,以清单批量授权方式赋予深圳在重要领域和关键环节改革上更多自主权,一揽子推出27条改革举措和40条首批授权事项。综合改革试点将以继续赋予深圳经济特区"率先改革的优先权"的方式,开启新时代中国更加深刻而复杂艰巨的改革征程。

中国特色社会主义进入新时代,党中央对深圳改革开放、创新发展寄予新的厚望。在深圳特区建立 40 周年之际，以习近平同志为核心的党中央作出支持深圳建设中国特色社会主义先行示范区的重大决策。进入新时代，改革开放面临的任务更艰巨、挑战更严峻，深圳应抓住改革开放再出发重大历史机遇，以改革开放的办法推进中国特色社会主义先行示范区建设，新时代建立社会主义先行示范则是中央高度授权下的"目标性"改革，展现富裕起来的中国特色社会主义制度的优越性。40 年前建立经济特区的使命是以其"先行先试"的实践完成由传统计划经济向社会主义市场经济的转型，未来在目标指引下的深圳经济特区改革将是"先行示范"，率先实践探索与先行制度创新。深圳敢闯敢试、敢为人先、埋头苦干的精神成为东部地区高质量发展的标杆。

二、浙江跻身共同富裕示范区

共同富裕是社会主义的本质要求，是中国式现代化的重要特征。习近平总书记和党中央赋予浙江高质量发展建设共同富裕示范区的光荣使命，为新发展阶段浙江的高质量发展、竞争力提升和现代化先行注入强劲动力。邓小平同志提出，"社会主义的本质，是解放生产力，发展生产力，消灭剥削，消除两极分化，最终达到共同富裕"①。改革开放初期，为了促进经济增长，实行"效率优先，兼顾公平"的原则。这在很大程度上解放了社会生产力，促进了经济社会快速发展。面向新时代，我们更加强调发展的公平性和共享性，通过提升共享水平，使经济社会发展更加平衡充分。当前中国尚处于社会主义初级阶段，由于地理条件、经济发展体制和历史等原因，造成了中国发展不平衡不充分的格局。其中收入差距、城乡差距以及区域差距这三大差距是中国实现共同富裕目标的三大障碍，决定了实现共同富裕长期性和艰巨性。

实现共同富裕不仅是经济问题，而且是关系党的执政基础的重大政治问题。2021 年 5 月《中共中央、国务院关于支持浙江高质量发展建设共同富裕示范区的意见》发布，在数字经济较高发达的浙江开展共同富

---

① 《邓小平文选》第三卷，人民出版社 1993 年版，第 373 页。

裕示范区建设。着重解决浙江省内地区差距、城乡差距、收入差距三个方面的问题。这份意见指出,中国发展不平衡不充分问题仍然突出,城乡区域发展和收入分配差距较大,各地区推动共同富裕的基础和条件不尽相同。促进全体人民共同富裕是一项长期艰巨的任务,需要选取部分地区先行先试、作出示范。浙江在探索解决发展不平衡不充分问题方面取得了明显成效,具备开展共同富裕示范区建设的基础和优势,也存在一些短板弱项,具有广阔的优化空间和发展潜力。支持浙江高质量发展建设共同富裕示范区,有利于通过实践进一步丰富共同富裕的思想内涵,有利于探索破解新时代社会主要矛盾的有效途径,有利于为全国推动共同富裕提供省域范例,有利于打造新时代全面展示中国特色社会主义制度优越性的重要窗口。浙江建设共同富裕示范区的战略定位是成为高质量发展高品质生活先行区、城乡区域协调发展引领区、收入分配制度改革试验区。

2021 年 6 月浙江发布《浙江高质量发展建设共同富裕示范区实施方案(2021—2025 年)》,在共同富裕示范区建设的实施方案中提出,浙江要率先形成一个橄榄型社会结构,实施居民收入和中等收入群体双倍增计划,推动收入分配制度改革先行示范。在这个橄榄型社会结构中,中等收入群体占主体地位,在实施方案里提出,到 2025 年,家庭(可支配)年收入 10 万—50 万元的群体,要占到 80%。到 2035 年,高质量发展取得更大成就,基本实现共同富裕,率先探索建设共同富裕美好社会。改革成为高质量发展建设共同富裕示范区的最鲜明特征。共同富裕美好社会是社会结构更优化、体制机制更完善的社会形态,是一场以缩小地区差距、城乡差距、收入差距为标志的社会变革,核心在于通过大力推进科技创新,把创新放在更加突出的核心地位。

浙江成为共同富裕先行示范区具有一定的基础条件,发展均衡性比较好,浙江经济总量居全国第四位,人均地区生产总值超过 10 万元,居民人均可支配收入是全国平均水平的 1.63 倍,城、乡居民收入分别连续 20 年和 36 年居全国各省份第一位。浙江城乡居民收入倍差为 1.96,低于全国的 2.56,最高最低地市居民收入倍差为 1.67,是全国唯一一个所有设区市居民收入都超过全国平均水平的省份。其次,浙江社会治理能力领先,在优化支撑共同富裕的经济结构、完善城乡融合、区域协调发展的体制机制,实现包容性增长的有效路径等方面都走在东部地区前列。从"最多跑一次"改革到数字化改革,各地普遍具有比较强烈的改革和创新意识,便于大胆探索和及时总结提炼共同富裕示范区建设的成功经验和制度模式。

三、上海浦东打造社会主义现代化建设引领区

1990年4月党中央、国务院正式宣布开发开放上海浦东,浦东成为中国改革开放的象征和上海现代化建设的缩影。在中国共产党成立100周年之际,党中央赋予浦东新区改革开放新的重大任务。2021年7月《中共中央、国务院关于支持浦东新区高水平改革开放打造社会主义现代化建设引领区的意见》的发布标志着继中央在支持深圳建设中国特色社会主义先行示范区之后,在探索如何实现社会主义现代化和高质量发展再出新思路。意见提出,上海浦东要深入推进高水平制度型开放,增创国际合作和竞争新优势,赋予浦东新区改革开放新的重大任务。支持浦东勇于挑最重的担子、啃最硬的骨头,努力成为更高水平改革开放的开路先锋、全面建设社会主义现代化国家的排头兵、彰显"四个自信"的实践范例,更好向世界展示中国理念、中国精神、中国道路。

习近平总书记要求"把浦东新的历史方位和使命,放在中华民族伟大复兴战略全局和世界百年未有之大变局这两个大局中加以谋划,放在构建以国内大循环为主体、国内国际双循环相互促进的新发展格局中予以考量和谋划"[①]。提出到2035年,浦东现代化经济体系全面构建,现代化城区全面建成,现代化治理全面实现,城市发展能级和国际竞争力跃居世界前列。到2050年,浦东建设成为在全球具有强大吸引力、创造力、竞争力、影响力的城市重要承载区,城市治理能力和治理成效的全球典范,社会主义现代化强国的璀璨明珠。提出要全力做强创新引擎,打造自主

---

① 《习近平谈治国理政》第四卷,外文出版社2022年版,第231页。

创新新高地;加强改革系统集成,激活高质量发展新动力;深入推进高水平制度型开放,增创国际合作和竞争新优势;增强全球资源配置能力,服务构建新发展格局;提高城市治理现代化水平,开创人民城市建设新局面;提高供给质量,依托强大国内市场优势促进内需提质扩容;树牢风险防范意识,统筹发展和安全等七个方面的内容。

进入新时代,上海提出建设国际经济、金融、贸易、航运中心,扩大对外开放和积极融入全球价值链成为上海高质量发展的重中之重,浦东作为上海最重要的开发区域,承载着深化改革、扩大开发的重要使命。意见结合浦东特色和优势提出其引领中国迈向社会主义现代化的路径主要包括"五化",即创新能力现代化、开放体系国际化、资源配置全球化、城市治理现代化和消费体系现代化。为了实现上述目标,上海浦东需要继续深化系统性改革、推进制度型开放、防范系统性风险。

四、海南设立自由贸易港

1988 年党中央批准海南建省创办经济特区。30 年来海南经济发展与全国同步取得了巨大发展,但是与其他经济特区比较而言,发展相对滞后,经济体量和经济发展质量都并不突出。在这样的宏观背景下,为了加快海南对外开放和市场化进程,中央给予了海南特殊的对外开放政策,以制度改革促进海南经济高质量发展。2018 年 4 月,习近平总书记在庆祝海南建省创办经济特区 30 周年大会上郑重宣布,"党中央决定支持海南全岛建设自由贸易试验区,支持海南逐步探索、稳步推进中国特色自由贸易港建设,分步骤、分阶段建立自由贸易港政策和制度体系"[①]。党中央和国务院发布《中共中央、国务院关于支持海南全面深化改革开放的指导意见》,支持海南全面深化改革开放有利于探索可复制可推广的经验,压茬拓展改革的广度和深度,完善和发展中国特色社会主义制度;有利于中国主动参与和推动经济全球化进程。海南自贸岛的建设目标是建成特

---

① 习近平:《在庆祝海南建省办经济特区 30 周年大会上的讲话》,人民出版社 2018 年版,第 11 页。

色鲜明、世界著名的现代化自由贸易港,形成高度自由化、法治化、国际化、现代化的制度体系,成为中国特色社会主义现代化的标杆和范例。

2020年6月中共中央、国务院印发了《海南自由贸易港建设总体方案》,方案明确了在海南建设自由贸易港的目的是推进高水平开放,建立开放型经济新体制,深化市场化改革,打造法治化、国际化、便利化营商环境。海南自由贸易港11个重点园区同时挂牌,海南将11个重点园区作为推动海南自由贸易港建设的样板区和试验区,利用制度创新优势,率先实施相关政策和进行压力测试,推动海南自由贸易港建设加快发展、创新发展。2020年8月,海南公布了中英文《2020海南自由贸易港投资指南》,为全球投资者提供一站式服务;逐步探索、稳步推进中国特色自由贸易港建设,分步骤、分阶段建立自由贸易港政策和制度体系,在开放政策和制度领域走在了全国前列,为下一步国家扩大对外开放积累经验。

五、山东创建新旧动能转换综合试验区

山东作为北方经济大省,传统重工业占比较高,市场化改革滞后于东南沿海发达地区,新旧动能转换存在诸多困难和挑战。山东主营业务收入排在前列的轻工、化工、机械、纺织、冶金多为资源型产业,能源原材料产业占40%以上,而战略性新兴产业发展迟缓,例如在数字经济领域,全国互联网企业百强中山东只有2家,而且排名都在60名以后。综合来看山东形成了资源型、重化型产业结构,产业层次低、质量效益差、污染排放重。2018年1月,国务院正式批复关于山东新旧动能转换综合试验区建设总体方案,标志着山东新旧动能转换综合试验区建设成为国家战略,也是中国第一个以新旧动能转换为主题的区域发展战略。

在高质量发展的宏观战略背景下,山东提出建设践行新发展理念的高地、推进供给侧结构性改革的高地、对接国家发展战略的高地、承接南北转型发展的高地。建成全国重要的新经济发展聚集地和东北亚地区极具活力的增长极,为促进全国新旧动能转换、建设现代化经济体系作出积极贡献以实体经济为发展经济的着力点,以新技术、新产业、新业态、新模

式为核心,以知识、技术、信息、数据等新生产要素为支撑,积极探索新旧动能转换模式,推动经济发展质量变革、效率变革、动力变革,提高全要素生产率。2019 年 7 月山东第十三届人民代表大会常务委员会第十三次会议中通过《山东省新旧动能转换促进条例》明确提出山东促进新旧动能转换应当贯彻新发展理念,深化供给侧结构性改革,遵循经济发展规律,发挥市场在资源配置中的决定性作用,更好发挥政府作用,以发展实体经济为着力点,激励创新、优化服务,提高全要素生产率。

六、辽宁构筑沿海经济带

改革开放以来的实践证明,深化改革和扩大开放是实现经济高质量发展最有效的手段,东北地区经济在改革开放以后严重滞后于国家经济发展水平说明了东北地区在对内改革和对外开放两方面存在严重不足。经济体制落后和开放水平不高制约了东北地区的高质量发展。2021 年 9 月,国务院原则同意《辽宁沿海经济带高质量发展规划》,辽宁将“大力发展海洋经济”和“积极参与东北亚经济循环”;国家希望以辽宁沿海经济带高质量发展推动东北振兴取得新突破。在发展海洋经济方面,辽宁应统筹陆地和海洋保护发展,加强海洋生态文明建设,加大海洋保护力度,加强海洋权益维护,科学有序开发利用海洋资源,培育和形成新的经济增长极,将提升北方沿海地区发展水平,培育壮大特色海洋经济,形成陆海资源、产业、空间互动协调发展新格局。

中国的改革开放由南向北推进,东南沿海地区在参与世界分工合作中先行一步。而处于海岸线最北端的辽宁,开发开放程度却未及预期。受传统工业化发展模式、重化工业发展特性、海域特点、计划经济时期国家工业体系布局等多种因素影响,辽宁形成了“依托腹地资源发展重工业的内陆经济模式”,导致了改革开放程度和市场化程度远低于沿海南方地区,东北地区经济增长速度相对全国其他地区而言较为迟缓,迫切需要经济增长的新动能,此次辽宁积极发展沿海经济带,瞄准海洋经济,战略性和前瞻性布局新兴产业。

第二节　沿海地区高质量发展的战略取向

改革开放初期,中国实施东部沿海地区优先发展的战略,东部沿海地区基于有利的地理条件、自身较好的发展基础和特殊优惠政策等因素综合叠加,经济发展取得了巨大成就,迅速改变了贫穷落后的面貌。当前随着国际经济形势变化,外部发展环境恶化,东部沿海地区邻近世界市场的优势衰减,在构建"以国内大循环为主,国内国际双循环"新发展格局的背景,沿海地区高质量发展的优势在于制度领先,现代化走在了前列,引领中西部地区发展的区位优势明显。

一、发挥新发展理念的引领作用

高质量发展是以人民为中心的发展,着重解决不平衡不充分矛盾的发展。沿海地区的高质量发展逻辑可以概括为立足新发展阶段、贯彻新发展理念、构建新发展格局。沿海地区坚持以新发展理念为引领推进高质量发展,在经济转型发展、社会公平正义、绿色低碳发展等方面都应该走在全国前列。

区域的高质量发展离不开国家层面的区域发展战略推动,在国家层面的区域发展战略中,涉及沿海地区的重大区域发展战略主要有京津冀协同发展、长三角一体化和粤港澳大湾区建设三大战略。京津冀协同发展战略是推动北方经济社会现代化转型的重要举措,其实施难度最大、持续时间最久、利益藩篱最难打破,是具有战略性和全局性的区域重大发展战略;长三角地区是中国经济发展最活跃、开放程度最高、创新能力最强的区域之一,长三角一体化发展的溢出效应最能够带动周边地区经济发展;粤港澳大湾区是中国开放程度最高、经济活力最强的区域之一,在国家发展大局中具有重要战略地位。建设粤港澳大湾区,是新时代塑造全方位对外开放新格局的伟大实践。粤港澳大湾区包含香港、澳门两个特别行政区和广东的9座城市,涉及两种不同的社会制度和三个关税区,制度差异是三大区域中最大的一个。

表 13-1 比较了三大区域的发展战略,从中可以看出,三大区域发展战略虽然公共目标都是实现区域一体化,最终实现高质量发展,然而面临的具体问题和困难却又有很大的不同,京津冀协同发展战略首要的是处理好首都与天津、河北的关系,天津和河北如何服务北京"全国政治中心、文化中心、国际交往中心、科技创新中心"四个核心功能,天津和河北如何承接北京非首都功能都是重大的战略问题,京津冀一体化发展任重而道远。长三角地区市场化程度很高,要素流动相对自由,长三角一体化关键在于理顺政府与市场的关系,以市场力量助推长三角一体化进程,政府则重在于弥补市场的缺陷和不足。粤港澳大湾区建设构建在"一国两制"的基础,重点应该是粤港澳三地的经济一体化,以经济一体化建设促进三地的制度融合。因此,沿海地区由于面临的具体问题不同,高质量发展的重点也存在差异,但实现高质量的发展理念都是一致的,即坚持创新、协调、绿色、开放、共享的新发展理念,着重解决发展不平衡不充分的问题。根据因地制宜,发挥比较优势的原则,开辟出具有中国特色的高质量发展现代化道路。

表 13-1　沿海地区三大区域发展战略比较

区域战略	主要内容	特点
京津冀协同发展	建设以首都为核心的世界级城市群,发挥北京的辐射带动作用,打造以首都为核心的世界级城市群。全方位对接支持河北雄安新区规划建设,建立便捷高效的交通联系,支持中关村科技创新资源有序转移、共享聚集,推动部分优质基本公共服务资源合作	以首都圈为核心的一体化;疏解北京非首都功能;京津冀三地发展差距大
长三角一体化	增强长三角地区创新能力和竞争能力,提高经济集聚度、区域连接性和政策协同效率,引领全国高质量发展、建设现代化经济体系;建设长三角生态绿色一体化发展示范区	"不破行政隶属、打破行政边界"原则
粤港澳大湾区建设	建成充满活力的世界级城市群、国际科技创新中心、"一带一路"建设的重要支撑、内地与港澳深度合作示范区,打造成宜居宜业宜游的优质生活圈,成为高质量发展的典范。以香港、澳门、广州、深圳四大中心城市作为区域发展的核心引擎	涉及一个国家,两种社会制度,三个关税区,三个货币区

资料来源:笔者自行整理。

二、加速推进区域经济一体化进程

面对世界百年未有之大变局,党中央审时度势地提出了构建"国内大循环为主,国内国际双循环"的新发展格局。新的发展环境对国家经济活动的安全性提出了更高的要求,当前中国经济发展不平衡不充分的矛盾仍然突出,国内经济生产、流通、消费和分配等环节均存在循环不畅通的情况,在构建国内经济大循环的过程中,推进以都市圈和城市群为主要空间组织形式的区域经济一体化必不可少。随着交通和信息技术的进步,现代经济强调在更大的空间范围内配置资源以提升经济活动的效率。加快推进区域经济一体化有助于畅通国内经济大循环,中国目前部分地区还存在较为严重的市场分割现象,户籍制度限制劳动力流动,各个地区的政府出台差别化极大且只在本行政区内有效的产业政策,财政分权体制下的区域经济发展竞争等因素都是造成中国市场分割、区域经济一体化进程受阻的重要原因。新技术革命带来的空间效应将加快各个地区之间的市场整合,推动经济一体化进程,现代交通和信息技术压缩了时空距离,空间对经济活动的约束作用下降,各个地区之间的经济往来进一步加强,新科技革命推动区域经济一体化进程加快。

当前受到国际经济发展大环境的影响,中国"十四五"期间的进出口波动性有进一步增强的风险,外需的不稳定性决定了中国经济安全必须依靠内需,中国有庞大的人口和经济规模,有能力构建独立自主的经济循环体系。但是要发挥中国经济规模的超大优势需要整合国内分割的区域市场,加快形成全国统一的市场体系。市场分割本质上是政治分割和政府间不协调的产物,在市场化程度较高的珠三角和长三角等地区,区域经济一体化程度较高,而在中西部市场化程度较低的地区,区域经济一体化程度则较弱。在"十四五"时期推进经济一体化,需要改变以往区域之间恶性竞争的局面,强化政府间的合作,引导区域之间的产业分工与合作,形成各个地区竞争有序、优势互补的高质量发展新格局。

三、贯彻落实区域发展重大战略

区域发展的重大战略是解决中国经济发展不平衡不充分矛盾和优化国土空间布局的重要战略举措,中国幅员辽阔,各地区经济发展差异巨大,坚持实施区域发展重大战略,可充分发挥沿海各个地区的比较优势,形成优势互补的区域经济发展格局。区域重大发展战略注重提升区域经济发展质量和缩小区域发展差距两个问题。一方面,对经济发展具有很大潜力的区域,国家通过实施区域重大发展战略提升该区域的经济发展质量和速度,对其周边地区形成强大的辐射带动作用,并实现该区域的可持续发展;另一方面,对发展相对落后的区域,实施重大区域发展战略,加快落后地区经济发展,逐步缩小区域之间的经济发展差距。区域重大战略两个方面的作用,首先都是要根据区域自身的特点,坚持效率优先,以促进区域经济高质量发展为落脚点。

实施区域发展的重大战略是对国土空间布局政策有意识地倾斜和重点开发,加快国内某一部分地区的经济发展。提升经济发展质量是国家对宏观经济管控的体现,由于市场机制调节的盲目性和滞后性,市场机制需要在国家创造一定条件以后才能充分发挥作用,实施区域发展重大战略是对市场机制进行补充和促进。京津冀协同发展、长江经济带、粤港澳大湾区建设、长三角一体化、成渝经济区和海南自由贸易港建设等新时代区域重大发展战略,使具有重大战略作用的区域发挥了经济增长极的作用,成为中国经济高质量发展的重大创新平台。

四、推行新的主体功能区战略

中国在"十一五"时期即提出主体功能区概念,当时将国土空间划分为优化开发、重点开发、限制开发和禁止开发四类区域。随着实践经验的积累和丰富,中国不断调整主体功能区战略的内涵,不断充实和完善主体功能区战略,并且依据这一战略编制了全国性的主体功能区规划。主体功能区战略改变了过去以行政区划进行分散式的国土空间开发模式,使国土空间开发在宏观层面上更加具有系统性。主体功能区战略对地方政府主导的以行政区划为边界的空间单元开发模式实行了宏观约束和指导,有利于加强区域合作,形成跨行政区的功能区。学界一般认为,主体功能区战略是对国土空间实施管控的战略,主要是解决国土开发无序、无度的问题。因此,主体功能区战略加强了中央政府对国民经济的管理能力,中央政府通过编制全国层面的主体功能区规划,把宏观经济活动框定在一定的空间范围,增强经济活动的集聚性。

第三节　沿海地区高质量发展的政策耦合思路

沿海地区以坚决贯彻和落实创新、协调、开放、绿色、共享的新发展理念作为高质量发展政策的起点。沿海地区高质量发展是遵循新发展理念的发展,积极推动对外开放水平,以国际化引领经济高质量发展。习近平总书记说"中国开放的大门不会关闭,只会越开越大"。[①] 中国坚持改革开放的决心不会变,沿海地区实现高质量发展的关键仍在深化改革,扩大对外开放水平。改革开放 40 多年以来的实践充分证明,只有改革开放才能发展中国,改革推进得好的地方,对外开放深入的地方都已经发展成为经济较为发达的地区。沿海地区具有改革开放的先动优势,在发展进入新阶段的特殊时期,改革进入深水区,改革的阻力变得越来越大,推动改革的困难也更多,更需要改革的勇气与魄力,加强地区之间的政策耦合,有助于推进区域经济一体化进程。

一、以国土空间规划为抓手实现各经济带的协调发展

国土空间规划是政府对经济活动空间管控的重要政策工具,也是促进各个区域协同发展的重要方式。随着中国区域经济一体化进程的加快推进,经济带与经济区成为国家配置资源的主要空间单元。目前国家层面的经济带主要有长江经济带、黄河生态保护与高质量发展带、成渝经济区、长三角经济区、京津冀经济区、粤港澳大湾区。这些重点区域内部面

---

① 《习近平著作选读》第二卷,人民出版社 2023 年版,第 215 页。

临相互之间协调与发展的问题,国家层面的经济带是区域高质量发展的集中重点建设地区,科学合理编制经济带的国土空间规划,把国土空间规划作为各级政府发展地方经济的战略指引,加强地方政府之间的行政协调,以行政协调促进区域经济带的协调发展。

国土空间规划可以把经济带之间的经济联系作为重点,途径包括交通、信息和制度一体化、区域和产业之间的协作、加强区域贸易等。实现各经济带的协调发展离不开各级地方政府之间的密切合作以突破"行政区"边界。在实现经济带的协调发展的过程中,需要以国土空间规划为抓手妥善处理好行政区与经济区的关系,经济区形成发展要依托于行政区,而行政区的发展会深刻影响到经济区的发展,行政区与经济区是政治与经济两个维度上互相交织的关系。推动区域经济一体化是实现经济带协调发展的重点,加强区域经济一体化,破除行政区壁垒,减少生产要素流动的成本。

二、全面推进城市化与乡村振兴战略衔接

"十四五"时期中国的城市化会出现一些新的变化,当城市化率超过60%以后,中国的城市化率不可能保持持续的高速提升了,城市化的推进速度会慢下来。其次受新冠疫情的影响,高密度的大城市疫情传播更快,因此重新审视城市的密度和规模也显得非常重要。为推进农业人口的市民化,有必要建立新型的城乡土地关系。中国迫切需要从过去做大城市的思路转为今后的做强城市。中央提出乡村振兴战略,预计"十四五"期间将会进一步打破城乡之间的二元体制,继续推进户籍制度改革,乡村的兴旺发达离不开城市的带动作用,早在民国时期,著名社会学家吴景超在《发展都市以救济农村》一文中就曾系统论述了依靠农村自身的力量难以实现农村地区的现代化,在他看来,中国人口密度大、人均耕地面积小和工业化不足的现实国情决定了必须要发展都市,振兴乡村的办法就是通过城市的工业发展将滞留农村的过剩人口转移到城市,从事非农活动。经过改革开放 40 多年来的发展,中国城市发展已经取得了巨大成就,2020 年地区生产总值超过万亿元的城市就有 23 个。由于乡村的发展受

到技术、资本等约束,城乡融合发展才是乡村振兴的现实路径,城市与乡村之间形成互补性的发展,以城市带动乡村振兴。

三、凸显中心城市和城市群的战略作用

城市群是以若干城市为主要支撑平台的空间经济组织形态,是中国新型城镇化未来发展的重点。中国在"十一五"规划中首次提出城市群的概念,发展城市群不仅可以缓解大城市过度拥挤、房价过高和环境资源承载能力不足等问题,更能充分释放大城市的溢出效应,带动周边中小城市的发展,解决中小城市发展动力不足的问题。发展城市群不仅有利于充分发挥大城市的集聚经济优势,而且可以利用中小城市的成本优势,通过产业协作和功能分工,实现不同规模城市的协调发展。"十四五"期间中央政府加大力度统筹规划城市群建设与发展,建立城市之间利益协调机制。例如,在中央的战略指引下,京津冀城市群一体化有实质性推进,北京疏解非首都功能,加快建设通州和雄安两个城市副中心,统一规划通州地区与河北的"北三县"建设,强化北京核心城市的溢出效应以带动周边地区发展是未来京津冀协同发展的重点。预计"十四五"时期京津冀、长三角、粤港澳、成渝四大城市群 GDP 大概可以占全国的 60%,未来中国将形成十个左右的城市群,包括京津冀、长三角、粤港澳、长江中游、中原、成渝、关中、辽中南、山东半岛、海峡西岸等。

当前中国进入后工业化的高质量发展阶段,经济活动向以中心城市为核心的城市群集聚趋势明显。人口和产业都在向城市群集聚,预计未来中心城市和城市群人口和经济占比将继续提升。"十四五"时期以中心城市为核心的城市群一体化进程有待加强,由于区域经济一体化的进程受中国经济管理体制的束缚,城市群内部行政区划导致的市场分割问题还没有得到彻底解决,城市群内各个政府之间的协调能力都有待提升,跨行政区的经济联系较弱。在日益复杂的国际竞争环境中,城市群的重要性日益凸显,一个国家的综合竞争力越来越取决于是否有若干综合经济实力强大的城市群。城市群是一个国家国民经济的制高点,是国家经济活动的主要区域,也是国家创新能力最强、高科技产业最为发达的区域。

四、把缩小区域发展差距作为区域经济发展的重点任务

缩小区域发展差距一直以来都是区域经济协调发展战略的重要目的。以前重视的主要是东西部之间的发展差距,从新中国成立之初的沿海与内陆的发展差距,到改革开放之初的"三大地带"的发展差距,到当前的"四大板块"的发展差距,一直都是影响中国经济协调发展的关键因素,也是中国经济发展不平衡的一个重要特征。"双循序"战略的深入实施,扩大消费成为战略基点,缩小区域经济发展的必要性增强。为缩小区域发展差距,实施新一轮的西部大开发战略正当其时,补齐西部地区经济发展的短板,加快西部地区经济发展以提升国家整体消费能力。针对边疆地区、少数民族集聚地区、革命老区和贫困地区等特殊类型地区,可因地制宜,以一地一策的方式,充分发挥当地比较优势,帮助上述特殊类型区积极融入国家发展潮流。只有地区经济发展起来了消费水平才会提升,将刺激消费政策与促进区域经济发展政策有效结合起来,执行有倾斜的消费促进政策,对欠发达地区加大消费补贴力度。总之,重视区域发展差距,是中国解决中国发展不平衡不充分主要矛盾的重要抓手,也能够为中国开启加快区域经济发展提供新的思路。

第十四章 案例分析:多维视角下的长三角城市群空间结构及其影响因素

城市群作为区域经济发展的高级空间组织形式,伴随城市化的快速推进,正日益成为现代经济活动的核心区域。作为地理上邻近、经济关联密切的多中心复合体,城市群对周边地区的辐射作用明显,是区域经济重要的增长极。继 2006 年"十一五"规划纲要强调"要把城市群作为推进城镇化的主体形态"起,城市群开始成为各类政策文件中的高频词。党的二十大报告提出"以城市群、都市圈为依托构建大中小城市协调发展格局,推进以县城为重要载体的城镇化建设",为城市群建设指明了具体的前进方向。作为城市经济学关注的热点问题,城市群空间结构通过描述各类要素在市域尺度内的组合分布,刻画城市群的演化历程,为建设结构科学、集约高效城市群提供智力支持。"十四五"规划指出"优化城市群内部空间结构,构筑生态和安全屏障,形成多中心、多层级、多节点的网络型城市群",城市群空间结构日益成为学界、政界关注的热点话题。

作为中国最发达的城市群之一,长三角城市群空间结构的演化应当成为高标准推进新型城镇化的范本。鉴于此,本章利用 NPP-VIIRS 夜间灯光数据、高德人口迁徙数据等,采用标准差椭圆、空间莫兰指数、网络中心性分析和核心—边缘分析等方法研究长三角城市群空间结构特征,并从经济水平、产业结构、基本公共服务和迁徙成本等方面研究长三角人口迁徙网络结构及其影响因素。

第一节 城市群空间结构研究进展与研究设计

随着城市化进程不断深入,以中心城市为龙头的城市群已经成为我国经济发展和人口集聚的重要载体。2019 年习近平总书记在中央财经委员第五次会议指出"我国经济发展的空间结构正在发生深刻变化，中心城市和城市群正在成为承载发展要素的主要空间形式，我们必须适应新形势，谋划区域协调发展新思路"[①]。国家"十四五"规划中确立了 19 个国家级城市群，意在依靠城市群推动国家重大区域战略融合发展，建立以中心城市引领城市群发展、城市群带动区域发展新模式。城市群是城市发展的最高空间组织形式，城市空间结构是城市群发展程度和发展阶段的空间反映，通过对城市群空间结构研究，总结现有城市群发展中存在的问题，对城市群发展规划具有重要的现实意义。

一、研究进展

关于城市群的相关研究，西方起步较早，早在 1957 年，法国地理学家戈特曼（Gottmann）[②]提出巨型城市概念（Megalopolis），并首次将多个大城市所组成的巨型建成区域称为城市群。国内姚士谋和陈爽（1998）[③]首次引入城市群概念，并将大尺度密集城市区域定义为城市群，在经济驱动下城市建成区域扩张，并与郊区和工业卫星城镇等多层次的城市组成城市群。方创琳（2009）[④]对城市群做了系统性定义，一般由不少于 3 个大城市或都市圈构成，城市群内人口规模不少于 2000 万人、城市群内部联系紧密且具有跨省跨市功能、城市群具有一体化特征和紧密联系的空间结构等。城市群是由多个大城市或者都市圈组成的，往往表现出由单个大型城市主导的单中心特征和多个城市齐肩的多中心结构特征。[⑤] 城市群空间结构体现在形态和功能两个方面，张伟阳等使用全球人口数据和夜

---

① 《习近平谈治国理政》第三卷，外文出版社 2020 年版，第 270 页。

② Gottmann J., "Megalopolis or the Urbanization of the Northeastern Seaboard", *Economic Geography*, No.3, 1957.

③ 姚士谋、陈爽：《长江三角洲地区城市空间演化趋势》，《地理学报》1998 年第 S1 期。

④ 方创琳：《城市群空间范围识别标准的研究进展与基本判断》，《城市规划学刊》2009 年第 4 期。

⑤ 孙斌栋、华杰媛、李琬等：《中国城市群空间结构的演化与影响因素——基于人口分布的形态单中心—多中心视角》，《地理科学进展》2017 年第 10 期。

间灯光数据集研究长三角城市群空间结构,发现城市中心识别和区域的划分影响城市多中心结构的测度。[1] 伯格等(2012)[2]使用规模—位序法则研究荷兰的城市群,发现多数城市在形态上的多中心性往往高于功能上的多中心性。李应成等(2018)[3]使用共同出版数据衡量长三角城市群结构的功能多中心性,发现长三角城市群呈现出功能多中心特征,其中上海起到枢纽作用。

城市群空间结构的研究日趋成熟、多样化。随着遥感技术进步,越来越多的学者使用地理信息技术对城市群空间结构进行研究。遥感数据具有时间和空间上的优势,可以及时获取城市在空间上的明确信息,避开了传统统计数据的局限性。夜间灯光数据综合反映了人类活动情况,与城镇人口、非农人口和城市建成区面积存在显著相关关系,可以很好地用于城市人口规模和分布相关研究。[4] 通过社会经济统计数据获取城市群空间结构信息较为困难,夜间灯光数据可以直观地反映城市群在一定时间内的变化和空间特征,也可以反映人类活动的空间差异,能有效控制统计数据缺失和人为因素的干扰,且具有一定的空间属性,兼顾了经济在空间上的外溢效应等,因此越来越多的学者使用夜间灯光数据(DMSP/OLS 数据、NPP-VIIRS 数据等)研究中国的城市群空间结构。[5]

---

① Zhang W.Y., Derudder B., Liu X.J., et al., "Defining Centres in Analyses of Polycentric Urban Regions:the Case of the Yangtze River Delta", *Regional Studies*, No.1, 2022.

② Burger M., Meijers E., "Form Follows Function? Linking Morphological and Functional Polycentricity", *Urban Studies*, No.5, 2012.

③ Li Y.C., Phelps N., "Megalopolis Unbound: Knowledge Collaboration and Functional Polycentricity within and beyond the Yangtze River Delta Region in China", *Urban Studies*, No.2, 2018.

④ Elvidge C.D., Baugh K.E., Dietz J.B., et al., "Radiance Calibration of DMSP-OLS Low-light Imaging Data of Human Settlements", *Remote Sensing of Environment*, No.1, 1999. 沈洁:《中国城市集中的度量及其空间分异特征——基于 DMSP-OLS 夜间灯光数据》,《经济地理》2021 年第 5 期。高义、王辉、王培涛等:《基于人口普查与多源夜间灯光数据的海岸带人口空间化分析》,《资源科学》2013 年第 12 期。

⑤ Zou Y.H., Peng H.Q., Liu G., et al., "Monitoring Urban Clusters Expansion in the Middle Reaches of the Yangtze River, China, Using Time-series Nighttime Light Images", *Remote Sensing*, No.10, 2017. Liu Z., He C., Zhang Q., et al., "Extracting the Dynamics of Urban Expansion in China Using DMSP-OLS Nighttime Light Data from 1992 to 2008", *Landscape and Urban Planning*, No.106, 2012.

王利伟和冯长春(2016)①使用夜间灯光数据研究京津冀城市群空间扩展格局和机制,发现城市群空间扩展强度加速提升,且呈现出以京津为核心的向心集聚特征。张超等(2015)②使用时序夜间灯光数据研究长江经济带城市空间结构和变动特征,发现长江经济带呈现出核心—边缘结构、先扩张后收敛,并沿江、沿南北交通线动态演进。

城市群内部的城市之间具有向内集聚和向外辐射能力,研究城市之间空间交互关系才能全方位解析城市群空间结构。打造城市群意在促进区域一体化,让要素在区域间更有效地配置,而城市就是要素流动网络中的重要节点。③当下,利用跨区域流动的动态要素流研究城市之间联系和城市网络成为城市群空间结构研究的新视角。与传统数据相比,这些大数据流来源更广泛、数据时效性更强,有很强的预测优势,成为当下研究主流。随着大数据发展和社会网络研究方法的进步,许多学者利用交通流④、资金流⑤、企业联系⑥、信息流⑦、技术联系⑧、金融网络⑨等研究城市群网络结构。在城市网络中,通过网络中心度测度可以判断城市节点的影响能力,处于网络中心的城市对要素流动的控制能力更强,对整个网

① 王利伟、冯长春:《转型期京津冀城市群空间扩展格局及其动力机制——基于夜间灯光数据方法》,《地理学报》2016 年第 12 期。

② 张超、王春杨、吕永强等:《长江经济带城市体系空间结构——基于夜间灯光数据的研究》,《城市发展研究》2015 年第 3 期。

③ 石磊、白永亮:《要素集聚扩散、空间网络演变与城市功能定位——来自长江经济带108 个城市数据的经验证据》,《区域经济评论》2022 年第 3 期。

④ 赵映慧、姜博、郭豪等:《基于公共客运的东北地区城市陆路网络联系与中心性分析》,《经济地理》2016 年第 2 期。

⑤ Zhen F. , Qin X. , Ye X. Y. , et al. , " Analyzing Urban Development Patterns Based on the Flow Analysis Method", *Cities*, No.3, 2019.

⑥ Zhao M.X. , Liu X.J. , Derudder B. , et al. , "Mapping Producer Services Networks in Chinese Mainland Cities", *Urban Studies*, No.16, 2015.

⑦ 唐承辉、豆建民:《长三角城市群功能性网络结构及其一体化程度研究》,《经济问题探索》2020 年第 12 期。

⑧ 段德忠、谌颖、杜德斌:《技术转移视角下中国三大城市群区域一体化发展研究》,《地理科学》2019 年第 10 期。

⑨ Pan F. H. , Bi W. K. , Liu X. J. , et al. , " Exploring Financial Centre Networks through Inter-urban Collaboration in High-end Financial Transactions in China", *Regional Studies*, No.2, 2020.

络有着更强的辐射能力。随着数据源不断扩展和社交网络的不断发展，基于人口流动的数据成为研究城市网络的重要指标。城市是人口的载体，近十年来中国城市化进程加快。根据第七次全国人口普查结果，2020年全国省内流动人口为2.51亿人，过去10年间增长了85.7%；跨省流动人口为1.25亿人，10年间增长了45.37%。人口在城市之间迁徙更能反映城市间的交流情况。近年来，基于地理位置服务（LBS）的大规模人口迁徙足迹数据被用于人口迁徙网络相关研究，国内常用高德、百度和腾讯迁徙数据，社交网站签到数据和手机通信数据等。① 学者基于人口流数据对人口迁徙网络进行多层次研究，研究的空间尺度涉及全国、区域、城市群和城市等②，研究视角聚焦在人口迁徙模式和影响因素③。

综合以上分析，利用实时大数据研究城市群空间结构成为新趋势。长三角城市群扩容不久，关于新的（包含三省一市全域）长三角城市群空间结构的相关研究还很缺乏。夜间灯光数据可以很好地用于人口规模和空间分布相关研究，可以反映城市规模。本章使用夜间灯光数据研究长三角城市群城市规模的变动情况，并采用空间莫兰指数分析城市规模空间分布的集群特征。进一步使用人口迁徙数据研究长三角城市群人口迁徙网络，并使用社会网络分析法探讨人口迁徙网络影响因素。研究长三角城市群空间结构特征，总结其中所存在的问题，并提出针对性建议，不但有助于制定空间结构优化政策，为长三角城市群健康发展提供参考，还对新时代下我国经济依托城市群和大都市圈发展具有重要的现实意

① 甄峰、王波、陈映雪：《基于网络社会空间的中国城市网络特征——以新浪微博为例》，《地理学报》2012年第8期。王录仓、刘海洋、刘清：《基于腾讯迁徙大数据的中国城市网络研究》，《地理学报》2021年第4期。

② 叶强、张俪璇、彭鹏：《基于百度迁徙数据的长江中游城市群网络特征研究》，《经济地理》2017年第8期。甄峰、李哲睿、谢智敏：《基于人口流动的城市内部空间结构特征及其影响因素分析——以南京市为例》，《地理研究》2022年第6期。

③ 姚永玲、邵璇璇：《中国城市人口空间网络结构及其影响因素》，《人口与经济》2020年第6期。劳昕、沈体雁：《中国地级以上城市人口流动空间模式变化——基于2000年和2010年人口普查数据的分析》，《中国人口科学》2015年第1期。

义。[①] 在全球化的视角下,城市群已经成为全球经济竞争的基本单元,长三角城市群健康发展也为我国沿海地区高质量发展提供参考,为打造高水平对外开放、参与国际竞争提供有力支持。[②]

二、研究区域

长三角城市群是我国发展成熟度和一体化程度最高的城市群,经历多次大规模扩容,2019 年《长江三角洲区域一体化发展规划纲要》确定规划范围包括上海、江苏、浙江和安徽全域,至此长三角城市群规模达历史最大,共 41 个地级及以上城市,拥有上海、南京、苏锡常、杭州、宁波、合肥等都市圈,是全国都市圈发展水平最高的地区之一。2021 年长三角城市群 GDP 达 27.61 万亿元,以不到 4%的国土面积,创造出占全国 24.14%的 GDP,三省一市 GDP 增速都达到 8%以上,整体增速在全国范围内居于领先地位,是全国最具活力、一体化程度最高的城市群。

三、数据来源

研究数据包括:(1)2012 年、2015 年、2018 年、2021 年 6 月 NPP-VIIRS 夜间灯光数据。NPP-VIIRS 的日夜波段主要用于探测夜间灯光强度为全色波段,空间分辨率约为 750 m,探测数据在空间、时间和辐射分辨率相对 DMSP-OLS 数据都有较大提升,可以在更精细的空间尺度下研究城市问题。[③] 由于数据分辨率较高,使用前需要进行预处理,去除背景噪声和异常值。(2)高德人口迁徙大数据。为避免新冠疫情对研究产生干扰,利用高德迁徙平台获取 2020 年 6—8 月逐日迁徙数据,此时长三角

---

① 孙久文、周孝伦:《新时代长三角区域经济健康发展的路径研究》,《江淮论坛》2022 年第 3 期。

② 孙久文、蒋治:《中国沿海地区高质量发展的路径》,《地理学报》2021 年第 2 期。

③ Yu B.L.,Shi K.F.,Hu Y.J.,et al.,"Poverty Evaluation Using NPP-VIIRS Nighttime Light Composite Data at the County Level in China", *IEEE Journal of Selected Topics in Applied Earth Observations and Remote Sensing*,No.3,2015. Baugh K.,Hsu F.C.,Elvidge C.D.,et al.,"Nighttime Lights Compositing Using the VIIRS Day-night Band:Preliminary Results", *Proceedings of the Asia-Pacific Advanced Network*,No.35,2016.

区域疫情好转。通过对人口迁徙数据进行分析,去除农忙和节假日,随机抽取一周数据(2020年6月29日—7月5日)进行分析。(3)经济水平、产业结构、基本公共服务等社会属性数据来源于2020年各省市统计年鉴,共41个地级及以上城市数据。以上经济社会属性数据均进行清洗和预处理,个别数据存在缺失、异常问题,利用线性插值补充,并按照研究目的构造两两城市之间的网络关系矩阵。两城市之间公路和高铁通行时间使用高德开放平台获取城市质心的坐标,测算两城市之间公路和高铁的最短通行时间,在测算公路通行时间时,默认交通模式为驾车出行,同时满足高速优先和避免堵塞路段的设置。行政区和城市行政中心等数据获取自国家基础地理信息中心1:100万全国基础地理信息数据库。

四、研究方法

(一)网络中心性分析

社会网络分析方法被广泛用于复杂网络结构研究,本章采用网络中心度指标分析长三角城市群人口迁徙网络结构。在复杂网络分析中,通常使用加权中心性方法测度迁移网络的结构特性。因本章构建的长三角城市群人口迁徙网络为有向加权网络,为了反映节点在网络中的相对地位,参考既有文献的做法[1],使用加权入度、加权出度、加权总度和加权净度进行分析:

$$WI(i) = \sum_j w_{ji} \tag{14.1}$$

$$WO(i) = \sum_j w_{ij} \tag{14.2}$$

$$WT(i) = WI(i) + WO(i) \tag{14.3}$$

$$WN(i) = WI(i) - WO(i) \tag{14.4}$$

式中,w_{ji}为地区j迁移至地区i的人口规模;$WI(i)$、$WO(i)$、$WT(i)$、$WN(i)$分别为地区i的加权入度、加权出度、加权总度和加权净度。一个地区的加权总度越大,在迁移网络中总影响力也越大,而加权净度越大

---

[1] 周麟、古恒宇、何泓浩:《2006—2018年中国区域创新结构演变》,《经济地理》2021年第5期。

的地区则吸引更大规模的净流入人口,在迁移网络中具有更高的吸引力。

(二)核心——边缘分析

在网络结构分析中,核心——边缘模型根据城市网络中城市节点之间联系的紧密程度,将城市群分为核心区域和边缘区域,处于核心节点的城市在网络中占据比较重要的地位。对于规模较大的长三角城市群,核心——边缘结构更能细致地展现城市群内部的构成和核心城市对边缘城市的辐射作用。

(三)社会网络分析

社会网络分析以一个关系矩阵为解释变量,以多个关系矩阵为被解释变量进行回归分析,并检验 R^2 与回归系数是否具有显著性意义,明确解释变量对被解释变量的作用。[①] 为消除不同网络数据的量纲,先采用极差标准化法对人口迁徙网络解释变量的差值网络矩阵数据进行处理,再对人口迁徙网络的驱动机制进行回归分析,以研究长三角城市群人口迁徙网络及其影响因素。

第二节　长三角城市群空间结构特征及其生成机制

本节将根据研究设计,综合利用夜间灯光数据和人口迁徙数据,归纳长三角城市群的空间结构特征。在此基础上,利用社会网络分析法,探究长三角网络化空间格局的生成机制。

一、基于夜间灯光数据的长三角城市群空间特征分布

(一)标准差椭圆分析

本章利用标准差椭圆模型可以分析城市群灯光亮度在地理空间分布重心、方位和范围特征。椭圆的长半轴表示数据分布的方向,短半轴表示

---

① 石建中、范齐:《亚太经合组织旅游流网络结构演化及影响因素》,《自然资源学报》2022 年第 8 期。

数据分布的范围,长短半轴的值差距越大,表示数据的方向性越明显。通过椭圆的中心坐标和面积变化可以明确城市规模在地理空间上的变动方向和集中程度。[①] 通过城市群灯光值标准差椭圆分析发现,椭圆整体上仍是沿"西北—东南"轴向分布,说明城市群发展方向相对稳定。2012—2021 年的演化表明,长三角城市群的发展一直呈现稳定增长的趋势,且由带状不断朝向团块状发展。2012—2015 年,标准差椭圆空间范围明显增大,长轴和短轴均有所增长,短轴增长量较大,椭圆重心坐标从(31.07°N,121.03°E)转移到西南方向的(31.01°N,120.96°E),方位角变大。与重心的演化一起表明,这个时期长三角城市群发展向浙江沿海拓展。2015—2018 年,标准差椭圆范围没有较大变化,椭圆重心坐标由(31.01°N,120.96°E)转移到西北方向的(31.11°N,120.48°E),嘉兴、苏州和无锡等城市是椭圆显著变化区域。2018—2021 年标准差椭圆空间范围明显变大,长短轴均明显变大,椭圆中心坐标由(31.11°N,120.48°E)进一步移至西北方向的(31.26°N,120.24°E)。无锡、常州和镇江是椭圆显著变化区域,说明这一时期长三角城市群沿长江和京沪高铁向宁合方向拓展。

(二)空间莫兰指数分析

标准差椭圆分析结果集中反映了长三角城市群在城市规模上的总体分布特征和变动方向,为了进一步探究长三角城市群空间组织结构和演变特征,接下来利用空间莫兰指数进行分析。为了细化分析层次,本章分别从县区级和地市级两个层面和 2012 年、2015 年、2018 年和 2021 年 4 个年份进行分析,计算结果如表 14-1 所示。

表 14-1 长三角城市群夜间灯光 Moran's *I* 指数

区域	2012 年	2015 年	2018 年	2021 年
地市级 Moran's *I*	0.340***	0.326***	0.343***	0.362***

① Zhao M.X.,Liu X.J.,Derudder B.,et al.,"Mapping Producer Services Networks in Chinese Mainland Cities",*Urban Studies*,No.16,2015.

续表

区域	2012 年	2015 年	2018 年	2021 年
县区级 Moran's I	0.381 ***	0.319 ***	0.318 ***	0.309 ***

注:*** 表示在 1%的水平下显著。
资料来源:根据 NPP-VIIRS 夜间灯光数据制作。

从表 14-1 的计算结果可以发现,在地市级层面长三角城市群城市规模在空间上显著正相关,即城市规模较大的城市在空间上邻近,城市规模较小的城市在空间上邻近,城市规模在地市级尺度上呈现出空间强相依性特征。地市级层面 2015 年莫兰指数有所下降,但整体上随着时间的推移,空间集聚性呈现出上升的趋势。从更细分的县区级层面来看,长三角县区呈现显著的空间正相关关系,但随着时间的推移相关性不断降低,说明随着城市化发展,长三角县区级城市规模差距逐渐减小。这些分析表明,长三角城市群城市规模在不同行政层级呈现出不同的空间特征,地市级层面城市规模较大的城市和城市规模较小的城市之间空间集聚特征增强,但是更细分的县区级层面城市规模空间分布的集聚特征有减弱的趋势。

二、基于人口迁徙数据的城市网络分析

上文利用夜间灯光数据分析长三角城市群城市规模的总体分布特征,发现城市规模在空间上显著正相关,且内部不同区域之间也存在较大的差异,呈现出明显的核心—边缘结构。为了更进一步探究城市群内部城市之间的空间交互关系,本章基于高德人口迁徙数据,利用社会网络分析技术分析长三角城市人口迁徙网络。借助 Ucinet 软件,计算长三角城市群各个城市的加权入度、加权出度、加权总度和加权净度,以此进一步反映不同城市在城市群网络中的影响力和控制力。

(一)城市网络中心度分析

网络中心度分析结果如表 14-2 所示。加权出度反映城市节点对整个城市网络的辐射能力,加权入度反映城市节点的集聚能力。从加权出度的结果来看,苏州、杭州、上海、无锡、嘉兴和南京等城市出度位于前列,

说明这些城市向外辐射能力强,主要向外输出资源,在城市网络中的影响力较大。加权入度较高的是苏州、上海、杭州、无锡、嘉兴和南京等城市,这些城市经济发达,有着更好的基本公共服务和就业资源,吸引了大量人口。排名靠后的是丽水、淮北、池州、铜陵、黄山和舟山等城市,这六市多位于皖南和浙南地区,无论经济体量还是人口规模都较小,且地理位置处于城市群边缘,本身集聚能力较弱且对整个城市网络辐射能力较弱。以上分析结果表明,上海及周边的苏南、浙北地区是长三角城市群内联系最密切的区域,从周边虹吸人口,并向周边辐射。

表 14-2　长三角城市群网络中心度

城市	加权出度	城市	加权入度	城市	加权总度	城市	加权净度
苏州	49.324	苏州	50.616	苏州	99.940	上海	6.769
杭州	34.899	上海	40.696	上海	74.623	宁波	2.759
上海	33.927	杭州	36.005	杭州	70.904	南通	1.736
无锡	33.707	无锡	32.749	无锡	66.456	温州	1.581
嘉兴	24.968	嘉兴	22.603	嘉兴	47.571	苏州	1.292
南京	22.435	南京	22.559	南京	44.994	金华	1.232
常州	21.761	常州	20.188	常州	41.949	台州	1.155
绍兴	18.475	绍兴	15.559	绍兴	34.034	杭州	1.106
湖州	15.308	宁波	14.689	湖州	29.727	舟山	1.013
合肥	14.718	湖州	14.419	合肥	28.486	宿迁	0.734

资料来源:由高德人口迁徙数据计算所得。

从加权净度来看,上海、宁波、南通、温州、苏州、金华、台州、杭州等城市加权入度显著大于加权出度,说明这些城市在周边区域中是典型的输入型节点,人口大幅流入。其中上海加权净度最高且远高于其他城市,上海作为长三角城市群的核心,有着强大的虹吸力,不断从周围城市吸引人口流入。加权出度大幅高于加权入度的城市有绍兴、滁州、嘉兴、衢州、扬州、淮安、常州、镇江,这些城市位于长三角核心城市周边,向外辐射程度高于向内集聚程度,总体上长三角城市人口呈现出从边缘城市向核心苏南、浙北地区迁徙的趋势。从加权总度来看,苏南、浙北等长三角核心地区仍位于前列,苏州、上海、杭州、无锡、嘉兴、南京、常州、绍兴和湖州等城市表现出依次递减的加权总度水平。加权总度较低的城市均位于长三角城市群边缘地区,有黄山、舟山、铜陵、池州、淮北、丽水、安庆、亳州和阜阳等城市,这些边缘地区城市人口迁徙强度低,在长三角城市群中参与感较弱,是长三角一体化所应加强发展的城市。

综合上文的中心度分析,可以发现上海作为长三角城市群核心城市对内有着较强的集聚效应,对外有积极的辐射效应,除了上海之外,苏州、无锡、嘉兴、杭州和南京等城市在城市群网络中起到连接促进作用,承接上海外溢的同时,向边缘城市外溢。安徽和苏北地区城市在城市群内部还有较大的提升空间,特别是池州、铜陵、黄山等皖南山区和淮北、宿州、蚌埠等皖北地区。

(二)人口迁徙网络分析

根据人口迁徙强度,构建长三角城市群人口迁徙网络,并将城市网络划分为四级。第一级网络特征为核心城市与邻近城市建立高强度联系,建立联系的城市节点有上海—苏州、苏州—无锡、无锡—常州、杭州—嘉兴和杭州—绍兴5个城市对,仅占全域城市对的0.61%,但迁徙量却占长三角城市群的21.99%。二级网络共有14个城市对,占全域城市对的1.71%,迁徙量占18.43%。相较于一级网络范围扩展到整个苏南、浙北地区,并包括南通和安徽的合肥、六安等城市。二级网络以上海为核心,西向由常州延伸到镇江、南京、合肥、六安等城市,南向杭州的带动作用进一步凸显,与周边相邻城市都建立了连接,基本包含了江浙沪皖三省一市的经济较发达城市,初步形成以核心城市和省会城市为中心的都市圈网络。三级网络继续围绕省会城市向外辐射,共涉及72个城市对,占全域城市对的8.78%,迁徙量占33.16%。城市网络密度进一步提高,形成以上海、杭州和苏州为核心的苏南、浙北核心地区向外辐射的格局,不仅包含邻近城市之间的联系,还产生隔城联系,以大城市为中心的都市圈网络已见雏形。安徽形成以合肥为中心的迁徙网络,江苏形成以南京和苏州为中心的网络,浙江以杭州为中心向外辐射,上海作为三省一市的核心节点,带动苏州、杭州、南京和合肥等区域中心城市向四周辐射。三级网络基本覆盖长三角所有城市,但仍有部分地区没有连入网络中,皖南地区铜陵、池州、黄山等城市还未覆盖,可能是因为皖南三市地处山区,不论经济体量还是人口规模都较小,与其他城市交流很少。四级网络共有 728 个城市对,占长三角区域的 88.78%,迁徙量仅占 26.27%,覆盖了长三角城市群内所有城市,所有城市都与其他城市建立起多方向联系,各省市的边缘地区城市也加入网络。四级网络更多地指向低等级城市和跨省份、跨城市联系,但是联系强度均偏弱。

总体来说,一、二、三级网络是整个网络的核心,占长三角城市群 11.12% 的城市对,却占总体 73.58% 的人口迁徙量,反映了长三角地区人口流动的极化现象,随着网络层级降低,网络范围变大、网络密度增加、覆盖城市增多,逐步形成以省会城市和区域中心城市为核心的人口迁徙网络。城市之间随着距离增加联系减弱,远距离跨城市、跨省份的迁徙强度较小,跨省份交流多集中在上海和苏南、浙北地区等核心区域的内部交流,以及安徽和核心区域的交流。人口迁徙网络存在明显的核心—边缘城市结构,核心城市与邻近城市联系更加密切。长三角城市群人口迁徙网络结构中,苏南和浙北地区是网络密度最高区域,表明人口迁徙频率和强度较高,边缘地区如皖北、苏北、皖南和浙南等地区网络密度较低且人口迁徙强度较低,源于这些城市位于长三角边缘区域,地处山区且经济和人口规模较小。皖北、苏北地区缺少区域中心城市,徐州的发展程度和向外辐射能力不足以覆盖皖北和苏北地区。

(三)核心—边缘分析

利用核心—边缘模型分析高德人口迁徙数据,对各个城市的核心度进行分析,使用 ArcGIS 10.8 软件自然间断点分级法对城市群进行三级划分,分为核心、中心和边缘城市。其中核心城市有 8 个,分别为上海、南京、苏州、杭州、无锡、常州、南通、嘉兴,除上海外,均位于苏南、浙北地区,上海及苏南和浙北处于长三角地理和经济双重重心,是长三角城市群的核心区域;中心城市有 17 个,分别为镇江、徐州、宿迁、连云港、淮安、盐城、扬州、泰州、滁州、合肥、马鞍山、宣城、湖州、宁波、台州、金华、绍兴;边缘城市有 16 个,分别为宿州、淮北、亳州、阜阳、淮南、蚌埠、六安、芜湖、安庆、铜陵、池州、黄山、衢州、丽水、温州、舟山,多位于长三角城市群边缘的皖北、皖西和浙南地区。

长三角城市群核心度基尼系数为 0.768，表明长三角城市群人口迁徙网络具有明显的核心—边缘结构。核心城市围绕在以上海、苏州和杭州为代表的苏南、浙北地区。中心城市分布于核心城市外围，多与核心城市相邻。边缘城市多位于安徽和浙南地区，在地理位置上处于长三角城市群的边缘地区，安徽除合肥、滁州、马鞍山、宣城之外均为边缘城市，与核心区域城市之间联系较少。

三、长三角城市群人口迁徙网络的生成机制

上文分析了长三角城市群人口迁徙网络，为了探究人口迁徙网络的影响因素，本章进一步引入解释变量并构建关系回归模型，定量识别和测度长三角城市群人口迁徙网络的影响因素。关于人口流动的解释一直存在争论，新古典经济学理论认为人口迁徙中的地理差异和工资差异等因素起着主要作用[1]，其中具有代表性的推拉理论认为，人口迁徙是迁入地、迁出地、个人因素等综合作用的结果[2]。新古典理论片面强调了经济因素的重要性，忽视了宜居性、基本公共服务等舒适性因素的影响。后续学者在此基础上不断完善人口迁徙理论，认为气候条件、宜居性、基本公共服务和交通便利性也是影响人口迁徙的重要因素。[3]

本章从经济水平、产业结构、基本公共服务和迁徙成本等方面分析长三角城市群人口迁徙网络的影响因素。经济发展水平方面，经济因素是影响人口迁徙的重要因素，其中经济收入因素主要体现为吸引作用，人们为了谋求更好的生活向大城市或者东部沿海地区迁徙。经济规模对人口

---

①　Kristian B., Yasuhiro S., "Migration, Skill Formation, and the Wage Structure", *Journal of Regional Science*, No.1, 2011.

②　Lee E.S., "A Theory of Migration", *Demography*, No.3, 1966.

③　陈秋红：《环境因素对人口迁移的作用机制分析》，《中国农村观察》2015 年第 3 期。李卓伟、王士君、程利莎等：《东北地区人口流动与多元交通网络格局的偏离和关联》，《地理科学进展》2022 年第 6 期。Cao Z., Zheng X.Y., Liu Y.S., et al., "Exploring the Changing Patterns of China's Migration and its Determinants Using Census Data of 2000 and 2010", *Habitat International*, No.82, 2018.

迁徙主要表现为吸引作用,经济发展水平高的地方能更多地吸引外来人口。产业结构方面,随着工业化的发展,二三产业逐渐成为吸纳劳动力的重要行业,也提供了更高的收入,产业结构的升级会吸引更多人口迁入。[①] 基本公共服务方面,人口的日常迁徙很多是为了寻求更优质的教育和医疗等基本公共服务资源,大城市有着更好的基本公共服务,这是吸引人口流入的重要原因。与收入对应的是迁徙成本,迁徙成本是制约人口流动的重要因素,迁徙成本分为生活成本和交通成本。生活成本方面,高房价是流动人口生活成本的主要支出[②];交通成本方面,城市间通行时长的长短逐渐成为人口迁徙所需要考虑的重要因素,高铁和高速公路的发展使沿线城市交通便利性增加,通行时长减少,非沿线城市之间可达性差,相对距离拉大。[③]

本章通过 Ucinet 6.0 软件构建关系回归模型。其中,被解释变量为长三角人口迁徙网络矩阵。本章结合已有研究和上文理论分析,拟从经济水平、产业结构、基本公共服务和迁徙成本 4 个方面选定 9 个解释变量,利用回归法对影响因素进行定量分析。模型如下:

$$Y = b_0 + b_1 X_1 + \cdots + b_n X_n \tag{12.5}$$

式中:Y 为人口迁徙矩阵;$b_1 - b_0$ 为回归系数;$X_1 - X_n$ 为解释变量关系矩阵。解释变量为各城市个体属性的差异情况以及城市间的属性。其中经济水平用人均 GDP、社会消费品零售总额和平均工资水平作为替代变量;产业结构用二三产业比重表示,产业结构高级化的过程体现为二三产业比重提高。基本公共服务从医疗和教育两个方面考虑,选择三甲医院数量和单位教师学生数量来测度。迁徙成本主要通过房价、交通便利性和边界效应三方面来表示,房价选自国信房地产信息网各城市商品房平均价格;交通便利性以高德地图两个城市质点之间公路交通和高铁通

---

① 张耀军、岑俏:《中国人口空间流动格局与省际流动影响因素研究》,《人口研究》2014年第 5 期。

② 高波、陈健、邹琳华:《区域房价差异、劳动力流动与产业升级》,《经济研究》2012 年第 1 期。

③ 施响、王士君、王冬艳等:《中国市域间日常人口流动特征及影响因素》,《地理科学》2022 年第 11 期。

行最短时间的均值取倒数来表示,数值越大表明交通越便利;邻近矩阵表示两城市是否相邻,引入虚拟变量 1 和 0 分别表示迁入和迁出地是否是相邻城市,地理距离是阻碍人口跨地区流动的重要因素,相邻的城市之间语言和文化更为接近,更利于人口流动。以上解释变量中基于各城市个体属性差异情况建立的差值矩阵均进行了极差标准化处理。通过逐步回归剔除无显著意义的变量,结果如表 14-3 所示。

表 14-3 长三角城市群人口迁徙网络影响因素分析

自变量	自变量解释	长三角城市群人口迁徙网络	
		（1）	（2）
经济水平	人均 GDP 差异	−0.036	
	社会消费品零售总额差异	−0.035	
	平均工资水平差异	0.112*	0.134*
产业结构	二三产业比重差异	0.056*	0.050*
基本公共服务	三甲医院差异	0.086*	0.064*
	单位教师学生数差异	−0.085**	−0.084**
迁徙成本	商品房价格差异	−0.062*	−0.060*
	交通便利性	0.117***	0.118***
	是否邻近	0.008	
R^2		0.234	0.231
调整后 R^2		0.227	0.228

注:***、**、*分别表示在 1%、5%、10%的水平下显著。
资料来源:根据高德人口迁徙大数据、《中国城市统计年鉴》制作。

由表 14-3 可知,模型结果与长三角的现实状况基本相符。由于本模型解释变量是各城市个体属性的差值矩阵,因此表中相关系数为正,表示迁入地与迁出地差异越大,对人口迁徙促进作用越大;反之,负数表示个体属性差异越大,人口迁徙量越小。结果表明经济发展水平以及地理上是否邻近对人口迁徙无显著影响,平均工资水平、二三产业比重、三甲医院数量、单位教师学生数、商品房价格和交通便利性是影响人口迁徙的重要因素。平均工资水平的系数显著为正,表明迁入地和迁出地经济发展水平不是人口迁徙的主要因素,为了寻求更高的收入才是人口迁徙的主要动力。是否邻近对人口迁徙无影响,表明随着经济社会发展和交通技术进步,人口迁徙不再以相邻城市为主要目的地,而是跨城市前往更高收入城市。从产业结构来看,二三产业比重差异回归系数显著为正,说明产业结构差异越大,对城市间人口迁徙的促进作用越强。因为第二产业和第三产业是吸收劳动力的主要产业,以制造业和服务业等二三产业为主导的大城市逐渐成为人口集聚中心。从基本公共服务方面来看,三甲医院差异对人口迁徙具有显著的正向促进作用,说明人口迁徙为了追求更优质的医疗资源;单位教师学生数差异与人口迁徙网络具有显著的负相关关系,教育水平差距越大反而抑制了人口流动,这与现行的户籍制度相关,当前人口迁徙仍以青壮年劳动力为主,劳动力前往大城市务工,很少携带子女在迁入地入学。在迁徙成本方面,商品房价格差异对人口迁徙网络具有显著的抑制作用,过高的房价极大地提高了生活成本,对人口迁徙起到了阻碍作用。交通便利性在1%的水平下显著地促进人口迁徙,随着高速公路和高铁的建设,人口向高铁和高速公路沿线的区域中心城市迁徙以获取更高的收入。随着各项基础设施加速互联互通,长三角城市之间交通便利性显著增加,逐步形成以多个区域中心城市为核心的都市圈,都市圈内部人口迁徙网络密度显著高于区域外。随着区域经济不断发展,都市圈不断耦合,逐步促进以上海为核心,南京、杭州、合肥为次核心的长三角城市群一体化发展。[1]

第三节　优化长三角城市群空间结构的发力方向

一、长三角城市群空间结构的主要特征

本章主要研究结论有:(1)标准差椭圆分析发现长三角城市的发展

---

[1]　马燕坤、肖金成:《都市区、都市圈与城市群的概念界定及其比较分析》,《经济与管理》2020年第1期。

一直呈现稳定增大的趋势,且由带状不断朝向团块状发展,呈现出先向浙江沿海拓展再沿长江和京沪高铁向宁合方向拓展的轨迹。(2)采用空间莫兰指数检验长三角城市群城市规模空间结构特征,无论是县区级还是地市级,城市规模在空间上均显著正相关,即城市规模相近的城市相互邻近。但地市级和县区级有显著差异,地市级层面空间集聚程度不断增强,而县区级空间集聚程度有减弱趋势。从局部莫兰指数来看,长三角城市群东西部存在发展不均衡现象,"高—高"集聚多分布在东部上海及周边城市,"低—低"集聚多分布在西部皖西南和皖北地区,有明显的核心—边缘结构。(3)采用高德人口迁徙数据分析长三角城市群内部城市间空间交互关系。各城市加权中心度差距明显,上海、苏州和杭州以及周边无锡、常州、南京、嘉兴、绍兴、合肥等城市在城市群中的辐射能力和集聚能力较强,在城市群网络中具有核心地位。苏南和浙北地区人口迁徙网络密度较高,而皖北、苏北、皖南和浙南地区人口迁徙网络密度较低。(4)长三角城市群人口迁徙网络存在明显的核心—边缘结构,核心城市有8个,多位于苏南和浙北地区,核心区域内部城市之间网络联系度更高,与边缘城市之间联系较弱。(5)工资水平、产业结构、交通便利性和医疗服务是长三角城市群人口迁徙网络的主要影响因素,都显著促进了人口迁徙。

二、长三角城市群空间结构优化的重点方向

城市群的发展依靠城市节点和城市网络。针对长三角城市群发展不均衡,城市规模呈现东重西轻的局面等问题,应加强城市群协调发展,应着重强化城市节点、打通网络通道,进一步加强上海、苏州和杭州等核心城市建设,争取建设成为具备极强资源集聚和经济辐射力的世界级大都市。同时提升合肥、南京、徐州等区域中心城市的城市规模,引领北部和西部城市群发展。另外,依托经济带,加快沿线城市建设,实现各城市节点相互串联。以上海为核心,北向发展沪通经济带并向北延伸打通盐城、连云港、徐州一线。西向发展沪宁合经济带,打通宁合之间堵点,连通马鞍山、芜湖、合肥、六安、安庆一线;南向发展并延长沪杭甬经济带,延伸至

金华、台州、温州等城市，以点带线，形成城市网络带动边缘城市发展。

随着城市间分工和专业化程度加深，以及长三角城市群不断扩容，长三角区域发展由单中心向多中心集群转变。上海作为长三角城市群的核心对长三角区域边缘城市辐射带动能力不足，尤其是皖北、苏北、皖南和浙南地区，与上海距离较远、联系较弱，而且长三角城市群不同区域之间发展水平差异较大，难以依靠上海辐射全域。因此需要发挥上海、南京、苏锡常、徐州、杭州、宁波、合肥等区域中心城市辐射作用，带动各自都市圈内部城市发展，不断提升长三角城市群网络密度，完善内部网络结构。在都市圈内部首先建立起要素自由流通协调机制，达成局部区域一体化，逐步扩展到整个长三角区域，促进整体长三角城市群一体化发展。

加速推进长三角城市群一体化进程。进一步加快长三角三省一市交通基础设施联通建设，着力打造一体化、多层次的区域综合交通网络，全面提升长三角地区交通运输快联快通水平。上文分析交通便利性是促进人口迁徙的重要因素，也是都市圈和城市群健康发展的重要前提。要加强干线铁路、城际铁路、市域铁路等在规划、建设、管理等方面的一体衔接。同时，三省一市还要加快推进跨省市公路建设以及跨区域航道建设，推进运输服务高质量一体化。同时，推动长三角城市群不同城市之间基本公共服务均等化，提升中小城市医疗服务水平。根据城市规模，构建大中小城市产业分工，形成合理的工资梯度，提高中小城市的工资水平，缩小城市间工资差异，增强中小城市的吸引力，建立合理的城市体系。

城市的发展离不开各种产业，长三角在高水平制造业和高端服务业方面具有明显的竞争优势。在已有的产业基础上，长三角城市群要加强跨行政区域互动，提升一体化水平，打造世界级产业集群。形成以上海为龙头，各都市圈各领所长的发展新格局。在东部，上海围绕国际经济、金融、贸易、航运、科技创新五个中心建设，提升自身高端服务功能。苏锡常都市圈发挥自身制造业发达，科教资源丰富等优势，依托苏锡通产业园区，推进长江沿线产业带创新发展，打造具有世界影响力的科创中心和高端制造业基地。南部杭州都市圈和宁波都市圈以杭甬为核心利用自身数字经济优势、民营经济发达和轻纺工业发达，与上海都市圈和苏锡常都市圈形成互补,打造全国数字经济高地和纺织行业标杆。南京都市圈以南京为核心着力发展信息技术、新能源汽车、高端装备制造和生物医药等高新技术产业,建设国家先进制造业示范基地和国家现代服务业示范基地。北部以徐州为核心,打造徐州都市圈。围绕徐工集团等龙头企业重点发展重型装备制造业和物流产业。西部打造合肥都市圈,以合肥为中心建设芜蚌国家级高新区,与其他都市圈形成产业互补,承接东部城市的产业转移,发展与之配套的汽车零部件制造业、化工产业以及自身特色的家电产业和信息技术产业。通过跨区域协调联动,促进要素流动,注重发挥上海、苏州、无锡、杭州、南京、合肥等城市的科研资源优势,强化上海、皖南、皖北、苏南、苏北、浙南、浙北之间的地区联系和创新关联,发挥创新联动性。[①] 在这一过程中,首先要做到以推动产业结构升级和区域间协作为目标,支持龙头企业成立区域产业联盟,加强产业链跨区域协同;其次应着重在城市群内相对滞后的皖北、皖西、浙西南等地区,引导其从自身要素禀赋结构出发,发展具有比较优势的产业,打破地方分割和地方保护,更为有效地参与区域专业分工。

---

① 孙久文:《新时代长三角高质量一体化发展的战略构想》,《人民论坛》2021 年第 11 期。

参 考 文 献

[1]安虎森:《提升城市群功能的现实必要性及实践路径》,《人民论坛》2021年第24期。

[2]安虎森、汤小银:《新发展格局下实现区域协调发展的路径探析》,《南京社会科学》2021年第8期。

[3]安虎森、周江涛:《影响我国南北经济差距的主要因素分析》,《经济纵横》2021年第7期。

[4]安树伟:《京津冀协同发展战略实施效果与展望》,《区域经济评论》2017年第6期。

[5]安树伟、李瑞鹏:《城市群核心城市带动外围地区经济增长了吗?——以京津冀和长三角城市群为例》,《中国软科学》2022年第9期。

[6]安树伟、李瑞鹏:《东西差距还是南北差距?——1978年以来中国区域差距的演变与机理分析》,《中国软科学》2023年第4期。

[7]安树伟、宋维珍、张晋晋:《沿海三大城市群高质量发展研究》,《开发研究》2021年第3期。

[8]安树伟、孙文迁:《都市圈内中小城市功能及其提升策略》,《改革》2019年第5期。

[9]安树伟、王宇光:《都市圈内中小城市功能提升的体系建构》,《经济纵横》2020年第8期。

[10]白俊红、江可申、李婧:《中国区域创新效率的收敛性分析》,《财贸经济》2008年第9期。

[11]白俊红、刘怡:《市场整合是否有利于区域创新的空间收敛》,《财贸经济》2020年第1期。

［12］白俊红、张艺璇、卞元超:《创新驱动政策是否提升城市创业活跃度——来自国家创新型城市试点政策的经验证据》,《中国工业经济》2022 年第 6 期。

［13］蔡建明、杨振山:《国际都市农业发展的经验及其借鉴》,《地理研究》2008 年第 2 期。

［14］曾春水、申玉铭、李哲、冯鹏飞:《京津冀城市职能演变特征与优化对策》,《经济地理》2018 年第 9 期。

［15］曾繁华、杨馥华、侯晓东:《创新驱动制造业转型升级演化路径研究——基于全球价值链治理视角》,《贵州社会科学》2016 年第 11 期。

［16］钞小静、任保平:《中国经济增长质量的时序变化与地区差异分析》,《经济研究》2011 年第 4 期。

［17］陈建军、刘月、邹苗苗:《产业协同集聚下的城市生产效率增进——基于融合创新与发展动力转换背景》,《浙江大学学报（人文社会科学版）》2016 年第 3 期。

［18］陈景华、陈姚、陈敏敏:《中国经济高质量发展水平、区域差异及分布动态演进》,《数量经济技术经济研究》2020 年第 12 期。

［19］陈彦斌:《需求侧管理的内涵与落实:宏观政策"三策合一"视角》,《中国高校社会科学》2021 年第 6 期。

［20］陈彦斌:《宏观政策"三策合一"新理论框架》,《经济研究》2022 年第 11 期。

［21］陈彦斌、谭涵予:《宏观政策"三策合一"加强政策协调 着力推动中国经济高质量发展》,《政治经济学评论》2023 年第 1 期。

［22］程广斌、申立敬、龙文:《丝绸之路经济带背景下西北城市群综合承载力比较》,《经济地理》2015 年第 8 期。

［23］程李梅、庄晋财、李楚:《产业链空间演化与西部承接产业转移的"陷阱"突破》,《中国工业经济》2013 年第 8 期。

［24］戴其文、杨靖云、张晓奇、胡森林:《污染企业/产业转移的特征、模式与动力机制》,《地理研究》2022 年第 7 期。

［25］邓慧慧、薛熠、杨露鑫:《公共服务竞争、要素流动与区域经济新

格局》,《财经研究》2021 年第 8 期。

[26]丁生喜:《区域经济学通论》,中国经济出版社 2018 年版。

[27]段光鹏:《马克思世界历史思想视野中的"百年未有之大变局"》,《湖南社会科学》2021 年第 1 期。

[28]段姗、蒋泰维、张洁音:《区域企业技术创新发展评价研究——浙江省、11 个设区市及各行业企业技术创新评价指标体系分析》,《中国软科学》2014 年第 5 期。

[29]樊杰:《地域功能—结构的空间组织途径——对国土空间规划实施主体功能区战略的讨论》,《地理研究》2019 年第 10 期。

[30]樊杰、孔维锋、刘汉初、赵艳楠:《对第二个百年目标导向下的区域发展机遇与挑战的科学认知》,《经济地理》2017 年第 1 期。

[31]樊杰、王亚飞、梁博:《中国区域发展格局演变过程与调控》,《地理学报》2019 年第 12 期。

[32]樊杰、王亚飞、王怡轩:《基于地理单元的区域高质量发展研究——兼论黄河流域同长江流域发展的条件差异及重点》,《经济地理》2020 年第 1 期。

[33]樊杰、赵浩、郭锐:《我国区域发展差距变化的新趋势与应对策略》,《经济地理》2022 年第 1 期。

[34]樊杰、赵艳楠:《面向现代化的中国区域发展格局:科学内涵与战略重点》,《经济地理》2021 年第 1 期。

[35]范柏乃、傅衍、卞晓龙:《基本公共服务均等化测度及空间格局分析——以浙江省为例》,《华东经济管理》2015 年第 1 期。

[36]范柏乃、单世涛、陆长生:《城市技术创新能力评价指标筛选方法研究》,《科学学研究》2002 年第 6 期。

[37]范巧、郭爱君:《国家级新区辐射带动力及其实现机制研究》,《经济体制改革》2018 年第 5 期。

[38]方创琳:《博台线——中国区域发展均衡线的重要功能与建设构想》,《地理学报》2020 年第 2 期。

[39]方创琳:《城乡融合发展机理与演进规律的理论解析》,《地理学

报》2022 年第 4 期。

[40]方创琳、崔学刚、梁龙武:《城镇化与生态环境耦合圈理论及耦合器调控》,《地理学报》2019 年第 12 期。

[41]方创琳、王振波、刘海猛:《美丽中国建设的理论基础与评估方案探索》,《地理学报》2019 年第 4 期。

[42]方创琳、张国友、薛德升:《中国城市群高质量发展与科技协同创新共同体建设》,《地理学报》2021 年第 12 期。

[43]方创琳、赵文杰:《新型城镇化及城乡融合发展促进中国式现代化建设》,《经济地理》2023 年第 1 期。

[44]冯天瑜:《中国古代经略海洋的成就与局限》,《苏州大学学报(哲学社会科学版)》2012 年第 2 期。

[45]傅元海、叶祥松、王展祥:《制造业结构变迁与经济增长效率提高》,《经济研究》2016 年第 8 期。

[46]高伯文:《20 世纪 80 年代沿海地区经济发展战略的选择及其效应》,《当代中国史研究》2005 年第 4 期。

[47]高丽娜、卫平:《中国高端制造业空间结构变动的实证研究:2003—2009》,《工业技术经济》2012 年第 1 期。

[48]高培勇、杜创、刘霞辉、袁富华、汤铎铎:《高质量发展背景下的现代化经济体系建设:一个逻辑框架》,《经济研究》2019 年第 4 期。

[49]高培勇:《理解、把握和推动经济高质量发展》,《经济学动态》2019 年第 8 期。

[50]高怡冰、林平凡:《沿海五省市高新技术企业自主创新能力与机制比较研究》,《科技管理研究》2007 年第 12 期。

[51]顾海英、史清华、程英、单文豪:《现阶段"新二元结构"问题缓解的制度与政策——基于上海外来农民工的调研》,《管理世界》2011 年第 11 期。

[52]顾乃华、毕斗斗、任旺兵:《中国转型期生产性服务业发展与制造业竞争力关系研究——基于面板数据的实证分析》,《中国工业经济》2006 年第 9 期。

[53]官建成、何颖:《基于 DEA 方法的区域创新系统的评价》,《科学学研究》2005 年第 2 期。

[54]郭爱君:《"双循环"格局下县域经济发展的新思路》,《人民论坛》2021 年第 2 期。

[55]郭爱君、范巧:《南北经济协调视角下国家级新区的北——南协同发展研究》,《贵州社会科学》2019 年第 2 期。

[56]郭爱君、张永年、范巧:《中国区域经济发展模式的生成逻辑与实践进路》,《区域经济评论》2023 年第 4 期。

[57]郭凯明、潘珊、颜色:《新型基础设施投资与产业结构转型升级》,《中国工业经济》2020 年第 3 期。

[58]郭磊、蔡虹、张洁:《国家科技重大专项对我国国家科技创新竞争力的提升作用研究》,《科技进步与对策》2013 年第 1 期。

[59]郭亚军、马凤妹、董庆兴:《无量纲化方法对拉开档次法的影响分析》,《管理科学学报》2011 年第 5 期。

[60]郭亚军:《一种新的动态综合评价方法》,《管理科学学报》2002 年第 2 期。

[61]郭芸、范柏乃、龙剑:《我国区域高质量发展的实际测度与时空演变特征研究》,《数量经济技术经济研究》2020 年第 10 期。

[62]国务院发展研究中心农村部课题组:《从城乡二元到城乡一体——我国城乡二元体制的突出矛盾与未来走向》,《管理世界》2014 年第 9 期。

[63]韩增林、朱珺、钟敬秋、闫晓露:《中国海岛县基本公共服务均等化时空特征及其演化机理》,《经济地理》2021 年第 2 期。

[64]贺灿飞、李文韬:《中国国际科研合作网络的时空演化特征与驱动力》,《中国软科学》2022 年第 7 期。

[65]贺灿飞、任卓然、王文宇:《"双循环"新格局与京津冀高质量协同发展——基于价值链分工和要素流动》,《地理学报》2022 年第 6 期。

[66]贺灿飞、朱晟君:《中国产业发展与布局的关联法则》,《地理学报》2020 年第 12 期。

[67]何仁伟:《城乡融合与乡村振兴:理论探讨、机理阐释与实现路径》,《地理研究》2018年第11期。

[68]洪银兴:《长三角:在创新一体化中建设创新型区域》,《江苏社会科学》2021年第3期。

[69]洪银兴、吴俊:《长三角区域的多中心化趋势和一体化的新路径》,《学术月刊》2012年第5期。

[70]侯纯光、程钰、任建兰、陈延斌:《中国创新能力时空格局演变及其影响因素》,《地理科学进展》2016年第10期。

[71]胡安俊、孙久文:《中国制造业转移的机制、次序与空间模式》,《经济学(季刊)》2014年第4期。

[72]胡鞍钢、周绍杰:《绿色发展:功能界定、机制分析与发展战略》,《中国人口·资源与环境》2014年第1期。

[73]胡伟、陈晓东、陈竹:《信息化、工业化与制造业集聚的理论模型及互动机理探索》,《区域经济评论》2021年第5期。

[74]胡亚兰、张荣:《我国智慧农业的运营模式、问题与战略对策》,《经济体制改革》2017年第4期。

[75]黄光球、张文:《高质量发展视角下重污染企业转型升级路径》,《生态经济》2021年第9期。

[76]黄少安:《新旧动能转换与山东经济发展》,《山东社会科学》2017年第9期。

[77]黄渊基、蔡保忠、郑毅:《新时代城乡融合发展:现状、问题与对策》,《城市发展研究》2019年第6期。

[78]惠中:《建国以来我国区域经济发展战略的演变及思考》,《毛泽东邓小平理论研究》1999年第6期。

[79]简新华、聂长飞:《中国高质量发展的测度:1978—2018》,《经济学家》2020年第6期。

[80]江小涓、孟丽君:《内循环为主、外循环赋能与更高水平双循环——国际经验与中国实践》,《管理世界》2021年第1期。

[81]江小涓:《新中国对外开放70年:赋能增长与改革》,《管理世

界》2019 年第 12 期。

[82]姜豪、陈灿平:《城市综合承载力研究——以成都为例》,《软科学》2016 年第 12 期。

[83]姜文超、龙腾锐:《水资源承载力理论在城市规划中的应用》,《城市规划》2003 年第 7 期。

[84]姜旭朝:《中华人民共和国海洋经济史》,经济科学出版社 2008 年版。

[85]姜长云:《科学理解推进乡村振兴的重大战略导向》,《管理世界》2018 年第 4 期。

[86]江曼琦、刘勇:《"三生"空间内涵与空间范围的辨析》,《城市发展研究》2020 年第 4 期。

[87]江曼琦、席强敏:《中国主要城市化地区测度——基于人口聚集视角》,《中国社会科学》2015 年第 8 期。

[88]蒋治、孙久文、胡俊彦:《中国共产党工业化实践的历史沿革、理论探索与经验总结》,《兰州大学学报(社会科学版)》2022 年第 6 期。

[89]金碚:《关于"高质量发展"的经济学研究》,《中国工业经济》2018 年第 4 期。

[90]金春云、王成芬、全占岐、唐梅:《辽宁生产性服务业现状及发展调查报告》,《经济研究导刊》2016 年第 4 期。

[91]孔凡文、刘亚臣、常春光:《城市综合承载力的内涵及测算思路》,《城市问题》2012 年第 1 期。

[92]孔伟杰:《制造业企业转型升级影响因素研究——基于浙江省制造业企业大样本问卷调查的实证研究》,《管理世界》2012 年第 9 期。

[93]李爱民:《我国城乡融合发展的进程、问题与路径》,《宏观经济管理》2019 年第 2 期。

[94]李春发、李冬冬、周驰:《数字经济驱动制造业转型升级的作用机理——基于产业链视角的分析》,《商业研究》2020 年第 2 期。

[95]李国平:《着力打造长三角多中心网络化空间结构》,《人民论坛·学术前沿》2019 年第 4 期。

［96］李国平、黄一诺、吕爽:《我国大中城市扩张测评及其应对策略》,《学习与实践》2023年第6期。

［97］李国平、宋昌耀:《雄安新区高质量发展的战略选择》,《改革》2018年第4期。

［98］李国平、崔丹:《我国城市群人口和经济承载力及其提升策略》,《改革》2022年第7期。

［99］李国平、吕爽:《京津冀跨域治理和协同发展的重大政策实践》,《经济地理》2023年第1期。

［100］李国平、孙瑀:《以人为核心的新型城镇化建设探究》,《改革》2022年第12期。

［101］李国平、徐祯:《粤琼区域协同与海南自由贸易港建设》,《资源科学》2021年第2期。

［102］李国平、杨艺:《全球格局变化下北京"四个中心"建设研究》,《北京社会科学》2023年第2期。

［103］李华、董艳玲:《中国基本公共服务均等化测度及趋势演进——基于高质量发展维度的研究》,《中国软科学》2020年第10期。

［104］李姣、严定容:《湖南省及洞庭湖区重点城市水环境承载力研究》,《经济地理》2013年第10期。

［105］李俊杰、马楠:《产业资源相对承载力视角下民族地区产业发展与经济增长路径研究》,《中国人口·资源与环境》2017年第3期。

［106］李兰冰:《中国区域协调发展的逻辑框架与理论解释》,《经济学动态》2020年第1期。

［107］李兰冰、高雪莲、黄玖立:《"十四五"时期中国新型城镇化发展重大问题展望》,《管理世界》2020年第11期。

［108］李兰冰、刘秉镰:《"十四五"时期中国区域经济发展的重大问题展望》,《管理世界》2020年第5期。

［109］李兰冰、商圆月:《新发展格局下京津冀高质量发展路径探索》,《天津社会科学》2023年第1期。

［110］李兰冰、徐瑞莲:《中国式现代化建设背景下京津冀产业协同

发展路径》,《北京社会科学》2023 年第 10 期。

[111]李猛:《新时代中国特色自由贸易港建设中的政策创新》,《经济学家》2018 年第 6 期。

[112]李明、陈向东、宋爽:《基于专利存续期的中国专利质量演变研究》,《科学学与科学技术管理》2016 年第 9 期。

[113]李培哲、菅利荣、刘勇:《基于 DEA 与 Malmquist 指数的区域高技术产业创新效率评价研究》,《工业技术经济》2019 年第 1 期。

[114]李汝资、刘耀彬、王文刚、孙东琪:《长江经济带城市绿色全要素生产率时空分异及区域问题识别》,《地理科学》2018 年第 9 期。

[115]李斯嘉、吴利华:《市场分割对区域创新资源配置效率的影响》,《现代经济探讨》2021 年第 1 期。

[116]李迎生、吕朝华:《社会主要矛盾转变与社会政策创新发展》,《国家行政学院学报》2018 年第 1 期。

[117]李湛、张彦:《长三角一体化的演进及其高质量发展逻辑》,《华东师范大学学报(哲学社会科学版)》2020 年第 5 期。

[118]厉敏萍、曾光:《城市空间结构与区域经济协调发展理论综述》,《经济体制改革》2012 年第 6 期。

[119]梁向东、阳柳:《国家自主创新示范区创新驱动效率测度及政策评价》,《中国软科学》2021 年第 7 期。

[120]廖信林、杨正源:《数字经济赋能长三角地区制造业转型升级的效应测度与实现路径》,《华东经济管理》2021 年第 6 期。

[121]林香红:《面向 2030:全球海洋经济发展的影响因素、趋势及对策建议》,《太平洋学报》2020 年第 1 期。

[122]林毅夫、刘明兴:《中国的经济增长收敛与收入分配》,《世界经济》2003 年第 8 期。

[123]刘秉镰:《雄安新区与京津冀协同开放战略》,《经济学动态》2017 年第 7 期。

[124]刘秉镰、边杨、周密、朱俊丰:《中国区域经济发展 70 年回顾及未来展望》,《中国工业经济》2019 年第 9 期。

[125]刘秉镰、孙鹏博:《新发展格局下中国城市高质量发展的重大问题展望》,《西安交通大学学报(社会科学版)》2021年第3期。

[126]刘秉镰、汪旭:《中国式现代化与京津冀协同发展再认识》,《南开学报(哲学社会科学版)》2023年第2期。

[127]刘秉镰、朱俊丰、周玉龙:《中国区域经济理论演进与未来展望》,《管理世界》2020年第2期。

[128]刘传明、张春梅、任启龙、宋佳、沈茜:《基本公共服务与经济发展互动耦合机制及时空特征——以江苏省13城市为例》,《经济地理》2019年第4期。

[129]刘冬、杨悦、张文慧、徐梦佳:《长三角区域一体化发展规划与政策制度研究》,《环境保护》2020年第20期。

[130]刘浩、马琳、李国平:《中国城市全要素生产率的演化格局及其影响因素》,《地理研究》2020年第4期。

[131]刘洪愧、刘霞辉:《构建开放型经济新空间布局:理论基础、历史实践与可行路径》,《改革》2019年第1期。

[132]刘惠敏:《长江三角洲城市群综合承载力的时空分异研究》,《中国软科学》2011年第10期。

[133]刘建国、李国平、张军涛、孙铁山:《中国经济效率和全要素生产率的空间分异及其影响》,《地理学报》2012年第8期。

[134]刘建丽:《新中国利用外资70年:历程、效应与主要经验》,《管理世界》2019年第11期。

[135]刘晶、林琳:《长江生态经济区城市群综合承载力的实证分析》,《统计与决策》2018年第17期。

[136]刘俊、白永秀、韩先锋:《城市化对中国创新效率的影响——创新二阶段视角下的SFA模型检验》,《管理学报》2017年第5期。

[137]刘蕾、周策、张永芳:《京津冀协同发展视阈下土地综合承载力地区分异研究》,《广西社会科学》2016年第5期。

[138]刘守英:《共同富裕的中国式现代化》,《中国人民大学学报》2022年第6期。

［139］刘守英、汪广龙:《中国奇迹的政治经济逻辑》,《学术月刊》2021 年第 1 期。

［140］刘守英、王一鸽:《从乡土中国到城乡中国——中国转型的乡村变迁视角》,《管理世界》2018 年第 10 期。

［141］刘守英、熊雪锋、章永辉、郭贯成:《土地制度与中国发展模式》,《中国工业经济》2022 年第 1 期。

［142］刘树峰、杜德斌、覃雄合:《中国沿海三大城市群企业创新时空格局与影响因素》,《经济地理》2018 年第 12 期。

［143］刘帅:《中国经济增长质量的地区差异与随机收敛》,《数量经济技术经济研究》2019 年第 9 期。

［144］刘顺忠、官建成:《区域创新系统创新绩效的评价》,《中国管理科学》2002 年第 1 期。

［145］刘伟:《疫情冲击下的经济增长与全面小康经济社会目标》,《管理世界》2020 年第 8 期。

［146］刘伟:《中国式现代化的本质特征与内在逻辑》,《中国人民大学学报》2023 年第 1 期。

［147］刘伟、陈彦斌:《"两个一百年"奋斗目标之间的经济发展:任务、挑战与应对方略》,《中国社会科学》2021 年第 3 期。

［148］刘伟、蔡志洲:《中国经济发展的突出特征在于增长的稳定性》,《管理世界》2021 年第 5 期。

［149］刘应元、冯中朝、李鹏、丁玉梅:《中国生态农业绩效评价与区域差异》,《经济地理》2014 年第 3 期。

［150］刘咏梅、黄宝连、米松华:《东部沿海发达地区循环农业的优势、约束及思路——来自浙江循环农业的实证分析》,《农村经济》2011 年第 7 期。

［151］刘志彪:《中国沿海地区制造业发展:国际代工模式与创新》,《南开经济研究》2005 年第 5 期。

［152］柳卸林、胡志坚:《中国区域创新能力的分布与成因》,《科学学研究》2002 年第 5 期。

［153］陆大道:《中速增长:中国经济的可持续发展》,《地理科学》2015 年第 10 期。

［154］罗钰如、曾呈奎:《当代中国的海洋事业》,中国社会科学出版社 1985 年版。

［155］马红坤、毛世平、陈雪:《小农生产条件下智慧农业发展的路径选择——基于中日两国的比较分析》,《农业经济问题》2020 年第 12 期。

［156］马慧强、王清:《中国地级以上城市经济发展与基本公共服务协调性空间格局》,《干旱区资源与环境》2016 年第 9 期。

［157］马丽:《基于产业环境耦合类型的沿海地区产业绿色转型路径研究》,《地理研究》2018 年第 8 期。

［158］马宗国、范学爱:《"双循环"新发展格局下国家自主创新示范区创新驱动发展评价》,《经济体制改革》2021 年第 2 期。

［159］聂长飞、简新华:《中国高质量发展的测度及省际现状的分析比较》,《数量经济技术经济研究》2020 年第 2 期。

［160］潘为华、潘红玉、陈亮、贺正楚:《中国制造业转型升级发展的评价指标体系及综合指数》,《科学决策》2019 年第 9 期。

［161］齐岳、秦阳:《城市群公共服务均等化与经济发展不平衡关系研究》,《统计与决策》2020 年第 21 期。

［162］钱力、张轲:《长三角地区城乡融合发展水平评价与空间演变分析》,《中国石油大学学报(社会科学版)》2021 年第 4 期。

［163］乔家君:《改进的熵值法在河南省可持续发展能力评估中的应用》,《资源科学》2004 年第 1 期。

［164］瞿肖怡、陆萍、汪红霞、冯翠莲:《R&D 投入对中国传统制造业转型升级影响的实证分析》,《统计与决策》2020 年第 5 期。

［165］全毅:《改革开放 40 年中国对外开放理论创新与发展》,《经济学家》2018 年第 11 期。

［166］申现杰、袁朱:《城市群高质量发展的理论逻辑与路径选择》,《开放导报》2021 年第 4 期。

［167］石敏俊、李元杰、张晓玲、相楠:《基于环境承载力的京津冀雾

霾治理政策效果评估》,《中国人口·资源与环境》2017 年第 9 期。

[168]史丹、李鹏:《我国经济高质量发展测度与国际比较》,《东南学术》2019 年第 5 期。

[169]史卫东、赵林:《山东省基本公共服务质量测度及空间格局特征》,《经济地理》2015 年第 6 期。

[170]宋涛、蔡建明、刘军萍、杨振山、温婷:《世界城市都市农业发展的经验借鉴》,《世界地理研究》2013 年第 2 期。

[171]苏天恩:《东部地区科技创新竞争力三维评价与优化对策研究》,《东南学术》2014 年第 6 期。

[172]孙久文:《论新时代区域协调发展战略的发展与创新》,《国家行政学院学报》2018 年第 4 期。

[173]孙久文:《区域协调发展与全面建成小康社会和全面建设社会主义现代化国家》,《党的文献》2021 年第 1 期。

[174]孙久文:《新时代长三角高质量一体化发展的战略构想》,《人民论坛》2021 年第 11 期。

[175]孙久文:《雄安新区的意义、价值与规划思路》,《经济学动态》2017 年第 7 期。

[176]孙久文:《重塑中国经济地理的方向与途径研究》,《南京社会科学》2016 年第 6 期。

[177]孙久文、高宇杰:《新发展格局与京津冀都市圈化发展的构想》,《北京社会科学》2021 年第 6 期。

[178]孙久文、蒋治:《沿边地区对外开放 70 年的回顾与展望》,《经济地理》2019 年第 11 期。

[179]孙久文、蒋治:《中国沿海地区高质量发展的路径》,《地理学报》2021 年第 2 期。

[180]孙久文、蒋治:《"十四五"时期中国区域经济发展格局展望》,《中共中央党校(国家行政学院)学报》2021 年第 2 期。

[181]孙久文、蒋治:《新发展格局下区域协调发展的战略骨架与路径构想》,《中共中央党校(国家行政学院)学报》2022 年第 4 期。

[182]孙久文、李爱民:《基于新经济地理学的"整体分散,优势集中"区域发展总体格局研究》,《经济学动态》2012 年第 5 期。

[183]孙久文、李恒森:《我国区域经济演进轨迹及其总体趋势》,《改革》2017 年第 7 期。

[184]孙久文、宋准:《双循环背景下都市圈建设的理论与实践探索》,《中山大学学报(社会科学版)》2021 年第 3 期。

[185]孙久文、夏添、李建成:《全域城市化:发达地区实现城乡一体化的新模式》,《吉林大学社会科学学报》2018 年第 5 期。

[186]孙久文、易淑昶、傅娟:《提升我国城市群和中心城市承载力与资源配置能力研究》,《天津社会科学》2021 年第 2 期。

[187]孙久文、原倩:《京津冀协同发展战略的比较和演进重点》,《经济社会体制比较》2014 年第 5 期。

[188]孙三百、张可云:《中国区域经济分化与空间动能解析》,《经济理论与经济管理》2022 年第 5 期。

[189]孙晓华、郭旭、王昀:《产业转移、要素集聚与地区经济发展》,《管理世界》2018 年第 5 期。

[190]覃成林、柴庆元:《交通网络建设与粤港澳大湾区一体化发展》,《中国软科学》2018 年第 7 期。

[191]覃成林、崔聪慧:《粤港澳大湾区协调发展水平评估及其提升策略》,《改革》2019 年第 2 期。

[192]覃成林、刘丽玲:《"一带一路"建设与香港经济发展新动力》,《亚太经济》2017 年第 5 期。

[193]覃成林、刘丽玲:《粤港澳大湾区多极网络空间发展格局研究》,《广东社会科学》2022 年第 4 期。

[194]覃成林、杨霞:《先富地区带动了其他地区共同富裕吗——基于空间外溢效应的分析》,《中国工业经济》2017 年第 10 期。

[195]覃成林、张震、贾善铭:《东部地区率先发展战略:变迁、成效与新构想》,《北京工业大学学报(社会科学版)》2020 年第 4 期。

[196]谭明方:《城乡融合发展促进实施乡村振兴战略的内在机理研

究》,《学海》2020 年第 4 期。

[197]唐琼:《乡村振兴战略下稳妥推进城乡融合发展研究》,《湖湘论坛》2020 年第 2 期。

[198]唐为:《要素市场一体化与城市群经济的发展——基于微观企业数据的分析》,《经济学(季刊)》2021 年第 1 期。

[199]唐未兵、傅元海、王展祥:《技术创新、技术引进与经济增长方式转变》,《经济研究》2014 年第 7 期。

[200]汪海:《沿海创新增长极引领中国经济转型升级》,《现代经济探讨》2015 年第 4 期。

[201]王岱、蔺雪芹、刘旭、孙鸣喆:《北京市县域都市农业可持续发展水平动态分异与提升路径》,《地理研究》2014 年第 9 期。

[202]王丹、邱耕田:《习近平新科技革命观论析》,《中共中央党校(国家行政学院)学报》2019 年第 3 期。

[203]王慧艳、李新运、徐银良:《科技创新驱动我国经济高质量发展绩效评价及影响因素研究》,《经济学家》2019 年第 11 期。

[204]王垒、刘新民、董啸:《我国企业家集群创新驱动沿海省域经济增长的实证分析》,《科技管理研究》2016 年第 21 期。

[205]王少平、欧阳志刚:《中国城乡收入差距对实际经济增长的阈值效应》,《中国社会科学》2008 年第 2 期。

[206]王维才、吴琦:《服务型制造带动中国传统制造企业转型程度测度及提升策略研究——以钢铁行业为例》,《南京社会科学》2019 年第 4 期。

[207]王晓玲:《国际经验视角下的中国特色自由贸易港建设路径研究》,《经济学家》2019 年第 3 期。

[208]王一鸣:《百年大变局、高质量发展与构建新发展格局》,《管理世界》2020 年第 12 期。

[209]王永贵、高佳:《新冠疫情冲击、经济韧性与中国高质量发展》,《经济管理》2020 年第 5 期。

[210]王有志、张巍巍、张玉赋:《新常态下产业技术升级政策研

究——以江苏省为例》,《科技进步与对策》2017 年第 10 期。

[211]王泽宇、刘凤朝:《我国沿海地区自主创新能力差异动态分析》,《经济地理》2011 年第 6 期。

[212]王振坡、朱丹、王丽艳:《区域协同下京津冀城市群城市综合承载力评价》,《首都经济贸易大学学报》2018 年第 6 期。

[213]卫振林、申金升、徐一飞:《交通环境容量与交通环境承载力的探讨》,《经济地理》1997 年第 1 期。

[214]魏后凯:《从全面小康迈向共同富裕的战略选择》,《经济社会体制比较》2020 年第 6 期。

[215]魏后凯:《全面推进乡村振兴必须坚持底线思维》,《中国农村经济》2022 年第 12 期。

[216]魏后凯、崔凯:《农业强国的内涵特征、建设基础与推进策略》,《改革》2022 年第 12 期。

[217]魏后凯、王颂吉:《中国"过度去工业化"现象剖析与理论反思》,《中国工业经济》2019 年第 1 期。

[218]魏后凯、李玏、年猛:《"十四五"时期中国城镇化战略与政策》,《中共中央党校(国家行政学院)学报》2020 年第 4 期。

[219]魏后凯、年猛、李玏:《"十四五"时期中国区域发展战略与政策》,《中国工业经济》2020 年第 5 期。

[220]魏敏、李书昊:《新时代中国经济高质量发展水平的测度研究》,《数量经济技术经济研究》2018 年第 11 期。

[221]吴海宁:《传统制造业升级时期产业动态能力形成研究——基于上海纺织产业升级的案例分析》,《科技进步与对策》2015 年第 19 期。

[222]吴玉鸣、田斌:《省域环境库兹涅茨曲线的扩展及其决定因素——空间计量经济学模型实证》,《地理研究》2012 年第 4 期。

[223]吴玉鸣:《空间计量经济模型在省域研发与创新中的应用研究》,《数量经济技术经济研究》2006 年第 5 期。

[224]武力超、林子辰、关悦:《我国地区公共服务均等化的测度及影响因素研究》,《数量经济技术经济研究》2014 年第 8 期。

[225]席强敏、李国平:《超大城市规模与空间结构效应研究评述与展望》,《经济地理》2018年第1期。

[226]席强敏、张颖、张可云:《产业扶贫与乡村产业振兴的关系辨析与衔接路径》,《中共中央党校(国家行政学院)学报》2023年第2期。

[227]夏斐、肖宇:《生产性服务业与传统制造业融合效应研究——基于劳动生产率的视角》,《财经问题研究》2020年第4期。

[228]向秀容、潘韬、吴绍洪:《基于生态足迹的天山北坡经济带生态承载力评价与预测》,《地理研究》2016年第5期。

[229]肖金成、安树伟:《从区域非均衡发展到区域协调发展——中国区域发展40年》,《区域经济评论》2019年第1期。

[230]肖金成、马燕坤、张雪领:《都市圈科学界定与现代化都市圈规划研究》,《经济纵横》2019年第11期。

[231]辛冲冲、陈志勇:《中国基本公共服务供给水平分布动态、地区差异及收敛性》,《数量经济技术经济研究》2019年第8期。

[232]熊航:《智慧农业转型过程中的挑战及对策》,《人民论坛·学术前沿》2020年第24期。

[233]熊曦、魏晓:《国家自主创新示范区的创新能力评价——以我国10个国家自主创新示范区为例》,《经济地理》2016年第1期。

[234]徐乾、赵儒煜、张振:《东北地区经济韧性测度与空间演化分析》,《经济纵横》2023年第8期。

[235]徐小钦、黄馨、梁彭勇:《基于DEA与Malmquist指数法的区域科技创新效率评价——以重庆市为例》,《数理统计与管理》2009年第6期。

[236]宣烨、陆静、余泳泽:《高铁开通对高端服务业空间集聚的影响》,《财贸经济》2019年第9期。

[237]薛领、陈宥伶:《非首都功能疏解对北京经济结构的影响评估》,《河北经贸大学学报》2020年第4期。

[238]薛领、李涛:《土地要素对东北地区经济高质量发展的影响》,《社会科学辑刊》2020年第5期。

［239］薛领、杨开忠:《中国式现代化背景下国土空间优化与调控:抗解性范式转型》,《经济纵横》2023 年第 6 期。

［240］杨朝均、杨文珂、朱雁春:《中国省际间对内开放对驱动工业绿色创新空间趋同的影响》,《中国环境科学》2018 年第 8 期。

［241］杨开忠:《新中国 70 年城市规划理论与方法演进》,《管理世界》2019 年第 12 期。

［242］杨开忠、董亚宁:《中国城镇地域治理体系现代化转型研究》,《经济纵横》2022 年第 10 期。

［243］杨开忠、范博凯:《京津冀地区经济增长相对衰落的创新地理基础》,《地理学报》2022 年第 6 期。

［244］杨开忠、范博凯、董亚宁:《空间品质、创新活力与中国城市生产率》,《经济管理》2022 年第 1 期。

［245］杨开忠、顾芸:《我国新时代南北经济发展差距变化趋势》,《南方经济》2022 年第 6 期。

［246］杨亚平、周泳宏:《成本上升、产业转移与结构升级——基于全国大中城市的实证研究》,《中国工业经济》2013 年第 7 期。

［247］叶龙浩、周丰、郭怀成:《基于水环境承载力的沁河流域系统优化调控》,《地理研究》2013 年第 6 期。

［248］袁丹、欧向军、唐兆琪:《东部沿海人口城镇化与公共服务协调发展的空间特征及影响因素》,《经济地理》2017 年第 3 期。

［249］岳文、陈飞翔:《积极加速我国自由贸易区的建设步伐》,《经济学家》2014 年第 1 期。

［250］张伯伟、马骆茹:《地方政府引导下的区域创新模式研究——以长三角珠三角为例》,《南开学报(哲学社会科学版)》2017 年第 2 期。

［251］张贵、孙晨晨、刘秉镰:《京津冀协同发展的历程、成效与推进策略》,《改革》2023 年第 5 期。

［252］张静、韩立民:《试论海洋产业结构的演进规律》,《中国海洋大学学报(社会科学版)》2006 年第 6 期。

［253］张军扩、侯永志、刘培林、何建武、卓贤：《高质量发展的目标要求和战略路径》，《管理世界》2019 年第 7 期。

［254］张凯、曲婷：《区域科技创新竞争力评价与经验借鉴研究——以湖南为例》，《湖南社会科学》2016 年第 3 期。

［255］张可云：《论老工业基地的内部"缺新"与外部"有新"——成因、适用理论与振兴新思路》，《社会科学辑刊》2017 年第 6 期。

［256］张可云：《区域经济政策》，商务印书馆 2005 年版。

［257］张可云、何大梽：《空间类分与空间选择：集聚理论的新前沿》，《经济学家》2020 年第 4 期。

［258］张可云、何大梽：《"十四五"时期区域协调发展的空间尺度探讨》，《学术研究》2021 年第 1 期。

［259］张可云、沈洁：《北京核心功能内涵、本质及其疏解可行性分析》，《城市规划》2017 年第 6 期。

［260］张平、张鹏鹏、蔡国庆：《不同类型环境规制对企业技术创新影响比较研究》，《中国人口·资源与环境》2016 年第 4 期。

［261］张庆、冯仁涛、余翔：《专利授权率、经济绩效与技术创新——关于专利契约论的实证检验》，《软科学》2013 年第 3 期。

［262］张日新、谷卓桐：《粤港澳大湾区的来龙去脉与下一步》，《改革》2017 年第 5 期。

［263］张秀峰、胡贝贝、张莹：《自主创新示范区政策试点对国家高新区研发创新绩效的影响研究》，《科研管理》2020 年第 11 期。

［264］张学良、李培鑫：《城市群经济机理与中国城市群竞争格局》，《探索与争鸣》2014 年第 9 期。

［265］张学良、吴胜男：《长三角一体化发展中的沪苏特别合作》，《苏州大学学报（哲学社会科学版）》2021 年第 2 期。

［266］张学良、吴胜男：《长三角一体化新发展与安徽新作为》，《学术界》2021 年第 3 期。

［267］张学良、杨羊：《新阶段长三角一体化发展须处理好几类关系》，《学术月刊》2019 年第 10 期。

[268]张学良、周泽林、汤新云:《推动我国县域经济高质量发展的几个理论问题》,《财贸研究》2023年第6期。

[269]张耀光、刘锴、王圣云:《中国和美国海洋经济与海洋产业结构特征对比——基于海洋GDP中国超过美国的实证分析》,《地理科学》2016年第11期。

[270]张耀光、王涌、胡伟:《美国海洋经济现状特征与区域海洋经济差异分析》,《世界地理研究》2017年第3期。

[271]张永强、王珧、田媛:《都市农业驱动城乡融合发展的国际镜鉴与启示》,《农林经济管理学报》2019年第6期。

[272]张予、林惠凤、李文华:《生态农业:农村经济可持续发展的重要途径》,《农村经济》2015年第7期。

[273]赵德起、陈娜:《中国城乡融合发展水平测度研究》,《经济问题探索》2019年第12期。

[274]赵晋平、文丰安:《自由贸易港建设的价值与趋势》,《改革》2018年第5期。

[275]赵敏娟:《智慧农业的经济学解释与突破路径》,《人民论坛·学术前沿》2020年第24期。

[276]赵儒煜:《中国式现代化产业发展的特殊性与新产业革命的双重效应》,《社会科学辑刊》2023年第3期。

[277]赵儒煜、常忠利:《经济高质量发展的空间差异及影响因素识别》,《财经问题研究》2020年第10期。

[278]赵儒煜、王媛玉:《论"东北现象"的成因及对策》,《南开学报(哲学社会科学版)》2017年第6期。

[279]赵儒煜、肖茜文:《东北地区现代产业体系建设与全面振兴》,《经济纵横》2019年第9期。

[280]赵作权:《中国经济核心——边缘格局与空间优化发展》,《管理世界》2012年第10期。

[281]赵作权:《世界级集群:理论、特征与政策选择》,《人民论坛·学术前沿》2023年第17期。

［282］赵作权:《面向创新的国家多元组织方式变革:趋势、路径与选择》,《齐鲁学刊》2023 年第 3 期。

［283］甄峰、黄朝永、罗守贵:《区域创新能力评价指标体系研究》,《科学管理研究》2000 年第 6 期。

［284］仲云云:《中国制造业产能过剩影响因素的实证研究——基于供给侧结构性改革视角》,《现代经济探讨》2018 年第 12 期。

［285］周小刚、叶数红:《中国基本公共服务与经济发展的协调度测算》,《统计与决策》2020 年第 21 期。

［286］朱一中、夏军、王纲胜:《张掖地区水资源承载力多目标情景决策》,《地理研究》2005 年第 5 期。

［287］朱媛媛、文一惠、谢婧、张逸凡、刘桂环:《京津冀跨区域生态补偿机制探讨》,《环境保护》2021 年第 49 期。

［288］祝秀芝、李宪文、贾克敬:《上海市土地综合承载力的系统动力学研究》,《中国土地科学》2014 年第 2 期。

［289］Caves D. W., Christensen L. R., Diewert W. E., "The Economic Theory of Index Numbers and the Measurement of Input, Output and Productivity", *Econometrics*, No.50, 1982.

［290］Chen J., Zhang Y., Chen Z., "Improving Assessment of Groundwater Sustainability with Analytic Hierarchy Process and Information Entropy Method: A Case Study of the Hohhot Plain, China", *Environmental Earth Sciences*, No.5, 2015.

［291］Dagum C., "A New Approach to the Decomposition of the Gini Income Inequality Ratio", *Empirical Economics*, No.22, 1997.

［292］Elhorst P., Piras G., Arbia G., "Growth and Convergence in a Multiregional Model with Space-time Dynamics", *Geographical Analysis*, No.3, 2010.

［293］Fare R., Groeskopf S., Lovell C. A. K, "Production Frontiers", *London: Cambridge University Press*, 1994.

［294］Hardin G., "Cultural Carrying Capacity: A Biological Approach to

Human Problems", *Focus*, No.3, 1992.

[295] Hui C., "Carrying Capacity of the Environment", *International Encyclopedia of the Social & Behavioral Sciences*, No.2, 2015.

[296] Kessler J.J., "Usefulness of the Human Carrying Capacity Concept in Assessing Ecological Sustainability of Land-use in Semi-arid Regions", *Agriculture, Ecosystems & Environment*, No.3, 1994.

[297] Liu R. Z., Borthwick A. G. L., "Measurement and Assessment of Carrying Capacity of the Environment in Ningbo, China", *Journal of Environmental Management*, No.8, 2011.

[298] Malmquist S., "Index Numbers and Indifference Surfaces", *Trabajoe de Eetatistica*, No.4, 1953.

[299] Onishi T., "A Capacity Approach for Sustainable Urban Development: An Empirical Study", *Regional Studies*, No.1, 1994.

[300] Rodrik D., "Premature Deindustrialization", *Journal of Economic Growth*, No.1, 2016.

[301] Seidl I., Tisdell C. A., "Carrying Capacity Reconsidered: From Malthus' Population Theory to Cultural Carrying Capacity", *Ecological Economics*, No.3, 1999.

[302] Singh R.K., Murty H.R., Gupta S.K., "Development of Composite Sustainability Performance Index for Steel Industry", *Ecological Indicators*, No.3, 2007.

[303] Sun C., Chen L., Tian Y., "Study on the Urban State Carrying Capacity for Unbalanced Sustainable Development Regions: Evidence from the Yangtze River Economic Belt", *Ecological Indicators*, No.89, 2018.

[304] Zhang M., Song Y., Li P., "Study on Affecting Factors of Residential Energy Consumption in Urban and Rural Jiangsu", *Renewable and Sustainable Energy Reviews*, No.53, 2016.

后　记

由人民出版社出版的《中国沿海地区高质量发展研究》一书,是我们课题组承担的国家自然科学基金面上项目"中国沿海地区高质量发展的综合评价与政策耦合研究"(项目号:42071155)的研究成果。本书由孙久文、蒋治、胡俊彦等著。

进入新时代,实现中国式现代化的路径是由高质量发展取代高速度发展。在高质量发展的时代背景下,更好地发挥沿海地区的引领作用是一项历史性课题,对重构沿海与内陆的经济地理格局具有不可替代的作用。

改革开放40多年来沿海地区的伟大实践充分证明,只有改革开放才能发展中国。作为改革开放的先发区域,沿海地区是我国经济增长的压舱石、国家制造业中心、打造创新型国家的前沿地带、开放型经济建设的排头兵、绿色发展的示范窗口、共享互惠的试验田。在宏观经济增速减缓的大环境下,沿海地区依然保持了强劲的韧性,为实现中国式现代化奠定了坚实基础。

我们承担研究课题和写作本书的目标,是从中国区域经济发展现状出发,擘画沿海地区从高速度发展向高质量发展转型的壮阔蓝图,总结可资借鉴的经验,也为读者探讨中国区域经济高质量发展提供典型案例。

本书由孙久文、蒋治、胡俊彦设计大纲,具体撰写分工是:

导论:孙久文、蒋治;

第一章:蒋治、王邹、孙久文;

第二章:蒋治、胡俊彦;

第三章:蒋治、胡俊彦;

第四章：张皓；

第五章：卢怡贤、崔雅琪；

第六章：苏玺鉴；

第七章：宋准；

第八章：易淑昶；

第九章：张倩；

第十章：高宇杰；

第十一章：李承璋；

第十二章：陈超君、林丽群；

第十三章：张翱；

第十四章：孙久文、周孝伦。

在出版阶段，蒋治博士对全书进行了修订和补充。孙久文、蒋治、胡俊彦对全书进行了统稿。

本书写作过程中引用了大量的政策文件、国内外学者的学术观点及统计数据，对此，我们逐一进行了注释，或是在全书最后标注了参考文献。由于作者疏漏而未加注释的，敬请见谅。此外，书中难免有纰漏、缺陷和不妥之处，敬请广大读者批评指正。

最后，对一直支持我们的研究工作，并付出巨大努力的中国人民大学应用经济学院的各位领导、中国人民大学理工处的各位领导、人民出版社郑海燕老师及其各位同仁表示衷心感谢。

孙久文

中国人民大学应用经济学院二级教授、博士生导师

全国经济地理研究会名誉会长

2023 年 11 月

策划编辑:郑海燕
责任编辑:郑海燕　李　姝
封面设计:牛成成
责任校对:周晓东

图书在版编目(CIP)数据

中国沿海地区高质量发展研究/孙久文,蒋治,胡俊彦 等 著. —北京:
　人民出版社,2024.6
ISBN 978－7－01－026544－5

Ⅰ.①中…　Ⅱ.①孙…②蒋…③胡…　Ⅲ.①沿海-区域经济发展-研究-
　中国　Ⅳ.①F127

中国国家版本馆 CIP 数据核字(2024)第 091571 号

中国沿海地区高质量发展研究
ZHONGGUO YANHAI DIQU GAOZHILIANG FAZHAN YANJIU

孙久文　蒋　治　胡俊彦 等　著

人民出版社 出版发行
(100706　北京市东城区隆福寺街 99 号)

中煤(北京)印务有限公司印刷　新华书店经销

2024 年 6 月第 1 版　2024 年 6 月北京第 1 次印刷
开本:710 毫米×1000 毫米 1/16　印张:25.25
字数:363 千字

ISBN 978－7－01－026544－5　定价:130.00 元

邮购地址 100706　北京市东城区隆福寺街 99 号
人民东方图书销售中心　电话 (010)65250042　65289539